REISGIDS E

AUSTRALIE

VAN REEMST
UITGEVERIJ

HOUTEN

EXPERT

Oorspronkelijke titel: Australia

Postbus 97, 3990 DB Houten

4de herziene druk 2000

Auteur: Michael Ivory
Uitgegeven in het Verenigd Koninkrijk door
AA Publishing, Norfolk House, Priestley Road,
Basingstoke, Hampshire RG24 9NY 1996.
Gedrukt en gebonden door Lego SpA, Italië

Boekverzorging: *de Redactie,* Amsterdam
Vertaling: Hanneke Bos, Sietze St. Nicolaas
Bewerking: Theo Scholten en Catherine Smit

Alles is in het werk gesteld om ervoor te zorgen dat de informatie in dit boek bij het ter perse gaan zo veel mogelijk is bijgewerkt. Gegevens zijn echter aan verandering onderhevig. De uitgever is niet aansprakelijk voor consequenties die voortvloeien uit het gebruik van dit boek.

ISBN 90 410 1763 1
CIP/NUGI 471

Omslagillustratie: Ayers Rock (Uluru), Northern Territory
Bladzijde 2: The Pinnacles, Nambung National Park
Bladzijde 3: Sydney Harbour Bridge en Opera House
Bladzijde 4: parade bij de Victoria Barracks, Sydney
Bladzijde 5 (boven): Australië surfland
Bladzijde 6: zonsondergang bij Ayers Rock (Uluru)
Bladzijde 7 (boven): gevels in Maldon, Victoria
Bladzijde 8: Ayers Rock (Uluru)
Bladzijde 9: Kalbarri Gorge, Western Australia
Bladzijde 33: Sydney Opera House en Circular Quay
Bladzijde 39: Sydney Tower
Bladzijde 251: Clock Tower Square Shopping Centre, Sydney

Over dit boek

Dit boek bestaat uit vijf delen:

Deel 1: *Australië is*

behandelt verschillende aspecten van het dagelijks leven, van volkskunst tot milieuproblemen

Deel 2: *Australië was*

plaatst het land in zijn historische context en gaat in op die gebeurtenissen waarvan het effect ook vandaag nog voelbaar is

Deel 3: *Van A tot Z*

bestaat uit delen over de verschillende regio's, behandelt tal van bezienswaardigheden en biedt suggesties voor wandelingen en uitstapjes. De *In focus*-artikelen spitten bepaalde onderwerpen dieper uit

Deel 4: *Praktische informatie*

bevat de praktische wetenswaardigheden, onmisbaar voor uw reis

Deel 5: *Hotels en restaurants*

biedt een overzicht van accommodatiemogelijkheden en eetgelegenheden in heel Australië, voorzien van commentaar

Hoe gebruikt u de pijlaanduiding
Een groot aantal van de in dit boek besproken bezienswaardigheden is onderverdeeld in:

- ►►► **Mag u niet missen**
- ►► **Bijzonder aanbevolen**
- ► **Indien mogelijk**
- **Als u tijd over hebt**

Kaarten
Om het opzoeken te vergemakkelijken, staat bij iedere belangrijke plaats of bezienswaardigheid een verwijzing naar een kaart. Deze bestaat uit een nummer, gevolgd door een letter en een cijfer, bijvoorbeeld 176B3. Het nummer (176) verwijst naar de bladzijde waarop de kaart staat. De letter (B) en het cijfer (3) verwijzen naar het vierkant waarbinnen de plaats ligt. De kaarten aan de binnenzijde van de voor- en achterflap worden respectievelijk aangeduid met BFV en BFA.

Inhoud

Boven: Palm Valley, Finke Gorge National Park
Links: zeiljachten in Hobart

Thematische inhoud

In deze thematische inhoud vindt u de onderwerpen die u het meest zult opzoeken: de kaarten, inleidende artikelen, In focus-artikelen, wandelingen en rondritten.

Kaarten

Australië is

Australië was

In focus

Lampepoetser

Michael Ivory heeft veel geschreven over de landen in Oost-Europa. Toen hij werd benaderd voor het schrijven van deze gids over Australië, een land dat hem altijd al heeft geboeid, was hij meteen enthousiast. In deze Expert-gids vindt u zeker iets terug van het plezier waarmee hij dit fascinerende en zeer gevarieerde land heeft verkend.

Mijn Australië door Michael Ivory

Toen ik per trein de eindeloze Nullarbor Plain doorkruiste, maakte ik de typisch Engelse fout om in de restauratiewagon aan een leeg tafeltje plaats te nemen. De ober vond dit geen goed idee: 'Wacht even, *mate*! Waarom ga je niet bij deze mensen zitten? Ik weet zeker dat jullie genoeg gespreksstof hebben.' Hij had gelijk. In Australië is het leggen van contact heel gemakkelijk. De Australische vriendelijkheid is spreekwoordelijk; de voornamen zijn niet van de lucht en 'mates' zijn doorgaans gauw gemaakt, vooral als u laat zien dat u niet te beroerd bent om iemand een helpende hand toe te steken, nu en dan een lovende opmerking maakt over het land (dit is niet moeilijk!) en u niet laat verleiden tot nietszeggende vergelijkingen met uw eigen land.

Die treinreis in oostelijke richting van Kalgoorlie door de Nullarbor Plain, waar het uitzicht niet van de ene op de andere dag verandert, was onvergetelijk en ik was echt blij met mijn onderhoudende disgenoten. Australiërs hebben lang geleden afgerekend met de *tyranny of distance*, de onmogelijk grote afstanden waarmee de vroege kolonisten en reizigers te maken hadden. Tegenwoordig zijn er veel verschillende en aangename manieren om te reizen in Australië. Het was spannend om in de cabine van een grote vrachtwagen te klimmen en over een kaarsrechte weg mee te rijden door de pijnlijke leegte van het land. Heel anders was de hobbelige rit over het Bloomfield Track in Far North Queensland, dat aan beide zijden wordt omringd door regenwoud. De tocht door vergelijkbaar landschap aan boord van een amfibie, die geen moeite had met jungle, rivieren en met slangen gevulde poelen was ook heel bijzonder. Ik voegde me bij *bushwalkers*, die een tocht maakten door het schitterende, woeste landschap en de eucalyptusbossen die de meeste grote steden omringen. Hier is vliegen een bijzondere ervaring. Ik heb het dan niet over een lijndienst, maar over een licht toestelletje, dat door de warme luchtstroom boven Ayers Rock omhoog wordt gedreven, of over een watervliegtuigje dat boven het water scheert. Het mooiste moment beleefde ik toen ik met een blikje bier in de hand in een speedboat over het water van Sydney Harbour scheerde en plotseling het Opera House en de Harbour Bridge in zicht kreeg. Toen wist ik dat ik echt 'Down Under' was.

AUSTRALIË IS

■ Afgezien van de Zuidpool is Australië het enige continent dat geheel op het zuidelijk halfrond ligt. Hoewel Papoea-Nieuw-Guinea slechts even achter de horizon ten oosten van de ondiepe Timorzee ligt, bevindt Nieuw-Zeeland zich op ruim 2000 km aan de andere kant van de Tasmanzee en het Aziatische vasteland, dat bij Singapore begint, ligt bijna 3000 km ver weg. ■

Het 'continentale eiland' Australië heeft een bijna 37.000 km lange kustlijn en vormt met zijn drieledige structuur een dankbaar onderwerp voor aardrijkskundeleraren.

Het Western Plateau Bijna tweederde van het landoppervlak behoort tot het Western Plateau, een uitgestrekt en dor tafelland dat het grootste gedeelte van Western Australia, South Australia, Northern Territory en een deel van Queensland beslaat. Het vlakke plateau wordt onderbroken door spectaculaire natuurmonumenten als Ayers Rock (Uluru) en The Olgas (Kata Tjuta), door rotsachtige bolwerken als het Kimberleyplateau en Arnhem Land, en door ruige bergketens zoals de MacDonnell Ranges, de Flinders Ranges en de Hamersley Range. Het oude land raakte zijn vruchtbare grond kwijt met de regens van miljoenen jaren geleden en bestaat nu uit dorre woestenijen met sprekende namen als Nullarbor Plain en de Sturt Stony Desert. Behalve in de tropen, is de regenval er minimaal en onregelmatig: jarenlang regent het niet, waarna plotselinge stortregens de anders droge rivierbeddingen vullen, om vervolgens in de grote zoutmeren te verdampen. Het gebied is grotendeels onbewoond of slechts zeer dun bevolkt; het bevolkingsaantal wordt uitgedrukt in honderden vierkante kilometers per persoon. Ten westen van de Darling Range, op de betrekkelijk vruchtbare kustvlakten rond Perth, liggen uitgestrekte landbouwgronden met nederzettingen die door wegen en spoorlijnen met elkaar verbonden zijn. Elders zijn zulke voorzieningen veel schaarser.

Mount Warning National Park, New South Wales

De Great Dividing Range Deze bergketen loopt over de hele lengte van de oostkust, van Cape York in het uiterste noorden tot de heuvels en hooglanden van New South Wales en Victoria in het zuiden. Op het punt waar de keten zich aan de andere kant van Straat Bass voortzet in de bergen van Tasmanië, bevinden zich de hoogste toppen van het continent: Mount Kosciuszko in New

South Wales (2228 m), Mount Bogong in Victoria (1986 m) en Mount Ossa (1617 m) op Tasmanië. Een groot deel van het gebied bestaat echter niet uit bergen maar uit plateaus, vanwaar rivieren oostwaarts over de kustvlakte stromen. Hier woont het overgrote deel van de bevolking, voornamelijk in de agglomeraties rond de hoofdsteden van de kuststaten: Sydney (New South Wales), Melbourne (Victoria) en Brisbane (Queensland). Plattelandsgemeenten zijn talrijk in de valleien tussen de plateaus en in de vruchtbare strook van de tropische kust van Queensland. De enige belangrijke stad in het binnenland is Canberra, de kunstmatige hoofdstad van Australië.

Central Eastern Lowlands Tussen het Western Plateau en de Great Dividing Range liggen de Central Eastern Lowlands, die vanuit het oosten geleidelijk aflopen naar het binnenland. Hier volgt het ene brede bekken op het andere, van de zuidelijke rand van de Carpentariagolf via Channel Country in Queensland naar het stroomgebied van het grootste rivierenstelsel van het land, de Murray/Darling/Murrumbidgee. Hier in de *Outback* leven honderden grazende dieren op één menselijke bewoner en is het leven net zo afhankelijk van de onvoorspelbare regenval als van de toestand op de wereldmarkt. De rijkdom aan delfstoffen heeft enkele stadjes zoals Broken Hill en Mount Isa doen ontstaan.

❑ Gezien zijn omvang kent het droogste continent na de Zuidpool een verbazend klein aantal klimaten. De meeste regen valt in het tropische of subtropische noorden, waar de temperatuur het hele jaar door hoog blijft (29°C in de zomer en 24°C in de winter). In het noorden regent het 's zomers, maar in het gematigde zuiden valt de meeste regen in de winter en lente en vertoont de gemiddelde temperatuur meer schommelingen (van 24°C in de zomer tot 10°C in de winter). Het binnenland heeft een aride klimaat, met weinig regen en temperaturen die tot onvoorstelbare hoogten stijgen – in 1889 werd in Cloncurry in Queensland een maximum van 53,1°C gemeten – hoewel de nachten koud kunnen zijn. ❑

Opalen uit South Australia

■ Doordat het continent 40 miljoen jaar geïsoleerd is geweest van de rest van de wereld, kent Australië een uniek planten- en dierenleven. Flora en fauna hebben zich, los van de ontwikkelingen elders, aangepast aan de plaatselijke omstandigheden. Dit heeft geresulteerd in de grote verscheidenheid aan vreemde wezens en planten die Joseph Banks zo verbaasden toen hij in 1770 met kapitein Cook meevoer aan boord van de *Endeavour*. Hoewel latere ontwikkelingen slecht uitpakten voor het milieu, liep Australië voorop bij het uitroepen van nationale parken, waarvan er tegenwoordig zo'n 2000 voor publiek geopend zijn. ■

Bossen De rijkste natuurlijke omgeving in Australië is het regenwoud. Tropisch regenwoud kunt u het beste bezichtigen in het noorden van Queensland (zie bladzijde 222), maar komt ook voor in delen van het noordelijke kustgebied in het Northern Territory en Western Australia. Subtropisch bos bedekt het zuidwesten van Tasmanië. Dit is het domein van de zuidelijke beuken *(Nothofagus)* en van een van de langstlevende bomen op aarde, de **'Huon pine'** *(Dacrydium franklinii)*. Grote wouden bedekken nog altijd een aantal van de minst toegankelijke gebieden in het zuidoosten en het zuidwesten, maar al het bosgebied in Australië heeft ernstig te lijden gehad van de houtkap. De meeste bomen zijn een variatie op het thema **eucalyptus** (die ook wel gomboom wordt genoemd), waartoe sommige van de hoogste bomen op aarde behoren, zoals de *mountain ash* in de bossen langs de kust van Victoria of de karriboom in het zuidwesten van Western Australia.

***Scrubland* en woestijn** De meeste van de oorspronkelijke plantengemeenschappen hebben plaats moeten maken voor grasland, terwijl inheemse grassen en kruiden zijn verdrongen door uitheemse varianten. De woestijn is misschien wel het intrigerendste Australische

De lori van de Blauwe Bergen

ecosysteem. **Melde, Australisch gras** en een enkele **Eucalyptus rudis** bieden er beschutting aan schorpioenen en spinnen, die weer het voedsel vormen voor slangen, hagedissen en **goanna's**. De zaden van veel kleine planten liggen te wachten op de schaarse regen en bloeien spectaculair op wanneer die begint te vallen.

Buideldieren en het vogelbekdier Van alle buideldieren die op het continent voorkomen, behoeven de **kangoeroe** en de **wallaby** de minste

De kangoeroe – het bekendste buideldier van Australië

introductie. Naast de rode reuzenkangoeroe (die soms meer dan 2 m lang is) zijn er nog zo'n 50 andere soorten, variërend van de even grote bergkangoeroe tot de quokka (door vroege ontdekkers voor een rat aangezien). Kangoeroes komen in de meeste delen van het land voor.
Na de kangoeroe wil elke bezoeker de vertederende **koala** zien, en zo mogelijk knuffelen. Koala's brengen het grootste deel van hun leven slapend door en de rest van de tijd kauwen ze op de bladeren van een bepaalde eucalyptus. De soort is zich aan het herstellen van de jacht die er vanwege het bont op werd gemaakt, maar kampt nog altijd met ziekten en het verlies van de natuurlijke omgeving. Daarom zult u eerder een koala zien in een van de uitstekende reservaten dan in het wild. Daar kunt u ook **wombats**, knaagbuideldieren, en **opossums** zien, waarvan sommige dankzij een vlieghuid in staat zijn om van boom naar boom te zweven.
Een ander dier dat u vermoedelijk eerder te zien krijgt in een kunstmatige omgeving is het **vogelbekdier**. Dit schuwe zoogdier met zijn eendenbek werd in eerste instantie gezien als een grap toen er voor onderzoek een exemplaar naar Engeland werd overgebracht. De **mierenegel** is minder schuw en weet zichzelf goed beschermd door zijn scherpe stekels.

Nationale parken Al in 1879 stelde Australië zijn eerste nationale park in, het **Royal National Park** in Sydney. Tegenwoordig zijn er meer dan 2000 van dergelijke gebieden, ingericht om natuurschoon en wilde dieren te beschermen en toegankelijk gemaakt voor het publiek. De uitstekende conditie en het grote belang van de natuurlijke rijkdom van het land blijkt ook uit het bestaan van maar liefst elf Werelderfgoedgebieden. Bezoekers van nationale parken in Australië zullen in het algemeen merken dat het beheer niets te wensen overlaat. De informatievoorziening is uitstekend en mensen worden aangemoedigd om de parken zo veel mogelijk te voet te verkennen. Vraag altijd de parkopzieners om advies als u niet bekend bent met de plaatselijke omstandigheden.

De mensen

■ Het is goed mogelijk dat u *Down Under* de typische Australische man tegenkomt. U hebt zich vast al een voorstelling gemaakt: lang, gebruind, blond met blauwe ogen, niet erg spraakzaam, maar bedreven in bier drinken met zijn maatjes, nooit gehaast, vijand van elke vorm van pretentie, en met zijn mannelijk superioriteitsgevoel niet van deze tijd. Het stereotype bestaat, uiteraard, maar de meeste Australiërs van nu zijn niet zo gemakkelijk in een hokje in te delen. ■

Het verhaal van de vroege Europese kolonisten die Australië bevolkten, is op zijn zachtst gezegd bizar. Enkele jaren na de ontdekkingsreis van James Cook in 1770, bedacht de Britse regering een zeer ambitieus – volgens sommigen waanzinnig – plan om zich van de misdadigers te ontdoen die voorheen, voor de revolutie in 1776, veelal naar de Amerikaanse kolonies werden gestuurd. In mei 1787 vertrokken 11 schepen uit Portsmouth, Engeland, met meer dan 1400 opvarenden, onder wie 759 mannelijke en vrouwelijke misdadigers en hun bewakers. De lange reis naar het vrijwel onbekende zuidelijke continent kende veel ontberingen en duurde tot januari 1788. De opvarenden vormden de eerste, zij het onvrijwillige, bewoners van Australië.

De niet-Britse immigranten van de 19de en vroege 20ste eeuw werden met wantrouwen bekeken en vaak zelfs gehaat, hoewel de vrome en hardwerkende Duitsers die het zuiden van Australië hielpen koloniseren zich uitstekend aanpasten. De goudkoorts bracht duizenden Chinezen naar Australië, jegens wie de vooroordelen bijna paranoïde proporties aannamen. Bewoners van de eilanden in de Grote Oceaan, de Kanaken, werden onder dwang op de suikerplantages van Queensland tewerkgesteld, totdat de wet een einde maakte aan de slavernij en ze werden gerepatrieerd.

❑ De *convicts*, de eerste Australische immigranten, waren geen nobele politieke gevangenen of drieste struikrovers. De meeste mannen en vrouwen die met de *First Fleet* arriveerden, waren veroordeeld voor relatief kleine vergrijpen – helers, vervalsers, kruimeldieven. Hun misdaden waren verre van romantisch: ze liepen uiteen van zielig (het stelen van een pakje snuiftabak) tot tragisch (de door de honger gedreven diefstal van twee kippen ter waarde van vier pence). ❑

De stereotype Aussie

Griekse delicatessen in Melbourne

Vluchtelingen Tot de Tweede Wereldoorlog was de instroom van Britse migranten groot genoeg om aan de Australische behoeften te voldoen. De hausse van na de oorlog vroeg echter om meer arbeiders dan Groot-Brittannië kon leveren, en Australië opende zijn poorten voor de *reffo's* (vluchtelingen) en ontheemden van Noord- en Midden-Europa. Toen deze bron begon op te drogen, verschoof het accent naar Zuid-Europa. Stilzwijgend werd er een 'blank Australië'-politiek gevoerd; niet-Europeanen werden zelden toegelaten, soms zelfs buiten de deur gehouden door middel van het beruchte dictee, dat een immigratie-ambtenaar de mogelijkheid gaf om de nieuweling een test in een taal van zijn (de ambtenaar) keuze af te nemen. Een ongewenste Chinees kon zodoende worden getoetst op zijn kennis van het Iers en op basis van de, nogal voorspelbare, uitkomst afgewezen.

Een multiculturele samenleving Naarmate Australië zich bewuster werd van haar geopolitieke positie en de sociale banden met Azië, werd deze politieke lijn steeds onhoudbaarder en uiteindelijk losgelaten. De wisselende, maar aanhoudende vraag naar arbeiders heeft talloze migranten uit Cambodja, Vietnam, de Filipijnen en andere Aziatische landen naar Australië gebracht – wat te zien is in de straten van de grote steden. De eis van volledige integratie is losgelaten ter wille van het behoud van de verschillende culturen; één van de twee door de staat gefinancierde tv-stations (SBS) is zelfs gespecialiseerd in programma's in allerlei talen. Australië is nu een van de meest multiculturele landen ter wereld. Meer dan de helft van alle Australiërs is buiten het land geboren of heeft ten minste één ouder die niet in Australië is geboren. De multiculturele samenleving ten spijt moeten de aborigines – die tenslotte de enige Australiërs zijn die zich niet kort geleden in het land hebben gevestigd en die niet van immigranten afstammen – vechten voor het behoud van hun tradities en cultuur (bladzijde 24–25). Bij de overige Australiërs begint nu pas waardering te ontstaan voor hun andere manier van leven.

■ *No worries* lijkt een goede samenvatting van de levenshouding van de gemiddelde Australiër. Werk speelt hier geen overdreven belangrijke rol. De Australiërs proberen er altijd het beste van te maken, bij voorkeur in de openlucht, waar ze, onder het genot van goed eten en drinken, met enthousiasme sportevenementen bijwonen of zwemmen, surfen, wandelen en eenvoudig rondlummelen in de prachtige natuur van het 'beste land ter wereld'. ■

Feest tijdens de Melbourne Cup

Ooit vormde het verleden als strafkolonie voor Australië een bron van schaamte, maar nu wordt er met trots teruggekeken op die tijd. De Australische kameraadschap heeft zijn wortels in de gedeelde onderdrukking en in het belang van goede maatjes in een leeg en ongastvrij land. Het land vormde een grote fysieke uitdaging, waarin de conventionele 'mannelijke' eigenschappen voorwaarden waren voor succes of zelfs overleven. Oorspronkelijk werd werk onder dwang en ten behoeve van anderen gedaan, waarna eenieder vrij was om zijn eigen leven te leiden. Gevangenbewaarders en gevangenisdirecteuren vormden het gezag, dat bijgevolg werd gehaat, maar een traditionele heersende klasse en gecompliceerde gedragscodes ontbraken. Vreemdelingen waren er nauwelijks, maar als ze hulp nodig hadden, konden ze die krijgen.

Iedereen is gelijkwaardig Daardoor is Australië een land waar de mensen zich in het algemeen niet beter of slechter voelen dan hun naasten. Voor geld heerst een groot ontzag, maar dit betekent niet dat de rijken worden gezien als een apart slag mensen. In sociale contacten bestaat er een openheid die menig bezoeker verbaast. Als u verwacht met egards te worden behandeld, dan kunt u wel eens voor een onaangename verrassing komen te staan: Australiërs hebben een hekel aan kapsones en zetten hun stekels op zodra ze ermee te maken krijgen.

Het buitenleven Gezien het feit dat de overgrote meerderheid van de bevolking dicht bij het strand woont, hoeft het niet te verbazen dat de Australiërs geobsedeerd lijken door sport en het buitenleven. Iedereen houdt wel van een *barbie* (barbecue) en een bezoekje aan het strand, of dat nu is om te zonnebaden of om te surfen. De clubs van de reddingsbrigades en de parades blijven populair, het strand trekt nog als vanouds en voor heel wat mensen is surfen een levensstijl geworden.
Gokken is een andere nationale hartstocht, waaraan men zich overgeeft voor eindeloze rijen *pokies* (gokautomaten), in het casino of op de renbaan. Op de eerste dinsdag in november staat in het hele land het leven stil voor de grote paardenrace, de Melbourne Cup.

Badmeester op Bondi Beach

❑ Hoewel vrouwen al vroeg stemrecht kregen, is Australië altijd een mannenmaatschappij geweest. De verhouding tussen mannelijke en vrouwelijke gedeporteerden was niet in evenwicht, en de taferelen die zich voordeden toen de eerste lading vrouwen werd gelost, waren volgens sommigen dan ook 'onbeschrijfelijk'. Lange tijd moesten *'Sheila's'* hun traditionele taken blijven vervullen, zowel in het huishouden als achter de bar, waar ze de glazen vulden die door de mannen in hoog tempo werden leeggedronken. De Tweede Wereldoorlog bracht veranderingen, en later het feminisme, waarvan een van de belangrijkste werken, *The female eunuch*, is geschreven door de Australische Germaine Greer. ❑

Sport De meeste Australiërs hebben wel een lievelingssport die ze zelf beoefenen of waar ze alleen maar naar kijken. Met de andere leden van het Britse Gemenebest delen ze een passie voor cricket, dat hier een stuk minder saai is dankzij nieuwigheden als eendaagse wedstrijden en schijnwerpers. Zelf het traditionele wit is ingeruild voor kleurige kleding.
In het hele land zijn er amateurrugbyclubs; betaald rugby wordt gespeeld in New South Wales en Queensland. Het populairst echter is, vooral in Melbourne, het zogenaamde Australian Rules Football. Deze onbehouwen versie van het Europese voetbal is ontstaan op de goudvelden en werd gespeeld door goudzoekers die even pauze nodig hadden. Zo'n 100.000 toeschouwers komen in september samen om de grote finale op de MCG (Melbourne Cricket Ground) bij te wonen.
In het jaar 2000 zal geen sportliefhebber meer om Australië heen kunnen: dan worden in Sydney de 27ste Olympische Spelen gehouden.

■ De Australische cultuur gaat veel verder terug dan de 200 jaar van blanke kolonisatie. Bezoekers zullen gefascineerd zijn door de tekenen van ten minste 40.000 jaar ononderbroken aboriginalbeschaving in de vorm van rots- en grotschilderingen en de intrigerende mythen over de Droomtijd, toen de wereld werd geschapen. ■

In alle lagen van de Australische samenleving heerst een groot respect voor cultuur en talent en is men trots op het internationale succes van Australische kunstenaars, filmmakers en schrijvers. De meeste *Aussies* zijn gek op een goede voorstelling; wie dat enthousiasme deelt, krijgt een warm onthaal.

Literatuur en film Het toneel heeft zich ontwikkeld van treurspelen over de verloren jeugd zoals Ray Lawlors *Summer of the seventeenth doll* tot het werk van David Williamson. Judith Wright en Les Murray zijn dichters van wereldformaat, die het persoonlijke en het openbare met elkaar verweven en het moeilijk grijpbare karakter van het Australische landschap weten vast te leggen. Drie klassieke boeken over Australië zijn Robert Hughes' geschiedenis van de strafkolonie, *The fatal shore*, Jill Ker Conways jeugdherinneringen, *The road from Coorain*, en Bruce Chatwins verhaal over de band van de aborigines met het land, *The songlines*. Ook de moeite waard is Barry Hills *The rock*, een geïllustreerde multiculturele geschiedenis van Uluru (Ayers Rock).
Indringende, soms amusante commentaren op het Australische leven, het landschap en de geschiedenis zijn *Voss* van Nobelprijswinnaar Patrick White, *Oscar and Lucinda* van Peter Carey, *Remembering Babylon* van David Malouf en *The playmaker* van Thomas Keneally. Elizabeth Jolleys romans spelen zich af in haar geboortestaat Western Australia.
Sinds de jaren zeventig zijn talloze Australische filmmakers internationaal doorgebroken. Het tragische *Breaker Morant* en Peter Weirs *Gallipoli* en *Picnic at Hanging Rock* zijn van een aparte klasse. Ook *My brilliant career*, over een ambitieuze jonge schrijfster op een schapenfarm, springt eruit. De bushbravoure van *Crocodile Dundee* past naadloos in de Australische mythologie, net als het apocalyptische *Mad Max 2/The road warrior*. Australische favorieten van recenter datum zijn *Strictly ballroom*, *A cry in the dark*, *Muriel's wedding*, het hilarische *The adventures of Priscilla, queen of the desert*, *Babe*, *The castle* en *Shine*.

Filmheld Crocodile Dundee

Schilderkunst De vroege, dromerige landschapsschilderingen van McCubbin en de Heidelberg School, die het Australische landschap een Europese schoonheid verleenden, hebben plaats gemaakt voor typisch Australische werken van schilders als Sidney Nolan, met zijn serie schilderijen over de wederwaardigheden van de bandiet Ned Kelly. Arthur Boyds en Brett Whiteleys

Dog and duck hotel, *een schilderij van Sidney Nolan*

uitvergrotingen van hun eigen dromen en obsessies leveren soms monumentale doeken op. De prachtige manier waarop Fred Williams het droge Australische land oproept, wedijvert in oorspronkelijkheid met de kunst van de aborigines, die nu zeer gewild is bij verzamelaars in de hele wereld. Aboriginalkunstenaars zijn goed vertegenwoordigd in musea en de oude rotsschilderingen overal in het land worden als een belangrijk cultureel erfgoed gezien.

Muziek Ook op muzikaal gebied heeft Australië veel te bieden. Met haar gouden stem is Joan Carden een waardig opvolgster van Nellie Melba en Joan Sutherland ('La Stupenda'). De hoofdsteden van de deelstaten hebben elk een Australian Broadcasting Commission-symfonieorkest van wereldformaat, met op het repertoire muziek van hedendaagse Australische componisten als Colin Brumby, John Antill en Peter Sculthorpe. De muziek van de aborigines verovert de Australische muziekcultuur. De groeiende faam van Yothu Yindi, een aboriginal-rockgroep, kwam nog eens tot uitdrukking toen de leadzanger van de band, Mandawuy Yunupingu, in 1992 werd uitgeroepen tot 'Australiër van het jaar'. Ten slotte wordt er in het land ook goede jazz (James Morrison), folk (Archie Roach en Ruby Hunter) en countrymuziek (Lee Kernaghan) gemaakt.

De media In tegenspraak met die diversiteit in de kunst zijn de meeste Australische kranten en televisiezenders, die in handen zijn van twee mediagiganten – Murdoch en Packer. De inhoud wordt bepaald door sport, sentimentele *bushwhacker*-pulp en trivia over het privé-leven van bekende persoonlijkheden, wat de commerciële Australische media even sensatiebelust maakt als die elders in de wereld.
Aan de andere kant winnen de radio- en televisieprogramma's van de Australian Broadcasting Commission allerlei internationale prijzen, vooral op het gebied van wetenschap, milieu en religie. Uitstekend is het wekelijkse actualiteitenprogramma *Four corners*, dat al 20 jaar schandalen uit de zakenwereld en de politiek naar buiten brengt die door de commerciële media worden genegeerd.

Politiek en economie

■ De zes staten die op de eerste dag van de 20ste eeuw besloten om samen de natie Australië te vormen, hadden zich elk ontwikkeld vanuit hun geïsoleerde hoofdsteden aan de kust en kenden dus een eigen karakter en cultuur. Het nationale bewustzijn groeit maar traag, maar de concurrentiestrijd op het gebied van de economie en de politiek tussen de staten onderling en tussen afzonderlijke staten en de nationale regering is des te levendiger. ■

Dankzij het centrale beheer van de belastinginkomsten en de aanstelling van rechters voor de Hoge Raad heeft de federale overheid sinds 1940 de meeste conflicten met de deelstaten gewonnen. Voorbeelden zijn het verbod uit 1983 op de bouw van een dam in de rivier de Franklin (een Werelderfgoedgebied) op Tasmanië en het verbod uit 1990 op houtkap in de unieke tropische regenwouden in het noorden van Queensland. In deze kwesties werd de centrale regering beïnvloed door een milieubeweging met een achterban die 8 tot 15 procent van het electoraat uitmaakt.

Politieke partijen Bij de verkiezingen van maart 1996 werd de Australische Federal Labor Government na een regeerperiode van 13 jaar (een unicum) op dramatische wijze verslagen door de coalitie van de Liberal Party (die de middenklasse en werkgevers in de steden vertegenwoordigt) en de National Party (die traditioneel de belangen van het platteland behartigt). John Howard, de huidige premier van de Liberal Party, staat bekend om zijn zelfingenomen en uiterst conservatieve stijl.
Veel mensen waren te spreken over het feit dat de macht niet langer in handen was van een Labour-regering. Niettemin vragen veel Australiërs zich af wat er terecht zal komen van de plannen voor een Australische republiek, die geen verantwoording schuldig is aan de Britse Kroon (nog steeds het officiële staatshoofd), of voor een nieuwe, toepasselijker vlag.

Het beleid ten opzichte van aborigines, immigranten uit Azië en de kunsten is ook veranderd, aangezien John Howard en zijn aanhangers weinig interesse tonen voor deze zaken. De regeringsplannen voor het invoeren van BTW op goederen en diensten stuiten alom op weerstand. Voorlopig wordt de oppositie tegen de Liberal/National Party aangevoerd door de voormalige vice-premier Kim Beazley.

Economische ontwikkeling De *'Lucky Country'* beschikt momenteel over onvoldoende afzetmarkten voor zijn wol, tarwe, rundvlees en delfstoffen om zijn onverzadigbare behoefte aan dure importgoederen te bekostigen. De tarieven die voorheen de kleine plaatselijke industrieën beschermden tegen Europese en Aziatische concurrenten zijn drastisch verlaagd, de werkloosheid bedraagt rond de 9 procent en hoewel de economie wat aantrekt, neemt de buitenlandse schuld elk jaar toe. De autoriteiten hopen dat het internationale toerisme de economie zal redden.
Er bestaat politieke overeenstemming over de noodzaak om exportgoederen te produceren, hoewel het regeringsbeleid het tegengestelde effect heeft gehad en werkloosheid heeft veroorzaakt. Desondanks staat vast dat de economie van Australië meer zal moeten integreren met zowel die van de Europese landen als die van de landen in Zuidoost-Azië en rond de Grote Oceaan – per slot van rekening zijn dat de directe buren van Australië.

AUSTRALIË WAS

AUSTRALIË WAS *Een oud continent*

■ In sommige delen van de wereld vinden ingrijpende geologische processen plaats. Bergtoppen worden geteisterd door ijs en sneeuw, gletsjers schuren door valleien, stortregens en watervallen spoelen land weg, terwijl elders geisers borrelen en lava uit de aarde omhoog komt. Australië is echter een rustig continent, met nog maar weinig geologische activiteit. ■

Oeroude tektoniek Zo'n 50 miljoen jaar geleden was Australië een deel van Gondwanaland, het grote zuidelijke supercontinent dat langzaam uiteenviel in de verschillende fragmenten die we tegenwoordig kennen als Antarctica, Zuid-Amerika, Afrika, India, Australië en Nieuw-Zeeland. De geologische evolutie van het land gaat echter nog veel verder terug. Precambrische rotsen van meer dan 600 miljoen jaar oud liggen op veel plaatsen aan de oppervlakte, onder andere de oeroude ijzerertslagen van de Pilbara in Western Australia. Vervolgens werd het hart van het continent regelmatig overspoeld door de zee, die grote hoeveelheden zand, schelpen en zandsteen afzette, en het kalksteen van de Nullarbor Plain. Ook ontstonden grote koraalriffen, die de basis vormden voor het uitgebreide grottensysteem van New South Wales en Queensland en voor het grote bastion dat vandaag de dag de zuidelijke rand van het Kimberley-plateau bewaakt. Het Grote Artesische Bekken is ook in deze periode ontstaan. Het vormt met zijn watervoorraden een belangrijke levensbron voor de *Outback*.

Recentere veranderingen Ongeveer 2 miljoen jaar geleden viel er in het droge *Red Centre* van het continent veel meer regen dan nu en groeide er een rijke tropische vegetatie. In het oosten kwam de Great Dividing Range omhoog als gevolg van aardbevingen. Het zuidelijke deel van dit gebergte is, afgezien van de hooglanden van Tasmanië, het enige gedeelte van het continent dat tijdens de laatste IJstijd (10.000 jaar geleden) met ijs bedekt is geweest. Toen het ijs smolt, steeg de zeespiegel, waar-

De Great Dividing Range

door de natuurlijke haven voor de toekomstige stad Sydney ontstond. Tegelijkertijd werden de verbindingen met Tasmanië en Nieuw-Guinea verbroken. Nog later zorgden vulkaanuitbarstingen ervoor dat de vlakten van Zuidwest-Victoria met lava bedekt raakten. Dit is nu een vruchtbaar gebied, met kegelbergen en kratermeren.

Rechts: natuurlijk plaveisel op het Tasman Peninsula
Onder: Australië in 1848 – het nog niet verkende binnenland van het continent is één grote witte plek

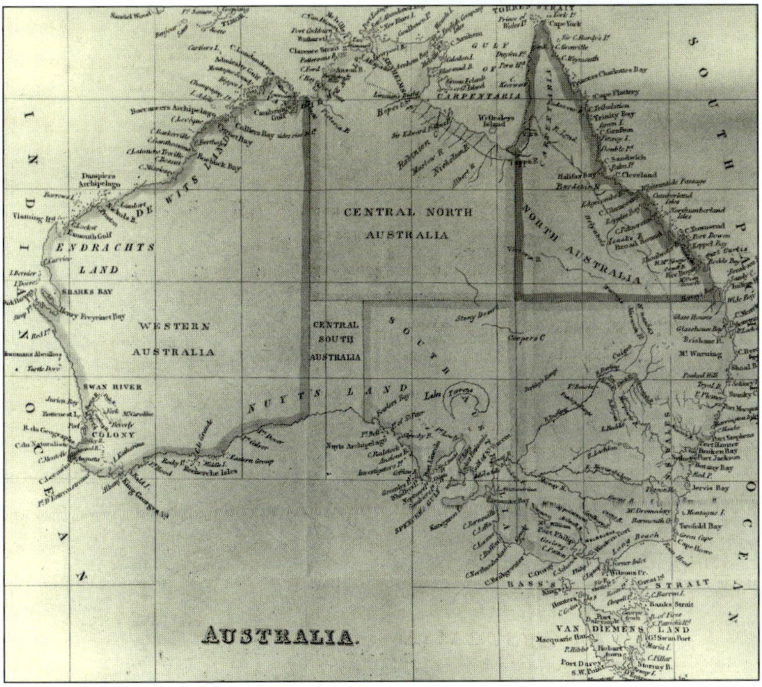

Europese ontdekkingsreizigers hadden de neiging zich een romantisch beeld te vormen van de zwarte mensen die ze op de kusten van het nog onbekende continent tegenkwamen. Sommige mensen zagen de aborigines als de 'edele wilden' waarover de 18de-eeuwse denkers schreven. De eerste Australiërs vormden een mateloos fascinerend onderwerp voor kunstenaars, die hen soms afbeeldden in de heroïsche poses van beelden uit de Griekse oudheid.

Slachtoffers van de blanken De komst van de Europeanen was een ramp voor de aborigines. Sommige groepen boden fel verzet tegen de usurpatie door de blanke kolonisten – en dolven het onderspit. Andere werden het gemakkelijke slachtoffer van de ziekten en slechte gewoonten van hun overheersers. Enkele tientallen jaren na de aankomst van de *First Fleet* waren de aborigines in de streek rond Sydney gedecimeerd door de drank en de griep, en voordat de 19de eeuw voorbij was, waren de Tasmaniërs vrijwel volledig uitgestorven. Tot ver in de 20ste eeuw zijn de aborigines beschouwd als tweederangsburgers – het stemrecht verkregen ze pas na een referendum in 1967.

Aborigines zijn trots op hun cultuur en tradities

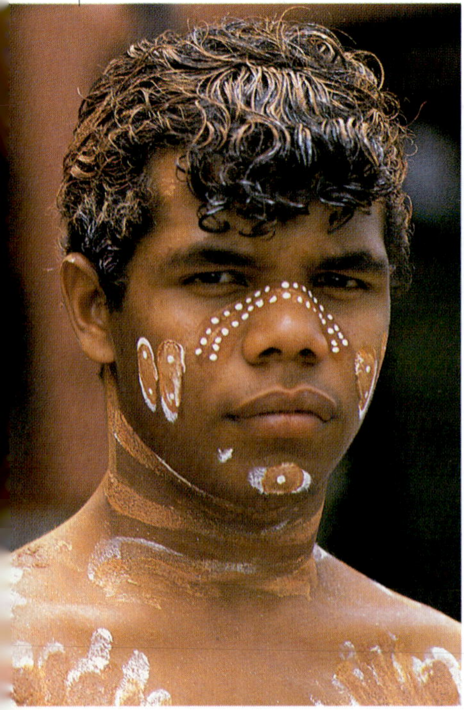

Nog maar vrij kort geleden zijn de blanke Australiërs pas waardering gaan opbrengen voor de rijkdom en verfijning van een manier van leven die door hun toedoen haast is vernietigd, maar die de zogenoemde 'Eerste Australiërs' minstens 40.000 jaar lang in materieel en spiritueel opzicht in harmonie met hun omgeving heeft gebracht.

Droomtijd De aborigines bewoonden het land op een wijze die niets van doen had met de Europese noties van eigendom en bezit. Ze 'bezaten' het land niet: het was hun in bewaring gegeven door de voorouderlijke wezens die het land in de Droomtijd *(Dreamtime)* hadden geschapen – een heilige taak. Het land zelf maakte deel uit van het spirituele geheel van de schepping, waarin alle wezens, dieren zowel als mensen en doden zowel als levenden, hun bestaan hadden. Bepaalde 'heilige plaatsen' konden voor een individu of een familiegroep bijzonder betekenisvol zijn en vereerd worden. Een diep begrip van de geestelijke betekenis van het land werd via uitermate verfijnde tradities van zang en dans overgeleverd. Helaas is veel van die orale traditie verloren gegaan.

Aboriginalparkwachters delen graag hun kennis van het land

Rituele bijeenkomsten, zogenaamde *corroborees*, waarbij voor de mannen en de vrouwen strikt gescheiden ceremonies bestonden, namen veel tijd in beslag. Beeldende kunst, zoals rots- of muurschilderingen, of op de grond aangebrachte patronen, had een ceremoniële of verhalende functie en werd steeds vernieuwd.

Levensstijl Bijna alle aboriginalgroepen waren nomadisch. Hun levensstijl was die van de jagers, vissers en verzamelaars uit het Stenen Tijdperk. Ze waren afhankelijk van de seizoensgebonden beschikbaarheid van wild en zaden en vruchten. Ze verbrandden op kleine schaal bos om nieuwe plantengroei te stimuleren en daarmee dieren aan te trekken. Have en goed bleven tot een minimum beperkt: manden en netten, graafstokken, hutten van kreupelhout, wapens van bewerkt hout en geslepen botten, kano's van boomschors en boemerangs. De kleding was ook minimaal, behalve in de koudere, nattere gebieden.
Elke clan had zijn eigen territorium, dat niet zozeer werd afgebakend door markeringen op de grond, als wel mondeling, door middel van liederen. Er moeten ingewikkelde onderhandelingen aan vooraf zijn gegaan in het geval dat een andere groep zo'n onzichtbare maar welomschreven grens wilde overschrijden. Heel Australië kan in kaart worden gebracht aan de hand van deze traditionele territoria, maar in de tijd van de Europese kolonisatie bestond zo'n kaart slechts in de harten van de inheemse bewoners. De Europeanen konden het 'onbeschreven' land dan ook met een redelijk schoon geweten in beslag nemen.

❑ Er bestonden zo'n 200 aboriginaltalen – onderling verwant maar niet noodzakelijk uitwisselbaar – en de meeste aborigines waren meertalig. De taal van de aborigines in het gebied was natuurlijk onbekend voor de Europeanen, en het *'Warra! Warra!'* waarmee ze werden begroet, konden ze niet verstaan. Maar zouden ze zich er iets van hebben aangetrokken als ze hadden begrepen dat *Warra! Warra!* 'Ga weg!' betekent? ❑

■ De allereerste mensen die Australië verkenden, waren de voorouders van de huidige aborigines, die wellicht meer dan 40.000 jaar geleden over de toen nog bestaande landengte tussen Nieuw-Guinea en het continent waren getrokken. Aanvankelijk leefden ze langs de kust en in andere gebieden waar gemakkelijk aan voedsel was te komen, maar uiteindelijk leerden ze zelfs in die gebieden te overleven, die latere verkenners voor onleefbaar hielden. ■

Portugese en Nederlandse ontdekkingsreizigers De eerste Europeanen die – per ongeluk – op Australië stuitten, waren Portugese zeevaarders die in de 16de eeuw een nieuwe route naar de oostelijke specerijeilanden (de Molukken) probeerden te vinden. Maar de eersten die er voet aan wal zetten, waren de Hollanders. Vanuit Batavia landden zij in 1606 met het schip *Duyfken* op de verlaten westkust van Cape York. De kapitein, Willem Jansz, was niet erg onder de indruk van wat hij zag.
Iets later ontdekten Nederlandse schippers op weg naar Java dat ze de reis met weken konden bekorten door tussen de veertigste en vijftigste breedtegraad te varen en vervolgens vlak voor de westkust van Australië koers naar het noorden te zetten. Sommigen zeilden rechtdoor, zoals Dirk Hartog in 1616 (die op het eiland dat zijn naam draagt een tinnen plaat met inscriptie aan een paal liet nagelen), en Frederik de Houtman, die in 1619 op de Houtmanrotsen landde. Onder het bevel van een kapitein wiens naam onbekend is, kreeg de *Leeuwin* in 1622 het zuidwestelijke puntje van het continent in zicht, waarna de Verenigde Oostindische Compagnie systematischer pogingen ondernam om deze kust te verkennen. De beroemdste daarvan was de reis van Abel Tasman in 1642–1643 met de *Heemskerck* en de *Zeehaen*. Toen diens verkenner op Tasmanië aan land ging, hoorde hij stemmen uit het bos komen, maar de inboorlingen vertoonden zich niet. Tasman liet de vlag hijsen en vernoemde het eiland

Dit schilderij van W.R. Stott toont de aanval van aborigines op William Dampier na zijn landing in 1699

naar de gouverneur van Nederlands Oost-Indië, Van Diemen. De naam Tasmanië is pas in 1855 aan het eiland gegeven.
Tijdens een tweede reis slaagde Tasman er niet in de doorgang tussen Nieuw-Guinea en Australië (later Straat Torres genoemd) te vinden, maar hij bracht wel 3000 km van de noordkust in kaart. Tegen deze tijd was de Australische kust van het puntje van Cape York tot aan de eilandengroep in de Grote Australische Golf door de Hollanders verkend. Hoewel zij het continent niet koloniseerden, gaven ze het wel een naam: Nieuw-Holland.

Vroege kolonisten – kapitein Phillip landt bij Sydney Cove in 1788

De komst van de Engelsen De eerste Engelsman die voet aan wal zette op de kust van Nieuw-Holland was William Dampier, die twee maal op de noordwestkust landde, eerst in 1688 en later in 1699. Het was echter kapitein Cook die niet alleen de onbekende oostkust ontdekte, maar ook de plaats bepaalde waar de Britse kolonisatie zou beginnen. Ondanks het feit dat zijn schip de *Endeavour* op het Barrier Reef aan de grond liep, wist hij zijn missie te volbrengen. Het land dat hij voor de Britse Kroon in bezit nam, doopte hij New South Wales.

Zelfs nadat de Britse kolonisatie rond Sydney Harbour goed en wel op gang was gekomen (onder leiding van kapitein Phillip in 1788), bleef het de vraag of de drie tot dan toe bekende fragmenten één continent vormden. Die vraag werd ten dele beantwoord door George Bass en Matthew Flinders, die rond 1798 het bestaan van een doorgang tussen het vasteland en Van Diemensland aantoonden. Gouverneur Hunter was er zo van onder de indruk, dat hij de doorgang Straat Bass doopte.

Flinders zette de systematische verkenning van de zuidkust voort met de *Investigator*. In wat bekend werd als Encounter Bay kwam hij het Franse verkenningsschip de *Geographe* tegen. De kapitein, Nicolas Baudin, gedroeg zich onberispelijk, maar Flinders wantrouwde de bedoelingen van een dienaar van Frankrijk, waarmee Engeland kort daarvoor nog in oorlog was. Dat wantrouwen bleek niet onterecht: nadat hij in 1802–1803 om Australië heen was gezeild, werd Flinders op de terugweg naar Engeland gearresteerd door de gouverneur van het Franse Mauritius – hij wist niet dat de oorlog inmiddels weer was opgelaaid. Flinders werd zes jaar vastgehouden en keerde op 40-jarige leeftijd als een wrak terug naar Engeland. Hij wist nog net zijn boek *A voyage to Terra Australis* te voltooien voordat hij in 1814 stierf.

❑ Ook niet-Europeanen kwamen in aanraking met Australië. Chinese jonken schijnen tot aan de noordkust te zijn gevaren, mogelijk zelfs al in de 15de eeuw, en er waren uitwisselingen tussen de aborigines en de oorlogszuchtige inwoners van Nieuw-Guinea. Vanaf ongeveer 1700 deden vissers uit Makassar op Celebes regelmatig de noordkust aan op zoek naar tripang (zeekomkommers), een activiteit die tot op heden voortduurt. ❑

Verkenners van het land

■ **Tal van nederzettingen, wegen, rivieren en talloze andere opvallende landschappelijke aspecten in Australië dragen de namen van gouverneurs en andere leiders. Maar er zijn er ook, zoals de Sturt Stony Desert, die herinneren aan andere vormen van roem – verworven door onverschrokken mannen die er, met wisselend succes, op uittrokken om het nog niet in kaart gebrachte binnenland te verkennen.** ■

Sommige avonturiers zijn misschien gewoon uit nieuwsgierigheid het binnenland ingetrokken, maar wat ook een rol speelde was de behoefte aan land: de kolonie groeide en moest worden gevoed. Daarnaast had de Engelse industrie een onverzadigbare honger naar wol ontwikkeld, die de door John Macarthur met succes gefokte merinoschapen konden stillen, mits er genoeg weidegrond werd gevonden. Jarenlang versperden de Blue Mountains de weg van Sydney naar het binnenland, maar in 1812 werd dit obstakel door William Lawson, William Charles Wentworth en Gregory Blaxland overwonnen. Gouverneur Macquarie liet in recordtijd een weg over de bergen aanleggen en kolonisten spoedden zich naar de graslanden.

De reis van Sturt Lange tijd was het zowel voor de autoriteiten als voor de ontdekkingsreizigers een raadsel wat er met de westwaarts stromende rivieren gebeurde. Mondden zij soms uit in een grote binnenzee? Een ontkennend antwoord kwam in 1829–1830, toen Charles Sturt een walvisvaarder over de bergen sleepte en daarmee de Murrumbidgee af zeilde tot aan de samenloop met de Murray. Vandaar voer hij verder stroomafwaarts naar het brede Lake Alexandrina en de monding van de rivier, die vanuit zee gezien altijd achter een zandbank verborgen was gebleven. Sturts terugkeer, tegen de stroom in roeiend, eindigde bijna rampzalig toen er een tekort aan voedsel ontstond.

Velen verloren het leven bij de verkenning van het binnenland

❑ Ontdekkingsreizigers van verschillende nationaliteit speelden een rol bij de verkenning van Australië. In 1839–1840 doorstond een Poolse avonturier, de zich 'graaf' noemende Paul Strzelecki, ontberingen die bijna even erg waren als die van Sturt, toen hij de hooglanden doorkruiste die hij Gippsland noemde. De Pool overleefde dankzij zijn aboriginalgids. Een onbezonnen Pruis, Ludwig Leichhardt, had minder geluk, ofschoon hij er op zijn eerste reis in 1844 in slaagde de verbazingwekkende afstand van 4800 km van Brisbane naar Arnhem Land af te leggen. Een nog gewaagdere tocht, van Sydney naar Perth, mislukte. Leichhardt en zijn makkers losten op in de immense leegte van het binnenland. ❑

Boven: Burke en Wills vertrekken uit Melbourne in augustus 1860

De expeditie van Burke Een groot fiasco was de expeditie die in 1860 onder leiding van de ongeduldige Robert O'Hara Burke vanuit Melbourne werd ondernomen. Het doel, de mangrovenmoerassen van de Golf van Carpentaria, werd weliswaar bereikt, maar toen de groep terugkeerde naar het basiskamp bij Cooper Creek, bleek dit een paar uur eerder door de ondersteuningsgroep te zijn verlaten. Burke en zijn rechterhand Wills kwamen beiden om. Een andere man, John King, werd door de aborigines in leven gehouden en kon de expeditie navertellen.

Voordat hij het hart van Australië met succes doorkruiste, had Stuart al Alice Springs bereikt

Eyre en Stuart De namen van twee *highways* die zich uitstrekken over de grote leegte van Midden- en West-Australië gedenken de ontdekkingstochten van twee reizigers met een bijkans legendarische volharding. Met de trouwe steun van zijn aboriginalgids Wylie bereikte Edward Eyre in 1840–1841 Albany, na een tocht door de woestijn ten noorden van de Grote Australische Golf. In 1862 bereikte John McDouall Stuart, bijna blind en helemaal grijs geworden, uiteindelijk de kust, dicht bij wat later Darwin zou worden. Zijn eerdere pogingen om via het binnenland van het zuiden naar het noorden te trekken waren mislukt, al had hij nog wel de Union Jack op een heuveltop bij Alice Springs geplant. Tijdens zijn terugtocht naar Adelaide, waar hij juichend werd begroet, moest hij op een baar worden gedragen.

In de eerste helft van de 19de eeuw ontwikkelde Australië zich langzaam, al waren er spoedig meer vrije kolonisten dan veroordeelden. Elke kolonie had een eigen bestaansrecht, onafhankelijk van New South Wales. Met de ontdekking van goud werd alles anders. De vele ondernemende lieden die erdoor werden aangetrokken, hielpen het fundament leggen voor de in wezen stedelijke cultuur van Australië.

Goudkoorts Aan de eerste goudvondsten werd nauwelijks ruchtbaarheid gegeven, omdat de autoriteiten bang waren voor de ontwrichting die daarvan het gevolg zou kunnen zijn. Maar toen Edward Hargraves, een veteraan uit de tijd van de Californische *gold rush* van 1849, in februari 1851 een vondst deed nabij Bathurst in NSW, brak de goudkoorts in alle hevigheid uit. De steden dreigden leeg te lopen. Om dit tegen te gaan werd in Melbourne zelfs een prijs uitgeloofd voor wie goud vond binnen een bepaalde afstand van de stad. Een zekere James Esmond hield de stad hieraan. Zijn vondst bij Clunes in juli 1851 werd gevolgd door andere vondsten bij Castlemaine, Bendigo en Ballarat.

Het leven op de goudvelden was hard, rauw en gevaarlijk. Veel goudzoekers verlangden slechts naar een eerzaam bestaan. Ze werden boer of zakenman als ze een gelukkige vondst hadden gedaan of keerden naar de stad terug om hun geluk te beproeven in 'Marvellous Melbourne', waar de kansen schijnbaar voor het oprapen lagen. Rebelsere geesten droegen hun steentje bij aan de Eureka-opstand (zie bladzijde 110). Hoewel ze verloren, hielp hun daad van verzet een nieuwe atmosfeer te scheppen, waarin een systeem van volksvertegenwoordiging kon gedijen. De bevolking van Victoria groeide binnen tien jaar van minder dan 100.000 tot meer dan een half miljoen.

Goudzoekers in de 19de eeuw

Gelukzoekers De goudzoekers kwamen uit alle windstreken, waaronder Groot-Brittannië en de goudvelden van Californië. De Chinezen vormden de grootste minderheid. De meesten gingen in South Australia aan wal en trokken te voet naar de goudvelden van Victoria om de 10 pond belasting voor het aan wal gaan in Melbourne te ontlopen. Door hun grote aantal, maar ook door hun bereidheid om hard te werken en hun neiging om zich niet met anderen in te laten, waren ze niet erg geliefd bij andere goudzoekers. Tijdens de *gold rush* van de Palmer River in het noorden van Queensland, rond 1870, vormden de Chinese goudzoekers zelfs de meerderheid van de mannen in de staat.

Van *boom town* tot spookstad In Victoria waren de gloriedagen snel voorbij. Rond 1860 was het goud dat aan de oppervlakte lag of gemakkelijk viel op te graven al gedolven. Individuele goudzoekers konden zich niet de uitrusting veroorloven die nodig was voor het graven en onderhouden van diepere mijnen en het initiatief werd overgenomen door maatschappijen die wel in staat waren om het noodzakelijke kapitaal bijeen te brengen. Ballarat veranderde van een modderige chaos in de meest eerbiedwaardige stad van Victoria.
Tijdens de tweede helft van de 19de eeuw werd er overal in Australië goud gevonden. De meeste vindplaatsen waren van voorbijgaande aard en lieten een erfenis van opmerkelijke spooksteden na. De laatste grote *gold rush* was die naar de oostelijke goudvelden van Coolgardie en Kalgoorlie-Boulder in Western Australia (1892–1893). Opnieuw kreeg de zwakke economie van de kolonie een grote impuls en Perth veranderde in een echte stad. In dit gebied wordt nog altijd op grote schaal goud gedolven, maar dit gebeurt thans met kolossale machines.

In Sovereign Hill herleven de dagen van de gold rush

❑ Zolang er wegen zijn geweest, zijn deze onveilig gemaakt door struikrovers, en dat gold zeker in de tijd van de goudkoorts. De Australische struikrovers waren net zo roemrucht als hun evenknieën in het Wilde Westen. Sommige verwierven zich een heldenstatus bij een bevolking die van oudsher niet veel ophad met de wet. De beruchtste van allen, en een symbool van de Australische opstandigheid en halsstarrigheid, was Edward 'Ned' Kelly, de zoon van een Ierse ex-veroordeelde. Na een reeks wapenfeiten, waaronder het overvallen van hele steden, werd de bende van Kelly in juni 1880 bij Glenrowan, een stadje in het noordoosten van Victoria, in het nauw gedreven. Kelly kwam uit de pub tevoorschijn in zijn fameuze zelfgemaakte harnas, maar werd in de benen geschoten, berecht en op 11 november 1880 opgehangen in Melbourne. ❑

Veranderend landschap

■ Het Australische landschap dat de eerste kolonisten onder ogen kregen, miste het ordelijke karakter van Europa. Een groot deel van hun inspanningen was erop gericht de onbekende en schijnbaar chaotische Australische natuur een rationele, productieve ordening op te leggen. Dit ging soms ten koste van de natuurlijke omgeving en het verlies van natuurschoon – zoals nu pas wordt erkend. ■

De omvorming van bosgrond in landbouwgrond begon in Europa tijdens het Neolithicum en zou 5000 jaar in beslag nemen. In het bosrijke zuidoosten en westen van Australië was hetzelfde proces na één enkele eeuw al nagenoeg voltooid. Niet overal werd het bos vervangen door landbouwgewassen. In veel gebieden was het hout zelf waardevol en ontwikkelde zich weldra een houtindustrie.
Het verdwijnen van het oorspronkelijke bos, al dan niet gevolgd door beplanting met uitheemse boomsoorten zoals de Monterey-den, ging door tot in de 20ste eeuw, maar is nu gedeeltelijk een halt toegeroepen. Vandaag de dag mag geen bezoeker zulke pronkstukken van het Australische landschap overslaan als het tropische regenwoud van Queensland, de gematigde tegenhanger ervan in het zuidoosten en op Tasmanië, de blauwe gombomen waaraan de Blue Mountains hun naam ontlenen of de karribossen van Western Australia.

De boeren komen eraan Nadat het bos en het struikgewas waren geruimd, bakenden boeren en schapenfokkers het land af. Ze plaatsten omheiningen, plantten Europese bomen om hun stek een wat vertrouwder uiterlijk te geven en bouwden hun boerderijen – die variëren in Australië van elegante stenen herenhuizen tot hutten van golfplaat.
De pogingen tot ontginning mislukten dikwijls vanwege de grillige aard van het land. Veel boeren verlegden de grens van de landbouwgronden te ver landinwaarts en werden door jaren van droogte geruïneerd. Australië telt dan ook evenveel verlaten boerderijen als spooksteden. Naarmate de kolonisatie vorderde, moesten de oorspronkelijke dieren wijken voor enorme kudden schapen die zich te goed deden aan de geïmporteerde grassoorten die de boeren hadden gezaaid. Kangoeroes en andere dieren werden vaak afgeschoten omdat ze als schadelijk werden beschouwd, maar konden soms profiteren van de irrigatie van droge gebieden, waardoor ze een echte plaag werden.

Botsende belangen Het gevolg van deze en andere veranderingen was dat een schijnbaar ordeloos natuurlandschap werd getransformeerd tot een beheersbaar milieu dat in de ogen van de Europeanen economisch waardevol was. Eén en ander betekende ook dat het land niet meer op de traditionele manier te bewonen was door de aborigines, wat conflicten in de hand werkte.

❑ Konijnen werden rond 1850 als jachtwild geïmporteerd. Binnen enkele jaren groeide hun aantal explosief. Ze rukten met een snelheid van 100 km per jaar op en vernielden veel van de oorspronkelijke begroeiing. Er werden omheiningen gebouwd, eentje ervan liep 2000 km door een groot deel van Western Australia. Maar de konijnen wisten er doorheen te komen; hun aantal nam pas af toen zich in de jaren vijftig myxomatose onder hen verspreidde. ❑

ONTDEK AUSTRALIË

Ontdek Australië

Veel bezoekers van Australië zullen al enig idee hebben van wat ze er willen gaan doen. Zij die slechts vage plannen hebben, dienen te beseffen dat Australië een continent is. Een reis erheen is vergelijkbaar met een reis naar Europa of naar de Verenigde Staten – Australië is ongeveer even groot als de VS, zonder Alaska. U kunt zich op een korte reis een globale voorstelling van het land maken, maar als u Australië echt goed wilt leren kennen, dan kost dat tijd en geld.

Een lang verblijf Het absolute minimum voor een uitgebreide reis, waarop alle belangrijke bezienswaardigheden worden aangedaan, is drie maanden. In dat tijdsbestek kunt u alle staten, inclusief Tasmanië, en de meeste driesterrenattracties in deze gids bezoeken, zeker wanneer u veel per vliegtuig reist. Mocht u meer tijd hebben, des te beter: u kunt dan op sommige plaatsen wat langer blijven en op een ontspannen manier de sfeer proeven. Nu er over het hele continent goede, geasfalteerde wegen lopen, trekken ook veel gepensioneerde Australiërs er met de camper op uit om hun eigen land te verkennen.

Een kort verblijf De meeste bezoekers van Australië zullen slechts een beperkte tijd tot hun beschikking hebben, wat betekent dat er keuzen moeten worden gemaakt. Als u wilt genieten van wat Australië te bieden heeft, kunt u niet volstaan met rond te kijken in de steden, maar moet u ook het land in trekken, over de onverharde wegen van de *Outback* rijden, uw auto achterlaten voor een wandeling door de *bush* of over het strand, wat rondscharrelen in oude stadjes uit de tijd van de *gold rush*, aan de bar van

Campers zijn ideaal voor een reis door Australië, vooral voor wie de kosten zo laag mogelijk wil houden

een café in de *Outback* hangen of genieten van de uitstekende mogelijkheden tot duiken en snorkelen.
In Australië kunt u aan allerhande activiteiten deelnemen, van een rit op een kameel in de woestijn tot het graven naar eetbare larven in het gezelschap van een aboriginal-parkwachter. Niet alleen zijn er vermoedelijk meer musea (van professioneel tot aandoenlijk amateuristisch) per hoofd van de bevolking dan waar ook ter wereld, er zijn ook tal van gastvrije fabrieken en ondernemingen. Wijngoederen zonder proeverijen bestaan niet, fruit- en veebedrijven heten u welkom en er is accommodatie genoeg om aan plattelandsactiviteiten deel te kunnen nemen.

De voorbereiding van uw reis Gezien de beperkingen van een conventionele vakantie van een paar weken is het belangrijk om grenzen te stellen aan wat u redelijkerwijs kunt ondernemen. Ondanks de enorme uitgestrektheid wordt bijna iedere Australische staat gedomineerd door zijn hoofdstad, elk met een eigen karakter en vele attracties. Hier is het koloniale leven begonnen en zijn de sporen ervan nog het duidelijkst zichtbaar. De natuurlandschappen strekken zich meteen voorbij de buitenwijken uit. Geen enkele grote stad ligt ver van de heuvels of bergen van een nationaal park vandaan. Een oplossing zou dus zijn om slechts één plaats als uitvalsbasis te kiezen en van daaruit excursies te maken, waarvan sommige met overnachtingen om de enorme contrasten tussen het Australische leven in de stad en dat op het platteland te ondergaan. Een tocht door het land – per huurauto, trein of bus, of met een reisgezelschap – is een goede manier om vertrouwd te raken met het land, als u er de tijd voor neemt. Uw ticket voor de retourvlucht naar huis kan meestal wel worden aangepast.
Hebt u echt weinig tijd, maar wilt u wel veel zien, dan kunt u overwegen om bijvoorbeeld Sydney, Cairns, het Groot Barrièrerif, Darwin, Alice Springs en Uluru te bezoeken en tussen deze bestemmingen te vliegen.
Rondtrekken in de *Outback* is een unieke ervaring. Voordat u er in een gehuurde personenauto of camper opuit trekt, moet u zich echter goed rekenschap geven van de afstanden. Bedenk dat Cairns 2546 km van Sydney ligt, Alice Springs via Adelaide 2644 km, Darwin via Adelaide en Alice Springs 3999 km en Perth liefst 4144 km – voorwaar geen kort ritje! U hoeft overigens niet de hele weg over land af te leggen. Als de tijd dringt, kunt u ook naar een van de vele vertrekpunten voor tochten door de *Outback* vliegen en van daaruit starten.
Australië kent uitstekende, gevarieerde toeristische voorzieningen. De mensen in deze branche zijn vaak zeer behulpzaam. Naast accommodatie en restaurants voor ieder budget, vindt u er tal van reisorganisaties. Bekijk wel of de tochten die ze aanbieden echt aan uw wensen tegemoet komen – soms is de reis handiger voor de organisatie dan voor u.

Australische eilanden
Lord Howe Island (meer dan 700 km ten noordoosten van Sydney) en Norfolk Island (nog 1000 km verder) liggen zelden op de route van buitenlandse bezoekers, hoewel het favoriete vakantieoorden zijn van Australiërs die op zoek zijn naar iets anders.
Norfolk Island, zo'n 40 km^2 groot, was een gevangeniseiland, waar wetsovertreders uit Sydney die geen berouw toonden heen werden gestuurd en leden onder een onmenselijk regime. De resterende gebouwen verlenen het eiland de sfeer van Port Arthur op Tasmanië. Het klimaat is er subtropisch en behalve regenwoud vindt u er de beroemde Norfolk-dennen en glooiende graslanden.
Lord Howe Island meet minder dan de helft van Norfolk Island. Het wordt gedomineerd door bergen met een unieke vegetatie en vogelpopulatie en is tot Werelderfgoedgebied uitgeroepen. Er zijn bijna geen auto's. Als u er niet gaat snorkelen, zult u zich met de fiets moeten verplaatsen.

Bestuurders: pas op voor kamelen!

R1
Melville Island
Bathurst Island
DARWIN
Jabiru
Arnhem
Cape Londonderry
Joseph Bonaparte Gulf
Daly
1
Katherine
Bonaparte Archipelago
Wyndham
Kununurra
Daly Water
80
Kimberley
96
Derby
Broome
1
Halls Creek
Fitzroy Crossing
N O R T
Tanami Desert
Great Sandy Desert
Port Hedland
Dampier
Barrow Island
95
1
Pilbara
Ashburton
T E R R
Lake Mackay
MacDonnel
Lake Disappointment
Newman
Gibson Desert
Ayers Rock Resort
Uluru (Ayers Rock)
Lake MacLeod
Gascoyne
W E S T E R N
Carnarvon
Musgrave Ranges
Lake Carnegie
Meekatharra
A U S T R A L I A
1
Great Victoria Desert
S O U T H
95
Geraldton
Lake Barlee
Kalgoorlie
Nullarbor Plain
1
94
Norseman
PERTH
Great Australian Bigh
Esperance
Bunbury
1
Augusta
Cape Leeuwin
Albany
0 200 400 600 800 km
0 100 200 300 400 500 mil

Torres Strait
PNG
Cape York
Cape Wessel
Cape Arnhem
Land
Groote Eylandt
Weipa
Cape York Peninsula
Gulf of Carpentaria
Vanderlin Island
Wellesley Islands
Borroloola
Mitchell
Great Barrier Reef
Cairns
1611m
Normanton
HERN
TORY
Great Dividing Range
Flinders
Charters Towers
Townsville
Tennant Creek
Mount Isa
Cloncurry
Mackay
Winton
QUEENSLAND
Ranges
Boulia
Clermont
Cape Townshend
Alice Springs
Simpson Desert
Warburton
Longreach
Emerald
Rockhampton
Bedourie
Gladstone
Great Artesian Basin
Biloela
Windorah
Bundaberg
Fraser Island
Maryborough
Charleville
Miles
Lake Eyre
Cooper
Toowoomba
BRISBANE
AUSTRALIA
Dirranbandi
Flinders Ranges
Moree
Glen Innes
Bourke
Grafton
Coffs Harbour
Tarcoola
Pimba
Darling
Nyngan
Ceduna
Port Augusta
Broken Hill
NEW SOUTH WALES
Tamworth
Dubbo
Port Macquarie
Whyalla
Port Pirie
Orange
Bathurst
Newcastle
Port Lincoln
Spencer Gulf
Murray
Mildura
Cowra
SYDNEY
ADELAIDE
Hay
Goulburn
Wollongong
Wagga Wagga
Murray
CANBERRA
Kangaroo Island
Albury
AUSTRALIAN CAPITAL TERRITORY
Echuca
2228m
VICTORIA
Snowy Mts
Ballarat
MELBOURNE
Mount Gambier
Geelong
Cape Howe
Warrnambool
Bairnsdale
Wilsons Promontory
King Island
Bass Strait
Flinders Island
Burnie
Devonport
Launceston
Queenstown
Mount Ossa 1617m
TASMANIA
HOBART
South East Cape

0 500 m
0 500 yards
Dawes Point
Walsh Bay
Pier One
Sydney Harbour Bridge
Wharf Theatre
DAWES POINT
SYDNEY HARBOUR TUNNEL
Bennelong Point
Millers Point
E
The Merchants' House
Garrison Church (Holy Trinity)
Sydney Visitor Centre
Overseas Passenger Terminal
Sydney Opera House
Government House
MILLERS POINT
BRADFIELD HIGHWAY
ARGYLE PLACE
Argyle Centre
Cadman's Cottage
Sydney Cove
Museum of Contemporary Art
Observatory Hill & Sydney Observatory
THE ROCKS
Ferry Terminal
Circular Quay Station
CAHILL EXPRESSWAY
Justice & Police Museum
Customs House
Sydney Conservatorium of Music
National Trust Centre SH Ervin Gallery
MACQUARIE PLACE
D
Darling Harbour
GROSVENOR STREET
BRIDGE STREET
Museum of Sydney
Australia Square
CAHILL EXPRESSWAY
Jones Bay
WESTERN DISTRIBUTOR
Wynyard Station
GEORGE STREET
PITT ST
PHILLIP ST
MACQUARIE STREET
State Library of NSW
Pyrmont Bay
YORK STREET
State Parliament House
ERSKINE STREET
CLARENCE STREET
MLC Centre
Martin Place Station
Sydney Hospital
GPO
Martin Place
St James Church
C
Australian National Maritime Museum
KING STREET
KING STREET
QUEENS SQUARE
Hyde Park Barracks
Sydney Light Rail
Star City
Strand Arcade
Sydney Aquarium
AMP Tower
St James Station
PYRMONT
MARKET STREET
ELIZABETH STREET
Pyrmont Bridge
State Theatre
Hyde Park
COLLEGE STREET
HARRIS STREET
PYRMONT STREET
Harbourside
Monorail
Cockle Bay
Queen Victoria Building
Great Synagogue
Cockle Bay Wharf
DRUITT STREET
PARK STREET
Harris Street Motor Museum
Sydney Convention Centre
DAY
IMAX Theatre
Sydney Town Hall
Town Hall Station
St Andrews Cathedral
Museum Station
BATHURST STREET
B
DARLING HARBOUR
Sega World
BRIDGE ROAD
Tumbalong Park
Sydney Exhibition Centre
Anzac Memorial
Chinese Garden
Monorail
LIVERPOOL STREET
WATTLE STREET
Wentworth Park
DIXON
PIER STREET
GOULBURN STREET
WENTWORTH AVENUE
GOULBURN
HARBOUR ST
Chinatown
WENTWORTH PARK RD
WILLIAM HENRY STREET
Sydney Entertainment Centre
Powerhouse Museum
HAY ST
CAMPBELL
Paddy's Markets & Market City
SURRY HILLS
HAYMARKET
RAWSON PLACE
Belmore Park
A
EDDY AVE
ALBION
Havenkant en geschiedenis
Wandelingen Centrum en Darling Harbour
MARY ANN STREET
Central Railway Station
ULTIMO
FOVEAUX ST
1
2
3

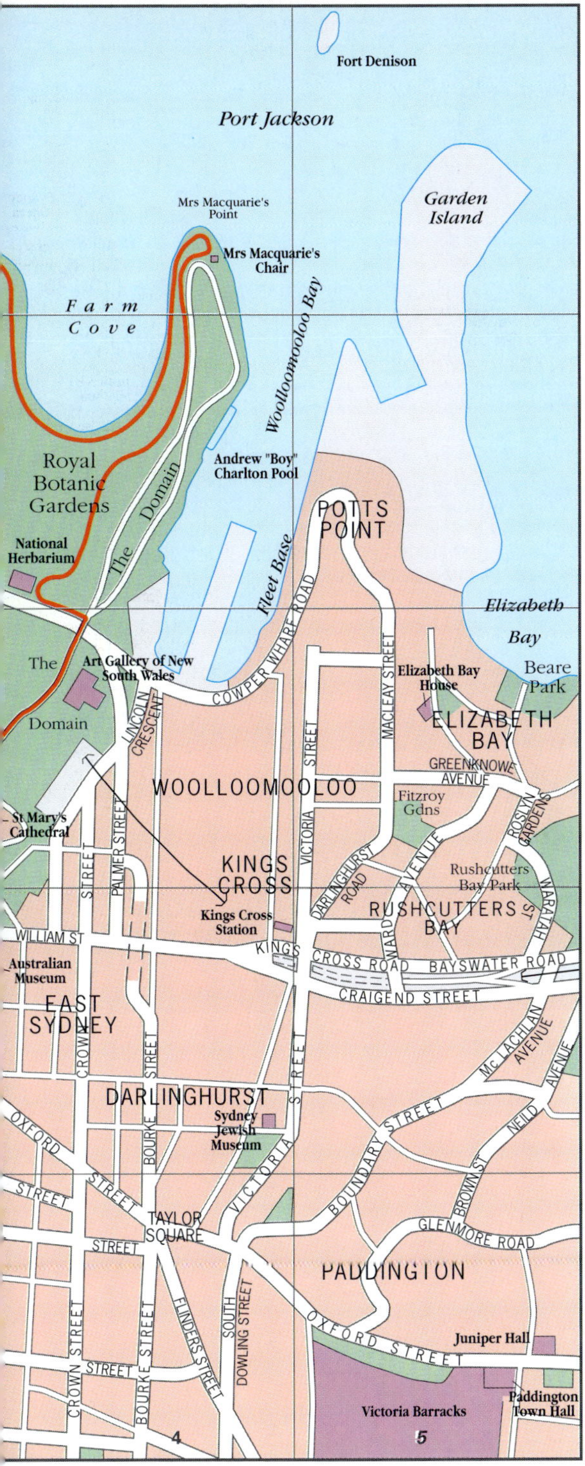

SYDNEY

HOOGTEPUNTEN

ART GALLERY OF NEW SOUTH WALES *zie bladzijde 42*

AUSTRALIAN MUSEUM *zie bladzijde 42*

AUSTRALIAN NATIONAL MARITIME MUSEUM *zie bladzijde 45*

CIRCULAR QUAY *zie bladzijde 43*

DARLING HARBOUR *zie bladzijde 43*

POWERHOUSE MUSEUM *zie bladzijde 47*

THE ROCKS *zie bladzijde 47*

ROYAL BOTANIC GARDENS *zie bladzijde 47*

SYDNEY HARBOUR BRIDGE *zie bladzijde 47*

SYDNEY OPERA HOUSE *zie bladzijde 48*

De eerste inwoners van Sydney
Toen de elf schepen van de Britse *First Fleet* de wateren rond het latere Sydney binnenzeilden, woonden er waarschijnlijk drie hoofdgroepen van enkele duizenden aborigines in het gebied. Veel van hun rotsgravures in de zandsteenplateaus in het noorden en zuiden zijn bewaard gebleven. De aborigines reageerden op de indringers met een mengeling van onverschilligheid, afkeer en nieuwsgierigheid, maar ze waren bij lange na niet in staat om zich tegen hen te verzetten. Rond 1800 waren de aborigines die nog in het gebied woonden op jammerlijke wijze tot dronkenschap en bedelarij vervallen.

Sydney Sydney ligt uitnodigend rond zijn schitterende haven gedrapeerd. Bijna een kwart van de totale bevolking van het continent woont in deze wereldstad, een metropool die, gelet op zijn vitaliteit en gastvrijheid en op zijn ontvankelijkheid voor groei en verandering, nog altijd in de bloei van zijn leven schijnt te zijn. Twee van de herkenningspunten, de Harbour Bridge en het Opera House, zijn ware boegbeelden van de stad vanaf de dag van hun voltooiing. Het gerenoveerde stadscentrum voegt nog een extra dimensie toe aan de fantastische aanblik die Sydney van over het water biedt, terwijl op de 240 km lange oever rond de haven voorsteden vol droomhuizen worden afgewisseld met resten van de wildernis.
Sydney is mooi, bijna te mooi. De stad heeft echter ook een behoorlijke portie van wat wel 'de Australische lelijkheid' wordt genoemd. De wolkenkrabbers doen geen moeite om te harmoniëren met hun directe omgeving, terwijl het stadscentrum van dichtbij bekeken nogal chaotisch lijkt. Voorbij de charmante Victoriaanse buitenwijken strekt zich een welhaast eindeloze zee van bungalows met rode daken uit, maar deze monotonie wordt gecompenseerd door een prachtige natuurlijke omgeving: de heidevelden en bossen van **Ku-ring-gai Chase** en het **Royal National Park**, de **Blue Mountains** en de stranden. Daar komt bij dat het klimaat, behalve voor veel regen, ook voor hete zomers en heldere winterdagen zorgt.

Beginjaren Het gunstige klimaat vormde geen overweging voor kapitein Phillip om in januari 1788 Port Jackson te kiezen als landingsplaats voor zijn bonte lading veroordeelden. De reden was domweg dat er in het gebied rond de huidige Circular Quay voldoende drinkwater voorhanden was, in tegenstelling tot Botany Bay, waar de *First*

Fleet eerder voor anker was gegaan en dat aanvankelijk als locatie voor de nieuwe kolonie was uitverkoren. De vlag werd gehesen en de naam die de landingsplaats kreeg, Sydney Cove (naar de toenmalige Britse minister van Binnenlandse Zaken), werd spoedig ook gegeven aan de nogal rommelige nederzetting die hier aan de kust ontstond.

Toen de kolonie eenmaal goed en wel was gevestigd, arriveerden er ook vrije kolonisten. Halverwege de 19de eeuw werd ten westen van de Blue Mountains goud gevonden, waarna het inwonertal van Sydney binnen de kortste keren drastisch steeg. Aan de rand van de stad werden fraaie villa's gebouwd. Later, aan het einde van de 19de eeuw, verrezen in de landelijke omgeving buitenwijken als Balmain en Paddington met deftige rijtjeshuizen voor de middenklasse en bescheiden woninkjes voor de arbeiders. Gebieden als The Rocks werden ondertussen vrijplaatsen voor een leven van drank, prostitutie en geweld. Toen Sydney aan het einde van de jaren twintig tot een zelfverzekerde miljoenenstad was uitgegroeid, zorgde een sterke vakbeweging ervoor dat de levensstandaard van haar leden tot de hoogste ter wereld kon worden gerekend.

Tot nu toe De Tweede Wereldoorlog bracht de stad in contact met de rest van de wereld. Dit contact nam in de naoorlogse periode nog toe door de komst van nieuwe Australiërs, die – eerst vanuit het verwoeste Europa en later vanuit Libanon, Vietnam, China, de Filipijnen en talloze andere Aziatische landen – naar Sydney trokken. De stad is tegenwoordig door en door multicultureel. U vindt er alle musea, winkels, hotels en restaurants die u van een metropool kunt verwachten.

Door de verdedigingslinie
De eerste fortificatie van Sydney, op Observatory Hill, werd gebouwd ter bescherming van de gevestigde koloniale orde tegen een eventuele opstand van de veroordeelden. Later werden buitenlandse indringers het voorwerp van zorg en tegen het midden van de 19de eeuw was nagenoeg elke kaap versterkt.
In de Tweede Wereldoorlog wist een kleine Japanse onderzeeër ondanks een versperring van de havenmond tot aan Garden Island te varen. Een poging om de Amerikaanse kruiser *USS Chicago* te torpederen mislukte echter, waarna dieptebommen korte metten maakten met de onderzeeër. Het vaartuig werd later geborgen en is te zien in een bijgebouw van het Australian War Memorial in Canberra.

Volgens velen is Sydney 'de beste plek op aarde'

De speelplaats van de Grote Oceaan
Zo stond Bondi Beach ooit bekend. De eerste dagen van de uitbundige Australische strandcultuur komen tot leven in het Australian National Maritime Museum. Hoewel inspecteurs er nog niet zo heel lang geleden voor waakten dat mannelijke zwemmers het bovenlijf ontblootten, spreekt uit de posters, foto's en video's vooral het pure plezier waarmee jonge Australiërs altijd uit de kleren zijn gegaan om hun lichaam bloot te stellen aan de zon en de zee. Minder vrolijk is de herinnering aan Black Sunday, 6 februari 1938, toen een lawine van golven vijf levens eiste, ondanks de inspanningen van 60 leden van de reddingsbrigade.

Het Australian Museum bezit etnografica uit de hele wereld

►►► Art Gallery of New South Wales 39C4

Art Gallery Road
Dit classicistische zandstenen gebouw dateert van 1887 en is in de loop der jaren diverse keren uitgebreid, voor het laatst en tevens het grondigst ter gelegenheid van de Bicentennial van 1988. Het museum herbergt de grootste kunstcollectie van het land: Aziatische, Amerikaanse en Europese kunst en een speciale afdeling aboriginalkunst (de Yiribana Gallery). De Britse 20ste-eeuwse schilderkunst is uitstekend vertegenwoordigd. Verder zijn er reizende tentoonstellingen van wereldformaat te zien. Maar de Australische schilders die hun respons op de bewoners en de plekken van het vreemde nieuwe land vastlegden, fascineren het meest: van John Glover met zijn Tasmaanse landschappen tot Grace Cossington Smiths metamorfose van de Harbour Bridge en Sidney Nolans interpretaties van de Ned Kelly-legende.

►►► Australian Museum 38B3

Hoek College Street en William Street
Het grootste museum voor natuurlijke historie in Australië is ondergebracht in een gebouw waarvan de Victoriaanse architectuur deel lijkt uit te maken van de intrigerende exposities over de geologische evolutie, zoogdieren, insecten, vogels en het leven in de zee. Er zijn presentaties over menselijke rituelen uit heden en verleden en de ontwikkeling van de aboriginalcultuur, die duizenden jaren beslaat. Verder vindt u afdelingen over Indonesië, Papoea-Nieuw-Guinea en de Grote Oceaan. De afdeling 'Planet of Minerals' is gewijd aan de minerale rijkdommen van Australië. De opgezette dieren worden niet als levenloze exemplaren getoond, maar altijd in hun context geplaatst. Het museum telt ook tal van interactieve computerdisplays (zie ook bladzijde 49).

►►► Australian National Maritime Museum 38C1

Darling Harbour
Dit bijzondere gebouw, dat meer op een futuristisch schip dan een museum lijkt, herbergt een al even bijzondere collectie, die de relatie van het eilandcontinent met de omringende zeeën behandelt. U vindt er allerlei vaartuigen, van aboriginalkano's tot ultramoderne jachten, maar komt er evenzeer wat te weten over de mensen die er gebruik van maakten: ontdekkingsreizigers, veroordeelden, kolonisten, vluchtelingen en andere immigranten, walvisvaarders en kaaiwerkers die van de zee leefden, zwemmers en surfers die er alleen maar van genoten, en overzeese buren als de Amerikanen en Japanners.
In het dok liggen nog meer boten, waaronder de *Tu' Do*, die beladen met Vietnamese bootvluchtelingen in 1977 in Darwin aankwam, een commandoschip uit de Tweede Wereldoorlog en de torpedobootjager *HMAS Vampire*.

► Cadman's Cottage 38E3

George Street, The Rocks
Dit bescheiden huis van twee verdiepingen is het oudste gebouw van de stad. Het dateert van 1816 en dankt zijn naam aan de begenadigde veroordeelde John Cadman, die er van 1827 tot 1845 woonde. Op een balk zijn in keurige letters de initialen G.R. (voor de Britse koning George III) aangebracht. Het huis staat zo'n 50 m land-

inwaarts en herbergt een informatiecentrum van de National Parks and Wildlife Service.

► Chinatown *38B2*

De eerste migranten uit China werden aangetrokken door de *gold rush*. Zij vestigden zich in The Rocks en rond Botany Bay. De Chinese inwoners van Sydney hebben zich nu over de buitenwijken verspreid, maar het Chinese hart van de stad klopt het krachtigst achter de sierlijke poorten in Dixon Street, waar u een grote verscheidenheid aan exotische winkels en eetgelegenheden aantreft. Even verderop vindt u de **Chinese Garden of Friendship►►**, onderdeel van de herinrichting van de Darling Harbour. De tuinen zijn vormgegeven door landschapsarchitecten uit Guangzhou, de zusterstad van Sydney in Zuid-China. Het is er aangenaam toeven tussen de smaakvolle beplanting, meren, bruggen en watervallen; een traditioneel theehuis ziet uit over een vijver met lelies.

►►► Circular Quay *38D3*

De 'beste plek om mensen te bekijken' (reisboekenschrijfster Jan Morris) is tevens een van meest historische locaties van Sydney. Hier ging op 26 januari 1788 de *First Fleet* voor anker. De kade is nog altijd het epicentrum van het dagelijkse leven, met een constante mensenstroom van en naar het station, taxi's, bussen en druk heen en weer varende veerboten. Het trein- en autoverkeer dat hogerop voorbijraast, wordt genegeerd door voorbijgangers die genoeg tijd hebben om te luisteren naar de straatmuzikanten op de brede promenade. Landinwaarts doemen de wolkenkrabbers van het stadscentrum op, terwijl in de richting van het water de Harbour Bridge en het Opera House altijd verlokkelijke aanblikken opleveren. Een kaart op de kade laat zien hoe de kolonie er in 1808 uit zag.

Sydney Cove, waar de First Fleet *landde, is in tweehonderd jaar tijd onherkenbaar veranderd*

Fraaie huizen

Niet alle vroege huizen in Sydney waren zo bescheiden als Cadman's Cottage, hoewel het eerste Government House (zie bladzijde 45) erg vochtig was en het er muf rook. De aspiraties van succesvolle burgers kwamen tot uitdrukking in kostelijke onderkomens als Elizabeth Bay House, een neoclassicistisch landhuis van rond 1830 met wit pleisterwerk, dat zijn armoedige buren in het aangrenzende Kings Cross (zie bladzijde 59) de rug toekeert. Verder naar het oosten staat nog zo'n begerenswaardige residentie, Vaucluse House, met kantelen en veranda's, die rond 1830 voor de ontdekkingsreiziger William Charles Wentworth werden gecreëerd.

Attracties van Darling Harbour
Naast het schitterende Sydney Aquarium biedt Darling Harbour een IMAX-theater, een *virtual reality*-Sega World-centrum, buitenactiviteiten, tochten door de haven, 200 winkels in het Harbourside-complex, een nieuw restaurantgebied in Cockle Bay Wharf, een groot conferentiecentrum en het Sydney Exhibition Centre, waar evenementen als de Motor Show plaatsvinden. Het Harris Street Motor Museum en de enorme Paddy's Market (op zaterdag en zondag) liggen op loopafstand. Het casinocomplex Star City ligt ook in deze buurt.

De onbekende soldaat
Het Anzac Memorial in Hyde Park werd door Bruce Dellit, een architect uit Sydney, ontworpen 'om een indruk te geven van de tragedie en de verschrikking van oorlog, in plaats van de glorie ervan'. De beelden buiten, die de verschillende onderdelen van de krijgsmacht (inclusief de gewondenzorg) verbeelden, zijn van de in Engeland geboren Rayner Hoff. Binnen is de dode soldaat de centrale figuur. U kunt hem alleen goed zien als u uw hoofd buigt. Het gewelf erboven telt 120.000 sterren, die staan voor de vrijwilligers uit de Eerste Wereldoorlog.

►►► Darling Harbour *38D1*

De diepe inham aan de westkant van het stadscentrum werd door de eerste kolonisten Cockle Bay genoemd. Zoals zovele havenbuurten verloor ook deze zijn commerciële functie. Tegenwoordig is het een vitaal toeristencentrum, met veel faciliteiten op het gebied van cultuur en amusement. De Harbour is een mengeling van oud en nieuw, een spannend gebied met grote watervlakten en indrukwekkende architectuur dat in het oosten wordt begrensd door glimmende kantoorflats. Het park in het uiterste zuiden schijnt niet te lijden onder de snelwegen. Dit gebied wordt met het centrum van Sydney verbonden door de controversiële monorail, die over de Pyrmont Bridge, de oudste draaibrug ter wereld, glijdt. De verschillende attracties in dit gebied worden hiernaast genoemd. Meer over het Australian National Maritime Museum vindt u op bladzijde 42.

►► The Domain *39D4*

Dit gebied strekt zich landinwaarts uit van Mrs Macquarie's Point tot de grote, door vijgenbomen omzoomde groenvoorziening die als een van de belangrijkste parken van het centrum fungeert. Hier dagen sprekers hun publiek uit (zoals op de Speaker's Corner in Londen), lopen joggers en gebruikt het kantoorpersoneel de lunch. Er worden ook klassieke concerten en openluchtopera's uitgevoerd, met name tijdens het jaarlijkse Sydney Festival in januari. The Domain is enigszins geschonden door de aanleg van de Cahill Expressway en de Eastern Suburbs Railway en de bouw van een ondergrondse parkeergarage.

► Garrison Church *38E2*

Millers Point

De **Argyle Cut**, uitgehakt in de bergwanden van The Rocks, was een van de eerste wegenbouwkundige prestaties van de kolonie. De doorgang leidt naar **Argyle Place**, dikwijls gekarakteriseerd als de enige dorpsmeent van Sydney, hoewel niet veel meenten zo dicht bij een grote snelweg (de toegangsweg naar de Harbour Bridge) zullen liggen. Niettemin is het een aangename plek, die wordt geflankeerd door aantrekkelijke landhuizen uit het midden van de 19de eeuw. De Holy Trinity Church, bij de ingang van de Cut, kreeg de naam Garrison Church, omdat de kerk werd gebruikt door de soldaten die Dawes Point Battery bemanden. Hij is gebouwd van de natuursteen die met het uithouwen van de Cut vrijkwam. Door het ontbreken van een toren ziet het gebouw er wat gedrongen uit, maar het interieur is ruim en u vindt er enkele van de mooiste glas-in-loodramen van de stad.

► Hyde Park *38C3*

Net als zijn naamgenoot in Londen markeerde dit fraaie park eens de rand van de stad, maar tegenwoordig is het een van die oases in het centrum waar mensen beschutting zoeken tegen de hitte, de uitlaatgassen en het lawaai van de straat. De laan met majestueuze Moreton Bay-vijgenbomen en de barokkerige fontein zijn prachtig, maar het pronkstuk van het park is ongetwijfeld het **Anzac Memorial**►► (zie hiernaast). Dit monument is een plechtstatige maar weelderige oefening in Art Deco en vormt het middelpunt van de Anzac Day-mars op 25 april.

▶▶ Hyde Park Barracks 38C3

Queens Square, Macquarie Street

Dit prachtige pand met timpaan en pilasters is een van de fraaiste classicistische gebouwen van de stad. Het staat in plechtige afzondering achter zijn grootse poorten en is in opdracht van gouverneur Macquarie ontworpen door de ex-gevangene Francis Greenway, wiens bouwkunst Sydney een ander aanzien heeft gegeven. De kazerne bood onderdak aan duizend veroordeelden, die tot dan toe zelf voor een onderkomen hadden moeten zorgen. Het is nu een museum voor sociale geschiedenis, met een uitstekende tentoonstelling over de beginperiode van de kolonie en de levensstijl van de vroegere bewoners.

▶▶ Museum of Contemporary Art 38D3

140 George Street, The Rocks

Dit gebouw van bruin zandsteen, dat uitziet op de Circular Quay, was vroeger het kantoorgebouw van de Maritime Services Board. Het vormt een ietwat detonerende omgeving voor 's lands grootste collectie moderne kunst.

▶▶ Museum of Sydney 38D3

Hoek Bridge Street en Phillip Street

Dit museum verrees op de plaats van het eerste Government House (uit 1788). Het geeft een beeld van het leven in het koloniale Australië. Een deel van de fundamenten van dat gebouw, dat in 1846 is gesloopt, is nog door de vloer heen te zien. Het museum vertelt de geschiedenis van de stad, van de plaatselijke aborigines tot het redelijk gecultiveerde Sydney van halverwege de 19de eeuw. Een van de hoogtepunten vindt u buiten, op het plein. Het bijzondere beeldhouwwerk 'Edge of the Trees' bestaat uit palen, die zowel de oorspronkelijke bewoners van Sydney als de vroegere kolonisten verbeelden.

Observatory Hill en Sydney Observatory
Millers Point, dat over de haven uitkijkt, was de locatie voor een vestingwerk, een windmolen en later een sterrenwacht. Deze laatste, gebouwd in 1858 om de tot dan toe onbekende zuidelijke hemel te observeren, staat er nog steeds; hij is tot 1982 gebruikt. Het observatorium met zijn toren en koepels is gerenoveerd en doet nu dienst als astronomisch museum met veel interactieve opstellingen.

Het Sydney Observatory, een koloniaal gebouw van plaatselijke zandsteen

Stranden

■ **Een van de voorrechten van het leven in Sydney is de toegang tot de stranden van de Harbour en de Stille Oceaan. Het klinkt misschien ongeloofwaardig, maar tot aan het begin van de 20ste eeuw was zwemmen overdag verboden. Uiteindelijk stapte de verhitte redacteur van een nieuwsblad met kleren en al midden op een dag in de branding, daarmee een veroordeling riskerend, die hij echter nooit heeft gekregen.** ■

Voordat u gaat zwemmen
Watervervuiling is een probleem van alle grote steden. Sommige stranden van Sydney worden af en toe vervuild door rioolwater. Er worden maatregelen getroffen om de situatie te verbeteren, maar laat u voor de zekerheid ter plaatse informeren.

De Harbour-stranden
Deze kunnen de vergelijking met de stranden aan de oceaan nauwelijks doorstaan, maar er zijn genoeg goede plekjes voor een picknick of een zonnebad. Aan de zuidkant van Vaucluse vindt u Nielsen Park en Parsley Bay. De noordkant heeft stranden bij Manly, Mosman's Obelisk en Balmoral.

Op de stranden van Sydney ziet u veel watersporters

Manly is voor de inwoners van Sydney de badplaats bij uitstek – 'zeven mijl ten noorden van de stad, maar duizend mijl van de zorgen vandaan'. Een brede promenade, de Corso, met aan weerszijden winkels, afhaalrestaurants, cafés en *pubs*, leidt u van de aanlegplaats van de veerboot naar het zandstrand. Op deze plek in Australië is in 1915 de kunst van het surfen geboren. Er wordt elk jaar een grote surfwedstrijd gehouden. Er is nog veel meer te doen, zoals een bezoek aan het zeeaquarium Oceanworld en het oude Quarantine Station, dat Sydney ooit tegen besmettelijke ziekten beschermde, maar dat nu dagelijks geopend is voor rondleidingen.

Het wereldberoemde **Bondi Beach**, ten zuiden van de stad, is ook een mooi strand, dat zich tussen twee kapen uitstrekt, hoewel de cafés, *pubs* en appartementengebouwen de omgeving iets kitscherigs geven. Bondi is een populaire buitenwijk, die ooit met het centrum was verbonden door een tram die met angstaanjagende snelheid de laatste afdaling naar het strand maakte. Vandaar de uitdrukking '*to shoot through like a Bondi tram*'.

Ten noorden van Manly liggen nog achttien prachtige, maar minder bekende stranden. Sommige daarvan, zoals Narrabeen, hebben een stedelijk karakter, terwijl andere, zoals die van Freshwater en Whale, nog nauwelijks zijn ontwikkeld. Ook ten zuiden van Bondi ligt nog een keten van stranden, die eindigt met het 10 km lange Cronulla Beach, het enige strand dat met de trein bereikbaar is.

► Parliament House 38C3

Macquarie Street

Evenals de nabijgelegen Munt was ook het gebouw van de wetgevende macht van New South Wales een onderdeel van het 'Rum Hospital', dat in 1816 werd gebouwd. De Legislative Council Chamber is een ijzeren constructie uit Engeland. Hij was bedoeld als kerk in de goudvelden. Het Parliament House is toegankelijk voor het publiek.

►►► Powerhouse Museum 38A2

Harris Street, Ultimo

In de grotachtige hallen en andere ruimten van de oude krachtcentrale en tramremise aan de rand van de Darling Harbour zijn nu de uitgebreide collecties van het Museum of Applied Arts and Sciences ondergebracht. De verscheidenheid aan objecten in dit grootste museum van Australië is werkelijk verbazingwekkend. De decoratieve kunst is sterk vertegenwoordigd, evenals de sociale geschiedenis, met exposities over het leven van de plaatselijke aborigines, traditionele vrouwenarbeid en bier brouwen. Behalve vele interactieve opstellingen vindt u er audiovisuele presentaties, geluidseffecten en hologrammen.

►► Queen Victoria Building 38C2

George Street

Deze laat-Victoriaanse winkelgalerij met vele koepels werd voltooid in 1898 en neemt een heel huizenblok in beslag. De laatste jaren is het complex door een grondige renovatie in zijn oude glorie hersteld. Met zijn vele verdiepingen, glas-in-loodramen en mozaïeken is het een moderne kathedraal voor het winkelend publiek.

►►► The Rocks 38D2

Op deze plaats, genoemd naar het zandstenen schiereiland dat eindigt bij Dawes Point, werd de eerste Europese kolonie in Australië gesticht. Jarenlang gold dit gebied als een plek waar werd geknokt en gezopen, waar prostitutie en allerhande misdaden werden bedreven, maar dit verleden schaadt de huidige status van The Rocks als een toeristisch mekka geenszins (zie rechterkolom). Het gebied is allang getemd, eerst door grootschalige sloop van de vele ongezonde onderkomens na het uitbreken van de pestepidemie in 1900, en later door een andere slooppronde ten behoeve van de bouw van de Harbour Bridge.

►►► Royal Botanic Gardens 39D4

Deze tuinen met een oppervlakte van 30 ha vormen het ideale contrapunt voor de hoogbouw en bedrijvigheid van het stadscentrum. Ze liggen vlak bij de haven en kijken uit op de lange promenade van Farm Cove. Deze ligt tussen twee kapen, waarvan de één wordt bekroond door het Opera House en de ander door Mrs Macquarie's Point. De tuinen bieden plaats aan een bezoekerscentrum, het uitgebreide National Herbarium, een varenkas met een stalen koepeldakconstructie en de bijzonder gevormde Pyramid-kas en Arc-kas, waarin tropische planten uit vele landen groeien.

►►► Sydney Harbour Bridge 38E3

De Harbour Bridge is niet alleen een symbool van Sydney maar ook van Australië. Met zijn enorme boog tussen

Het Powerhouse Museum is een van de leukste attracties voor kinderen

The Rocks nu
Dit is nu een gebied om rustig in rond te wandelen en de bijna middeleeuwse sfeer te proeven – een sfeer die u elders in Australië niet zult aantreffen. U zou uw bezoek kunnen beginnen bij het informatieve Sydney Visitor Centre bij The Rocks, op George Street 100.

De snode daad van De Groot
De opening van de Harbour Bridge op 19 maart 1932 was de aanleiding voor het grootste feest dat Sydney tot dan toe had gekend en dat door één miljoen mensen werd bezocht. Terwijl de menigte wachtte op het moment waarop de Labour-premier van New South Wales, Jack Lang, het lint zou doorknippen, schoot er plotseling een geüniformeerde ruiter naar voren om met zijn zwaard het lint doormidden te klieven – de Ier Francis de Groot had de gedachte niet kunnen verdragen dat een socialistische politicus alle eer zou krijgen.

AMP Tower
Het uitzicht vanaf het observatiedek van dit 305 m hoge bouwwerk– het hoogste van Australië – is werkelijk spectaculair. Het 360 graden beslaande panorama bestrijkt de hele stad. Het is een ideale plek om de kaart van Sydney in uw hoofd te krijgen.

Een drama van een opera
Ondanks zijn schitterende architectuur is het Sydney Opera House niet het ideale operagebouw. De akoestiek is er minder goed dan in het Arts Centre van Melbourne. Volgens een plaatselijke grap heeft Australië het beste operagebouw ter wereld: de buitenkant staat in Sydney en de binnenkant in Melbourne.

twee pijlers overspant hij de engte tussen Dawes Point en het noordelijke Milsons Point. De brug werd in 1932 geopend, na negen jaar van hard werken. Het brugdek telt acht rijstroken, een dubbelspoor, een fietspad en een voetpad en is daarmee het breedste ter wereld. Het brugdek bevindt zich 60 m boven het water, de top van de boog bijna 134 m. Aan het begin van de jaren negentig werd de Sydney Harbour Tunnel onder de haven aangelegd om de verkeersdruk te verlichten. U kunt de brug op verschillende manieren bekijken: neem het voetpad van Cumberland Station in The Rocks naar het uitkijkpunt in de zuidoostelijke pijler of maak een opwindende wandeling helemaal naar de top met het bedrijf Bridge Climb.

▶▶▶ Sydney Opera House *38E3*

Bennelong Point
Op de plek waar ooit een bouwvallig tramstation lag op Bennelong Point, verrees in 1973 een spectaculair gebouw van de Deense architect Jörn Utzon (1918). Tijdens de bouw van het Opera House kampte men met veel technische en politieke problemen; Utzon distantieerde zich uiteindelijk van het het project voordat het voltooid was. De complexe gebogen vormen van het operagebouw zijn nog altijd even spectaculair. Ze zijn wel vergeleken met opbollende zeilen, schelpen en nonnenkappen. De sierlijke daken zijn bedekt met miljoenen Zweedse tegels. Het beroemde complex herbergt niet alleen de opera, maar ook een concertzaal, een schouwburg met twee zalen, restaurants, bars, cadeauwinkels en een bibliotheek. Buiten zijn er trappen van bovenmenselijk formaat en een promenade.
Er worden vrijwel dagelijks rondleidingen gegeven in het gebouw, doorgaans tussen 9.00 en 16.00 uur (de tijden zijn afhankelijk van de repetitieschema's).

De Sydney Harbour Bridge, die in 1932 werd voltooid, vormt nog altijd een van de belangrijkste verbindingen tussen noord en zuid

Wandelen Havenkant en geschiedenis

Zie de kaart op bladzijde 38–39.

Deze wandeling van 5 km langs de havenkant voert door de botanische tuin en laat u langs fraaie oude gebouwen terugkeren naar Circular Quay.

De benadering van het **Opera House** over land is minder spectaculair dan die over het water, maar toch nog altijd indrukwekkend. U loopt een stuk onder een overkapping door en gaat dan over de immense trappen omhoog. De fraaie bomen van de **Royal Botanic Gardens** en het Government House lopen naar beneden door tot het voetpad dat om Farm Cove heen voert en dan naar de kaap van Mrs Macquarie's Point leidt.

De brug over de Cahill Expressway naar de **Art Gallery of New South Wales** gunt u mooie uitzichten over de stad. Macquarie Street, in het westen omzoomd door moderne gebouwen, in het oosten door fraaie historische gebouwen, leidt in noordelijke richting naar de haven. Bridge Street loopt naar het westen; oude en moderne gebouwen (het Museum of Sydney) wisselen elkaar af.
Voorbij Macquarie Place ligt het prachtig gerenoveerde **Customs House** uit 1885, tegenover Circular Quay. Het herbergt winkels, cafés en de uitstekende **Djamu Gallery**, waar een deel van de collectie inheemse kunst uit Australië en de Grote Oceaan van het Australian Museum wordt getoond.

Wandelen Het centrum en Darling Harbour

Zie de kaart op bladzijde 38–39.

Een wandeling door dichtbebouwde straten naar Darling Harbour en terug door het rustige Hyde Park.

Loop van Martin Place Station naar Martin Place, Strand Arcade en Pitt Street Mall, alle voetgangersvriendelijk. Kijk als u over de Pyrmont Bridge wandelt omhoog naar de monorail – een duur en impopulair project – en achterom naar de skyline van de stad. Rond **Darling Harbour** vindt u talloze nieuwe faciliteiten. Misschien wilt u even pauzeren in de **Chinese Garden of Friendship**, voordat u verdergaat langs Dixon Street, naar **Chinatown** en vandaar omhoog naar **Hyde Park**, met zijn prachtige lanen met vijgenbomen en het imposante **Anzac Memorial**. Het **Australian Museum** ligt hier niet ver vandaan.

De Chinese tuin is ontworpen door landschapsarchitecten uit China

Accommodatie

Waar overnacht u?
Het heeft veel voordelen om in het centrum te overnachten, maar ook de voorsteden van Sydney beschikken over uitstekende en vaak goedkopere alternatieven. Kings Cross ligt slechts één halte met de trein van het centrum vandaan en u vindt er een groot aantal hotels. Verder kunt u overnachten in de buurt van de stranden van Bondi, Coogee en Manly. In Double Bay, een voorstad ten oosten van Sydney, kunt u luxueus verblijven, al hangt hier wel een prijskaartje aan.

Sydney beschikt over talloze overnachtingsmogelijkheden, maar staat er niet om bekend goedkoop te zijn, met uitzondering van accommodatie voor rugzaktoeristen. De hotels variëren van peperduur – zoals het fantastische Park Hyatt of The Observatory – tot redelijk geprijsd. U vindt er luxeappartementen, motels, (jeugd)herbergen voor trekkers, kampeerterreinen en *bed and breakfast*-accommodatie.

De locatie is belangrijk: sommige accommodatie ligt te ver weg als u niet over een auto beschikt, terwijl andere weliswaar een stuk van de bezienswaardigheden vandaan ligt, maar goed bereikbaar is met het openbaar vervoer. Het is verstandig om in drukke tijden (rond Kerstmis, in januari en tijdens schoolvakanties) kamers ruim van tevoren te bespreken.

Hotels Het centrum kent een keur aan eersteklas hotels en hetzelfde geldt voor enkele dichterbij gelegen buitenwijken, zoals Manly, Kings Cross en North Sydney. Wat uw budget ook is, Manly is het overwegen waard, vanwege de vakantiestemming die er heerst en de goede verbinding met het centrum – een gewone veerboot doet er 30 minuten over, de *JetCat* een kwartier. Ook midden in het centrum vindt u middenklasse- en budgethotels, met name rond het Central Railway Station.

Budgetaccommodatie Kings Cross, met zijn vele hotelletjes in Victoria Street, is een paradijs voor rugzaktoeristen. Het aanbod hier verandert constant, dus ga gewoon ter plaatse kijken of een bepaald etablissement iets voor u is. Bondi en Coogee kennen een grote concentratie overnachtingsgelegenheden en zijn zeker geen slechte keus. U vindt hier vooral goedkopere accommodatie, met legio gelegenheden waar u zelf kunt koken. *Bed and breakfast* vindt u over de hele stad verspreid. U kunt ter plekke meer informatie inwinnen bij diverse bureaus (zie ook 'Hotels en restaurants' op bladzijde 268–281). Ook hier geldt weer: informeer of u gemakkelijk in het centrum kunt komen. Kampeerterreinen liggen, zoals gebruikelijk, ver buiten de stad.

Eén en al luxe – een van de beste hotels van de stad

De brasseries en bistro's van Sydney zijn terecht populair

Uit eten Meer nog dan in de rest van Australië is het eten in Sydney de laatste jaren drastisch veranderd, voornamelijk vanwege de enorme toestroom van immigranten. De *Good Food Guide* van *The Sydney Morning Herald* onderscheidt in het register maar liefst 50 categorieën, te beginnen met de Afrikaanse keuken en eindigend met de Vietnamese. Er blijven nieuwe restaurants bij komen. De ingrediënten zijn goed en de koks worden steeds bedrevener, met name in de populaire, internationaal geroemde keuken die 'Modern Australian' wordt genoemd – een mengeling van culinaire stijlen en ingrediënten. De prijzen zijn zeer redelijk. De betere restaurants hebben dikwijls een lunchmenu dat aanmerkelijk goedkoper is dan het menu 's avonds. De kosten blijven nog meer beperkt als u zelf uw drank mag meebrengen (het *Bring Your Own*- of BYO-fenomeen). Wel wordt dan vaak een klein bedrag aan kurkengeld gevraagd.

Exclusief eten
Dankzij de lange kustlijn van Sydney zijn er vanaf The Rocks tot aan Watsons Bay bij South Head tal van – dure – restaurants aan de havenkant te vinden. Het imposantste uitzicht bieden de twee restaurants in de AMP Tower.

Buitenlandse restaurants Overal in de stad vindt u buitenlandse restaurants, maar er treden natuurlijk concentraties op in wijken waar veel mensen met een bepaalde etnische achtergrond wonen. Zo telt de buurt rond Elizabeth Street en Liverpool Street veel **Griekse** restaurants en heeft Chinatown veel **Chinese** restaurants. Voor **Italiaans** eten moet u naar Leichhardt en Newtown, voor **Vietnamees** naar de zuidwestelijke buitenwijk Cabramatta. In sommige delen van de stad houden restaurants met sterk uiteenlopende keukens elkaar gezelschap, zoals aan Oxford Street in Darlinghurst en aan Stanley Street en Darling Street in East Sydney, of ten westen van het centrum, aan Glebe Point Road, in King Street, Newtown, of in Darling Street, Balmain. De eetgelegenheden bij Double Bay zijn volstrekt koosjer, terwijl u in Manly en Bondi vooral veel cafés, *fish and chips*-tenten, afhaalzaken en ook wel gewone restaurants aantreft.

Verfrissend
Sydney is rijk aan cafés, waar u vaak heerlijke Italiaanse koffie kunt krijgen. Veel toeristen zijn ook aangenaam verrast door de kwaliteit van de hapjes en drankjes die in musea verkrijgbaar zijn.

Drank Gewone *pubs* zijn er in Sydney nog steeds in overvloed, maar in andere etablissementen kunt u behalve voor drank ook voor eten en amusement terecht. Nog iets chiquer zijn de hotelbars en cocktailbars. De plaatselijk beroemde **Marble Bar** van het Adams' Hotel heeft een nieuw onderkomen gevonden in het Hilton.

Winkelen

Queen Victoria Building, een winkelparadijs in een historische omgeving

The Rocks-markt
Wie op zaterdag of zondag naar The Rocks gaat, kan de gevarieerde markt bezoeken die in Upper George Street wordt gehouden. Naast de ongeveer 100 stalletjes waar onder meer sieraden en originele cadeaus worden verkocht, vindt u er straatvoorstellingen en een kermisachtige sfeer.

Belastingvrij
Wie in het bezit is van een internationaal vliegticket kan belastingvrij winkelen. Dat betekent aanzienlijke kortingen op elektrische apparaten, sieraden, horloges, drank en parfum. De winkels in het centrum zijn soms goedkoper dan die op het vliegveld.

Als het om winkelen gaat, heeft Sydney alle verleidingen te bieden die je van een wereldstad kunt verwachten. In het Central Business District (CBD) vindt u warenhuizen zoals **David Jones** en chique 19de-eeuwse passages zoals de **Strand Arcade** of de moderne tegenhangers ervan: winkelcentra op de onderste verdiepingen van kantoorcomplexen. Het prachtig gerestaureerde **Queen Victoria Building** (zie bladzijde 47) herbergt 200 winkels en diverse cafés en is een bezienswaardigheid op zich.

Souvenirs Waar veel toeristen komen, zoals in The Rocks of Darling Harbour, zijn veel souvenirs te koop. Maar wat moet u kiezen? Naast de geijkte knuffeldieren, zoals koala's of kangoeroes (vaak *Made in Taiwan*), ziet u misschien wel iets in een stijlvolle Akubra-hoed of bijpassende stoere buitenkleding, zoals een *bush shirt* of een oliejas. Andere mogelijkheden zijn artikelen van kangoeroeleer, opalen of surfbenodigdheden. Australiërs zijn grote lezers, dus de boekwinkels zijn rijkelijk voorzien van Australiana (weliswaar een beetje duur), terwijl de kiosken tijdschriften in elke denkbare smaak verkopen.
Aan goede landkaarten is in Australië moeilijk te komen; een bezoek aan de **Travel Bookshop** (Liverpool Street) kan uitkomst bieden.
Kunst en kunstnijverheid van aborigines – schilderingen, houtsnijwerk, boemerangs, stoffen, *didgeridoos* (een blaasinstrument) – is ruimschoots verkrijgbaar, maar kunt u beter in een speciaalzaak kopen dan in een souvenirwinkel. De beste souvenirwinkels vindt u waarschijnlijk in de grotere musea en galerieën; het vogelbekdier van het **Australian Museum** lijkt zowaar op het echte dier.

Markten De winkelstraten in kleurrijke buitenwijken zoals Paddington en Balmain zijn goede plekken om op zoek te gaan naar iets speciaals. Een bezoek aan de kleurrijke markten van Sydney (meestal op zaterdag of zondag) is een belevenis. U vindt ze in The Rocks, Bondi Beach, Balmain, Glebe, Manly en Paddington. De beroemde **Paddy's Market** is goed voor verse producten, maar de andere koopwaar is goedkoop en van slechte kwaliteit. De grote dagelijkse vismarkt in Pyrmont is een spektakel dat nog steeds de moeite waard is.

Concerten en theater In de zalen van het **Opera House** kunt u behalve opera ook klassieke concerten en ballet- en toneelvoorstellingen bijwonen. Klassieke muziek is ook te beluisteren in de **Town Hall** en het **Conservatorium of Music**. Zo'n 20 schouwburgen bieden een keur van musicals en meer of minder conventionele toneelstukken op de meest uiteenlopende locaties. Sommige liggen vlak aan het water, zoals het **Wharf Theatre** (bij The Rocks) en het **Ensemble Theatre** (noordoever). Een bezoek aan het fraai gerestaureerde Capitol Theatre (1928) in de Haymarket-buurt is zeer aan te bevelen. De spectaculaire **Sydney Dance Company** en het **Aboriginal Islander Dance Theatre** treden in verschillende zalen op.

Film De bioscopen in het centrum vertonen de laatste kassuccessen. Voor alternatieve en buitenlandse films moet u naar de filmhuizen. U vindt ze in Paddington (Academy Twin), maar ook in het centrum (de twee Dendy-bioscopen). In het **State Theatre**, met zijn extravagante inrichting, vindt jaarlijks het June Film Festival plaats.

Muziek Sydney kent een bloeiende jazzscene; het beste jazzpodium is het al lang bestaande Basement in de buurt van Circular Quay. Ook de popmuziek is goed vertegenwoordigd; grote concerten vinden vaak plaats in het **Entertainment Centre**. Disco's en nachtclubs zijn er in overvloed, voor iedere smaak en voor iedere beurs. Waarschijnlijk telt Sydney meer homoseksuelen dan de hele rest van Australië bij elkaar. De bars, clubs en *pubs* van Oxford Street in Darlinghurst vormen het belangrijkste uitgaanscentrum voor deze groep.

Informatie
Een overzicht van het vertier dat deze stad te bieden heeft, vindt u in de vrijdageditie van *The Sydney Morning Herald*, terwijl diverse gratis publicaties ook een uitvoerige lijst met uitgaansmogelijkheden opnemen. Er zijn rondleidingen die u de gelegenheid geven iets van het nachtleven van Sydney te proeven, hoewel sommige vooral zijn bedoeld om toeristen af te zetten.

Star City
Het eerste, tijdelijke casino in Sydney opende zijn deuren halverwege de jaren negentig en is nu verhuisd naar een permanente locatie ten westen van Darling Harbour. Het complex bevat een hotel, een theater, restaurants, bars, 1500 gokautomaten en 200 speeltafels, waaraan u roulette, blackjack, baccarat, Aziatische spellen als *pai gow* en het bij Australiërs populaire *two-up* (u gokt op welke kant twee munten zullen vallen) kunt spelen.

Het fel verlichte Star City-casino in Sydney

Praktische informatie

De SydneyPass
Dit rendabele kaartje verschaft u gedurende drie, vijf of zeven dagen onbeperkt vervoer per bus (inclusief de Airport Express, de Sydney Explorer en de Bondi Bay Explorer) en per veerboot. Taxi's zijn in groten getale voorhanden en kunnen op straat worden aangehouden, bij een taxistandplaats worden opgepikt of telefonisch worden besteld. Raak niet in paniek als de chauffeur zijn stratengids moet raadplegen.

Sydney Light Rail
Het nieuwste openbaarvervoersysteem in Sydney grijpt terug op de tram. Het Light Rail-spoor loopt van Central Station naar Chinatown, Darling Harbour, het casino en de Sydney Fish Market en voert langs de belangrijkste bezienswaardigheden. Tijdens de spits rijden de trams iedere vijf minuten.

Toeristeninformatie Alle hulp die u nodig hebt, kunt u krijgen bij het **Sydney Visitor Centre** (George Street 106, The Rocks, tel. 92551788) en de **Transport Infoline** (tel. 131500). De laatste biedt informatie over alle bus-, spoor- en veerdiensten in Sydney.

Openbaar vervoer Als u snel vertrouwd wilt raken met de stad is een speciale rondleiding per bus aan te bevelen. De meeste van deze bussen komen langs de centraal gelegen hotels. Een alternatief is de redelijk geprijsde, knalrode **Sydney Explorer**, die een route van 26 km langs de voornaamste attracties rijdt. U betaalt een vaste prijs en kunt naar believen in- of uitstappen. Daarnaast is er de blauwe **Bondi & Bay Explorer**, die de Eastern Suburbs aan de haven, Paddington en de stranden van Bondi, Bronte en Coogee bedient.
De **bussen** rijden volgens een uitgebreide dienstregeling; ze komen bijna overal in het centrum en de buitenwijken. Ze bieden aansluiting op de veerboten en treinen bij Circular Quay en op de treinen op Wynyard Station en Central Station. De Airport Express vertrekt van Circular Quay en enkele haltes in het centrum en van Kings Cross, Bondi Beach, Glebe en Darling Harbour.
Veerboten varen van Circular Quay naar diverse bestemmingen, zoals Manly en Taronga Zoo op de noordelijke oever of Balmain en Hunters Hill stroomopwaarts langs de rivier. Er varen ook dagelijks veerboten naar Double Bay, Rose Bay en Watsons Bay in het oosten.
Dubbeldekstreinen rijden op een uitgebreid spoornet in de buitenwijken en op de zogenaamde City Circle, die een aantal stations in het CBD met elkaar verbindt. Er is een handige verbinding van Central Station en Town Hall naar Kings Cross en Bondi Junction (waar u de bus naar het strand kunt nemen). De lijn naar Noord-Sydney loopt over de Harbour Bridge. Nieuw is de **monorail**, die hoog boven de grond tussen het zuidwestelijke deel van het stadscentrum en Darling Harbour loopt.

De monorail

Sydney Harbour

■ De plek die door kapitein Cook Port Jackson werd gedoopt en door kapitein Phillip 'de mooiste haven ter wereld' werd genoemd, wemelt nog altijd van de vrachtschepen, veerboten en plezierjachten. De schitterende watervlakte van Sydney Harbour *is* Sydney en vormt de bestaansreden, de identiteit en de bekoring van de stad. ■

De schitterende haven met de twee symbolen van Sydney – en van Australië

Een van de grootste havens ter wereld Sydney Harbour heeft een complexe structuur van inhammen, zijrivieren, baaien en kapen, zodat veel inwoners van de stad vanuit hun woning uitzien over het water. De prijzen voor woningen met een extra mooi uitzicht zijn echter astronomisch. Niet dat de kust over de volle lengte van 240 km is bebouwd. Veel stukken ervan, zoals de landtongen bij de monding, hebben de status van nationaal park. De uitgestrekte haven telt ook een aantal eilanden, zoals Fort Denison, waar ooit de skeletten van gehangenen aan hun touwen bungelden, en Goat Island met zijn oude scheepswerven, ten westen van de Harbour Bridge.

Op verkenning uit Het aanbod van vrienden om een dag lang aan boord van hun zeiljacht langs alle bezienswaardigheden te varen, is natuurlijk de beste manier om de haven te verkennen, maar watertaxi's kunnen het karwei ook klaren, zij het tegen een behoorlijk tarief. De vele rondvaartboten vormen een betaalbaarder alternatief. Nog authentieker is het vervoermiddel dat veel forensen dagelijks gebruiken, de veerboot. Nu de tram vrijwel uit het straatbeeld is verdwenen, herinnert vooral de veerboot nog aan vroeger tijden.

Boten in alle soorten en maten zwermen uit over Sydney Harbour vanaf Circular Quay. In een mum van tijd glijdt u in de schaduw van de Harbour Bridge over het water naar Kirribilli of tuft u tegen de stroom in naar Hunters Hill, in het gezelschap van schoolkinderen op weg naar huis. De 50 minuten durende tocht stroomopwaarts per RiverCat, via Sydney Olympic Park, naar het historische stadsdeel Parramatta (zie bladzijde 61) is ook aan te raden.

Een wandeling door The Rocks
Het Museum of Contemporary Art contrasteert met Cadman's Cottage uit 1816 en de andere oude gebouwen in de fraai gerestaureerde George Street, waar het bezoekerscentrum nuttige informatie verstrekt. Oud en nieuw ontmoeten elkaar rond Campbells Cove. Dawes Point Park, aan de voet van de Harbour Bridge, was de eerste versterkte positie in Australië. De terugweg loopt via de voorname Gloucester Walk en Argyle Street.

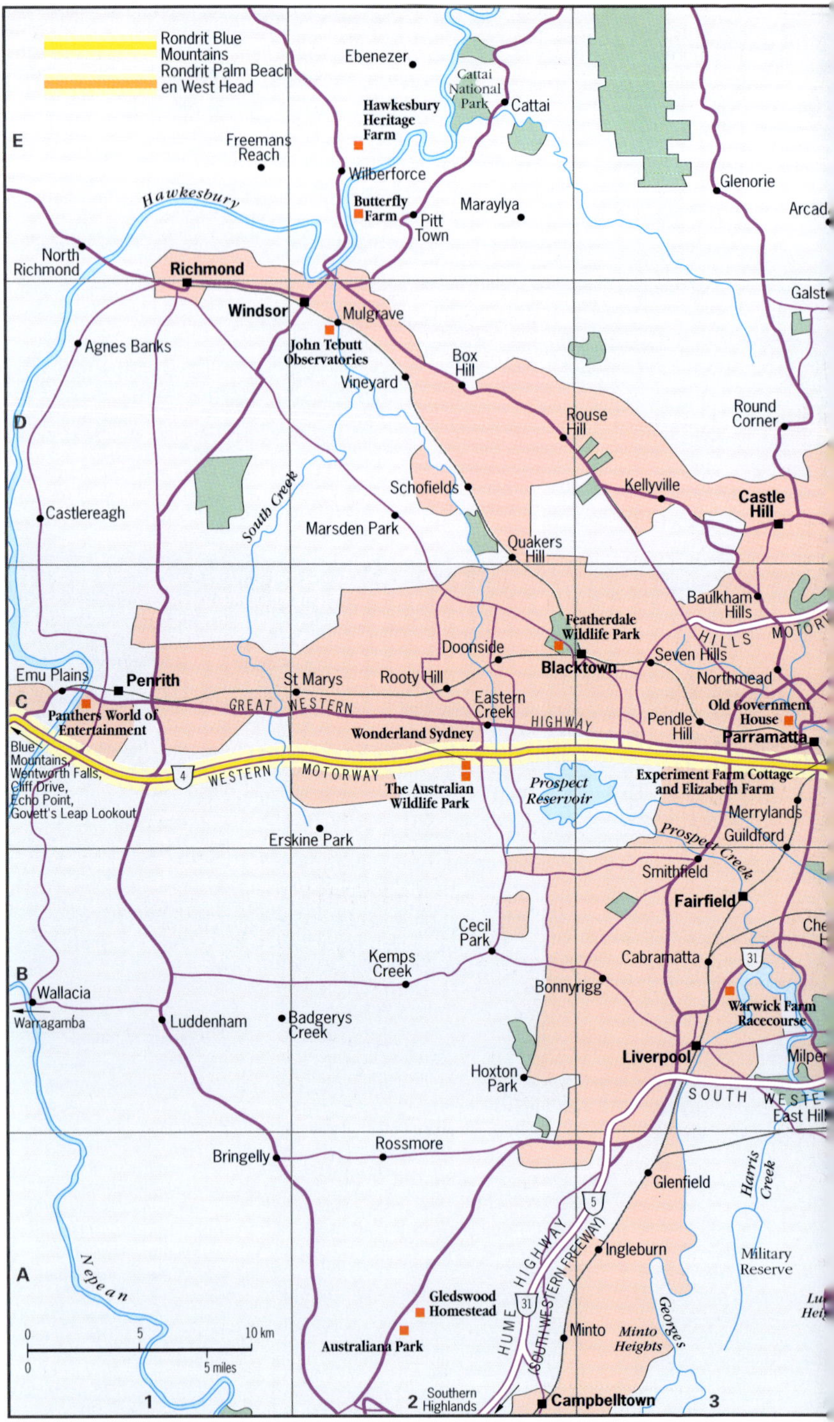
Rondrit Blue Mountains
Rondrit Palm Beach en West Head
Ebenezer
Cattai National Park
Cattai
Hawkesbury Heritage Farm
Freemans Reach
Wilberforce
Glenorie
Hawkesbury
Butterfly Farm
Pitt Town
Maraylya
Arcad
North Richmond
Richmond
Windsor
Mulgrave
Galst
John Tebutt Observatories
Agnes Banks
Box Hill
Vineyard
Round Corner
Rouse Hill
Kellyville
Castle Hill
Schofields
South Creek
Castlereagh
Marsden Park
Quakers Hill
Baulkham Hills
Featherdale Wildlife Park
HILLS MOTORWAY
Doonside
Blacktown
Seven Hills
Emu Plains
Penrith
St Marys
Rooty Hill
Northmead
Eastern Creek
Old Government House
Panthers World of Entertainment
GREAT WESTERN HIGHWAY
Pendle Hill
Wonderland Sydney
Parramatta
Blue Mountains, Wentworth Falls, Cliff Drive, Echo Point, Govett's Leap Lookout
4
WESTERN MOTORWAY
The Australian Wildlife Park
Prospect Reservoir
Experiment Farm Cottage and Elizabeth Farm
Merrylands
Erskine Park
Prospect Creek
Guildford
Smithfield
Fairfield
Cecil Park
Kemps Creek
Cabramatta
31
Bonnyrigg
Wallacia
Warragamba
Luddenham
Badgerys Creek
Warwick Farm Racecourse
Liverpool
Hoxton Park
SOUTH WESTE
East Hil
Rossmore
Bringelly
Glenfield
5
Harris Creek
HUME HIGHWAY
(SOUTH WESTERN FREEWAY)
Ingleburn
Military Reserve
Nepean
Gledswood Homestead
31
Georges
Australiana Park
Minto
Minto Heights
0 5 10 km
0 5 miles
Southern Highlands
Campbelltown
A
B
C
D
E
1
2
3

Brisbane Water National Park, Old Sydney Town
Broken Bay, West Head
Palm Beach
Whale Beach
Bangalley Head
Avalon
Newport Beach
Bungan Head
Cowan Creek
Ku-ring-gai Chase National Park
Pittwater
Church Point
Akuna Bay
Berowra Waters
PACIFIC HIGHWAY
SYDNEY NEWCASTLE FREEWAY
Mona Vale
Turimetta Head
Hornsby Heights
Waratah Park
Bobbin Head
Terrey Hills
Ku-ring-gai Wildflower Garden
Narrabeen
Garigal National Park
Narrabeen Lakes
Collaroy
Long Reef Point
Hornsby
St Ives
Belrose
Oxford Falls
Turramurra
Frenchs Forest
Beacon Hill
Dee Why
Gordon
Lane Cove National Park
PACIFIC HIGHWAY
Middle Harbour
Killara
Koala Park
Lane Cove
Balgowlah
Manly
Oceanworld
North Head
Epping
Macquarie University
Chatswood
Eastwood
Willoughby
Sydney Harbour National Park
South Head
West Ryde
Cremorne
Mosman
Taronga Zoo
Crows Nest
Waverton
Ryde
Vienna Cottage
Greenwich
Neutral Bay
Watsons Bay
Rosehill Racecourse
Parramatta
Hunters Hill
Milsons Pt
Kirribilli
Pt Jackson
Vaucluse
Vaucluse House
Sydney Olympic Park
SYDNEY
Sydney Harbour Bridge
Drummoyne
Balmain
Elizabeth Bay
Rose Bay
Kings Cross
Double Bay
Darlinghurst
Paddington
Bellevue Hill
Lidcombe
Leichhardt
Glebe
Central Station
Bondi
Strathfield
Burwood
University of Sydney
Bondi Junction
Bronte
Tamarama Bay
Regents Park
Enfield
HIGHWAY
Redfern
Erskineville
Centennial Park
Coogee
Cooks
Sydenham
Kingsford
Canterbury
Sydney Airport
Bankstown
Lakemba
Maroubra
Botany
Banksmeadow
Rockdale
HIGHWAY
Brighton-le-Sands
Malabar
Riverwood
Hurstville
La Perouse Monuments
La Perouse
Beverley Park
Penshurst
Botany Bay
Bare Island Fort
Cape Banks
PRINCES
St Georges River National Park
Lugarno
Sans Souci
Captain Cook's Landing Place
Georges
Kurnell
Como Bridge
Como
Captain Cook Bridge
Kurnell Peninsula
Botany Bay National Park
Sylvania
Jannali
Potter Point
Gymea
Sutherland
Caringbah
Bate Bay
Cronulla
Sydney Tramway Museum
EG Waterhouse National Camellia Garden
Woronora
Loftus
Port Hacking
Port Hacking Point
Engadine
Audley
Heathcote
Royal National Park
4
5
6

Rondrit De Blue Mountains

De beroemde Three Sisters

Zie de kaart op bladzijde 56–57.

De spectaculaire kliffen, ravijnen en bossen van de Blue Mountains kunt u op één dag bezichtigen.

De snelste manier om Sydney uit te komen is via de Parramatta Road, die bij Strathfield aansluiting biedt op de Western Motorway. Deze doorkruist de vlakte voorbij Penrith en loopt dan parallel aan het spoor de bergen in.

Onderweg komt u borden naar enkele bezienswaardigheden tegen, die hieronder worden beschreven. De **Wentworth Falls** zijn waarschijnlijk de grootste waterval van de streek. Iets verderop markeert het aardige plaatsje Leura het begin van de **Cliff Drive**, een route die 300 m steil omlaag voert. **Echo Point** is terecht het beroemdste uitkijkpunt in deze bergen. Het uitzicht op de rotswanden, eucalyptusbossen en zandstenen pilaren van de Three Sisters is magnifiek. U kunt een wandeling maken over bewegwijzerde paden of de Cliff Drive verder volgen naar de Scenic Railway of de Scenic Skyway. U kunt pauzeren in Katoomba, de 'hoofdstad' van de Blue Mountains, of in het Blue Mountains Heritage Centre ten noordoosten van Blackheath. **Govett's Leap Lookout** kijkt uit over de kloof. Rijd terug over de Western Motorway via Parramatta en Homebush Bay, waar de belangrijkste locatie voor de Olympische Spelen van 2000, het **Sydney Olympic Park**, ligt. Verschillende sportfaciliteiten zijn geopend voor het publiek; u kunt een busrit of rondwandeling over het terrein maken.

Rondrit Palm Beach en West Head

Zie de kaart op bladzijde 56–57.

Deze rit voert van Sydney naar de spectaculaire noordelijke kust.

Voorbij de Harbour Bridge voert Route 14 (Military Road) in noordoostelijke richting via de Spit Bridge door Middle Harbour. U kunt een omweg maken naar Manly (dat u beter met de veerboot vanaf Circular Quay kunt aandoen) of doorrijden naar het noorden langs de mooie stranden bij Long Reef, Collaroy, Narrabeen en Whale Beach. De weg wordt smaller en slingert zich op en neer langs aantrekkelijke huizen naar **Palm Beach**. Ten westen hiervan hebt u een fraai uitzicht over het kalme water van de Pittwater-inham. Op de landtong ten noorden hiervan staat **Barrenjoey Lighthouse** (een vuurtoren). Keer terug naar Mona Vale en volg de weg rond het zuidelijke deel van Pittwater, waarna u rechtsafslaat door het **Ku-ring-gai Chase National Park** naar **West Head**. Ook hier is het uitzicht over Pittwater en Broken Bay spectaculair. Er lopen hier veel goede, bewegwijzerde paden; op korte loopopstand kunt u al *bushland*, aboriginalschilderingen en soms ook wilde dieren zien. Keer terug via de Mona Vale Road (Route 3) en de Pacific Highway.

De buitenwijken

Er is veel te zien en te doen in de historische buitenwijken niet ver van het centrum, die hier de revue passeren.
De inwoners van Sydney lijken trots te zijn op hun rosse buurt **Kings Cross**►►, met zijn rijke aanbod van prostituées, striptenten en boekwinkels voor volwassenen, maar ook van eet- en drinkgelegenheden en buurtwinkels. Een wandeling door Darlinghurst Road, tussen Kings Cross Station en Fitzroy Gardens met de El Alamein Fountain, is zowel overdag als 's avonds een vermakelijke onderneming. De naburige, deftige wijk Elizabeth Bay herbergt een heel andere bezienswaardigheid, het uit 1830 daterende **Elizabeth Bay House**. Dit mooie landhuis, dat voor een koloniale hoogwaardigheidsbekleder werd gebouwd, is een overblijfsel uit de glorietijd die deze streek beleefde.
Paddington►►, ofwel 'Paddo', werd tijdens de hoogtijdagen van de 19de-eeuwse goudkoorts gebouwd. Na een periode van verval is het nu een vrij chique wijk, die naar de haven afloopt en zijn charme dankt aan de huizen met siersmeedwerk, die tussen 1860 en 1890 zijn gebouwd. Verder vindt u hier **Juniper Hall** (uit 1824), het **postkantoor** uit 1885 en **Paddington Town Hall** (1891). Het vogelrijke **Centennial Park** werd geopend ter gelegenheid van de honderdste verjaardag van Sydney.
De inwoners van **Balmain**► werkten op de scheepswerven, maar tegenwoordig worden de huizenrijen en vakwerk-*cottages* bewoond door de middenklasse, meestal wat linkser en artistieker dan de bewoners van Paddington. Ook Balmain heeft een mooie winkelstraat.
Hunters Hill, een voorstad met dure villa's maar ook bescheidener huizen, ligt afgezonderd op een schiereiland met veel groen. Veel van de fraaie woningen in Franse stijl dateren van het midden van de 19de eeuw. Een woning van een handelaar uit die tijd, **Vienna Cottage**, is gerestaureerd door de National Trust en herbergt een streekmuseum.

Sydney Jewish Museum
Op een kleine afstand van Kings Cross wacht een bijzondere ervaring. Het Sydney Jewish Museum (hoek Darlinghurst Road en Burton Street) onderzoekt de joodse geschiedenis van Australië, van de gevangenen van de First Fleet tot de immigrantenstroom na de Tweede Wereldoorlog. Het museum is een monument voor de miljoenen joden die omkwamen tijdens de holocaust.

Oostelijke buitenwijken
De oostelijke buitenwijken van Sydney zijn de meest gewilde en dure locaties van het land. Dat is te zien in Double Bay, waar in de exclusieve winkels tal van labels met de namen van ontwerpers prijken, terwijl de prijskaartjes ontbreken. Er zijn ook veel prettige cafés, waar het winkelende publiek zich kan ontspannen nadat het zijn keuze heeft gemaakt.

Het exclusieve Hunters Hill

Uitstapjes

De Hawkesbury op
In het gebied rond Richmond en Windsor langs de bovenloop van de Hawkesbury River verrezen binnen enkele jaren na de aankomst van de *First Fleet* nederzettingen. De benedenloop van de rivier kunt u het best per boot verkennen. Ga bij Brooklyn aan boord van de postboot en vergezel de postbode terwijl hij in de geïsoleerde plaatsjes langs de rivier brieven, pakjes en nog veel meer bezorgt, een unieke ervaring!

De verdwijning van La Perouse
Jean-François de Galaup, graaf van La Perouse, was al eens met de Britten in aanvaring gekomen voordat hij in Botany Bay kapitein Phillip tegenkwam. Hij was gevangen genomen na de slag bij Quiberon in 1759 en vocht later in de Amerikaanse oorlogen. Na een zoektocht naar de noordwestdoorgang hadden zijn schepen *Astrolabe* en *Boussole* Australië bereikt. Nadat hij uit Botany Bay wegvoer, verdween La Perouse voor eeuwig. In 1826 zijn bij de Nieuwe Hebriden wrakstukken gevonden, die waarschijnlijk van zijn schepen zijn.

Hieronder vindt u enkele bezienswaardigheden die gemakkelijk vanuit Sydney te bereiken zijn.

Botany Bay► (12 km ten zuiden van het centrum), waar het schip de *Endeavour* van kapitein Cook op 28 april 1770 voor anker ging, dankt zijn naam aan de vele op het noordelijk halfrond onbekende planten die Joseph Banks er verzamelde. De omgeving wordt nu gedomineerd door olie-installaties, industrieën en de luchthaven, maar het nationale park bevat monumenten, een bezoekerscentrum en een museum, die alle herinneren aan Cooks historische landing op Kurnell Peninsula. De noordkant van de baai is La Perouse genoemd, naar de leider van de Franse expeditie die kort na de *First Fleet* arriveerde. Hier vindt u een museum en een van de belangrijkste aboriginalnederzettingen van Sydney.

Brisbane Water National Park► (75 km naar het noorden), met zijn prachtige natuurschoon langs kust en rivier, kent dezelfde flora en fauna als Ku-ring-gai Chase, onder andere eucalyptusbossen en stukjes regenwoud. Bij Bulgandry is aboriginalkunst te bewonderen.

Een bezoek aan Parramatta (via de weg, bladzijde 61) kan heel gemakkelijk gecombineerd worden met een tochtje door **Homebush Bay**►► en Sydney Olympic Park, de belangrijkste locatie voor de Olympische Spelen van 2000 (zie bladzijde 58).

Ku-ring-gai Chase National Park►► (30 km ten noorden van Sydney) is nog altijd ongerept dankzij het feit dat het gebied al in 1894 tot nationaal park werd uitgeroepen. Het ligt op een zandsteenplateau, dat wordt doorsneden door de beschutte wateren van de Hawkesbury River. Vanaf West Head hebt u een spectaculair uitzicht over Broken Bay en Pittwater. De Kuring-gai- of Guringai-aborigines hebben figuren uitgehakt in het zandsteen. In het bezoekerscentrum op Bobbin Head wordt aandacht besteed aan de vele planten- en diersoorten uit de streek.

Een korte treinrit brengt u van de schitterende metropool van nu naar een reconstructie van **Old Sydney Town**►► (uitstappen op Gosford Station), waar u kunt zien hoe het leven moet zijn geweest in de allereerste begintijd van de stad. Tussen nauwkeurig gereconstrueerde gebouwen uit de periode van voor 1810 leggen overtuigend uitziende figuren in authentieke kleding zich toe op hun ambachten, vechten duels uit of ondergaan lijfstraffen.

Op het uiterste puntje van het Warringah Peninsula, 40 km ten noorden van het centrum, ligt het exclusieve woongebied **Palm Beach**►►. Ten oosten ervan beukt de branding van de oceaan op het strand, terwijl het rustige water van de **Pittwater**-inham in het westen een waar paradijs is voor liefhebbers van zeilen en windsurfen. Een vuurtoren bekroont de Barrenjoey-kaap, die een schitterend uitzicht biedt over Broken Bay en de verdronken vallei van de Hawkesbury River.

Gedenkplaat bij kapitein Cooks landingsplaats

Een kamer in de uit 1835 daterende Experiment Farm Cottage, Parramatta

Parramatta▶▶ (24 km van het centrum) had best tot de hoofdstad van de kolonie kunnen uitgroeien, want deze tegenwoordige voorstad van Sydney werd slechts een paar maanden na Sydney zelf gesticht. Ondanks alle nieuwbouw zijn er nog veel sporen van vroeger te vinden, waaronder enkele van de oudste gebouwen van het land.

Voorbij het in namaak-Tudorstijl gebouwde poortgebouw van Parramatta Park staat het eerbiedwaardigste openbare gebouw van Australië, het **Old Government House** uit 1799, dat in het begin van de 19de eeuw aanzienlijk is uitgebreid. Het was jarenlang de officiële residentie van de *viceroy* (onderkoning). **Elizabeth Farm** in Alice Street is nog ouder. Deze boerderij werd in 1793 door de agrarische pioniers John en Elizabeth Macarthur in bedrijf genomen. De veranda is het prototype van de veranda's die overal in Australië woningen sieren. Het gebouw is opnieuw ingericht in laat-18de-eeuwse stijl, net als de **Experiment Farm Cottage** in Ruse Street. In 1789 was James Ruse de eerste Australiër die met succes tarwe zaaide en oogstte.

Het eerste nationale park van Australië, het **Royal National Park**▶▶, bestaat al sinds 1879. Het is grotendeels een ruig zandsteenplateau met een afwisselende vegetatie van heidevelden (met schitterende wilde planten in de lente), fraaie bossen van blauwe gombomen en stukken regenwoud. Aan de kust vindt u spectaculaire kliffen, met hier en daar een kleine inham. Het park ligt ongeveer 35 km van Sydney vandaan. Het is al lang in trek bij wandelaars en wordt tegenwoordig in de weekeinden ook door dagjesmensen bezocht.

De **Taronga Zoo**▶▶ ligt recht tegenover het stadscentrum en is per veerboot vanaf Circular Quay te bereiken. Hij is alleen al vanwege het uitzicht een bezoek waard, vooral als u met de kabelbaan gaat. Deze voortreffelijke dierentuin beperkt zich zeker niet tot inheemse diersoorten, maar de meeste bezoekers zullen er de Australische fauna willen gaan zien.

De weg naar Parramatta

Al in 1794 werd een weg aangelegd van Sydney naar Parramatta, maar jarenlang was het makkelijker om personen en goederen over de rivier te vervoeren dan over de *highway*.

De straatweg is nu gedeeltelijk vervangen door een autosnelweg die noch mooi noch efficiënt is, maar wel een dwarsdoorsnede laat zien van de Australische buitenwijken. Ondanks de oneindige reeks verkeerslichten en sjofele winkelcentra, heeft de Parramatta Road nog altijd iets ongrijpbaars romantisch, een zweem uit de tijd toen het de enige weg was die naar het onbekende binnenland van het continent leidde.

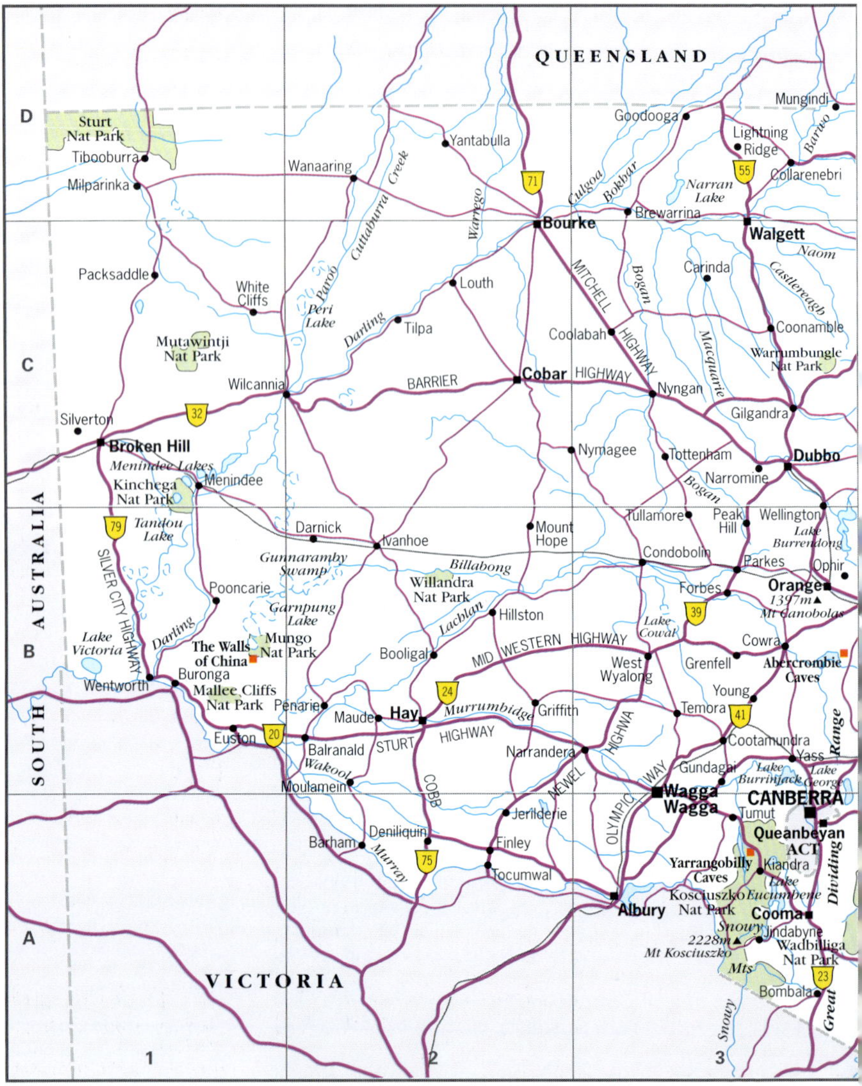

Zonsondergang op de Black Mountain, Canberra, met daarop de Telstra Tower

NEW SOUTH WALES

New South Wales In de begintijd van de Europese kolonisatie *was* deze staat Australië. Ook nu nog woont hier het grootste deel van de Australische bevolking; de hoofdstad, Sydney, is tevens de grootste stad van het continent. Toeristen die over weinig tijd beschikken wordt soms geadviseerd zich op deze staat te concentreren – een vakantie die binnen de grenzen van New South Wales wordt doorgebracht, kan inderdaad erg bevredigend zijn.

De Coastal Lowlands De *Premier State* kan in vier regio's worden verdeeld, waarin u veel facetten van Australië tegenkomt. Het grootste deel van de bevolking woont in de Coastal Lowlands, een vruchtbare kuststrook van wisselende breedte, die over een lengte van ongeveer 1400 km van Victoria naar Queensland loopt. Afgezien van

HOOGTEPUNTEN

AUSTRALIAN WAR MEMORIAL, CANBERRA *zie bladzijde 68*

BLUE MOUNTAINS NATIONAL PARK *zie bladzijde 72*

BYRON BAY *zie bladzijde 78*

COFFS HARBOUR *zie bladzijde 79*

HUNTER VALLEY *zie bladzijde 81*

KOSCIUSZKO NATIONAL PARK *zie bladzijde 74 en 83*

MYALL LAKES NATIONAL PARK *zie bladzijde 85*

NATIONAL GALLERY OF AUSTRALIA, CANBERRA *zie bladzijde 69*

PARLIAMENT HOUSE, CANBERRA *zie bladzijde 70*

SOUTHERN HIGHLANDS *zie bladzijde 87*

Liever aan zee
De steden Sydney, Newcastle en Wollongong hebben een gezamenlijk inwonertal van zo'n 4,5 miljoen mensen – een heel groot deel van de totale deelstaatbevolking van 6,3 miljoen. De rest woont grotendeels in kustplaatsen, daar het binnenland zeer onherbergzaam is.

Wat zegt een naam nou?
Tussen 1768, toen hij naar Tahiti vertrok, en 1779, toen hij op een Hawaïaans strand in mootjes werd gehakt, gaf kapitein Cook vermoedelijk meer namen aan plaatsen dan wie ook in de geschiedenis. Sommige vernoemde hij naar personen (Port Jackson), andere naar gebeurtenissen (Cape Tribulation, waar het rif gaten sloeg in Cooks schip), nog weer andere beschrijven een topografische eigenaardigheid (Mount Dromedary in Tasmanië heeft twee bulten). Toen hij een passende naam moest bedenken voor de gehele oostkust van Australië schijnt zijn inspiratie hem in de steek te hebben gelaten – zelfs als we in aanmerking nemen dat een stukje ervan lijkt op de kustlijn van zuidelijk Wales. Maar misschien is de naam New South Wales nog het toppunt van inventiviteit vergeleken met 'South Australia'.

het aantrekkelijke Sydney liggen hier de industriesteden **Newcastle** en **Wollongong** en een prachtige keten van kleine havenstadjes en kustplaatsen, zoals Ulladulla (ten oosten van Canberra). Hier begon de geschiedenis van blank Australië toen de *First Fleet* Botany Bay binnenvoer, waar zich met de stichting van nederzettingen en de verandering van de *bush* in landbouwgebied geleidelijk het proces van kolonisatie voltrok.
Als bastion van de Labour-partij heeft de regio vaak een doorslaggevende rol gespeeld in de politiek van Australië. Ook werd hier de Australische strandcultuur geboren, toen in de eerste decennia van de 20ste eeuw de liefde voor de zon, de branding en puur lichamelijk welbevinden de laatste resten van Victoriaanse preutsheid overwon – een ontwikkeling die veel te danken heeft aan de weergaloze stranden, die nog steeds tot de grootste toeristentrekkers van het land behoren.

De Great Dividing Range Op sommige plaatsen loopt de Great Dividing Range bijna loodrecht af naar zee. Maar ook elders, over de gehele lengte van de deelstaat, vormt de bergketen met zijn toppen en plateaus een constante achtergrond voor het kustgebied. Hoewel de bergen niet erg hoog zijn, vormden de dichtbegroeide hellingen in de beginjaren van de kolonie een ondoordringbare barrière, totdat in 1813 een doorgang werd gevonden door de spectaculaire **Blue Mountains**.
De hooglanden zijn al even gevarieerd als de kust: naar het zuiden, in de **Snowy Mountains**, liggen de hoogste toppen en de grootste sneeuwvelden van het land; naar het noorden strekt het plateau van **New England** zich uit, genoemd naar het oude land vanwege zijn mistige koelte en heldere groen. Op sommige plaatsen, zoals in de

Southern Highlands, wordt het gebergte afgewisseld door brede vlakten die al vroeg als landbouwgrond werden gebruikt. Een gebied van 2500 km^2 vormt het Australian Capital Territory (ACT). Hier ligt de hoofdstad van het land, Canberra. De meeste rivieren van Zuidoost-Australië ontspringen in de hooglanden, met hun overvloedige neerslag. Sommige, zoals de Hawkesbury en de Hunter, zijn tamelijk kort en stromen oostwaarts naar de Grote Oceaan. Andere rivieren zijn langer en maken deel uit van het enorme Murray/Darling-stelsel. Deze stromen westwaarts.

De Western Slopes Deze westelijke uitlopers van de Great Dividing Range gaan geleidelijk over in de vlakten van het binnenland. Aan het begin van de 19de eeuw vestigden de eerste boeren er zich. Het is een weinig opzienbarend gebied, waar men tarwe verbouwt en schapen fokt. De streek telt verschillende kleine steden, zoals Moree, Dubbo, Orange, Wellington, Bethurst en Wagga Wagga. Verder naar het zuiden, in de Riverina, wordt een groot gebied geïrrigeerd door de Murray en Murrumbidgee.

De Western Plains De vlakten waarop de Western Slopes uitkomen, strekken zich uit tot de grenzen met South Australia en Queensland. Het is de *Outback* van New South Wales, met veel meer schapen dan mensen. De naam van het onfortuinlijke plaatsje **Bourke** is een synoniem geworden voor het toppunt van afzondering *('back to Bourke')*; het is de *Outback* voorbij de *Outback*. In het ruige landschap ligt het stadje **Broken Hill**, dat zijn bestaansrecht ontleent aan de rijkste zilver-, lood- en zinkader ter wereld. Het is een vreemde plaats, die juist om die reden veel bezoekers trekt.

Het mooie, moderne Canberra, ontworpen aan de tekentafel, is anders dan alle andere Australische steden

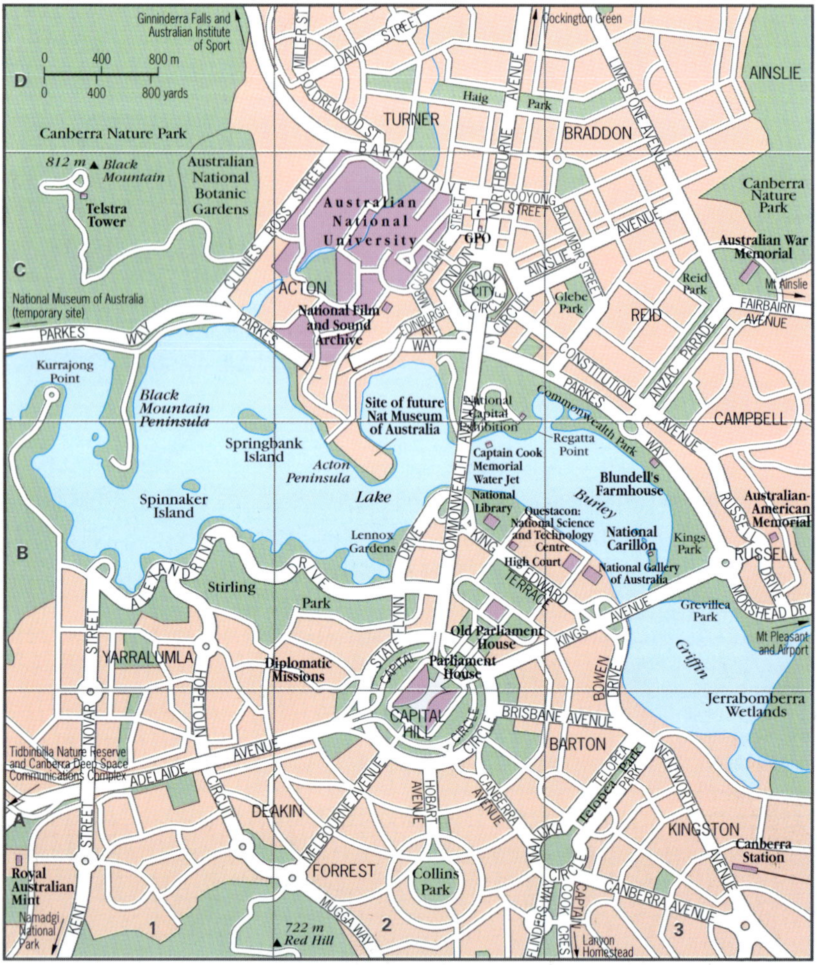

Canberra

De stad van de ambassades

In de hoofdstad van Australië staan de prestigieuze gebouwen van de nationale instellingen te midden van brede boulevards en gezellige buurten; het geheel wordt omringd door een prachtig berglandschap. Canberra is de enige grote stad in het binnenland en is ook als stedenbouwkundig ontwerp uniek.

Toen in 1901 de Federatie in het leven werd geroepen, konden Sydney en Melbourne niet langer ruziën over de status van hoofdstad: in de nieuwe grondwet werd vastgelegd dat er een locatie in New South Wales moest worden gevonden die ten minste 100 mijl (160 km) van Sydney vandaan zou liggen. Na veel discussie werd in 1911 zo'n 2500 km² land ten zuiden van de Goulburn Plains uitgeroepen tot Australian Capital Territory. Meer dan 130 kandidaten deden mee aan de internationale wedstrijd voor het ontwerp van de nieuwe stad, die werd gewonnen door de Amerikaanse landschapsarchitect Walter Burley Griffin, een leerling van Frank Lloyd Wright.

Hij had het gebied nooit gezien toen hij zijn ontwerp maakte voor een stad die duizenden kilometers van zijn woonplaats Chicago vandaan zou komen te liggen, maar was ervaren genoeg om de kaarten en grafieken te interpreteren. Zijn ontwerp, met statige gebouwen langs brede lanen en zelfstandige woonwijken voor het leven van alledag, is echt iets uit het begin van de 20ste eeuw. Het inwonertal van de hoofdstad moest 25.000 bedragen, maar Canberra groeide pijnlijk langzaam en dit aantal werd pas in de jaren na de Tweede Wereldoorlog bereikt. De groei nam exponentieel toe in de jaren zestig; tegenwoordig telt de stad meer dan 300.000 inwoners. Ambtenaren vormden vanouds de helft van de beroepsbevolking in Canberra, hetgeen niet noodzakelijk een goede basis is voor een sociaal evenwicht. Aanvankelijk werd de stad gezien als een ballingsoord, bevolkt door verveelde overheidsdienaren die verlangden naar het uitgaansleven van Sydney of Melbourne. Nog steeds is het beeld van de stad onder Australiërs niet erg gunstig; men ziet het als een plaats voor parasiterende politici en verwende bureaucraten. Canberra is er echter de laatste jaren sterk op vooruit gegaan, met name op het gebied van restaurants, voorstellingen en het uitgaansleven.

Canberra is niet geheel ten onrechte omschreven als een verzameling voorsteden die op zoek zijn naar een stadscentrum, maar wat de stad aan grootsteedsheid mist, wordt ruimschoots goedgemaakt door pure ruimtelijke schoonheid en de nabijheid van nationale parken met een gevarieerde fauna en wijngoederen. Met zijn moderne gebouwen in een onberispelijk ontworpen omgeving lijkt Canberra op geen enkele andere Australische stad en is het alleen al om die reden een bezoek waard.

Het Parliament House uit 1988 is rijk aan nationale symboliek

De 81 m hoge vlaggenmast op Parliament House en Capital Hill

Een kapitaal museum
De bouw van het National Museum of Australia, dat naar verwachting in 2001 de deuren zal openen, verkeert nog in het beginstadium. De ambitieuze bouwplannen worden gepresenteerd in een bezoekerscentrum aan de Lady Denman Drive in Yarralumla. Sommige tentoonstellingen vinden op dit moment plaats in het Old Parliament House.

Een 'Aussie digger' (soldaat) hijst de vlag bij het Australian War Memorial

►► Australian National Botanic Gardens *66C1*

In deze aantrekkelijke tuinen op de lager gelegen hellingen van de Black Mountain groeien in totaal zo'n 6000 inheemse plantensoorten. Een netwerk van paden voert langs een keur van gelabelde bomen, struiken en andere planten. Dit is de beste plek om kennis te maken met de unieke flora van Australië.

►►► Australian War Memorial *66C3*

Limestone Avenue, Campbell
De door stenen pijlers geflankeerde koepel van het War Memorial staart van de lagere hellingen van Mount Ainslie over de Anzac Parade heen naar Capital Hill aan de overkant van Lake Burley Griffin. Op de binnenplaats van het monument, dat in 1941 werd geopend en in 1998–1999 verbouwd, vindt u de Roll of Honour en de Eternal Flame. Het gebouw is meer dan alleen maar een indrukwekkend monument, het is ook een museum van wereldklasse dat probeert iets zinvols te zeggen over het zinloze van oorlog. Achter het symbolische beeldhouwwerk van het exterieur gaan grote zalen schuil, waar de bezoeker wordt geïnformeerd over de vele conflicten waarin het land betrokken is geweest, van de Maori-oorlogen in de jaren zestig van de 19de eeuw tot en met de oorlog in Vietnam in de jaren zeventig van de 20ste eeuw. Naast oorlogstuig, zoals geweren en vliegtuigen, bezit het museum schilderijen, foto's, enorme diorama's, films, geluidsopnamen, documenten en kranten.

►► Diplomatic Missions *66B2*

Een van de fascinerendste rondleidingen in Canberra voert naar de buitenwijk Yarralumla, waar veel landen hun ambassades hebben. De nationale zelfexpressie neemt vele vormen aan: de Amerikaanse ambassade huist in een gebouw dat niet zou misstaan in Williamsburg, Griekenland heeft klassieke zuilen, Papoea-Nieuw-Guinea is vertegenwoordigd met een lang gebouw met een puntgevel en Indonesië met een Balinese tempel.

►► Lake Burley Griffin *66B2*

Burley Griffin nam een meer op in zijn ontwerp, maar het duurde tot 1964 voordat de grote plas die zijn naam draagt er was. Het meer heeft een oppervlakte van ruim 7 km^2, de oever meet 35 km. Enkele eilandjes verlevendigen het geheel, dat wordt verfraaid door de landschapsarchitectuur langs de oever, zoals in het onlangs voltooide **Commonwealth Park**. Bij rustig weer spuit de fontein van het **Captain Cook Memorial** 140 m de lucht in.
Het **Blundell's Farmhouse** bij het meer dateert van 1860 en is een van de weinige oude gebouwen in Canberra. De helderwitte betonnen schachten van het **National Carillon**, een geschenk van Groot-Brittannië ter gelegenheid van de 50ste verjaardag van Canberra in 1963, steken boven de treurwilgen op Aspen Island uit. Op de 53 klokken worden Australische medleys gespeeld. Het meer is het middelpunt van de stad – een prachtig decor voor de belangrijkste gebouwen.
Het slanke **Australian-American Memorial** vlak bij de oostelijke oever herdenkt de rol die de Amerikaanse troepen speelden in de verdediging van Australië tijdens de Tweede Wereldoorlog.

De National Botanic Gardens zijn vermaard om hun unieke collectie inheemse Australische planten

▶▶ National Capital Exhibition 66C2

Regatta Point, Commonwealth Park

Op deze plek (met 'het beste uitzicht op de hoofdstad van het land') wordt u geïnformeerd over de nauwgezette en soms controversiële planning van de nieuwe stad. De tentoonstelling omvat maquettes, tekeningen, foto's en audiovisueel materiaal.

▶ National Film and Sound Archive 66C2

McCoy Circuit, Acton

Australië heeft altijd voorop gelopen in de cinematografische ontwikkeling. Dit centrum toont een intrigerende selectie van de bijdragen van het land aan de magie van het witte doek, zoals een korte film over de Melbourne Cup uit 1896. Ook is er aandacht voor radio en televisie.

▶▶▶ National Gallery of Australia 66B3

Parkes Place

De nationale kunstcollecties zijn ondergebracht in een imposant gebouw van gezandstraald beton dat in 1982 is geopend. De aanpalende gebouwen op de oevers van Lake Burley Griffin zijn ook van nationaal belang, zoals het High Court, een kubus van glas en beton, waarmee het museum door een luchtbrug is verbonden. De National Gallery heeft een uitstekende verzameling Australische kunst. Maar er is nog veel meer, tentoongesteld in gunstig verlichte en sterk verschillende ruimten, onder andere een goede selectie Europese en Amerikaanse kunst en kunstwerken uit Azië en het Pacifisch gebied. De bijbehorende beeldentuin doet ook dienst als locatie voor evenementen in de openlucht.

Kapitale vergezichten
De ring van plateaus rond Canberra biedt enkele prachtige uitzichten op de zorgvuldig geplande stad en zijn omgeving.
De spitse Telstra Tower verheft zich boven op de Black Mountain (812 m) en is populair bij liefhebbers van een panoramisch uitzicht. Mount Ainslie (842 m), die achter het War Memorial oprijst, heeft eveneens spectaculaire vergezichten te bieden, net als Red Hill, 2 km ten zuiden van Parliament House.

Parliament House trekt veel bezoekers

Kapitale muntslag
Behalve een galerij vanwaar bezoekers kunnen zien hoe het Australische muntgeld wordt gemaakt, heeft de Royal Australian Mint ook een muntpers waarop u uw eigen munten kunt laten slaan.

Kapitale straffen
Sinds de beginperiode, toen de gevangenis soms het belangrijkste gebouw van de stad was, is de rechtspraak in Australië aanzienlijk gemoderniseerd. Maar de huidige Australiërs zijn bijna net zo verzot op rechtszaken als de Amerikanen. In het ontzagwekkende High Court wordt in een expositie uitgelegd hoe het Australische rechtssysteem werkt.

Kapitale sporten
Sportliefhebbers mogen een bezoek aan het Australian Institute of Sport (AIS) in de voorstad Bruce niet missen. Het AIS beschikt over goede faciliteiten en een interessant bezoekerscentrum.

► National Library of Australia *66B2*

Parkes Place

Behalve enkele miljoenen boeken, herbergt dit neoclassicistische gebouw een unieke verzameling over de geschiedenis en ontwikkeling van Australië. Het interieur is versierd met wandtapijten en gebrandschilderd glas.

►► Old Parliament House *66B2*

King George Terrace

Dit prachtig gerenoveerde gebouw uit 1927 werd overbodig toen de nieuwbouw was voltooid (zie hieronder). Het herbergt nu de **National Portrait Gallery** met portretten van meer en minder beroemde Australiërs. Er worden rondleidingen gehouden en u kunt een intrigerende licht-en-geluidsshow bijwonen.

►►► Parliament House *66B2*

Capital Hill

Dit spectaculaire gebouw, dat rijk is aan kunst en nationale symboliek, werd nog net voor de tweehonderdste verjaardag van Australië in 1988 voltooid. Het biedt onderdak aan het Huis van Afgevaardigden en de Senaat en is bovendien een toeristische trekpleister. Maar liefst een miljoen kubieke meter aarde moest van de top van Capital Hill worden verwijderd om plaats te maken voor het nieuwe gebouw en vervolgens worden teruggestort om het groene dak te vormen. Hier hebt u een geweldig uitzicht over de stad. Er staat een 81 m hoge vlaggenmast van roestvrij staal waaraan waarschijnlijk de grootste vlag ter wereld wappert. Van binnen is het complex schitterend versierd door Australische kunstenaars als Arthur Boyd, wiens kleurrijke wandkleed de muur van de Great Hall bedekt. De 48 marmeren zuilen in de hal doen denken aan de overal in Australië groeiende eucalyptussen. De koele grijsgroene kleur van deze bomen komt terug in de zaal van het Huis van Afgevaardigden.

►► Questacon *66B2*

King Edward Terrace

Dit onlangs voltooide nationale centrum voor wetenschap en techniek is ondergebracht in een spectaculair modern gebouw. In de zes verschillende zalen mag u overal aankomen en zelf van alles uitproberen.

Vliegtuig Kingsford Smith Airport, 12 km ten zuiden van het centrum van Sydney, heeft terminals voor nationale en internationale vluchten, die door bussen en taxi's met elkaar verbonden worden. In 2000 wordt de Airport Link Railway in gebruik genomen; u reist dan in 8–10 minuten van de terminals naar het Central Station in het centrum van Sydney. Momenteel is de Airport Express-bus de goedkoopste verbinding met het centrum en omliggende wijken. Er zijn vluchten naar de *Outback*, naar badplaatsen, Cooma (voor de Snowy Mountains) en Canberra.

Bus Het netwerk van lange-afstandbussen is uitgebreid, maar de vertrektijden zijn wel eens onhandig als u naar een verafgelegen plaats wilt. Voor de belangrijkste routes kunt u kiezen uit verschillende busondernemingen en vertrektijden. De meeste plaatsen van enige omvang hebben goede lokale busdiensten.

Trein Het spoorwegnet van NSW is uitgebreider dan in andere Australische staten. Plaatsen aan inmiddels gesloten spoorlijnen zijn vaak via Countrylink-bussen (eigendom van de State Rail Authority) verbonden met plaatsen waar de trein nog wel stopt. Expretreinen (XPT's en XPLORER's) doen veel van de grotere centra aan. *Interstate*-treinen rijden naar Brisbane en Melbourne; de legendarische *Ghan* rijdt van Sydney via Adelaide naar Alice Springs. Broken Hill wordt aangedaan door de *Indian Pacific* op de route naar Western Australia en heeft een wekelijkse XPT-verbinding met Sydney. Greater Sydney wordt bediend door de frequent rijdende CityRail, die verbindingen onderhoudt met Newcastle en Dungog in het noorden, de Blue Mountains in het westen, Goulburn en de Southern Highlands, en Nowra aan de zuidkust.

Auto Autorijden in en rond Sydney is niet aan te bevelen, behalve wanneer u buiten de stad gelegen plaatsen als Palm Beach of het Royal National Park wilt bezoeken. Met het openbaar vervoer of met de taxi kunt u hier overal komen waar u maar wilt. De meer afgelegen delen van de staat zijn alleen met de auto bereikbaar.

Vliegen spaart tijd
Als u niet over zeeën van tijd beschikt of het niet fijn vindt om lange autoritten te maken, is het raadzaam om naar de verder weg gelegen delen van de staat te vliegen. Qantas, Ansett en andere luchtvaartmaatschappijen vliegen op de meeste grote plaatsen in New South Wales.

Een lange autorit
In heel New South Wales ligt een netwerk van *highways*. Ze zijn allemaal van een naam voorzien, hetgeen erg handig is bij het uitstippelen van de route. De kwaliteit van de wegen kan echter nogal uiteenlopen. Een rit naar het noorden over de Pacific Highway langs de kust is nogal saai; velen geven de voorkeur aan de aantrekkelijker New England Highway door het binnenland.

Een auto met vierwielaandrijving kan erg handig zijn

Een van de statige oude gebouwen in Bathurst

De weg naar het westen
De donkere, steile wand van de Blue Mountains rijst plotseling op vanuit de laagvlakte rond Sydney (Mount Victoria bereikt een hoogte van maar liefs 1067 m). De keten vormde een geweldig obstakel voor de westwaarts trekkende kolonisten. Sommige ontsnapte gevangenen waren ervan overtuigd dat China niet ver achter de bergen moest liggen en trokken welgemoed die richting op. In 1813 ontdekten Blaxland, Lawson en Wentworth dat het mogelijk was de keten over te trekken door hoog op de hellingen te blijven en de dalen te mijden. In nog geen twee jaar tijd liet gouverneur Macquarie door dwangarbeiders een weg aanleggen op het traject dat nog steeds wordt gevolgd door de huidige moderne weg en spoorlijn – een grote sprong voorwaarts in de ontwikkeling van de kolonie, omdat het immense potentieel van het nog onbekende binnenland bereikbaar was geworden.

▶▶▶ Armidale *63C4*

Armidale is de officieuze hoofdstad van de koele hooglanden van New England, in het noordoosten van de staat, en benadert van alle steden in Australië nog het meest een universiteitsstad. Het telt diverse hogescholen en particuliere scholen en de University of New England met haar parkachtige campus. Een paar kathedralen en enkele eerbiedwaardige openbare gebouwen en mooie oude huizen verhogen de toch al verfijnde sfeer. Het moderne **New England Regional Art Museum▶** heeft de reputatie de beste streekcollectie Australische kunst te bezitten. Het Folk Museum is gevestigd in een gebouw uit 1863. Armidale is de ideale uitvalsbasis voor excursies in dit deel van New England (de Schotse kolonisten probeerden tevergeefs de naam New Caledonia te handhaven). Niet ver van Armidale vindt u enkele spectaculaire watervallen, waaronder de hoogste in Australië, de **Wollomombi Falls▶** in het Oxley Wild Rivers National Park.

▶ Batemans Bay *63A4*

Dit vissersplaatsje en populaire badplaatsje aan de monding van de Clyde River is het dichtstbijzijnde strand voor de inwoners van Canberra, 150 km verderop aan de overkant van de bergen. Geniet er van de heerlijke oesters en kreeften. Het Tollgate Islands Nature Reserve huisvest een pinguïnkolonie.

▶▶ Bathurst *63B4*

Bathurst ligt aan het einde van de Great Western Highway, die bij Sydney begint. Het is de oudste nederzetting in het binnenland, die in 1815 werd gesticht door gouverneur Macquarie. Hiervandaan vertrokken vele expedities dieper het binnenland in. In 1851 was deze streek het middelpunt van de eerste Australische *gold rush*. Die periode wordt opnieuw tot leven gebracht in het openluchtmuseum **Bathurst Goldfields**. De plaats zelf is ook interessant. De schilderachtige rit rond Mount Panorama maakt deel uit van wat wordt beschouwd als het beste motorracecircuit van Australië.

▶▶▶ Blue Mountains National Park *63B4*

De steile kliffen, diepe ravijnen en prachtige eucalyptusbossen van dit nationale park vormen een van de spectaculairste landschappen van Australië. De natuur is des te indrukwekkender vanwege de nabijheid van de keurige woongebieden langs de snelweg naar Sydney.

De Blue Mountains zijn niet zozeer bergen als wel een uitgestrekt zandstenen tafelland met diep ingesleten stromen, zoals de Nepean River en de Cox's River. Het gebied dankt zijn naam aan het feit dat de vluchtige damp van de miljarden eucalyptusbladeren er als een blauwe nevel in de lucht hangt. Vanaf het begin van de 20ste eeuw hebben de 'bergen' veel wandelaars getrokken en tegenwoordig bieden ze allerhande plezier, van de jacht op antiek in chique kleine plaatsjes tot een verblijf in de wildernis voor wie bereid is de auto achter te laten. De volgende bezienswaardigheden kunt u in principe tijdens een dagtocht vanuit Sydney aandoen, maar veel beter is het om er een paar dagen voor uit te trekken.

Een goede plek om te beginnen is het uitstekende **National Parks and Wildlife Service's Heritage Centre▶**,

2 km ten oosten van de hoofdweg bij Blackheath. Op korte afstand ervandaan ligt een van de spectaculairste uitkijkpunten van het park, **Govett's Leap▶▶**, met een adembenemend uitzicht op de Grose Valley en de Bridal Veil Falls. Een wandelpad over de kliffen voert naar verschillende andere uitkijkplaatsen. Er is ook een pad (voor ervaren wandelaars) dat steil afdaalt naar het schitterende bos van blauwe gombomen in de diepte.

Een ander fantastisch uitkijkpunt in het park is **Echo Point▶▶**, even ten zuiden van **Katoomba**. Hier staat ook een bezoekerscentrum, waarvan de glazen muur uitzicht biedt op de zee van boomtoppen, terwijl vooruitstekende platforms een duizelingwekkende blik gunnen op de beroemde zandstenen zuilen van **The Three Sisters**. Iets naar het westen treft u twee toeristische attracties, de Skyway, een kabelbaan boven de afgrond, en de Scenic Railway, een soort hightech glijbaan die u steil naar beneden de vallei in voert.

Ten oosten hiervan vindt u de beroemde **Wentworth Falls▶▶**, de hoogste waterval in het gebied, met een verval van 270 m. In het dorp Wentworth Falls staat het huis Yester Grange (1888), met tearooms en antiek uit die periode. In Faulconbridge kunt u een bezoek brengen aan de **Norman Lindsay Gallery and Museum▶**, waar de bekende kunstenaar en schrijver wordt herdacht. Meer naar het westen liggen de echt spectaculaire **Jenolan Caves▶▶** en een eenvoudig, laat-Victoriaans hotel. In Clarence, bij Lithgow, bevindt zich een van de grootste spoorwegbouwkundige prestaties van Australië: de **Zig Zag Railway▶** (zie rechterkolom).

De zandstenen rotsformaties in de dichtbegroeide heuvels rond Katoomba

De grote zigzag

In 1866 kampten de ingenieurs die de spoorlijn naar het westen aanlegden met een groot probleem: hoe moesten ze de steile afdaling maken van de top van de Blue Mountains naar Lithgow? Ze ontwierpen een lijn in de vorm van een Z langs de rotswand en bouwden twee stations waar de trein kon keren. Deze constructie werd ten slotte vervangen door de huidige lijn, die een grote omweg maakt, maar de noodzaak om te keren wegneemt. De gerestaureerde Zig Zag is nu een toeristische spoorlijn. Het is zeer indrukwekkend om de locomotieven hun wagons de steile helling op te zien trekken.

Nationale parken

Bij de Wentworth Falls in de Blue Mountains

Werelderfgoed
Drie van de Werelderfgoedgebieden in Australië liggen in NSW. Het meest toegankelijk is het dichte regenwoud van Dorrigo National Park, dat landinwaarts van Coffs Harbour ligt. De andere twee zijn Lord Howe Island in de Grote Oceaan en Willandra Lakes in het verre zuidwesten van de staat.

Niet alleen maar parken
De NSW National Parks and Wildlife Service beheert ook gebieden waar niet zozeer de natuur als wel de mens de hoofdrol speelt. Hiertoe behoren parken als de Mutawintji Historic Site, met een schat aan mysterieuze aboriginaloverblijfselen, en belangrijke locaties uit de begintijd van de kolonie, zoals de landingsplaats van kapitein Cook bij Botany Bay. In het oudste huis van Sydney, Cadman's Cottage, is een informatiecentrum van de National Parks and Wildlife Service gevestigd.

Met zijn lange kustlijn, bergen en uitgestrekte *Outback* vertegenwoordigt New South Wales veel van de natuurlandschappen die karakteristiek zijn voor het continent.

In het verre westen Aan de rand van het *Red Centre* van Australië en meer dan 1000 kilometer bij Sydney vandaan liggen twee schitterende woestijnachtige gebieden. In het **Sturt National Park** kan de temperatuur oplopen tot 50°C. Grasvlakten worden afgewisseld door kleibekkens en stukken grindwoestijn waarop zich platte *mesas* (rotsplateaus) verheffen. In het uiterste westen liggen de rode zandduinen van de Strzelecki Desert. **Kinchega National Park** omvat behalve uitgestrekte rode zandvlakten ook de vreemde schotelvormige overstromingsmeren van de Darling River. In beide gebieden komen de emoe en de grote rode kangoeroe voor.

Naar het oosten Op de grens met Victoria ligt een van de grootste nationale parken ter wereld rondom de hoogste bergtop van Australië, **Mount Kosciuszko**, waaraan het park zijn naam dankt. Het gebied met zijn gletsjermeren, wilde heidelanden, alpiene flora en bossen met *snow gums* is in de zomer populair bij wandelaars; 's winters – ieder jaar van begin juni tot begin oktober – wordt het bezocht door wintersportliefhebbers.
De beboste hooglanden die zich van Newcastle via New England tot Queensland uitstrekken, hebben een rijke vegetatie. Hier zijn zestien afzonderlijke parken en reservaten samengevoegd tot een van de Werelderfgoedgebieden van Australië, te weten de **Australian East Coast Temperate and Subtropical Rainforest Parks**. Oude vulkanen zijn verantwoordelijk voor de grillige steenformaties in dit gebied en voor de bizarre wereld van steile rotsmassa's en natuurlijke wolkenkrabbers in het **Warrumbungle National Park** verder landinwaarts. **Bald Rock National Park**, bij de grens met Queensland in het uiterste noorden, is een andere uitzonderlijke rotsformatie, een indrukwekkende granieten koepel die 200 m uit de omringende *bush* oprijst.

Mount Kosciuszko: een goed wandelgebied

Outback
Vanuit Broken Hill kunt u verschillende interessante Outback-locaties bezoeken. Op de relatief kleine afstand van 200 km liggen het opaalmijnstadje White Cliffs , Mutawintji National Park, de Menindee Lakes en Wilcannia, een rustig stadje aan de Darling River.

▶ Bourke *62C2*

Deze afgelegen plaats in de *Outback*, 780 km ten noordwesten van Sydney, is het centrum van een uitgestrekt, droog gebied waarop grote aantallen schapen en vee leven. Dankzij irrigatie met water uit de Darling River worden er tegenwoordig ook gewassen verbouwd. Bourke bestaat sinds 1835. Het was oorspronkelijk een kleine nederzetting omgeven door een palissade tegen aanvallen van aborigines. Er staan nog enkele gebouwen uit het einde van de 19de eeuw. De belangrijkste attractie is echter de afgelegen ligging: vanuit Bourke kunt u verder in de *Outback* van New South Wales doordringen.

▶▶ Broken Hill *62C1*

De unieke 'Silver City', gebouwd op een ader van 7 km die zilver, lood en zink bevat (de rijkste ter wereld in zijn soort), gaat een onzekere toekomst tegemoet nu de prijzen op de wereldmarkt zijn gekelderd.
Dankzij de wateraanvoer uit het 110 km verderop gelegen recreatiegebied en natuurreservaat rond Lake Menindee is Broken Hill een verrassend groene plek in een van de onherbergzaamste gebieden ter wereld: bitter koud in de winter, ondraaglijk heet in de zomer en met een verwaarloosbare neerslag. De bijna van de dorst omgekomen verkenner Sturt gaf deze bult in het landschap in 1844 zijn naam, maar pas in de jaren tachtig van de 19de eeuw richtte de uit Duitsland afkomstige Charles Rasp de Broken Hill Proprietary Company op (zie rechterkolom). In 1919 vond hier een grote mijnwerkersstaking plaats, die eindigde in een historisch compromis: de mijnwerkers gingen weer aan het werk en garandeerden de maatschappijen hun winst in ruil voor arbeidsvoorwaarden die hun tijd ver vooruit waren, zoals een 35-urige werkweek.
Broken Hill heeft altijd weinig te maken gehad met de bestuurders in Sydney. In de praktijk richt het zich meer op South Australia, met zijn smeltovens in Port Pirie, vakbondsstranden in Adelaide en klokken die de Zuid-Australische tijd aangeven – een half uur eerder dan in Sydney. Zelfs het kengetal van Broken Hill voor de telefoonnummers is Zuid-Australisch.

Vervolg op bladzijde 78.

De Broken Hill Proprietary Company
BHP, zoals het concern beter bekend staat, heeft zijn ontstaan te danken aan Charles Rasps ontdekking van de rijke zilver-, lood- en zinkader bij Broken Hill in 1883. Het grootste bedrijf van Australië heeft zich al lang geleden vertakt van de delfstoffen van Broken Hill naar ijzererts en steenkool, gas en olie en de staalindustrie. De winsten van BHP worden vaak gezien als een maatstaf voor de welvaart van het gehele land.

Kapitein Cook

■ **James Cook werd in 1728 in Marston in het Engelse Yorkshire geboren als zoon van een landarbeider. Hij zou de grootste ontdekkingsreiziger van zijn tijd worden. Opgeleid op kosten van de genereuze werkgever van zijn vader, leerde hij het zeemansvak aan boord van een kolenschip in Whitby. In 1755 ging hij naar de Britse Royal Navy, waar hij zijn zeemanschap verder ontwikkelde tijdens de Zevenjarige Oorlog. Zijn kaarten van de rivier St. Lawrence hielpen Wolfe bij de verovering van Quebec. Maar de meeste roem vergaarde Cook met zijn verkenning van de tot dan toe onbekende oostkust van Australië in 1770.** ■

Zijn tijd vooruit
Omdat hij door zijn eigen cultuur en achtergrond heen wist te kijken en oog had voor de manier van leven van de aborigines, was Cook zijn tijd ver vooruit. Hij schreef: 'In werkelijkheid zijn zij veel gelukkiger dan wij Europeanen, aangezien ze volledig onbekend zijn met niet alleen de overbodige, maar ook de noodzakelijke gerieflijkheden die in Europa zozeer gewild zijn, zij zijn gelukkig omdat ze deze niet missen. Zij leven in een gemoedsrust die niet wordt verstoord door standsverschillen: de aarde en de zee voorzien hen van alles wat zij nodig hebben.'

Aangezien Cook verslag had gedaan van de zonsverduistering voor de kust van Newfoundland, lag het voor de hand dat de Royal Society hem de opdracht gaf om vanaf Tahiti te observeren hoe de planeet Venus voor de zon langs trok. Op deze expeditie met de bark *Endeavour* werd hij vergezeld door de astronoom Charles Green en twee botanici, Daniel Solander en Joseph Banks.

De oostkust in zicht Op 3 juli 1768 werd de beweging van Venus volgens plan geobserveerd en opende Cook de verzegelde bevelen van de Admiraliteit.
Hij moest onderzoeken of er een groot zuidelijk continent bestond en kreeg de opdracht Nieuw-Zeeland in kaart te brengen en dit eiland voor Groot-Brittannië in bezit te nemen. Nadat hij de kust van Nieuw-Zeeland grondig had verkend, besloot Cook terug te keren langs de hypothetische 'oostkust van Nieuw-Holland'. Deze werd op 19 april 1770 waargenomen in de vorm van Cape Everard (oorspronkelijk Cape Hick genoemd, naar Cooks scherpziende onderbevelhebber).

1770: Cook neemt NSW voor Engeland in bezit...

Cook voer noordwaarts langs de kust en vond een natuurlijke haven, waar hij voor anker ging. De botanici ontdekten dat het land rijk was aan allerlei tot dan toe onbekende planten, vogels en zoogdieren. Uit eerbied voor hun werk doopte Cook Stingray Harbour, zijn oorspronkelijke naam voor de ankerplaats, om in Botany Bay.

Gestrand op het Barrier Reef Verder naar het noorden ontdekte Cook nog een andere goede natuurlijke haven. Hij noemde deze Port Jackson. Het zou nog 18 jaar duren voor de *First Fleet* die haven binnenvoer en de mooie omgeving van het toekomstige Sydney helemaal werd verkend. Cook moest voorzichtig zijn weg zoeken door het labyrint van koraaleilanden van het Barrier Reef. Op een zeker moment raakte de *Endeavour* toch een rif. Hoewel de bark dankzij het overboord gooien van een deel van de lading bij vloed weer vlot kwam, moest het schip worden gerepareerd. Het werd voor een maand op het strand gezet in de buurt van het huidige Cooktown, aan de voet van Cape York. De wetenschappers zagen nu voor het eerst kangoeroes en schildpadden. Toen de *Endeavour* weer zeewaardig was, zeilde Cook naar de noordelijke punt van de kaap, waar hij op Possession Island de vlag hees en heel Oost-Australië tot Brits eigendom verklaarde. Hij gaf het de naam New South Wales.

Het einde van de weg Inmiddels tot kapitein gepromoveerd, voer Cook tijdens de expeditie van 1772–1775 als eerste de Zuidpoolcirkel binnen en maakte hij ten slotte een einde aan het idee dat er een groot zuidelijk continent bestond. Tijdens een poging in 1779 om de noordelijke doorgang tussen de Atlantische Oceaan en de Stille Zuidzee te vinden, landde hij op Hawaii. Toen Cook probeerde te bemiddelen in een betrekkelijk triviale discussie met de eilandbewoners, was een van zijn mannen zo stom om zijn vuurwapen af te schieten. De eilanders ontstaken in woede en stortten zich op Cook, die met zijn rug naar hen toe stond om de orde te herstellen. Hij bezweek aan de verwondingen die zij hem toebrachten.

Banks de plantkundige
De 73 *Banksia*-soorten van Australië herinneren aan de rijke botanicus Joseph Banks, die met Cook mee zeilde en wel de 'vader van de Australische plantkunde' wordt genoemd. Op zijn reis inventariseerde hij 230 plantensoorten op Madeira, 316 bij Rio, 104 op Vuurland en 400 in Nieuw-Zeeland. Later was Banks 32 jaar lang de voorzitter van de Britse Royal Society.

...na zijn merkteken te hebben achtergelaten

Bananenplantage bij Coffs Harbour

Silverton op het witte doek
Zo'n 25 km ten westen van Broken Hill ligt het vrijwel verlaten Silverton. De inwoners verhuisden naar de stad toen de mijnbouw aan het eind van de 19de eeuw niet meer rendabel was. De gerestaureerde gebouwen geven de sfeer van de *Outback* goed weer – reden waarom het stadje als decor is gebruikt in films als *A town like Alice* en een van de *Mad Max*-films.

Onze banaan is de grootste
De onwaarschijnlijk uit de kluiten gewassen vrucht die bekend staat als de Big Banana is niet van schil en zetmeel, maar van beton. Deze banaan beheerst het uitzicht vanaf de Pacific Highway net ten noorden van Coffs Harbour en markeert de ingang van een bananenplantage waar bezoekers welkom zijn. U kunt er bananen in de boom zien hangen, ze in elke denkbare vorm eten, banaanvormige souvenirs kopen en alles vragen wat u altijd al over bananen had willen weten maar nooit durfde te vragen.

Vervolg van bladzijde 75.

Broken Hill wordt door rijen bomen beschermd tegen stofstormen. De haaks op elkaar staande straten dragen namen als Chloride, Mica en Cobalt. Het uitstekende Tourist Information Centre ligt dicht bij het oude Sulphide Street Station, tegenwoordig een museum gewijd aan mijnbouw en treinvervoer. Het **GeoCentre** is een interactief geologiemuseum, maar het is spannender om een oude mijn te bezoeken, zoals de Delprat's Mine of de Day Dream Mine. De stad is ook een thuishaven van de **Royal Flying Doctor Service** en de **School of the Air**, die beide voor het publiek toegankelijk zijn. De vreemde omgeving van Broken Hill schijnt stimulerend te hebben gewerkt op een aantal kunstenaars. Er zijn diverse galeries, waarvan de bekendste wordt geleid door Pro Hart.

►► Byron Bay *63D5*

Cape Byron is het meest oostelijke punt van het Australische vasteland en uitgerust met een krachtige vuurtoren. Byron Bay zelf, met prachtige stranden en een schitterend achterland van bossen en bergen, is sinds het einde van de jaren zestig een brandpunt van alternatieve levensstijlen. Het stadje heeft goede winkels en restaurants en een bruisend uitgaansleven. U kunt er zeekanoën, parapenten en zonnebaden in beschutte baaien en op langgerekte stranden. Er wordt hier al heel lang gesurfd. De eerste reddingsbrigade werd al in 1907 opgericht.

► Cobar *62C2*

Deze kopermijnstad aan de rand van de *Outback* ligt ten oosten van Broken Hill aan de Barrier Highway. Cobar werd kort na 1870 gesticht en bereikte al snel een inwonertal van 10.000 zielen. Uit de eerste dagen stammen het Great Western Hotel met zijn lange veranda en het kantoorgebouw van de mijnbouwmaatschappij, dat tegenwoordig onderdak biedt aan het uitstekende **Cobar Outback Heritage Centre**. Na een lange periode van verval bloeit de plaats sinds de jaren zestig weer volop.

▶ Cockington Green (ACT) 66D3

Het oorspronkelijke Cockington in het zuidwesten van Engeland is hier aan de rand van Canberra in miniatuur nagebouwd. Er zijn ook kleinschalige versies van Stonehenge en andere curieuze zaken uit het land dat de Australiërs 'thuis' plachten te noemen.

▶▶ Coffs Harbour 63C5

Deze oude houthaven halverwege Sydney en Brisbane is beroemd om zijn stranden en bananenplantages (zie bladzijde 78, linkerkolom). Ten noorden van Park Beach ligt een hele reeks fraaie stranden, waarvan sommige met een goede branding. Op de rivieren in de buurt wordt met vlotten gevaren. Een andere toeristische attractie is de Pet Porpoise Pool, met zeehonden, pinguïns, haaien en dolfijnen. De haven wordt beschermd door een landtong ten zuiden ervan en door Muttonbird Island (te bereiken via de oude houten pier), waar de grauwe pijlstormvogel *(muttonbird)* nestelt. Het stadscentrum, met zijn **Historical Museum** en **North Coast Regional Botanic Garden**, ligt wat verder landinwaarts.

▶ Dubbo 62C3

Deze plaats op de kruising van de Newell Highway en de Mitchell Highway is het bloeiende centrum van een groot deel van het middenwesten van New South Wales. De eerste kolonisatie vond hier plaats in de jaren veertig van de 19de eeuw. Veedrijvers op weg naar de markten in het zuiden van South Australia en Victoria staken hier in de buurt de Macquarie River over. In het centrum staan enkele fraaie oude gebouwen, waaronder de bank uit 1876, tegenwoordig een goed plaatselijk museum, en de gevangenis, compleet met galg. De meeste bezoekers komen hier echter voor de **Western Plains Zoo▶**, de grootste dierentuin in zijn soort van het land.

▶ Eden 63A4

Deze druk bezochte kleine havenstad is de laatste plaats van enige omvang aan de kust van New South Wales voor de grens met Victoria. Eden is begonnen als een walvisstation, waaraan nog wordt herinnerd in het **Killer Whale Museum▶**. Aan Twofold Bay liggen de overblijfselen van Boydtown, een stad die in de jaren veertig van de 19de eeuw werd gesticht door de Engelse ondernemer Benjamin Boyd en die Sydney in belang moest overtreffen.

▶ Forbes 62B3

Deze westelijke stad die na de *gold rush* in eerste instantie leegliep, is tegenwoordig het centrum van een rijk landbouwgebied. Enkele fraaie gebouwen uit het einde van de 19de eeuw, zoals de imposante Town Hall, verlenen nog altijd iets gracieus aan de brede straten. Even buiten de stad is een nederzetting uit de pionierstijd nagebouwd, **Lachlan Vintage Village▶**, waar u goud kunt zoeken of naar het scheren van de schapen kunt kijken. In 1865 kwam de struikrover Ben Hall in Forbes aan zijn eind, een gebeurtenis waaraan wordt herinnerd in het oude variététheater, waarin nu het **Folk Museum** van de stad is gevestigd.

Walvis en spaanders
Het eerste walvisstation op het Australische vasteland werd in 1818 gevestigd bij Eden en bleef tot in de jaren dertig in gebruik. Het economische klimaat in Eden bloeide eind jaren zestig weer op met de bouw van de Harris Daishowa-fabriek, die de bossen in de omgeving tot spaanders vermaalt ten behoeve van de Japanse papierindustrie. Deze onderneming heeft de woede gewekt van de groeiende Australische milieubeweging, die de activiteit als export van onvervangbaar natuurlijk erfgoed beschouwt. De andere kant van het verhaal wordt gepresenteerd in het bezoekerscentrum van de fabriek.

Walvissen kijken is tegenwoordig erg in trek bij Edens Twofold Bay

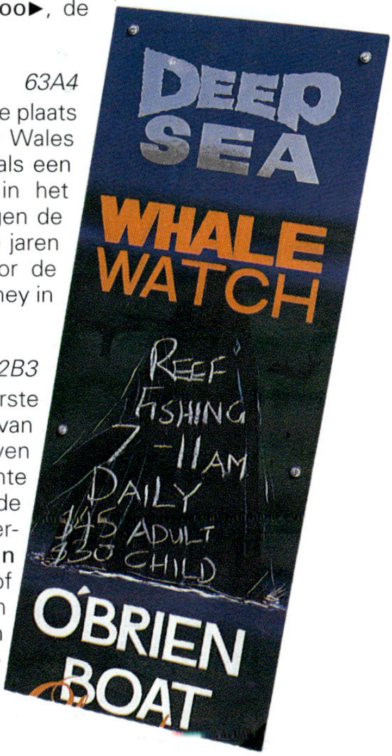

Water in de woestenij
De verkenner John Oxley meende dat geen blanke ooit zou willen wonen in het kale en verlaten land waarvan hij in 1817 vanaf Mount Binya een glimp kon opvangen. Maar aan het begin van de 20ste eeuw begon de overheid van NSW, aangemoedigd door het succes van particuliere irrigatieprojecten, met de bouw van de Burrinjuck Dam en stimuleerde ze de kolonisatie van het Murrumbidgee Irrigation-gebied. Veel kolonisten waren werkloze mijnwerkers uit Broken Hill. Ondanks de tegenslagen en technische problemen wist men in het gebied verschillende gewassen te verbouwen. Samen met vergelijkbare projecten is er in totaal 6000 km^2 woestijngrond in cultuur gebracht.

▶ Glen Innes *63D4*

Deze hooggelegen plaats in het noorden van NSW ligt midden in een bloeiend landbouwgebied, dat ooit 'Land of the Beardies' werd genoemd (naar twee pioniers). De streek is bekend om zijn saffieren en andere edelstenen, die commercieel worden gewonnen, maar waarnaar ook amateurs op zoek gaan. Het centrum telt verschillende goed onderhouden gebouwen uit het einde van de 19de eeuw; het oude ziekenhuis, het **Land of the Beardies History House Museum▶**, herbergt een van de veelzijdigste kleine musea van Australië.

▶ Goulburn *63B4*

De op een na oudste stad in het binnenland van Australië ligt 200 km ten zuidwesten van Sydney aan de Hume Highway en is het centrum van een rijk agrarisch gebied. De streekspecialiteit wordt gepropageerd door een typisch Australische *big one*: een 15 m hoge Big Merino (een schapensoort) houdt de wacht bij de westelijke toegang tot de stad. Goulburn is een 'echte' stad, met twee kathedralen, een lange hoofdstraat en een aantal imposante 19de-eeuwse gebouwen. Aan de rand van de stad staat het kort voor 1840 gebouwde Riversdale, een voormalige herberg aan de postkoetsroute. Het gebouw is gerestaureerd en voorzien van authentieke meubels.

▶ Grafton *63D5*

Het centrum van het Clarence River-district was al heel vroeg een 'groene gemeente'. Omstreeks 1860 begon het stadsbestuur met een boomaanplantingsbeleid, waardoor de huidige inwoners profiteren van de vele palissanderbomen en andere bloeiende soorten die de brede straten verfraaien. De bocht in de Clarence werd pas in 1932 overbrugd; in dat jaar werd de huidige dubbeldeksbrug gebouwd. Grafton is een goede uitvalsbasis voor tochten in de omgeving. Verscheidene nationale parken zijn hiervandaan gemakkelijk te bereiken.

Op de pakweg 60 wijngoederen in de Hunter Valley bent u altijd welkom; de meeste liggen bij Cessnock en Pokolbin

▶ Griffith 62B2

Dit modelstadje naar een ontwerp van Walter Burley Griffin, de Amerikaanse architect die ook Canberra ontwierp, moest van meet af aan dienst doen als stedelijk centrum van de Murrumbidgee Irrigation Area. Dat het aan de tekentafel is bedacht, blijkt uit het stervormige stratenplan en het decoratieve gebruik van irrigatiewater in de tuinen.

▶ Gundagai 62B3

De naam van deze plaats langs de Hume Highway is afgeleid van een aboriginalwoord dat 'stroomopwaarts' betekent. Ondanks waarschuwingen van de plaatselijke aborigines bouwden de eerste kolonisten hun huizen op een plaats die regelmatig door de Murrumbidgee werd overstroomd. Ze werden in 1852 volledig weggespoeld. De Murrumbidgee wordt hier overbrugd door het langste houten viaduct van Australië.

▶▶ Hunter Valley 63C4

De brede vallei van de Hunter River draagt duidelijk de sporen van mijn- en wijnbouw. Steenkool wordt hier al anderhalve eeuw gewonnen, de stad Newcastle dankt er zijn ontstaan aan. De eerste wijnranken werden omstreeks 1835 geplant. Na een periode van teruggang floreert de wijnbouw nu weer als nooit tevoren. De Hunter stroomt door een prachtig landschap met beboste heuvels die zich uitstrekken van de Brokenback Range tot het zuidwesten van de vallei. De wijnstokken profiteren van de rijke, vulkanische grond in deze streek. De oudste wijnpers van Australië is te zien in het **Golden Grape Estate**. De wijngaarden van het Wyndham Estate en het Rothbury Estate zijn beslist een bezoek waard, terwijl het McGuigan Hunter Village een heel scala van attracties biedt, variërend van restaurants, speelplaatsen en winkels tot een uitstekende kaaswinkel en -fabriek. In de Upper Hunter Valley, zo'n 90 km verderop, vindt u nog meer wijngoederen.

Een hondenleven

De rijtuigen die over de ruige wegen van het jonge Australië trokken, werden onvermijdelijk vergezeld door honden. Eén daarvan zou een genante daad hebben verricht, zittend op de *tuckerbox* (proviand-trommel) van zijn baasje aan de kant van de weg. Deze en andere daden werden vastgelegd in de onbehouwen balladen uit die tijd, enigszins verfijnd in de versie van de dichter Jack Moses en herdacht met een beeldhouwwerk even buiten Gundagai. Het beeld is gemaakt door een zekere Frank Rusconi, die ook verantwoordelijk is voor de verbazingwekkende marmeren miniatuurkathedraal die te zien is in het Tourist Information Centre.

De Snowy Mountains

■ **Dit deel van de Great Dividing Range is het dak van Australië. Het is grotendeels een hoogvlakte waarop zich bergtoppen tot een hoogte van meer dan 2000 m verheffen. Het is het populairste wintersportgebied van het land, met op diverse plaatsen goede faciliteiten. Maar de bergen zijn ook in de zomer schitterend. Een kleed van alpenbloemen wordt uitgelegd zodra de sneeuw verdwijnt. De wandelroutes in het gebied behoren tot de mooiste van Australië.** ■

Het gebied is populair bij wintersporters

Het Snowy Mountains Scheme
Dit project was bedoeld om de loop van rivieren te veranderen, zodat de uitgedroogde landbouwgebieden in het westen werden bevloeid en er tegelijkertijd elektriciteit kon worden opgewekt. Er zijn vele dammen gebouwd, waarvan de grootste, bij Lake Eucumbene, meer water tegenhoudt dan er in Sydney Harbour staat. Het plan voorzag ook in de bouw van 80 km aan aquaducten, 150 km aan tunnels en zeven krachtcentrales, die een groot deel van de elektriciteit in Zuidoost-Australië leveren. Sommige installaties (zoals de Murray 1 op de Alpine Way en de Tumut 2, ten noorden van Cabramurra) zijn voor het publiek geopend.

Geschiedenis De belangstelling van de aborigines voor deze bergen gaat minder ver terug dan die voor veel andere delen van Australië, namelijk tot het einde van de laatste IJstijd, 'slechts' 10.000 jaar geleden. Dit is een van de weinige Australische landschappen met gletsjermeren, keteldalen en morenen, alle ontstaan door de werking van gletsjers die in het grootste deel van het land ontbraken.

De bergen trokken al vroeg na de komst van de Europeanen schapenfokkers aan en tussen de twee wereldoorlogen ook wel een handjevol wandelfanaten, maar pas toen aan het einde van de jaren veertig een begin werd gemaakt met het Snowy Mountains Scheme en de wildernis werd ontsloten door de aanleg van wegen en tal van andere faciliteiten, konden ook toeristen er in groten getale komen.

Een populair vertrekpunt voor een tocht door de bergen is de plaats **Cooma**, bij de kruising van de Monaro Highway en de Snowy Mountains Highway. Van hieruit coördineerde de Snowy Mountains Authority een van de grootste 20ste-eeuwse waterbouwkundige projecten ter wereld. Twee centra verschaffen informatie over de bergen en het gigantische project waardoor ze zo zijn veranderd: het bezoekerscentrum in de stad en het Snowy Information Centre aan de weg naar Canberra.

De vakantieplaats **Jindabyne** ligt aan een meer en biedt voldoende accommodatie voor wintersportliefhebbers op weg naar de sneeuwgebieden verder naar het westen. Het bezoekerscentrum van de National Parks and Wildlife

Service ligt strategisch aan de Kusciuszko Road. Vanhier reizen bezoekers verder naar de skigebieden, zoals het prachtige dorp Thredbo aan de zuidkant van het gebergte en het grote skioord Perisher Blue, dat de skigebieden Smiggin Holes, Mount Blue Cow, Guthega en Perisher Valley omvat. Laatstgenoemde locatie is bereikbaar via een ondergrondse spoorweg die bekend staat als de Ski Tube. Aan het einde van de noordelijke weg ligt Charlotte Pass. Dit is het beginpunt van een aantal geweldige wandelingen, waaronder de Summit Walk naar de top van **Mount Kosciuszko**, met 2228 m het hoogste punt in Australië.
Jindabyne is ook het eindpunt van de **Alpine Way**, de schilderachtige bergweg die naar de 1582 m hoge pas bij Dead Horse Gap leidt. Hiervandaan gaat de (deels onverharde) weg omlaag naar de vallei van de Murray River en dan door naar Khancoban. Daar begint de alleen bij goed weer begaanbare weg naar **Mount Selwyn**, een wintersportcentrum aan de noordkant van de bergen, en naar de restanten van het oude goudzoekersstadje Kiandra. Nog verder naar het noorden liggen de **Yarrangobilly Caves**.

De cenotaaf bij Cooma
Mensen van 60 verschillende nationaliteiten dromden samen om aan het Snowy Mountains-plan te werken. De realisatie ervan duurde van 1949 tot 1972. De arbeiders leefden dikwijls in omstandigheden die doen denken aan de tentenstadjes in de tijd van de *gold rush*. Ter herinnering aan hun werk en opoffering wapperen in het Centennial Park in Cooma de vlaggen en staat er het monument met de namen van de 121 mannen die in de loop van dit gigantische project het leven verloren.

Waterkrachtcentrale Murray 1

Een souvenir uit Kangaroo Valley

De Kiama Coast
Op de stranden van Kiama is het aangenaam toeven en u kunt er uitstekend surfen, maar verder naar het zuiden vindt u Gerroa en Gerringong en de spectaculaire golven van Seven Mile Beach, dat deel uitmaakt van een nationaal park.

Zwart is mooi
De zwarte opalen van de Lightning Ridge zijn weliswaar niet de enige in hun soort, maar dit is wel de enige plek ter wereld waar deze ongewone steen in grote hoeveelheden voorkomt. Hij is wel omschreven als een combinatie van 'de schittering van de dauwdruppel met het kleurenspel van de regenboog, gevat in de duisternis van de nacht'. De grootste steen die ooit is gevonden, kreeg de naam 'Queen of the Earth'.

Mutawintji Historic Site
Op deze bijzondere plek in het nationale park bevindt zich een van de mooiste collecties aboriginalkunst van New South Wales. Enkele van de 20 schuilplaatsen in de rotsen en 15 plekken met rotstekeningen kunnen onder begeleiding van een aboriginalparkwachter worden bezichtigd.

▶ Kangaroo Valley *63B4*

Dit oude stadje ligt verscholen in een vallei in het hoogland, aan de weg die van Nowra (100 km ten zuiden van Sydney) landinwaarts voert. Het is een goed vertrekpunt voor wandelingen in de *bush*, maar de voornaamste attractie is het **Pioneer Settlement Reserve**, een getrouwe reconstructie van een melkveehouderij uit de 19de eeuw.

▶ Kiama *63B4*

Dit havenstadje aan de 'Kiama Coast' ten zuiden van Wollongong is bekend om zijn **Blowhole**. Door deze erosiepijp kan het zeewater 60 m de lucht in worden geblazen. De rotsige kapen en fraaie stranden van Kiama zijn vanouds erg populair. Ten westen ervan ligt het Minnamura Rain Forest Reserve, met palmen, vijgenbomen en andere regenwoudplanten, zeldzame *red cedars* en mooie liervogels. Het reservaat wordt ontsloten door twee bewegwijzerde wandelpaden.

▶▶▶ Kosciuszko National Park *62A3*

Zie bladzijde 74 en 83

▶▶ Lanyon Homestead (ACT) *66A3*

Dit gebouw aan de Murrumbidgee River nabij Canberra dateert van 1859. Het staat op de monumentenlijst van de National Trust en zowel de gebouwen als de tuinen zijn met zorg gerestaureerd. Het complex herbergt onder meer werken van de Australische schilder Sidney Nolan.

▶▶ Lightning Ridge *62D3*

Dit stadje ligt niet ver van de Castlereagh Highway, vlak bij de grens van NSW en Queensland, en is beroemd vanwege zijn zwarte opalen, die hier sinds 1902 worden gewonnen, de laatste jaren meer machinaal dan met de hand. Amateurspeurders naar edelstenen zijn welkom, zolang ze niet gaan zoeken op de concessies van de professionele stenenzoekers. U kunt er een oude mijn bezoeken, demonstraties bijwonen van het slijpen van de stenen of kiezen voor ontspanning in een artesisch bad.

▶▶ Mount Warning National Park *63D5*

Deze 1157 m hoge piek verzegelt een oeroude vulkaan. Kapitein Cook, die de berg zijn naam gaf, gebruikte de piek als herkenningspunt voor de riffen bij Point Danger, waar de *Endeavour* bijna was vergaan. Het is de eerste plaats op het Australische vasteland die de stralen van de opkomende zon ontvangt. Het steile maar goed begaanbare pad voert naar de top door een bosgebied, dat van subtropisch regenwoud overgaat in gematigd regenwoud en ten slotte in open *bush*.

►► Mutawintji National Park *62C1*

Dit afgelegen nationale park met zijn woeste bergen van zandsteen ligt nog voorbij Broken Hill, in het uiterste noordwesten van New South Wales, maar is niettemin via grindwegen bereikbaar. Droge zandvlakten en kiezelwoestijnen worden afgewisseld met plassen en waterlopen omzoomd door gombomen en andere weelderige vegetatie. Aborigines hebben lange tijd in dit gebied geleefd en een schat van rotsschilderingen en -gravures achtergelaten.

►► Myall Lakes National Park *63B4*

Deze rustige meren (60 km ten noorden van Newcastle), die door zandduinen van de Grote Oceaan worden gescheiden, kunt u vanuit het stadje Tea Gardens per boot stroomopwaarts over de Myall River bereiken. De oevers zijn nauwelijks bebouwd, maar het vissersdorp Seal Rocks, aan de kust in het oostelijke deel van het park, is redelijk populair. De meren worden druk bevaren en alles is hier te huur, van kano's tot boten met slaapruimte.

► Nambucca Heads *63C5*

Tegenwoordig groeien hier subtropische gewassen op de plaats waar in de vorige eeuw de cederbossen zijn gekapt. Dit maakt Nambucca Heads tot een aantrekkelijk vakantieoord, met fantastische uitkijkpunten, waarvan Yarrahapini het spectaculairst is. Landinwaarts liggen de ruige bergkammen en beboste valleien van het New England National Park en het Dorrigo National Park.

Flora en fauna van de Myall Lakes
De Myall Lakes vormen het grootste merengebied in de staat en worden omgeven door schitterende bossen, met daarin onder andere boomsoorten uit het regenwoud, zoals de koolpalm. De meren zijn ook beroemd vanwege de garnalen die er zich voortplanten. Behalve dat het er wemelt van de watervogels, komen er ook veel zeearenden voor. Het gebied is verder rijk aan allerlei andere dieren.

Surfgolven en strand bij Nambucca Heads

Het fraaie Lake Macquarie, het grootste zoutwatermeer van Australië, dicht bij Newcastle

Australische country
Ver landinwaarts vanaf Port Macquarie, halverwege de New England Highway tussen Sydney en Brisbane, ligt de stad Tamworth. Deze vrij grote plaats geniet bekendheid als de hoofdstad van de Australische countrymuziek. Een jaarlijks festival in januari trekt duizenden fans.
Andere attracties zijn de Country Collection (wassenbeelden) en het Hands of Fame Park (afdrukken van handen). Minder vergankelijke sterren kunnen worden aanschouwd in het Pyramid Planetarium ten noorden van de stad, waar het zonnestelsel in het klein is nagebouwd.

► Newcastle *63B4*

Het industriële Newcastle, dat wordt gedomineerd door de staalfabrieken van BHP, is de grootste stad in Australië die geen hoofdstad van een deelstaat is. De stad is begonnen als de strafkolonie van een strafkolonie, maar de latere welvaart is gebaseerd op de rijke steenkoollagen van de Hunter Valley. Steenkool uit Newcastle was het eerste exportproduct van het land.
Het Foreshore Park, de Queen's Wharf en de Customs House Plaza zijn de plekken in Newcastle waar festiviteiten plaatsvinden. **Fort Scratchley►** is een van de weinige verdedigingswerken in Australië waar de kanonnen daadwerkelijk zijn afgevuurd – op een Japanse onderzeeboot in 1942. Het oude bastion biedt een goed uitzicht op de stad en de omgeving. Het **Maritime Museum** en het **Military Museum** zijn erin ondergebracht. In het centrum van de stad staan enkele 19de-eeuwse gebouwen en musea. Het 'Bogey Hole' aan het strand onder het mooie King Edward Park is in de tijd van de strafkolonie aangelegd als een zoutwaterbad. Ten zuiden van de stad ligt het grootste zoutwatermeer van het land, het vooral bij watersporters populaire **Lake Macquarie►►**. Bij het meer, dat vier maal zo groot is als Sydney Harbour, leeft een koalakolonie en ligt een beschermd gebied met een schitterende flora en fauna.

► Nimbin *63D5*

Deze plaats in het noorden van NSW ontwikkelde zich vanaf het begin van de jaren zeventig als een centrum voor kunstenaars en bohémiens. Het ligt dicht bij het **Nightcap National Park►►**, waarvan de 900 m hoge pieken deel uitmaken van de buitenwand van een dode vulkaan met Mount Warning als middelpunt. Het park, met een regenwoud en een bonte verzameling wilde dieren, is een van de Werelderfgoedgebieden van NSW.

▶ Nowra 63B4

Nowra ligt even stroomopwaarts van de monding van de Shoalhaven River. Het is een populaire badplaats met schitterende stranden. Een hiervan, Hyams Beach aan Jervis Bay, zou het witste zand ter wereld hebben.

▶ Orange 62B3

De lavastromen uit de dode vulkaan Mount Canobolas – het hoogste punt tussen de Great Dividing Range en de Indische Oceaan – zijn in de loop van duizenden jaren verbrokkeld tot de vruchtbare aarde waarop tegenwoordig appels, peren, kersen en wijndruiven worden gekweekt. Orange is een drukke maar aangename plaats met veel parken en bomen. Het eerste goudveld dat in Australië werd geëxploiteerd, bevond zich bij het naburige **Ophir**. U kunt nu zelf uw geluk bij het goudzoeken beproeven in de pittoreske omgeving van de Summer Hill Creek.

▶ Port Macquarie 63C5

Deze havenplaats bij de monding van de Hastings River is met aanzienlijk succes van de handel op het toerisme overgestapt. De **St. Thomas' Church** is een van de eerste kerken van Australië uit 1824–1828, met gesloten kerkbanken en een mooi uitzicht vanaf de toren. Het **Hastings District Historical Museum▶** herbergt een leerzame tentoonstelling over de ontwikkeling van de stad en de omgeving, terwijl u in het **Billabong Koala and Wildlife Park** en **Sea Acres Rainforest Centre▶** vanaf plankieren de natuur van het regenwoud kunt bewonderen. Ten zuiden van de stad liggen enkele goede stranden.

▶▶ Southern Highlands 56A2

Dit per trein en via de Hume Highway goed bereikbare gebied is erg populair bij de inwoners van Sydney. Het werd al vrij vroeg door de kolonisten ontsloten en een groot deel ervan ademt een aangename gerijpte sfeer. De weelderige landschappen doen denken aan de natuur op Tasmanië.

Het groene en redelijk oude stadje Bowral ligt in dit gebied. In **Berrima▶▶**, dat omstreeks 1830 is gesticht, is veel uit het verleden bewaard gebleven, waaronder zandstenen gebouwen. Het aantal herbergen is echter gedecimeerd (oorspronkelijk waren het er dertien). De Surveyor General Inn uit 1834 gaat er prat op de oudste ononderbroken vergunning in het land te hebben. Het populaire **Bundanoon** fungeert als de toegangspoort tot het Morton National Park. De mensen komen er om energiek te wandelen door de *bush* of ontspannen te kuieren op Glow Worm Glen.

▶▶ Tidbinbilla (ACT) 66A1

In Tidbinbilla, 40 km ten zuidwesten van Canberra, vindt u twee belangrijke attracties. Het **Canberra Deep Space Communications Complex▶** is een Amerikaans-Australisch waarnemingsstation voor de ruimtevaart. Het station zelf is niet toegankelijk voor het publiek, maar in het bezoekerscentrum vindt u multimediaopstellingen en modellen van ruimtevaartschepen. Het veel aardsere **Tidbinbilla Nature Reserve** is een uitgestrekt natuurgebied met een rijke fauna, waar u wandelingen door de *bush* kunt maken.

Morton National Park
Dit hooggelegen plateau van zandsteen, waarin rivieren diepe kloven hebben uitgesleten, is een van de grote attracties van de Southern Highlands. Watervallen storten zich van kliffen in de diepte, zoals bij Fitzroy Falls, waar een bezoekerscentrum is. Schilderachtige *highways* verbinden dit gebied met de kust, zodat het mogelijk is om vanuit Sydney een rondreis te maken.

Het ruige Morton National Park, een mooi uitstapje vanuit Sydney

Engerds

De lijst met Australische dieren die u (in sommige gevallen dodelijk) kunnen verwonden, is indrukwekkend. Bedenk echter dat de kans veel groter is dat u een verkeersongeluk of een zonnesteek krijgt dan dat u het slachtoffer wordt van één van de hieronder genoemde gevaarlijke dieren.

Gevaren van de zee Sommige van de 85 soorten **haaien** voor de kust van Australië zijn mensenhaaien. Mensen worden echter maar zeer zelden door deze dieren aangevallen; gemiddeld valt er één dode per jaar. Het risico is het grootst in de zomer, als de temperatuur van het water stijgt tot boven de 22°C. In deze periode is het raadzaam om alleen in zee te zwemmen op plekken waar haaiennetten zijn aangebracht. Veel gevaarlijker zijn de **zoutwaterkrokodillen** (*salties* – zie bladzijde 183). U moet in geen geval gaan zwemmen (of dicht bij de waterkant gaan staan) in de noordelijke streken waar ze voorkomen. Hun aantal is aanzienlijk toegenomen sinds ze de status van beschermde diersoort hebben.

De **kubuskwal** *(box jellyfish)* plant zich voort in riviermondingen en maakt van oktober tot en met mei de kustwateren van Queensland en het Northern Territory onveilig. De beet van deze praktisch onzichtbare dieren kan dodelijk zijn. Mijd het water in die periode! Ook sommige prachtige koraalsoorten kunnen onaangenaam giftig zijn, evenals de doornenkroonzeester, die het Barrier Reef aantast. Veel erger is de **steenvis**, die eruitziet als een steen. Draag schoenen als u op een rif loopt en ga niet wroeten in de bodem van plassen. Australië kent ook zeeslangen, deze worden actief in dezelfde periode als de *box jellies*.

Gevaren van het land Op het land komen zo'n 170 soorten slangen voor, waarvan de meeste giftig zijn; in Tasmanië zijn *alle* slangen giftig. De mate van giftigheid wordt wel aangegeven met het aantal muizen dat met één beet gedood kan worden; dit kan in de honderdduizenden lopen, genoeg dus om een mens te doden. Maar zelfs de dodelijkste slang – of het nu een taipan is, een tijgerslang of een doodsadder – zal bij uw nadering onmiddellijk proberen weg te komen.

Spinnen en insecten
Spinnen kunnen schrikbarend groot worden en hun beet kan bepaald onaangenaam zijn. Vermijd de *redback* (of zwarte weduwe, een kleine, zwarte spin met rode vlekjes op de rug) en de grotere *funnel web* tegen elke prijs. Bij het toeristenbureau kunt u meer details krijgen over het uiterlijk van deze zeer giftige spinnen.
Anders dan de meeste andere spinnen is de *funnel web* agressief, hij gaat op zijn achterpoten staan om aan te vallen. Hij houdt zich overigens ook in Sydney op.
Insecten zijn er in groten getale in Australië, maar vliegen, muggen, wespen, teken, mieren en zelfs schorpioenen zijn eerder vervelend dan dat ze een echt gevaar vormen.

Blijf uit de buurt van de dodelijke taipan

De Australische Akubra-hoeden worden gemaakt in Kempsey, bij Wauchope

► Wauchope *63C5*

Deze plaats in de bossen van het Hastings River-district is lange tijd een centrum van de houtindustrie geweest. Aan dit feit wordt veel aandacht besteed in **Timbertown►►**, een reconstructie van een laat-19de-eeuwse nederzetting, met winkels, huizen, een kerk en een zaagmolen, en demonstraties van activiteiten die te maken hebben met de houtexploitatie. Zo'n 25 km ten noorden van Wauchope ligt **Kempsey►**, de plaats waar de Akubra-hoed vandaan komt. Akubra's (het schijnt het aboriginalwoord voor hoed te zijn) worden gemaakt van konijnenvacht, een goede bestemming voor de vellen van deze dieren, die een plaag vormen voor milieu en landbouw.

► West Wyalong *62B3*

West Wyalong, in het ruige gebied bij de kruising van de Mid-Western Highway en de Newell Highway, was rond 1900 de drukste goudzoekersstad van NSW. Tegenwoordig is het een agrarisch centrum, waar onder meer eucalyptusolie wordt geproduceerd en geëxporteerd. Bezoekers zullen wellicht meer geïnteresseerd zijn in het model van een goudmijn in het District Museum.

► White Cliffs *62C1*

Rond deze oude nederzetting, meer dan 1000 km ten noordwesten van Sydney, worden opalen gevonden. Hier kunt u het leven in de Australische *Outback* meemaken. Er leeft een kleine gemeenschap van individualistische mijnwerkers, van wie sommigen zelfs onder de grond zijn gaan *wonen*, om airconditioning uit te sparen in het zonder deze luxe ondraaglijke klimaat. U kunt de opalen in hun verschillende stadia bezichtigen. Ook kunt u hier een van de grootste zonne-energiecentrales van Australië bezoeken.

► Wollongong *63B4*

De op twee na grootste stad van New South Wales staat in het teken van de zware industrie, maar ook hier bent u niet ver van de natuur vandaan, in dit geval de ruige Illawarra Coast met zijn schitterende stranden en de bergen en bossen landinwaarts. Vanuit het **Illawarra State Recreation Area►** hebt u een mooi uitzicht.

Wagga Wagga of Wogga Wogga?
Wagga (uitgesproken als Wogga) is beroemder vanwege zijn naam dan vanwege zijn toeristische attracties. Het is een redelijk grote stad, 240 km ten zuiden van West Wyalong. Door zijn ligging aan de Murrumbidgee River en de spoorlijn Sydney-Melbourne is de stad uitgegroeid tot het centrum van het Riverina-district van NSW.

De Dandenong Ranges zijn rijk aan inheemse planten

VICTORIA

Victoria De *'Garden State'* is de kleinste staat van het Australische vasteland. Victoria is echter vrij dichtbevolkt en sterk geïndustrialiseerd. Ongeveer een kwart van de bevolking woont hier op slechts 3 procent van het landoppervlak, waarvan ook nog eens een flink deel voor landbouw en veeteelt wordt benut. De staat telt zo'n 4,5 miljoen inwoners, waarvan er iets meer dan 3 miljoen in Melbourne wonen, dat met zijn oppervlakte van 6000 km^2 een van de grootste steden ter wereld is.

Buiten de metropool wonen de ingezetenen van Victoria in gebieden die vaak de nodige charme hebben en van historisch belang zijn. Langs de 1200 km lange kust vindt u verrukkelijke havenstadjes en reeds lang gevestigde badplaatsen, verder landinwaarts liggen de plaatsen die zijn gesticht ten tijde van de *gold rush* halverwege de 19de eeuw, zoals het charmante Yackandandah, en de oude rivierhavens aan de Murray, maar ook welvarende landbouwcentra die rustig hun eigen gang gaan.

HOOGTEPUNTEN

BALLARAT *zie bladzijde 109*

THE DANDENONG RANGES *zie bladzijde 114 en 122*

GARIWERD (GRAMPIANS) NATIONAL PARK *zie bladzijde 116*

HEALESVILLE *zie bladzijde 117 en 122*

MORNINGTON PENINSULA *zie bladzijde 118 en 122*

NATIONAL GALLERY OF VICTORIA, MELBOURNE *zie bladzijde 100*

PHILLIP ISLAND *zie bladzijde 118*

PORT CAMPBELL NATIONAL PARK *zie bladzijde 119*

ROYAL BOTANIC GARDENS, MELBOURNE *zie bladzijde 103*

VICTORIAN ARTS CENTRE, MELBOURNE *zie bladzijde 104*

Een Victoriaans gebouw in Melbourne

De kans van Buckley
Een van de leden van de groep van luitenant Collins, die in 1803 tevergeefs een kolonie probeerde te stichten bij Sorrento op het Mornington Peninsula, was de uit Engeland afkomstige veroordeelde William Buckley. Hij nam zijn kans waar en vluchtte om Port Phillip Bay heen naar het Barwon-gebied, waar hij bij de plaatselijke aborigines leefde. Tientallen jaren later, in 1835, werden enkele metgezellen van John Batman in hun kampement verrast door de verschijning van 'een wilde blanke', die nauwelijks nog Engels kon spreken. Buckley werd gratie verleend, kreeg een pensioen van de overheid en een plaats in de taal (*Buckley's chance* betekent 'geen schijn van kans').

Met zijn gevarieerde en spectaculaire kust, zijn hoge bergen en uitgestrekte, beboste hooglanden, zijn rijke landbouwgronden en halfwoestijn is Victoria wel gekarakteriseerd als een microkosmos van Australië. Alleen de echte *Outback* bestaat er niet. Het boerenbedrijf neemt hier vele vormen aan. Op de golvende heuvels van Gippsland graast melkvee, schapen doen zich tegoed op de weidegronden die zich naar het westen uitstrekken en fruitbomen groeien langs de Goulburn River en de Murray.
Voor de toerist is zo'n verscheidenheid in de buurt van de hoofdstad van de staat buitengewoon aantrekkelijk. Slechts weinig plaatsen liggen meer dan een halve dag comfortabel reizen van Melbourne.

Zoals het was De ontsluiting van Victoria behoorde tot de tweede of zelfs derde fase van de Europese kolonisatie van het nieuwe continent. De kust was al waargenomen door de bemanning van de *Endeavour* in de loop van Cooks reis van 1770. In 1803 probeerde luitenant David Collins een nederzetting te stichten op de kust van Port Phillip Bay, maar hij gaf het op en ging in plaats daarvan door naar Tasmanië. Gedurende vele tientallen jaren waren het alleen walvisvaarders en robbenjagers die hier aan wal gingen. In 1835 zeilde een zekere John Batman uit Tasmanië weer de baai binnen. Hij tekende een dubieus contract met de plaatselijke aborigines, dat hem recht gaf op 243.000 ha land. Ondanks officiële pogingen vanuit Sydney om de kolonisatie rond de baai te ontmoedigen, stichtten Batman en anderen hier de nederzetting die zou uitgroeien tot Melbourne.

De nieuwe kolonisten wilden niet dat hun land werd gebruikt als strafkolonie en stuurden schepen met veroordeelden door naar Sydney. Ze dienden een verzoek in om zich van New South Wales te mogen afscheiden, dat in 1851 werd ingewilligd. De nieuwe kolonie kreeg de naam van de Engelse koningin.
Slechts enkele weken later werd bij Ballarat en Clunes goud gevonden. De *gold rush* kwam op gang, waardoor Melbourne en Victoria drastisch veranderden. Uit de tentensteden die door de goudzoekers waren opgezet, ontstonden nieuwe steden. Dankzij het goud konden in Melbourne fraaie gebouwen verrijzen.
In de loop der tijd is Melbourne voorbijgestreefd door Sydney als de financiële hoofdstad van het land. Sydney telt meer immigranten en heeft een multicultureler karakter. Toch is Melbourne nu een van de meest kosmopolitische steden van Australië, terwijl andere plaatsen in de staat de sfeer van vroeger hebben behouden.

Victorianen in de open lucht Ondanks – of dankzij? – het onvoorspelbare weer houden de inwoners van Victoria van het buitenleven. Zodra het even kan, gaan ze barbecuen of drommen ze op de stranden samen. Hét race-evenement van het jaar, dat gehouden wordt op de eerste dinsdag in november, is de Melbourne Cup. Als die verreden wordt, ligt het openbare leven stil. Ook *Australian Rules football* kent geestdriftige supporters: mannen en vrouwen van alle leeftijden. De prachtige natuurlandschappen trekken 's zomers veel wandelaars, terwijl skiërs zich 's winters in groten getale naar de besneeuwde bergen begeven.

Skiën in Victoria
Het skiën begon in de jaren dertig, toen de eerste lift mensen omhoog bracht naar het hoogland aan de voet van Mount Buffalo. Tegenwoordig zijn Mount Donna Buang en Mount Baw Baw zelfs bereikbaar voor dagjesmensen uit Melbourne. Mount Buller, verderop in de Australian Alps, is de populairste wintersportplaats van het land. Het skicentrum op Mount Hotham is het hoogstgelegen vakantieoord van Australië, met een bekroond milieuvriendelijk complex op Dinner Plain. De hellingen van Falls Creek, in een beschutte kom in het Alpine National Park, hebben skiërs van elk niveau iets te bieden.

Morning Star Creek staat nog met één been in het verleden

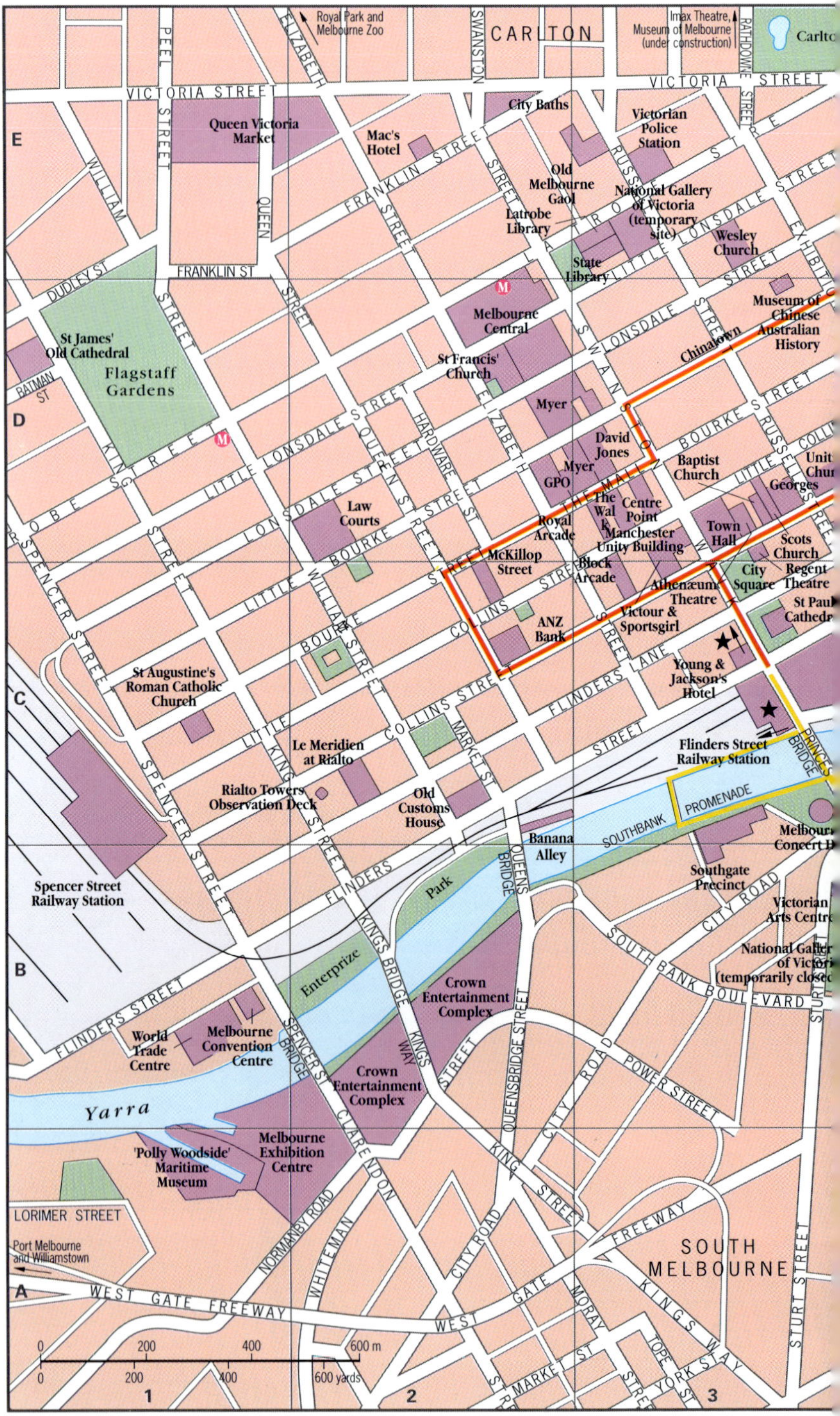
CARLTON
Royal Park and Melbourne Zoo
Imax Theatre, Museum of Melbourne (under construction)
VICTORIA STREET
City Baths
Queen Victoria Market
Mac's Hotel
Victorian Police Station
Old Melbourne Gaol
National Gallery of Victoria (temporary site)
Latrobe Library
Wesley Church
State Library
Melbourne Central
Museum of Chinese Australian History
Chinatown
St James' Old Cathedral
Flagstaff Gardens
St Francis' Church
Myer
David Jones
Baptist Church
Georges
GPO
The Walk
Centre Point
Law Courts
Royal Arcade
Manchester Unity Building
Town Hall
Scots Church
McKillop Street
Block Arcade
City Square
Regent Theatre
Athenæum Theatre
ANZ Bank
Victour & Sportsgirl
St Augustine's Roman Catholic Church
Young & Jackson's Hotel
Flinders Street Railway Station
Le Meridien at Rialto
Rialto Towers Observation Deck
Old Customs House
Banana Alley
SOUTHBANK
PROMENADE
Southgate Precinct
Victorian Arts Centre
National Gallery of Victoria (temporarily closed)
Spencer Street Railway Station
Enterprize Park
Crown Entertainment Complex
World Trade Centre
Melbourne Convention Centre
Yarra
'Polly Woodside' Maritime Museum
Melbourne Exhibition Centre
LORIMER STREET
Port Melbourne and Williamstown
WEST GATE FREEWAY
SOUTH MELBOURNE
KINGS WAY
CITY ROAD
SOUTH BANK BOULEVARD
FLINDERS STREET
COLLINS STREET
BOURKE STREET
LONSDALE STREET
LA TROBE STREET
SPENCER STREET
KING STREET
WILLIAM STREET
QUEEN STREET
ELIZABETH STREET
SWANSTON STREET
RUSSELL STREET
EXHIBITION STREET
0 200 400 600 m
0 200 400 600 yards

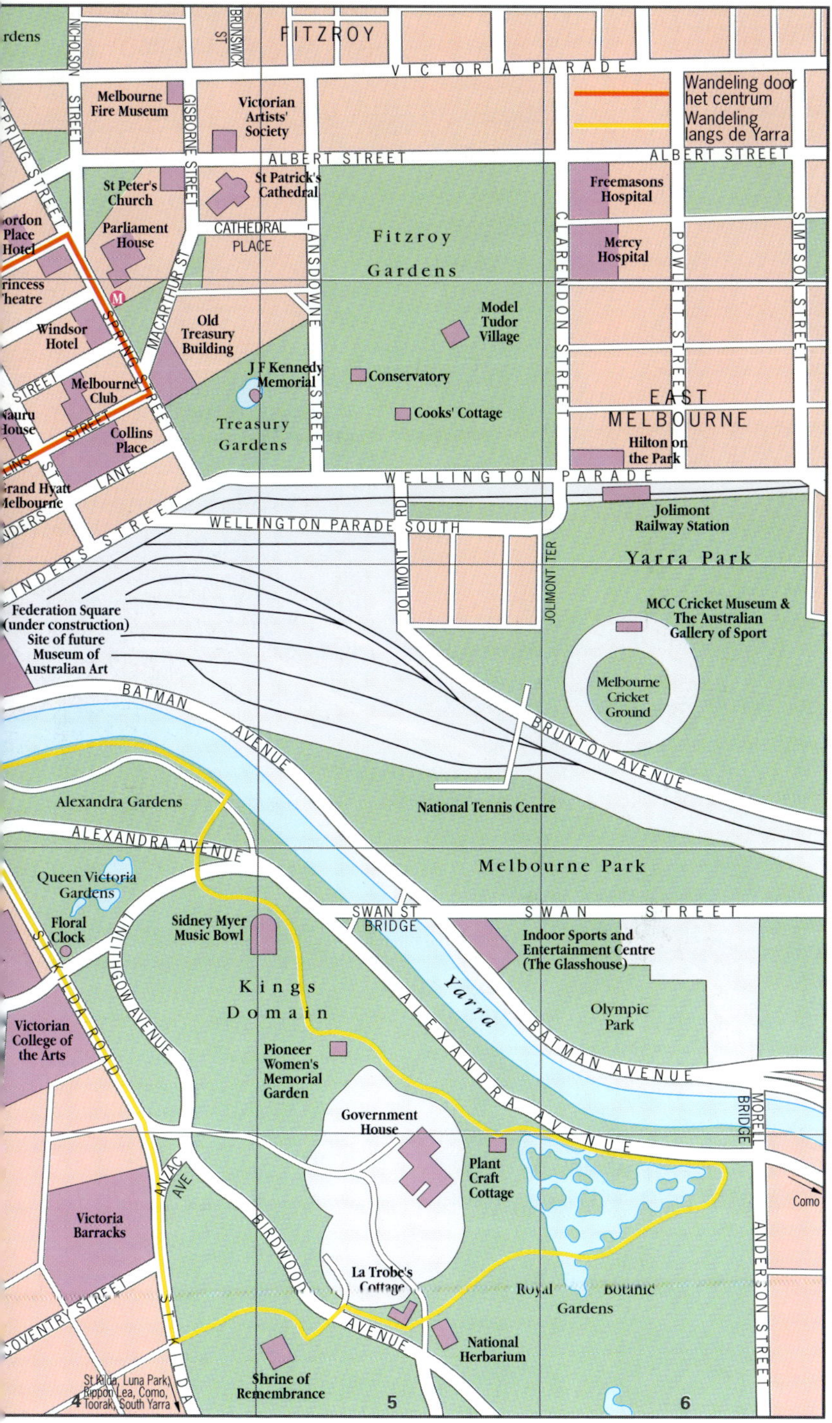

Wandeling door het centrum
Wandeling langs de Yarra
FITZROY
VICTORIA PARADE
NICHOLSON STREET
BRUNSWICK ST
Melbourne Fire Museum
Victorian Artists' Society
GISBORNE STREET
ALBERT STREET
St Peter's Church
St Patrick's Cathedral
Parliament House
CATHEDRAL PLACE
LANSDOWNE STREET
Fitzroy Gardens
Freemasons Hospital
Mercy Hospital
CLARENDON STREET
POWLETT STREET
SIMPSON STREET
SPRING STREET
Windsor Hotel
MACARTHUR ST
Old Treasury Building
Model Tudor Village
Conservatory
Cooks' Cottage
J F Kennedy Memorial
Treasury Gardens
Melbourne Club
Collins Place
LANE
EAST MELBOURNE
Hilton on the Park
WELLINGTON PARADE
WELLINGTON PARADE SOUTH
JOLIMONT RD
JOLIMONT TER
Jolimont Railway Station
Yarra Park
Federation Square (under construction)
Site of future Museum of Australian Art
MCC Cricket Museum & The Australian Gallery of Sport
Melbourne Cricket Ground
BATMAN AVENUE
BRUNTON AVENUE
Alexandra Gardens
National Tennis Centre
ALEXANDRA AVENUE
Melbourne Park
Queen Victoria Gardens
SWAN ST BRIDGE
SWAN STREET
Floral Clock
Sidney Myer Music Bowl
Indoor Sports and Entertainment Centre (The Glasshouse)
LINLITHGOW AVENUE
Kings Domain
Yarra
Olympic Park
ST KILDA ROAD
Victorian College of the Arts
Pioneer Women's Memorial Garden
ALEXANDRA AVENUE
BATMAN AVENUE
MORELL BRIDGE
Government House
Plant Craft Cottage
Como
ANZAC AVE
Victoria Barracks
BIRDWOOD AVENUE
La Trobe's Cottage
Royal Botanic Gardens
ANDERSON STREET
COVENTRY STREET
National Herbarium
ST KILDA
Shrine of Remembrance
St Kilda, Luna Park, Rippon Lea, Como, Toorak, South Yarra
4
5
6

Queen Victoria Market

Moomba
Dat de inwoners van Melbourne weten wat feesten is, blijkt tijdens het evenement in maart dat bekend staat als Moomba, een aboriginalwoord dat kan worden vertaald als 'laten we samen pret maken'. Tien dagen vol festiviteiten culmineren in een gigantische multiculturele optocht.

Het koopje van Batman
In ruil voor 243.000 ha aan aboriginalland leverde John Batman 40 dekens, 30 tomahawks, 100 messen, 50 scharen, 30 spiegels, 200 zakdoeken, 100 pond bloem en 6 overhemden. Dat een soortgelijke hoeveelheid nuttige artikelen jaarlijks zou worden overhandigd, werd snel vergeten.

Melbourne

De tweede stad van Australië ligt aan de Port Phillip Bay, bij de monding van de modderige Yarra River. Nauwelijks een generatie geleden was Melbourne het symbool voor een bepaald soort saai fatsoen, maar sinds de jaren zestig is de stad sterk veranderd. Er zijn tal van glanzende kantoorflats verrezen, die een interessant contrast vormen met de resten van de 19de-eeuwse architectuur. Massa's immigranten, veel uit Zuid-Europa en Azië, hebben het sociale leven in de stad verrijkt. Naast galeries, musea, theaters en bioscopen kent de stad een bloeiend nachtleven in de bars en discotheken, met al dan niet *live* jazz en popmuziek en een casino. Melbourne telt tal van restaurants, met keukens die variëren van *Mod-Oz* tot Vietnamees. U kunt in Melbourne ook uitstekend winkelen.

De beginjaren Toen John Batmans onwettige contract uit 1835, waarmee hij 243.000 ha land verwierf, door de autoriteiten in Sydney als een voldongen feit was aanvaard, werd zijn 'dorp' aan de Yarra al spoedig een stad, ontworpen door een landmeter van het leger volgens het gebruikelijke rasterpatroon. Binnen een paar jaar kochten de rijken grond ten zuidoosten van de rivier, waarop ze elegante huizen lieten bouwen en ze zich als landadel konden manifesteren. Dankzij het goud en de grondspeculatie groeide Melbourne in de tweede helft van de 19de eeuw razendsnel. Er ontstond een hectisch soort leven, dat toen wel werd gekarakteriseerd als 'Amerikaans', in tegenstelling tot de 'Britse' bezadigdheid van Sydney. De economische depressie aan het einde van de 19de eeuw zette echter een punt achter de tijd van 'Marvellous Melbourne'. De stad maakte een lange periode van respectabele bedaagdheid door, maar is daar de laatste jaren als herboren uit te voorschijn gekomen.

Hedendaagse attracties Melbourne is een metropool met veel parken en groen, maar is ook beroemd vanwege de prachtige 19de-eeuwse architectuur. Het beste uitzicht op de stad – en een van de mooiste stedelijke panorama's in Australië – hebt u vanaf de zuidelijke oever van de Yarra, met name vanaf Alexandra Gardens of het Southgate-terrein.

Voor het Parliament House uit 1856

De buitenwijken

De oudere buitenwijken van Melbourne hebben stuk voor stuk een geheel eigen karakter.

In **Carlton**, even ten noorden van het stadscentrum, vindt u de University of Melbourne en het enorme, rond 1870 gebouwde Exhibition Building. Bij de aangrenzende Carlton Gardens wordt druk gebouwd; het IMAX-theater is al klaar, het nieuwe Melbourne Museum zal in 2000 de deuren openen (zie bladzijde 100).

Fitzroy, dat ooit 'ruig' was, is nu bohémienachtig. Bij de oorspronkelijke bewoners hebben zich studenten en trendy lieden gevoegd. Brunswick Street vertoont een fascinerende mengeling van goedkope restaurants en alternatieve boekwinkels.

East Melbourne is een charmante enclave van met zorg gerestaureerde rijtjeshuizen op loopafstand van het stadscentrum (via Fitzroy Gardens).

De voorstad **St. Kilda** werd omstreeks 1885, toen de pier en de villa's van de rijken werden gebouwd, een soort Melbourne-aan-zee. Tegenwoordig is het een kleurrijke buitenwijk, waarvan Acland Street en Fitzroy Street als restaurantstraten maar moeilijk te overtreffen zijn. De stranden zijn hier nog steeds populair; de baai is in de afgelopen jaren een stuk schoner geworden. Het amusementspaleis Luna Park bestaat al sinds 1912. Op zondag is er een grote kunst- en kunstnijverheidsmarkt.

South Melbourne is een van de aantrekkelijkste oudere buitenwijken. Het uiterst stijlvolle St. Vincent's Square heeft zich rond een centrale tuin ontwikkeld.

Toorak, een van de welvarendste voorsteden in het oosten langs de Yarra, staat gelijk aan trendgevoeligheid. Het nabijgelegen South Yarra is bekend om zijn restaurants, modezaken en uitgaansmogelijkheden

Williamstown ligt voorbij de Yarra in het westen en biedt van over het water een schitterend uitzicht op het centrum; een wandeling langs de Strand loont de moeite. Treinfans zullen genieten van het Railway Museum. Op weg hierheen, in Spotswood, aan de westkant van de Westgate Bridge, vindt u het onderhoudende Scienceworks, een buitenpost van het Museum of Melbourne, waar wetenschap en technologie centraal staan.

Melbourne is de enige stad in Australië met een uitgebreid tramnetwerk

De trams van Melbourne

Het netwerk van groene en gele trams in Melbourne omspant het grootste deel van de metropool. De oudere trams zijn door de National Trust als cultuurgoed aangemerkt. Een nieuwe sneltramverbinding vervoert forensen en arbeiders tussen het centrum en Port Melbourne. Toeristen kunnen gebruikmaken van de gratis City Circle Tram Service en u kunt zelfs in een ouderwets model dineren. Het Colonial Tramcar Restaurant is voorzien van een speciale vering, opdat er geen wijn wordt gemorst, en heeft ramen waardoor men niet naar binnen kan kijken terwijl u als in een gondel door de straten glijdt.

Collins Street
Sinds ambachtslieden zich hier halverwege de 19de eeuw vestigden, is dit de beste plek van de stad geweest. Het oostelijke deel van de straat, voorzien van bomenrijen en dicht bij de parken en regeringsgebouwen, was overigens een gezonder omgeving dan het westelijke deel bij de sporen van Spencer Street Station. Niet alle gebouwen uit de tijd van 'Marvelous Melbourne' zijn vervangen door moderne nieuwbouw als Collins Place (nr. 45), met zijn twee torens, of het Nauru House (nr. 80), met zijn panelen van voorgestort beton. De Melbourne Club (nr. 36), de meest exclusieve club van de stad, staat er nog altijd, net als een aantal eerbiedwaardige bankgebouwen, kantoorgebouwen, kerken en schouwburgen.

►► ANZ (Australia and New Zealand) Bank — 94C2

Collins Street 386

Het gebouw van de voormalige English, Scottish and Australian Bank is een van de mooiste voorbeelden van de neogotiek in Australië. Het is Venetiaanser dan het dogenpaleis in Venetië, met een prachtig, drukbewerkt blauw interieur, dat royaal is voorzien van bladgoud.
Het ANZ Banking Museum heeft tentoonstellingen over de geschiedenis van het Australische bankwezen.

► Chinatown — 94D3

Het Chinatown van Melbourne, rond Little Bourke Street, bestaat al sinds Chinese goudzoekers halverwege de 19de eeuw meededen met de *rush* naar de goudvelden. De buurt breidde zich uit toen de goudvelden later in de 19de eeuw schraler werden en de gouddelvers terugkeerden naar de grote stad. De wijk is nog steeds het bloeiende centrum van de Chinese gemeenschap en is uitgerust met de gebruikelijke poorten, zodat onmiskenbaar vaststaat met welke wijk men van doen heeft.
Een interessante aanwinst voor de buurt is het **Museum of Chinese Australian History►►** in een oud pakhuis aan Cohen Place, vlak bij Little Bourke Street. Het brengt de aanzienlijke Chinese bijdrage aan de Australische geschiedenis onder de aandacht. Tot de belangrijkste attracties behoren een levensgrote replica van een krijgsheer uit de 2de eeuw v. C. en Dai Loong, de 100 m lange, honderdpotige draak, die elk jaar tijdens de optocht op het Chinese nieuwjaar de kop opsteekt. Dagelijks vertrekken er vanuit het museum interessante rondleidingen door de oude Chinese wijk.

►► Como — 95A6

Como Avenue, South Yarra

Dit witte herenhuis, waarvan de bouw in 1847 is begonnen, is een voorbeeld van de sierlijke bouwstijl uit de tijd

De poort naar het florerende Chinatown

voordat Melbourne zich razendsnel uitbreidde. Het ligt op een hoogte en wordt omgeven door schitterende tuinen. Aan de zijkant liggen de bijgebouwen, waarin de oorspronkelijke wasserij is ondergebracht. De onnadrukkelijke gratie van Como werd niet nagebootst door de *nouveau riche* die de volgende generatie villa's in de voorstad Toorak liet bouwen: zij kozen voor een veel pompeuzere stijl. De meeste van deze kitscherige huizen zijn vervangen door moderne flats, maar Como is in 1959 gelukkig eigendom van de National Trust geworden.

►► Fitzroy Gardens *95E5*

De weidse gazons en prachtige bomen van deze 19de-eeuwse tuinen, met de torenspitsen van St. Patrick's Cathedral op de achtergrond, liggen iets ten oosten van het stadscentrum en zijn een geliefde ontmoetings- en lunchplek. In het zuiden staat **Cooks Cottage►►**. Dit eenvoudige natuurstenen gebouw uit het midden van de 18de eeuw, met zijn karakteristieke Yorkshire-dakpannen, was het huis van de ouders van de grote zeevaarder. Het werd in 1934 in Groot-Brittannië afgebroken en hier weer opgebouwd in het kader van de honderdste verjaardag van Melbourne. Het pand is toegankelijk voor het publiek, evenals het in miniatuur uitgevoerde Tudor Village, een geschenk van de inwoners van de Londense wijk Lambeth als blijk van dank voor de voedselpakketten die tijdens de Tweede Wereldoorlog uit Australië kwamen.

►► Kings Domain *95B5*

In het zuidoosten van Melbourne strekt zich een prachtige reeks parken uit van het centrum via de Victoria Gardens en de Alexandra Gardens naar het Kings Domain en verder naar de Royal Botanic Gardens langs de Yarra (zie bladzijde 101). Vanuit de Alexandra Gardens hebt u een fraai uitzicht op het stadscentrum; in de Queen Victoria Gardens is een in bloemen uitgevoerde klok te bewonderen. Aanmerkelijk functioneler is de **Sidney Myer Music Bowl**, waar onder een hoge overkapping muzikale evenementen in de openlucht plaatsvinden.

Het hoger gelegen deel van het Kings Domain wordt bekroond door het grote witte Government House (zie rechterkolom). De hoekige toren verheft zich boven de bomen en is een bekend oriëntatiepunt in de stad. In schril contrast met deze grandeur staat het allereerste Government House, **La Trobe's Cottage**, een geprefabriceerde *cottage* van twee verdiepingen uit Engeland die in 1839 in het naburige Jolimont in elkaar werd gezet en in 1963 naar het Kings Domain is overgebracht.

► Melbourne Cricket Ground *95C6*

Jolimont Terrace, Jolimont

De meeste sportcomplexen in Jolimont, ten zuidoosten van het centrum, zijn aangelegd voor de Olympische Spelen van 1956. De centrale plaats van handeling was toen de grote Melbourne Cricket Ground (MCG), een enorm stadion met een capaciteit van meer dan 100.000 toeschouwers, dat evenzeer met voetbal *('Aussie rules')* is verbonden als met cricket. U vindt hier ook het MCC Cricket Museum, de Australian Gallery of Sport en het Olympic Museum. Een rondleiding in dit enorme complex is zeer de moeite waard.

Government House
Het huidige Government House is omstreeks 1870 gebouwd door de staatsarchitect William Wardell, naar het voorbeeld van Osborne House van koningin Victoria op het Engelse Isle of Wight. De vorstin zou overigens nogal beledigd zijn geweest door het feit dat de balzaal van het Government House twee keer zo groot was als die in Buckingham Palace.

In het immense stadion bij Jolimont, de Melbourne Cricket Ground, heerst een geweldig goede sfeer

Een sneer van Sydney
De rivaliteit tussen Sydney en Melbourne bestaat al lang en zal vermoedelijk nooit verdwijnen, hoewel de toon van de uitlatingen over en weer tegenwoordig eerder plagerig dan verbitterd is. Het schilderij van John Brack uit 1955, getiteld *Collins Street, 5 o'clock*, toont een grimmig kijkende stroom forensen in de hoofdstraat van Melbourne. De inwoners van Sydney zien hier met leedvermaak hun visie op Melbourne bevestigd: dat zou immers een stad van chagrijnige, steile protestanten zijn.

De Polly Woodside *bij het Maritime Museum*

▶ Melbourne Museum

Het belangrijkste museum van Melbourne is momenteel nog gesloten, met uitzondering van de afdelingen wetenschap en technologie, die zijn ondergebracht bij Scienceworks (zie bladzijde 97). In 2000 heropent het museum zijn deuren naast het Royal Exhibition Building in Carlton. Waarschijnlijk zal de ereplaats dan nog altijd voorbehouden zijn aan het beroemde renpaard Phar Lap.

▶▶ Melbourne Zoo *94E2*

Elliott Avenue, Parkville

Deze dierentuin, waar bezoekers en dieren van dichtbij met elkaar kennis kunnen maken, ligt in het Royal Park, de grootste open ruimte van de stad, op slechts 4 km van het centrum. De bezoekers kunnen op hun gemak langs grote omheinde terreinen wandelen, waar de natuurlijke omgeving van de dieren is nagebootst. In deze dierentuin vindt u een Afrikaans regenwoud, een vlinderhuis en dieren van over de hele wereld. Bijna de hele Australische fauna is er te zien, van vogels in het gigantische vogelhuis tot pelsrobben en vogelbekdieren.

In de National Gallery of Victoria zijn vaak reizende tentoonstellingen te zien

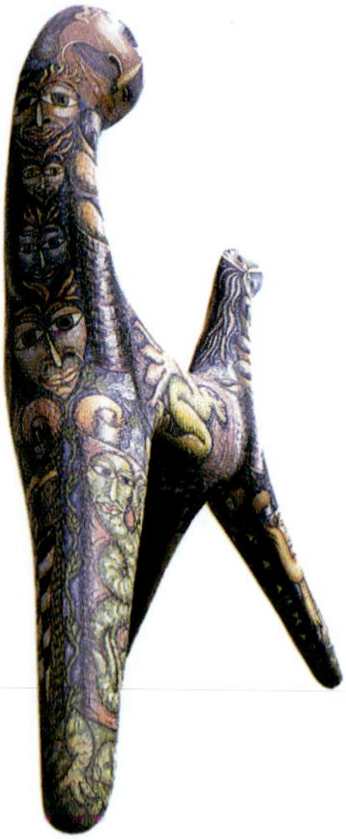

▶▶▶ National Gallery of Victoria *95B4*

Russell Street

Dit museum telt enkele van de mooiste kunstwerken van Australië. Momenteel wordt het gerestaureerd; een flink deel van de collectie is tijdelijk ondergebracht in het oude gebouw van het Museum of Victoria. Na 2001 zal de internationale collectie terugkeren naar het gebouw aan de St Kilda Road. De Australische kunst gaat naar het nieuwe **Museum of Australian Art**, dat in aanbouw is op Federation Square, bij Flinders Street Station. De Australische collectie omvat onder meer John Glovers charmante taferelen uit het koloniale Tasmanië, verhalende doeken uit het laatste deel van de 19de eeuw en werk van Sidney Nolan en Jeffrey Smart.

Bovendien heeft het museum een goede collectie Europese oude meesters en zijn ook de pre-Columbiaanse, Amerikaanse en aboriginalkunst vertegenwoordigd. Op de binnenplaatsen staan moderne beeldhouwwerken.

►► Old Melbourne Gaol *94E3*

Russell Street

Van de talloze gevangenissen die de Australische stadsgebieden rijk zijn, is dit grimmige gebouw van arduinsteen een van de bezienswaardigste. Het huiveringwekkende interieur geeft een goed beeld van de meedogenloze 19de-eeuwse opvattingen over rechtspraak en straf. Hier ziet u het zelfgemaakte harnas en het dodenmasker van Ned Kelly, die in 1880 werd opgehangen. Kelly was een paardendief en de beruchtste struikrover van Australië.

► Parliament House *95E4*

Spring Street

Met de bouw van dit neoclassicistische regeringsgebouw werd in 1856 begonnen, maar het ontwerp was dermate grootschalig dat het nooit is voltooid. Het bood tot 1901 plaats aan de overheid van Victoria en daarna aan het nieuwe federale parlement, totdat dit in 1927 uiteindelijk naar Canberra verhuisde. Het gebouw is onder begeleiding van een gids te bezichtigen. De Legislative Council Chamber werd door de dichter en kenner van Victoriaanse architectuur John Betjeman (1906–1984) omschreven als 'het mooiste Corinthische vertrek ter wereld'.

► Polly Woodside Maritime Museum *94A1*

Lorimer Street East, Southbank

Het in 1885 in Belfast gebouwde zeilschip *Polly Woodside* eindigde zijn werkzame bestaan als een roestige vuile kolenschuit in de haven van Melbourne. Nu het schip onberispelijk is gerestaureerd en ligt aangemeerd in een oud dok aan de Southbank, vormt het de trots van dit scheepvaartmuseum, waar nog tal van andere objecten het tijdperk van de zeilvaart oproepen.

►► Queen Victoria Market *94E1*

Victoria Street

De enige bewaard gebleven 19de-eeuwse markt van Melbourne is een opwindende plaats om te winkelen of gewoon in rond te lopen. De markt telt meer dan duizend marktkramen. Hier wordt sinds 1859 van alles en nog wat verkocht tegen betaalbare prijzen.

►► Rialto Towers Observation Deck *94C2*

525 Collins Street

Vanaf de 55ste verdieping van het hoogste gebouw van Melbourne ziet u de stad, Port Phillip Bay en een groot deel van de omgeving.

►► Rippon Lea *95A4*

Hotham Street 192, Elsternwick

In 1868 begon men met de bouw van dit huis, wellicht het mooiste laat-Victoriaanse herenhuis dat in de voorsteden van Melbourne bewaard is gebleven. Bij de voltooiing in 1887 telde het interieur maar liefst 33 vertrekken.

Vervolg op bladzijde 103.

Bomen van Melbourne
Het dure deel van Collins Street dankte zijn vroegere prestige deels aan het feit dat het een van de weinige plekken was met bomen langs de straat. Oude foto's van Melbourne laten zien dat de jonge stad, waarvoor de *bush* het veld had moeten ruimen, vrijwel geen bomen telde. Tegenwoordig is de stad echter rijkelijk voorzien van groen, dankzij de nieuwe aanplant van rond het einde van de 19de eeuw. De stadsbestuurders zagen niets in de inheemse bomen en lieten soorten planten die hen aan 'thuis' deden denken, zodat de straten en parken tegenwoordig worden opgeluisterd door prachtige eiken, iepen en populieren. Nu de iepziekte het Europese landschap heeft aangetast, is dit een van de weinige plekken waar u deze fraaie bomen nog in al hun glorie kunt aanschouwen.

De Botanic Gardens: een fraai staaltje van 19de-eeuwse Engelse tuinarchitectuur

Architectuur

■ **Het vroegkoloniale Australië onderscheidde zich niet door zijn architectuur. Er voer geen architect mee met de *First Fleet*; de allereerste bouwsels werden gemaakt van takken, leem, stro, boomschors of wat ook maar voorhanden was. Er werden ook wel geprefabriceerde huizen aangevoerd vanuit Engeland, die hier dan, soms op goed geluk, in elkaar werden gezet.** ■

Het eerste echte gebouw in Sydney was het Government House, een bakstenen bouwwerk van twee verdiepingen. De aborigines stonden versteld toen ze merkten dat er boven hun hoofd mensen liepen. De vroege gebouwen waren eenvoudig maar doeltreffend, zoals Elizabeth Farm in Parramatta uit 1793. De veranda, die een vast motief in de Australische bouwkunst zou worden, was afgeleid van de Britse bouwkunst in India. Gebouwen van grootstedelijke allure verrezen echter pas in de tijd van gouverneur Macquarie en diens architect Francis Greenway. Dankzij gebouwen als de **Hyde Park Barracks** en de **St. James' Church** begon Sydney voor het eerst op een echte stad te lijken.

De bouw van rijtjeshuizen Het goud heeft niet alleen Melbourne rijk gemaakt, maar ook menig architect. Melbourne is qua architectuur nog steeds een van de mooiste 19de-eeuwse steden ter wereld, met tal van imposante gebouwen in een verscheidenheid aan neostijlen. In deze periode bereikte ook de architectuur van de *terrace houses* (Victoriaanse rijtjeshuizen) een hoogtepunt. Mede door de elegantie en smeedijzeren versiering van deze woningen vormden de eerste buitenwijken van Melbourne en Sydney een prettige woonomgeving.

Een 'Aussie-stijl' Kort na 1900 werden de stijlvolle rijtjeshuizen vervangen door vrijstaande villa's, die de eerste tien jaar werden gebouwd in de '*Federation*-stijl', met versieringen als terracotta kangoeroes op het dak en eucalyptusbladeren in de gevellijsten. De 20ste-eeuwse buitenwijken hebben niet zozeer een uitgesproken eigen karakter. De bungalows in Californische stijl uit het interbellum werden opgevolgd door woningen met een dun laagje baksteen en door bizarre neo-Griekse paleisjes. En ook de stadsvernieuwingsprojecten in de grote steden getuigen niet echt van een typisch Australische stijl.

Echt Australisch
De tropische huizen op palen in Queensland zijn wel gekarakteriseerd als de 'origineelste plaatselijke bijdrage van Australië aan de Australische architectuur'. Ze staan iets van de grond af (voor ventilatie) en zijn voorzien van veranda's en van een dak van golfplaat – goed ogend, goedkoop en duurzaam, zij het een beetje lawaaiig als het regent.

Rechts: een gerenoveerd Victoriaans gebouw in het centrum van Melbourne

Een van de bewoners van de veelgeprezen Melbourne Zoo

Vervolg van bladzijde 101.

▶▶▶ Royal Botanic Gardens *95A6*

Deze magnifieke tuin, de mooiste in de groene gordel die zich vanaf het stadscentrum uitstrekt langs de Yarra River, is een van de beste in zijn soort ter wereld.

De locatie werd al in 1845 door La Trobe gekozen. De tuin is door opeenvolgende directeuren, die er elk hun stempel op drukten, ingericht en beplant met een ongelooflijke verscheidenheid aan planten. Ferdinand von Müller (directeur van 1852 tot 1873) gaf de voorkeur aan een formele inrichting, terwijl zijn opvolger, William Guilfoyle, zich uitleefde in een meer romantisch ontwerp, met brede lanen, meren en kronkelende wandelpaden.

Planten uit vele delen van de wereld tieren welig in het vriendelijke klimaat van Melbourne. Er groeien meer dan 6000 boomsoorten, van bomen uit gematigde streken tot subtropische soorten. Engelse iepen en eiken contrasteren met Australische grasbomen en gombomen. De Australian Lawn is beplant met eucalyptussen uit het hele land, de Australian Border toont allerlei andere inheemse planten.

U vindt er een fraaie moderne rotspartij, ontworpen door een landschapsarchitect met de toepasselijke naam Ellis Stones. Verder zijn er nog de Oak Lawn, de Rose Garden, een tuin met cactussen en vetplanten en een tuin met bolgewassen. De tuin herbergt ook enkele fraaie gebouwen, zoals de klassieke Temple of the Winds of het Visitor Centre and Herbarium uit de jaren dertig. Er zijn rondleidingen vanaf het bezoekerscentrum (dagelijks om 11.00 en 14.00 uur, behalve op zaterdag).

▶ St. Patrick's Cathedral *95E4*

Cathedral Place, East Melbourne

Deze grote rooms-katholieke kathedraal is minder ingekapseld door moderne gebouwen dan de Anglican Cathedral (zie bladzijde 104). De 103 m hoge centrale toren van de kathedraal is een prominent herkenningspunt in de stad. Het gebouw is ontworpen door William Wardell, die ook verantwoordelijk was voor de ANZ Bank in Venetiaanse stijl.

De Separation Tree

Deze naam werd gegeven aan een van de fraaie *river red gums* in de Royal Botanic Gardens, aangezien onder de takken van deze boom in 1851 het grote onafhankelijkheidsfeest plaatsvond, waarmee de afscheiding van Victoria van de staat New South Wales werd gevierd.

Het interieur van de St Patrick's

Deze kathedraal heeft een imposant interieur met schitterende glas-in-loodramen. Lange tijd is de kerk beschouwd als een Iers bolwerk. Op het kerkhof staat dan ook een beeld van de grote 19de-eeuwse Ierse patriot Daniel O'Connell, bijgenaamd 'de Bevrijder'.

Op wacht bij de imposante Shrine of Remembrance

Rondleiding langs kunst
Het complex van het Victorian Arts Centre is zowel aan de binnenkant als aan de buitenkant versierd met tal van kunstwerken, waarvan vele in opdracht zijn gemaakt. U kunt ze het beste bezichtigen tijdens een rondleiding met gids.

Melba
De wereldberoemde sopraan Helen Mitchell werd in 1861 geboren in Richmond, een buitenwijk van Melbourne. Ter ere van haar geboorteplaats veranderde ze haar naam in Nellie Melba. Zoals zovele Australische kunstenaars vestigde ze haar naam in het buitenland. Ze was dertig jaar lang verbonden aan de Londense Covent Garden. In het Performing Arts Museum wordt uitgebreid aandacht aan haar besteed.

► St. Paul's Cathedral *94C3*

Hoek Swanston Street en Flinders Street

Hoewel deze neogotische kerk niet langer het stadsbeeld domineert, trekt het gebouw nog steeds de aandacht. De kathedraal is in 1880–1890 gebouwd naar een ontwerp van de Britse architect William Butterfield, die ook verantwoordelijk was voor het bijbehorende Chapter House en de Diocesan Offices. Het gebouw staat op de plek waar in 1836 de eerste officiële kerkdienst van Melbourne werd gehouden.

►► Shrine of Remembrance *95A5*

Bij St. Kilda Road

Deze enorme tempel voor de doden is gemodelleerd naar het Parthenon en staat boven op een verheffing in Kings Domain. Het in 1934 voltooide gebouw verrees ter ere van de 114.000 Victorianen die in de Eerste Wereldoorlog hebben gevochten en van wie er niet minder dan 19.000 sneuvelden. In het centrale vertrek bevindt zich de Stone of Remembrance, die elk jaar op 11 november om 11.00 uur wordt verlicht. In een ondergrondse kapel worden de vlaggen van de verschillende regimenten getoond, boven is een galerij met uitzicht over de stad en de omgeving.

►►► Victorian Arts Centre *94B3*

St. Kilda Road 100

Het moderne Arts Centre is geen cultureel getto, het is een bruisend onderdeel van het leven in de stad. Het bestaat uit een complex van bijzondere gebouwen op de zuidelijke oever van de Yarra River.

Naast de National Gallery staat het **Theatres**-gebouw met een 115 m hoge torenspits. De drie schouwburgen zelf liggen onder de grond: het State Theatre is gereserveerd voor het Australian Ballet, de Melbourne Theatre Company speelt in het Playhouse en de derde ruimte is een zeer flexibele studioruimte. De grote, ronde **Concert Hall** heeft een spectaculair interieur in de kleuren van de ertsen die op het Australische continent voorkomen. Het centrum omvat ook twee restaurants, de Arts Centre-winkel, een zondagsmarkt, het leuke Performing Arts Museum (zie hiernaast) en, in het Kings Domain, de Sidney Myer Music Bowl. Rondleidingen in het Centre vinden plaats van maandag tot zaterdag.

Wandelen Door het centrum van Melbourne

Zie de kaart op bladzijde 94–95.

Deze 3 km lange wandeling voert u van de traditionele ontmoetingsplaats 'onder de klokken' van het station aan Flinders Street naar het grandioze Parliament House.

De trappen van het station komen uit in het drukke stadscentrum. Aan de rustige Swanston Walk, waar geen gemotoriseerd verkeer mag komen, ziet u de neogotische **St. Paul's Cathedral** staan. Het Modern City Square, met zijn ingewikkelde waterwerken, markeert de verbinding met Collins Street, die wordt gedomineerd door de Town Hall. In Queen Street valt het complexe Safe Deposit Building (nummer 88–92) bijna in het niet naast de enorme **ANZ Tower**.

Trams en winkelende mensen verlevendigen het straatbeeld van de Bourke Street Mall, waarop ook de oudste winkelgalerij van de stad uitkomt: de Royal Arcade, met zijn beelden van Gog en Magog uit 1870. Kleurrijke poorten markeren de toegang tot Chinatown.
Waar Little Bourke Street overgaat in Spring Street vindt u de imposante zuilenrij van het **Parliament House** en het Windsor Hotel uit 1883. Hier vlakbij, in het **Old Treasury Building** (1857), besteedt men in The Melbourne Exhibition aandacht aan de sociale en architecturale geschiedenis van de stad. U kunt hier de wandeling beëindigen, maar u kunt ook terugkeren naar het station aan Flinders Street via de oostelijke 'Parijse' kant van Collins Street.

Wandelen Langs de Yarra

Zie de kaart op bladzijde 94–95.

Een wandeling van 5 km langs Melbourne's Yarra River naar Kings Domain en de Botanic Gardens.

Stroomafwaarts van Princes Bridge ligt een fonkelnieuwe voetgangersbrug over de Yarra. Wie de verlokkingen van de vele cafés aan de waterkant weet te weerstaan, wordt beloond met een prachtig uitzicht vanaf het Southbank-terrein op de *skyline* van de stad.
Steek de Alexandra Avenue over en geniet van de rust van het **Kings Domain**, met de Sidney Myer Music Bowl en de Pioneer Women's Memorial Garden. De verste oever van het meer in de **Royal Botanic Gardens** markeert tevens het verste punt van de wandeling, reden genoeg voor een pauze bij het café aldaar. Voorbij het Herbarium en het Visitor Centre ligt de **Shrine of Remembrance**, waarvan de buitengalerij een prachtig uitzicht biedt op het centrum. U kunt met de tram of eventueel ook te voet langs St. Kilda Road terugkeren naar het station aan Flinders Street.

Recreatie aan de Yarra River

Nationale parken

De vogels van Wyperfeld
In een groot deel van dit nationale park komen grote zwermen vogels voor, met name witte kaketoes, roze kaketoes en Australische paradijsvogels. De merkwaardigste vogel is echter de thermometervogel, die zijn nest ondergronds bouwt. Daar worden de eieren in zorgvuldig gecontroleerde omstandigheden uitgebroed.

Pieken en stranden
Hoewel Victoria niet kan bogen op een Werelderfgoedgebied, bevat deze kleine staat enkele zeer gevarieerde nationale parken en wildernisgebieden. Met uitzondering van de bergachtige stukken, die vooral bij skiërs in trek zijn, is het populairste park van Victoria waarschijnlijk de schitterende kuststreek van Wilsons Promontory – zie bladzijde 121.

Victoria kent hoge bergen, heuvelige graslanden, weelderige regenwouden, woestijnen, de overstromingsgebieden van de Murray River in het noorden en een gedeelte van de spectaculairste kustlijn van het land in het zuiden. Het klimaat is er al even gevarieerd als het landschap. Een tamelijk hoge neerslag draagt bij tot de weelderigheid van het bosgebied en de productiviteit van de graslanden en andere agrarische gebieden. Het uiterste noorden is daarentegen extreem droog.

De Australian Alps Het overheersende landschappelijke kenmerk van Victoria zijn de majestueuze zuidelijke bergtoppen van de Great Dividing Range, die zich verheffen tot een hoogte van bijna 2000 m. Aan de voet ervan strekt zich in zuidelijke en westelijke richting een heuvellandschap uit, dat de achtergrond vormt voor het stedelijke gebied rond Melbourne. Veel van de hoogste en spectaculairste delen van deze zogenaamde Australian Alps zijn nationale parken, waaronder **Mount Buffalo** (1721 m). De verkenners Hume en Hovell zagen in 1824 als eersten de karakteristieke bochelige rug van deze berg. Vlak onder de top strekt zich een groot tafelland uit, dat wordt begrensd door steile rotswanden die afdalen naar de lager gelegen vlakten. Het tafelland wordt 's winters bevolkt door skiërs en in de lente bloeit er een weelderige bloemenzee.
Zoals altijd in het hoogland varieert de vegetatie al naar gelang de hoogte. In de valleien zijn de wouden dicht en vochtig, hoger op de hellingen worden ze steeds dunner, terwijl de pepermuntgomboom plaatsmaakt voor de *mountain ash*, die weer wordt vervangen door de *snow gum*. Vroeger werd het vee hoog de bergen in gedreven, waar het kon grazen op de zomerweiden. Tegenwoordig mag dat niet meer vanwege de erosie. Een aantal afzonderlijke nationale parken – met vreemde namen als Bogong, Cobberas-Tingaringy en Wonnangatta-Moroka – is inmiddels samengevoegd tot het **Alpine National Park**, met 646.000 ha het grootste in Victoria.

Point Nepean op het Mornington Peninsula, de entree van Port Phillip Bay

De basaltformaties van het Organ Pipes National Park

Het zuidoosten van Victoria Langs de grens met New South Wales ligt Victoria's meest ongerepte natuurlandschap. Landinwaarts zijn er enkele nationale parken. **Errinundra National Park** herbergt een groot gematigd bosgebied, terwijl **Lind National Park** en **Alfred National Park** stukken regenwoud bevatten. Op bepaalde plaatsen stroomt de **Snowy River** door prachtige ravijnen, waar liefhebbers zich wagen aan wildwaterkanoën. In dit park komt een zeldzame ondersoort van de rotswallaby voor. Het **Croajingolong National Park** loopt van de Sydenham Inlet tot de grens met NSW en is een van de fraaiste reservaten langs de Australische kust. Totaal verschillend zijn **The Lakes**, ten westen ervan, waar achter het Ninety Mile Beach lagunen en waterwegen schuilgaan.

Mogelijke bestemmingen voor dagtochtjes vanuit Melbourne zijn de Dandenongs (zie bladzijde 114), **Point Nepean**, de **Brisbane Ranges**, de noordoostelijke bossen en varenrijke geulen van het **Kinglake National Park** of de basaltzuilen van het **Organ Pipes National Park** ten noordwesten van de stad. Het ruige **Gariwerd (Grampians) National Park** is een van de hoogtepunten van een bezoek aan Victoria. Dit reservaat, met zijn adembenemende berglandschap, belangrijke aboriginalvindplaatsen en rijke fauna is net te doen in een dag, maar verdient eigenlijk meer tijd.

De zuidwestelijke kustlijn van Victoria Het mooiste landschap vindt u in twee zeer verschillende nationale parken: de **Otways**, die tussen Lorne en Cape Otway uit zee oprijzen en nog met schitterend regenwoud zijn bedekt, en het **Port Campbell National Park**, verder naar het westen, waar de branding constant tegen de rotsen beukt. Hierdoor is een van de spectaculairste kustlandschappen ter wereld ontstaan. Landinwaarts liggen kratermeren en versleten kegelbergen, zoals bij **Mount Eccles**.

Ver bij de kust en de beboste hooglanden vandaan ligt het **Wyperfeld National Park**, een complex systeem van meesttijds opgedroogde meren en lagunen, met *mallee* (zie rechterkolom) zo ver als het oog reikt.

De overwinning op het kreupelhout
Grote delen van het noordwesten van Victoria waren ooit bedekt met *mallee*, 'een vlakke, blauwe zee die zich tot aan de horizon uitstrekte'. *Mallee* is een aboriginalwoord voor het kreupelhout dat uit zo'n 20 soorten laaggroeiende eucalyptussen bestaat. Het brandt fel, maar groeit vanuit de wortels weer snel aan, waardoor het moeilijk was voor de boeren om de vegetatie weg te branden. Een betere techniek was met behulp van een os een zware wals door het kreupelhout te trekken, gevolgd door een bepaald soort ploeg voor de wortelstokken. Na jaren van afbranden en omploegen is het lastige kreupelhout ten slotte bijna verdwenen. Het overleeft in beschermde gebieden als Wyperfeld, dat zelf in de jaren zestig nog dreigde te worden afgebrand.

Reismogelijkheden

Doordat Victoria relatief klein is en de wegen er goed zijn, kunt u deze staat uitstekend per auto verkennen

De Great Ocean Road
De beroemdste autoroute van Australië is wellicht de 300 km lange rit over de Great Ocean Road. Deze schitterende weg loopt ten zuiden van Geelong in de richting van de grens met South Australia. Hij voert langs stranden, pittoreske havens en dorpen, bosrijke heuvels en een sterk geërodeerde kust in de buurt van het stadje Port Campbell (zie bladzijde 119).

Veranderlijk weer
Het weer in Victoria is berucht om zijn veranderlijkheid. Het ene moment doet de invloed van de woestijn zich voelen met een schroeiende, droge wind en hoge temperaturen, om het volgende moment plotseling plaats te maken voor een koude en vochtige zuidelijke oceaanwind. Als u niet van ons weer houdt, wacht dan even, zeggen de inwoners van Melbourne – het zal zo wel weer veranderen!

Vliegtuig Tullamarine Airport ligt 22 km ten noordwesten van het centrum van Melbourne en onderhoudt verbindingen met vele overzeese bestemmingen en alle grotere steden in Australië. Er rijdt regelmatig een Skybus van het vliegveld naar het Spencer Street Station in de stad, vanwaar een pendelbus de passagiers naar de diverse hotels in het centrum brengt.

Bus Expresbussen brengen u naar de belangrijkste bestemmingen in Australië en binnen Victoria. Dankzij de relatief kleine omvang van de staat kunt u er goed met het openbaar vervoer reizen. Veel locaties in Victoria zijn gemakkelijk in één dag vanuit Melbourne te bereiken. Er is het gebruikelijke goede aanbod van georganiseerde rondreizen (het is de moeite waard om te informeren naar een tocht die precies aan uw wensen voldoet).

Trein Het uitgebreide openbaar-vervoernetwerk van Melbourne staat bekend als **The Met**. Metro's naar de voorsteden, die tot de Dandenong Ranges en het Mornington Peninsula rijden, worden aangevuld door een netwerk van tram- en buslijnen dat tot de uitgebreidste ter wereld behoort. U kunt doorreizen op hetzelfde kaartje volgens een zonesysteem. Bepaalde aanbiedingen, zoals dag- of weekkaarten, zijn het overwegen waard. Het belangrijkste station is Flinders Street. Veel metro's rijden in een lus om het centrum heen, met handige haltes bij Flagstaff Gardens, Melbourne Central, Parliament en Spencer Street.
Verder zijn ook vrij veel steden in Victoria met de **V-Line** trein (soms vervangen door een V-Line-bus) te bereiken. Er zijn *interstate*-treindiensten naar Adelaide en Sydney en ook naar Perth (overstappen in Adelaide of Port Pirie). De befaamde *Ghan* doet Alice Springs aan.

Auto De kwaliteit van de *highways* in Victoria is over het algemeen goed. Het groots opgezette snelwegproject voor Melbourne is nog maar ten dele gerealiseerd, maar het verkeer lijkt er niettemin beter door te stromen dan in Sydney. Wilt u de minder goed toegankelijke nationale parken bezoeken of de staat uitgebreid verkennen, dan is een auto onontbeerlijk.

▶▶ Apollo Bay *90A2*

Deze kleine vissershaven ongeveer 187 km ten westen van Port Phillip Bay heeft prachtige stranden en is een uitstekende uitvalsbasis voor tochten naar de bossen van de Otway Ranges. De heuvels lopen door tot aan zee bij Cape Otway. Boven op de 100 m hoge kliffen van de kaap staat een vuurtoren.

▶ Ararat *90B2*

Deze plaats, 200 km ten noordwesten van Melbourne, dankt zijn bestaan aan de goudvondst van 1857, toen binnen drie weken 3000 *ounce* alluviaal goud werd gevonden. Het inwonertal van Ararat was destijds het dubbele van het huidige. Nu telt de gemeente ongeveer 150 keer zoveel schapen als mensen. Ten noorden van de stad ligt de wereldberoemde **Seppelt Great Western Winery**, waar de 'champagne' wordt opgeslagen in gangen die nog door de goudmijnwerkers zijn gegraven.

▶ Avoca *90B2*

De voormalige goudzoekersstad Avoca ligt aan de Pyrenees Highway, tussen Ararat en Castlemaine, en is tegenwoordig het centrum van een agrarisch gebied. Sinds de jaren zestig wordt er opnieuw wijn verbouwd op de noordelijke hellingen van de heuvels. Het robuuste Court House-complex, met een gevangenis van arduinsteen, een kruitkamer en een politiebureau, is een van de overblijfselen uit de periode rond 1850.

▶▶▶ Ballarat *90B2*

Het tegenwoordige Ballarat is niet groter dan het in de hoogtijdagen van de *gold rush* was. Veel gebouwen uit de 19de eeuw zijn bewaard gebleven en de stad ademt nog steeds de sfeer van die onstuimige tijd.

In 1851 werd er goud gevonden en binnen een paar maanden waren duizenden goudzoekers ondanks modder en kou verwoed aan het graven. De aders aan de oppervlakte waren snel uitgeput, waarna de individuele goudzoekers werden opgevolgd door maatschappijen met voldoende middelen om diepe mijnschachten te graven en de machinerieën te kopen om die te exploiteren. Melbourne mag met de opbrengst van het goud zijn gebouwd, hetzelfde geldt voor Ballarat. De winsten schijnen niet aan gokken en drinken te zijn uitgegeven, maar keurig te zijn geïnvesteerd in de bouw van banken, kerken, een synagoge, clubs, een beurs, een stadhuis en een museum.

Planten op z'n Ballarats
De Botanic Gardens in Ballarat, aan het mooie Lake Wendouree, zijn een goed voorbeeld van de Victoriaanse smaak. Tussen de fraaie paviljoenen en tuinplanten staan witte marmeren beelden. Op sokkels onder de bomen staan de borstbeelden van vroegere eerste ministers, van wie sommigen, zoals de notoire tegenstanders Gough Whitlam en Malcolm Fraser, zich stellig wat ongemakkelijk zullen voelen in elkaars gezelschap.

In de goudzoekersstad Ballarat staan veel 19de-eeuwse gebouwen

Eureka!
In 1854 liepen de gemoederen op de goudvelden van Ballarat hoog op. De toch al slechte woon- en werkomstandigheden gingen nog meer achteruit door de opkomst van grotere mijnbouwmaatschappijen, de hoge kosten voor vergunningen en de hardhandig optredende, gehate speciale politie. Ten slotte kwam een groep door leren aangevoerde mijnwerkers in opstand – de enige belangrijke opstand van blanken in de geschiedenis van Australië. Vergunningen werden verbrand en de met pikhouwelen gewapende opstandelingen schoolden samen in de Eureka Stockade. Maar al snel werden zij overweldigd door soldaten van het regeringsleger, waarbij 30 opstandelingen sneuvelden. De 'burgeroorlog' van Australië duurde alles bij elkaar 15 minuten. Op Sovereign Hill wordt deze historische episode op overtuigende wijze uitgebeeld.

Gefokt in Ballarat
Het parkachtige Ballarat Wildlife Park herbergt talloze, merendeels Australische en Nieuw-Zeelandse diersoorten. Het is een van de weinige plaatsen waar met succes Tasmaanse duivels worden gefokt. Als u daar van houdt, kunt u zien hoe deze brute marterachtigen hun dagelijkse portie witte muizen verorberen.

Sovereign Hill►►► is een uitstekende reconstructie van het leven en werken in de goudvelden in het midden van de 19de eeuw. U kunt hier zelf naar goud zoeken, een ontspannen ritje maken in de koets van Cobb & Co., winkelen in de warenhuizen aan Main Street, de sfeer van de volstrekt eigen wereld van het Chinese Village proeven of de nacht doorbrengen in de sfeervolle, in 19de-eeuwse stijl ingerichte Sovereign Hill Lodges. Andere attracties zijn onder meer het Mine Museum, met 600 m diepe mijnschachten, en het Gold Museum, waar u van alles kunt opsteken over de geschiedenis van dit edelmetaal.

►► Beechworth *91B4*

Deze uitzonderlijk goed geconserveerde goudzoekersstad, 270 km ten noordoosten van Melbourne, ontstond rond 1850 in de uitlopers van de Australian Alps. U vindt er tal van fraaie oude gebouwen. Behalve het postkantoor en enkele van de oorspronkelijk 61 hotels uit de tijd van de *gold rush* (het koetshuis van één hiervan herbergt een koetsmuseum), hoort hierbij ook het Burke Museum, genoemd naar de onfortuinlijke ontdekkingsreiziger. Enkele van de vele curiosa in dit museum hebben te maken met Ned Kelly, die een nacht in de cel onder het stadhuis doorbracht.

►► Bellarine Peninsula *90A3*

Dit brede schiereiland in Port Phillip Bay is met name populair bij de inwoners van Geelong. De stranden zijn mooi en de branding leent zich goed voor surfen. De bekendste badplaatsen zijn Ocean Grove, Barwon Heads en Queenscliff (zie bladzijde 119).

Koningin Victoria kijkt uit over formele tuinen in Bendigo

▶▶ Bendigo *90B2*

Net als Ballarat is Bendigo begonnen als goudzoekersstad. Vanaf 1851 groeide de plaats snel uit tot een van de grootste steden in het binnenland van Victoria. Veel van de mooie 19de-eeuwse gebouwen, die werden gebouwd met de opbrengsten van de goudwinning, verkeren nog in zeer goede staat, zoals het grote Shamrock Hotel, enkele imposante kerken en verschillende openbare gebouwen. Aan het goudzoekerswerk wordt aandacht besteed in de volledig intact gebleven **Central Deborah Goldmine▶▶**, met indrukwekkende onderaardse gangen. De bijzondere bijdrage van de Chinese mijnwerkers wordt herdacht in het verrukkelijke **Joss House** bij Emu Point. De beste manier om vertrouwd te raken met deze fascinerende stad is een rit met de *'talking tram'*. Deze legt een traject van 8 km af en levert commentaar bij alle bezienswaardigheden.

▶ Brisbane Ranges National Park *90A2*

Deze enorme formatie van lei- en zandsteen is op sommige plaatsen geërodeerd, zodat er diepe kloven zijn ontstaan, zoals Anakie Gorge, een geschikte plek voor niet al te veeleisende wandelingen door de *bush*. Ooit werden er grote hoeveelheden goud gedolven in het spookstadje Steiglitz, dat nu een historisch park is.

▶ Camperdown *90A2*

Deze stad ligt op de door lava en as gevormde vlakten die van de grens van South Australia tot Port Phillip Bay lopen en het domein zijn van welvarende veehouders. Mount Leura en Mount Sugarloaf liggen ten zuidoosten van de stad, ten westen ervan liggen twee kratermeren: Lake Bullen Merri (zoet water) en Lake Gnotuk (zout water).

▶▶ Castlemaine *90B2*

Toen in Specimen Gully eenmaal door een herder goud was gevonden, deden er 25.000 goudzoekers mee aan de *rush*, maar bij gebrek aan een echte ader was de goudkoorts in Castlemaine alweer snel over.

Tegenwoordig is het een aantrekkelijke stad. Er staan vrij veel interessante oude gebouwen. Het opvallendst is de klassieke markthal, een bijna exacte reproductie van een Griekse tempel, waarin nu een streekmuseum is ondergebracht. Castlemaine heeft bovendien nog een uitstekend kunstmuseum, een paar fraaie botanische tuinen en een kapitaal huis uit 1857 dat bekend staat als Buda.

Het ritje met de stoomtrein tussen Castlemaine en Maldon blijkt met name populair te zijn bij kinderen. De trein vertrekt van Maldon Station, 18 km naar het westen aan Highway 122 (zie ook bladzijde 117).

▶▶ Coal Creek Historical Village, Korumburra *90A3*

De treinen van Victoria liepen vroeger op steenkool uit Korumburra. Na het sluiten van de mijnen besloot men het steenkool- en stoomtijdperk te laten herleven bij de Coal Creek Mine, iets buiten de stad (zo'n 100 km ten zuidoosten van Melbourne). Behalve de mijnschacht vindt u in dit 40 ha grote park een spoorwegstation, ambachtslieden aan het werk, oude winkels en huisjes van kolonisten.

De kanjer van Gippsland
Van de ongeveer 100 soorten Australische wormen is de *Megascolides australis* veruit de grootste. De worm kan 3,7 m lang en 2,5 cm dik worden. Dit uitzonderlijke dier heeft zijn eigen museum in – u raadt het al – een wormvormig gebouw, nabij de afslag naar Phillip Island aan de Bass Highway.

Castlemaine is een voormalige mijnstad 40 km ten noorden van Daylesford

De Murray River

■ Een groot stuk van de 2600 km lange Murray River vormt de grens tussen Victoria en New South Wales. De rivier ontspringt in de Great Dividing Range nabij Mount Kosciuszko, stroomt langs bossen met *red gums* en irrigeert het semi-aride land rond Mildura om ten slotte in zee uit te monden bij Encounter Bay in South Australia. ■

Barmah Forest
Dit grandioze bos van *river red gums*, waarvan sommige meer dan 500 jaar oud zijn, strekt zich uit over een gebied van ongeveer 300 km^2 aan de Murray River, stroomopwaarts van Echuca. Australië werd grotendeels opgebouwd met het hout van deze majestueuze bomen, dat onder andere werd gebruikt voor spoorwegen, bruggen, mijnen, omheiningen en werven. Wanneer de rivier bij uitzonderlijk nat weer buiten zijn oevers treedt, weerklinken in het bos de geluiden van meer dan 200 soorten trekvogels.

Tijdens een tochtje in een raderstoomboot herleven de oude tijden...

De Murray werd in 1824 door Hume en Hovell ontdekt en in 1829–1830 uitgebreider verkend door Charles Sturt. Toen de kolonisten arriveerden – wat in het begin op hevig verzet van de aborigines stuitte – werd de rivier van belang als transportroute. In 1853 vond er een wedstrijd plaats tussen twee stoomboten. Het ging erom welk vaartuig als eerste tot aan Swan Hill de Murray op kon varen. Met de prijs van £ 4000 stichtte de kapitein van de winnende boot de Murray River Navigation Co. De raderboten van deze maatschappij beheersten jarenlang het scheepsverkeer op de rivier – totdat de aanleg van de spoorweg het transport over water overbodig maakte.
Het grootste probleem voor de scheepvaart was het onregelmatige debiet van de Murray. Enkele maanden per jaar bevatte de rivier niet eens genoeg water om een boot van enige omvang drijvende te houden, terwijl het hele jaar door het risico bestond dat de boten aan de grond liepen. Verschillende trotse vaartuigen vervoeren nu, in plaats van balen wol zoals tijdens de hoogtijdagen in de 19de eeuw, nostalgische toeristen.

Attracties Stroomopwaarts van de zusterstadjes Albury (NSW) en Wodonga (Victoria) ligt **Lake Hume**. Het meer is ooit aangelegd om het debiet van de rivier te reguleren, maar is tegenwoordig een ideale watersportlocatie. Stroomafwaarts wordt rond **Rutherglen** wijn geproduceerd, terwijl **Yarrawonga** dankzij Lake Mulwala een van de grotere waterrecreatiegebieden in het binnenland is geworden. Rond **Cobram** liggen tientallen verrassend mooie zandstranden.
Echuca was eens de drukste binnenhaven van Australië, met een aanlegsteiger van meer dan een kilometer lengte, gemaakt van het hout van rode gombomen. De mensen van de stad zijn erg trots op deze erfenis van vroeger en hebben zich ingespannen om de kaai te behouden ten behoeve van de bezoekers. Het havengebied is mooi gerestaureerd en herbergt tal van attracties, zoals de Cargo Shed, met vrijwel levensechte diorama's. Het Bridge Hotel staat vol met authentieke

...en stopt u bij Echuca, Swan Hill, Mildura en andere plaatsen langs de Murray

meubels en het oude douanekantoor wordt gebruikt als informatiecentrum. U zult niet vaak zoveel stoomboten bij elkaar zien.

Ten noordwesten van de Kerang-meren ligt nog een andere rivierhaven, **Swan Hill**. De grote toeristische attractie van de stad is de **Swan Hill Pioneer Settlement**, een nauwkeurige reconstructie van de oude nederzetting op de oever van de rivier, waarbij zowel oorspronkelijke gebouwen als replica's zijn gebruikt. Het geheel wordt tot leven gebracht door de aanwezigheid van ambachtslieden die hun traditionele beroepen uitoefenen. De nederzetting heeft bezoekers ook 's avonds iets te bieden: er wordt een mooie licht- en geluidsshow vertoond over de eerste kolonisten. De sfeer van het verleden kan ook worden geproefd in twee fraaie oude gebouwen, de **Tyntyndyer Homestead** in het noorden en **Murray Downs** in het oosten. Het laatste werd gebouwd om aanvallen van aborigines af te kunnen slaan.

Van rood naar groen De plaats **Mildura** ligt in het hart van het geïrrigeerde gebied. In de taal van de Kulkyne-aborigines betekende Mildura 'droge rode aarde', maar het rood is groen geworden sinds de uit de VS afkomstige gebroeders Chaffey hier in 1885 hun geavanceerde irrigatietechniek toepasten (zie rechterkolom). Tegenwoordig groeien hier avocado's, meloenen, sinaasappels, druiven en verschillende fruitsoorten die geschikt zijn om te drogen. Sommige telers, onder anderen die van Orange World en de Lindemans Karadoc Winery, zijn graag bereid hun beroepsgeheim met u te delen. U kunt tevens een tochtje op de rivier maken, want raderstoomboten varen hier ook.

De Chaffeys
De Canadezen George en William Chaffey hadden pionierswerk gedaan op het gebied van kunstmatige irrigatie in Californië, voordat zij werden uitgenodigd om hun kennis op de Murray toe te passen. Het werd een geslaagde mislukking: vanaf 1885 stroomden duizenden nieuwe kolonisten toe naar de nieuwe geïrrigeerde gebieden rond Mildura en de stad zelf floreerde, maar er waren overstromingen en problemen met de uitloging en het zoutgehalte van de grond. In 1896 had George er genoeg van en leende hij geld voor de terugreis bij elkaar, maar William bleef en hielp de economie van het gebied een steviger basis te verschaffen nadat de spoorlijn in 1903 Mildura had bereikt. De waterpompen die George had ontworpen, deden tot in de jaren vijftig dienst.

De Rhododendron Gardens bij Olinda in de Dandenong Ranges

Een gevederde rokkenjager
De bossen en ravijnen van de Dandenongs vormen de natuurlijke omgeving van de *Menura novaehollandiae*, een prachtige liervogel en een wonderbaarlijke zanger en imitator van de roepen van andere vogels. Het weinig spectaculair ogende mannetje raakt 's winters op dreef, als hij merkt dat de vrouwtjes gretig op zijn avances reageren. Nadat hij een reeks aardhopen in zijn territorium heeft opgeworpen, klimt het mannetje op zo'n hoop en ondergaat hij een fantastische metamorfose: hij spreidt zijn liervormige staartveren, zodat zijn lijf verdwijnt in een verenpak, terwijl hij er ondertussen lustig op los kweelt. Hoe indrukwekkender de show, des te groter de kans dat hij zijn gang kan gaan bij het ene vrouwtje na het andere.

► Colac *90A2*

Colac is de marktstad voor de agrarische rijkdommen van de basaltvlakten in de omgeving. Dit in het zuidwesten gelegen gebied telt tussen de 50 en 60 meren. De diepe kratermeren bevatten zoet water en de minder diepe meren zilt water, doordat er meer verdampt dan er wordt aangevuld. Lake Corangamite is een zoutwatermeer en tevens het grootste meer van Victoria.

►► Dandenong Ranges *90A3*

Melbourne boft met deze magnifieke beboste bergen aan de oostelijke rand van de agglomeratie, want ze zijn een geweldige bestemming voor een dagje uit. Het hoogste punt is **Mount Dandenong►►** (633 m), die een prachtig uitzicht biedt op de uitgestrekte stad in het westen en de verder weg gelegen bergen in het oosten.
Vanwege hun goede bereikbaarheid zijn de Dandenongs al lang een geliefd woongebied. Er liggen verschillende mooie plaatsjes en talloze buitenhuizen, waarvan sommige tot hotel of restaurant zijn verbouwd. U vindt er ook weelderige tuinen, zoals de **Rhododendron Gardens bij Olinda►**, met zowel exotische planten als een inheemse vegetatie van torenhoge *mountain ashes*, boomvarens en klimplanten. Belgrave is het eindpunt van de **'Puffing Billy'►►**, de ouderwetse smalspoorstoomlocomotief die treinladingen toeristen over een schilderachtig traject van 13 km door het bos trekt.

►► Daylesford *90B2*

Samen met Hepburn Springs beschikt Daylesford, 100 km ten noordwesten van Melbourne, over de helft van alle minerale bronnen van Australië. De bronnen zijn ten tijde van de goudkoorts ontdekt. Rond 1900 had Daylesford inmiddels het karakter van een kuuroord gekregen, misschien vanwege het feit dat veel van de vroege bewoners immigranten uit het Zwitserse kanton Ticino waren. Op het Hepburn Spa Complex is het oude badhuis nog intact. U kunt er gebotteld water kopen en kuren volgen. Het uitstekende **Daylesford Historical Society Museum▶** is gehuisvest in de oude School of Mines. Het stadje heeft een mooie botanische tuin. Ten noorden van Daylesford ligt de oude vulkaankegel van Mount Franklin.

▶ Dunolly *90B2*

Het gebied rond Dunolly, 174 km ten noordwesten van Melbourne, leverde meer goudklompjes op (waaronder de Welcome Stranger, die meer dan 2505 *ounce* woog) dan enig ander Australisch goudveld. Replica's van de Welcome Stranger en andere grote goudklompen zijn te bezichtigen in het Goldfields Museum in Dunolly.

▶ Geelong *90A2*

Deze industrie- en havenstad, de op een na grootste stad van Victoria, zag zichzelf ooit als de concurrent van Melbourne, maar heeft de strijd allang opgegeven. Wel wordt vanuit de haven van Geelong nog altijd de rijke landbouwproductie van het achterland geëxporteerd. Ondanks alle nieuwbouw heeft de stad nog een zekere 19de-eeuwse grandeur. Imposante openbare gebouwen sieren het centrum en aan de welvaart van Geelongs kooplieden herinneren de vele elegante landhuizen, zoals Barwon Grange, dat over de Barwon River uitziet. Corio Villa boven Eastern Beach werd in Schotland geprefabriceerd en hier, nadat tekeningen en instructies verloren waren gegaan, op goed geluk geassembleerd. Een van de fraaie wolpakhuizen van arduinsteen is voortreffelijk gerestaureerd en biedt nu onderdak aan het uitstekende **National Wool Museum▶▶**.

▶▶ Gippsland *91A4*

Gippsland, dat omstreeks 1845 door de Poolse verkenner graaf Strzelecki naar de toenmalige gouverneur van NSW werd genoemd, is de losjes afgebakende regio die het grootste deel van Zuidoost-Victoria tussen de hooglanden van de Great Dividing Range en de kustlijn van Straat Bass omvat. Het regenwoud dat het gebied ooit bedekte is voor het grootste deel gekapt om rijke landerijen op te leveren voor de melkveehouderij en de fruitteelt. Er zijn nog enkele fraaie bosgebieden overgebleven in de nationale parken langs de grens met NSW in het oosten. Dit is een van de gebieden waar natuurbeschermers de aandacht hebben gevestigd op het feit dat de Australische natuur niet onuitputtelijk is. In La Trobe Valley in het hart van Gippsland liggen de grootste bruinkoollagen ter wereld. Ze voeden de krachtcentrales die ongeveer 90 procent van de elektriciteit van de staat opwekken. Voor de kust in Straat Bass wordt olie en gas gewonnen. De schaal van de huidige bodemexploitatie kan worden waargenomen tijdens rondritten vanaf het **Morwell Visitor Centre▶**, terwijl de meer traditionele activiteiten worden behandeld in het **Gippsland Heritage Centre▶** in Moe. Tot dit museum behoort een verzameling oude gebouwen uit Gippsland. Verder landinwaarts strekt zich een van de aantrekkelijkste landschappen van Victoria uit tot aan de uitlopers van de Great Dividing Range. Aan de landzijde van Ninety Mile Beach liggen de Gippsland Lakes (zie rechterkolom).

De meren van Gippsland
Dit gebied, dat wel is gekarakteriseerd als 'het beste voorbeeld van een lagunenkust ter wereld', kent een klimaat dat bijna mediterraan is. Het biedt ongekende mogelijkheden voor zeilen, vissen of gewoon ontspannen. Zowel het strand als de meren zijn beschermd gebied.

Smakelijke Gippsland-kazen in de maak

Onze mensen
Na de viering van het 200-jarig bestaan van Australië besloten de oorspronkelijke bewoners te proberen de algemene aanduiding 'aborigine' te vervangen door namen uit hun eigen talen. *Koori*, wat 'onze mensen' betekent, wordt nu veel gebruikt in het zuidwesten van Australië. De Grampians zijn een openluchtmuseum voor Koori-kunst, met name in de grotten van Billimina, Larngibunja en Ngamadjidj en bij Flat Rock.

De Yarra Valley
Op een uur rijden van Melbourne ligt de snelst groeiende wijnregio van het land, de Yarra Valley. U kunt hier bijna 30 wijngoederen bezoeken, vooral rond het plaatsje Yarra Glen. De vallei staat ook bekend om zijn uitstekende restaurants en *bed-and-breakfasts.*

▶ Goulburn Valley *90B3*

De Goulburn River stroomt ten noordwesten van het kunstmatige Lake Eildon door een rijk fruit- en wijnbouwgebied in de uitlopers van de Australian Alps en mondt bij Echuca uit in de Murray River. Lake Eildon heeft een omtrek van ruim 500 km en is enorm populair bij watersportliefhebbers. De omgeving biedt ook uitstekende wandelmogelijkheden. Rond het meer liggen het Eildon State Park en het Fraser National Park – bosrijke gebieden waar veel dieren leven. Rushworth, ten westen van de rivier, is een mooi voorbeeld van een 19de-eeuws goudzoekersstadje.

▶▶ Grampians (Gariwerd) National Park *90B1*

De aborigines, die hier veel sporen van hun rotskunst hebben achtergelaten, noemden de Grampians Gariwerd. Dit gebied is het grootste nationale park van Victoria. Het bestaat uit een opeenvolging van zandstenen bergkammen, zacht glooiend in het westen en in het oosten eindigend in steile kliffen en puntige rotsformaties. Er komen veel wilde dieren voor en 's zomers zijn de hellingen bedekt met wilde bloemen.

Het park heeft een uitstekend netwerk van sporen en paden en is ook voor auto's toegankelijk. Er zijn tal van spectaculaire uitkijkpunten. **Boroka Lookout▶▶** biedt een fraai uitzicht op onder andere het toeristische Halls Gap, waar een bezoekerscentrum is, en het **Brambuk Living Cultural Centre▶**, dat is gewijd aan de geschiedenis en cultuur van de lokale aborigines. Verder naar het westen vindt u de rotsformatie die de **Balconies** wordt genoemd en de grandioze trap van water van de **Mackenzie Falls**.

▶ Hamilton *90A1*

Deze plaats, het brandpunt van de welvarende agrarische vlakten in het middenwesten van Victoria, presenteert zichzelf graag als de 'wolhoofdstad van de wereld'. Een

Deze overhangende rotsen heten de Balconies

In de brede, iets hellende hoofdstraat van Maldon ziet u voorbeelden van typisch Australische plattelandsbouwkunst

markante bezienswaardigheid is de **City of Hamilton Art Gallery▶**. Dit museum herbergt een grote, gevarieerde verzameling toegepaste kunst uit vele landen en een schitterende collectie aquarellen en etsen van de Britse topografische kunstenaar Paul Sandby.

▶▶ Healesville *90B3*

Het aantrekkelijke Healesville ligt tussen de groene heuvels van de Yarra Valley en is een goede plaats voor wandelingen en picknicks. De stad wordt tegenwoordig vooral bezocht vanwege het **Healesville Sanctuary▶▶**, een safaripark van wereldklasse. In de vernuftig gereconstrueerde en subtiel afgeschermde natuurlijke habitats in dit park maakt u kennis met de wonderlijke dierenwereld van onze tegenvoeters. In het centrum voor de plaatselijke aboriginalcultuur **Galeena Beek▶** zijn kunstvoorwerpen te zien en worden rituele dansen opgevoerd. Er worden ook wandelingen georganiseerd.

Het vogelbekdier
Zelfs het normaal gesproken schuwe vogelbekdier kunt u in Healesville zijn dagelijkse gang zien gaan. In dit safaripark is het voor het eerst gelukt om dit eieren leggende zoogdier zich in gevangenschap te laten voortplanten.

▶▶ Lorne *90A2*

Lorne wordt in het noorden door de steile hellingen van de Otways beschermd en ziet uit over het strand van Loutit Bay. Het is een populaire badplaats aan de Great Ocean Road. U kunt er ook wandelen in het parkachtige bos.

▶▶ Maldon *90B2*

Dit is een van de markantste oude stadjes in Midden-Victoria – 'de best bewaard gebleven stad in Australië uit de tijd van de *gold rush*' volgens de National Trust. Het kent stellig vele charmes. De architectuur is bescheiden en de sfeer wordt bepaald door verrukkelijke vrijstaande huisjes met mooie tuinen.

▶ Marysville *90B3*

Marysville ligt in de uitlopers van de Australian Alps. 's Zomers kunt u er prachtig wandelen naar de Steavenson Falls, een van de hoogste watervallen van Victoria, of naar de Cumberland Valley. 's Winters kunt u er langlaufen, met name op de sneeuwvelden van Lake Mountain.

De pinguïnshow
De snoezige dwergpinguïns die langs de kust van zuidelijk Australië leven, zijn de kleinste in hun soort, namelijk niet groter dan 1 m. Ze brengen hun dagen door met het zoeken naar voedsel in de zee. 's Avonds komen ze in groepen bij elkaar en waggelen dan naar hun nesten achter op het strand. Op Phillip Island laten ze zich niet van deze gewoonte afbrengen, ondanks de schijnwerpers en de talloze toeristen, die samendrommen om een van de populairste natuurspektakels van Australië te aanschouwen.

►► Mornington Peninsula *90A3*

Het Mornington Peninsula omarmt Port Phillip met een ring van beschutte stranden en eindigt bij Point Nepean, dat uitziet op de smalle toegang tot de baai die bekend staat als The Rip. Er is veel bebouwing op het schiereiland en in het hoogseizoen wemelt het aan de kust van de caravans en campers, maar er liggen ook ruim 100 wijnmakerijen, die u kunt bezoeken. Meer naar de punt liggen Sorrento en het exclusieve Portsea, die meer van de sfeer van vroeger hebben behouden, toen raderstoomboten vakantiegangers uit Melbourne aanvoerden. Point Nepean was ooit verboden terrein als marinebasis, maar maakt nu deel uit van het Mornington Peninsula National Park, dat u per expresbus vanaf het bezoekerscentrum bereikt. De baai zelf is meestal rustig, maar de stranden zijn druk. Onervaren zwemmers kunnen de verraderlijke kustwateren van Straat Bass beter mijden. De voormalige Australische premier Harold Holt verdween hier in 1967; waarschijnlijk is hij verdronken.

Aan de begintijd van de kolonisatie herinneren de graven van de 'eerste kolonisten' bij **Sorrento** en de **McCrae Homestead►** uit 1844. Het beste uitzicht hebt u vanaf het 350 m hoge **Arthur's Seat►**, dat bereikbaar is over de weg en met de stoeltjeslift.

►► Phillip Island *90A3*

In de grote trechtermond van de Westernport-baai, die in het westen wordt begrensd door het Mornington Peninsula, liggen verschillende eilanden. French Island en Little Churchill Island hebben een rijke fauna. Het beroemdst is Phillip Island, zo'n 125 km van Melbourne, waar de **Fairy Penguin Parade** honderdduizenden toeschouwers trekt. Het eiland heeft een gevarieerde kustlijn, met ruige kliffen

De grillig gevormde Twelve Apostles bij Port Campbell

en lange stranden met een goede branding. Grauwe pijlstormvogels broeden op **Cape Woolamai**, het hoogste punt van het eiland. In het **Koala Conservation Centre** huizen tal van koala's, op Seal Rocks leeft de grootste kolonie pelsrobben van Australië. Het nieuwe **Seal Rocks Sea Life Centre** biedt informatie over de fauna van het eiland. Vanuit **Cowes**, de belangrijkste badplaats, kunt u boottochten maken naar de robben en naar French Island.

▶▶▶ Port Campbell National Park *90A2*

Dit park wordt begrensd door de Great Ocean Road, die vanaf Geelong naar het westen voert, en omvat over een lengte van 30 km een van de spectaculairste kustlandschappen ter wereld, met hoge kliffen, landtongen en vreemde rotsformaties. Lagen kalksteen, zand, modder en schelpen, die 25 miljoen jaar geleden op de bodem van de zee zijn gevormd en daarna omhoog zijn gekomen, worden nu weggeknabbeld door de brandingsgolven van de Indische Oceaan. Doordat de rotsen in hardheid en textuur verschillen, rukt de zee op sommige plaatsen sneller op dan op andere, zodat er geïsoleerde rotspartijen achterblijven zoals de Twelve Apostles (bij Port Campbell). Een indrukwekkende demonstratie van het effect van de erosie was de ineenstorting van de boog 'London Bridge' in 1990. In de tijd van de zeilvaart stond deze gevaarlijke kust bekend als de *'Shipwreck Coast'* (zie bladzijde 242–243).

▶▶ Port Fairy *90A1*

Dit bad- en vissersplaatsje aan de Great Ocean Road bij de monding van de Moyne River is een van de oudste nederzettingen in Victoria. In het begin van de 19de eeuw woonden er robben- en walvisjagers. Zo'n 50 gebouwen in het stadje zijn door de National Trust aangemerkt als historisch monument, waaronder Mott's Cottage en een houten huis dat omstreeks 1830 door de schipper van een walvisvaarder is gebouwd.

▶ Portland *90A1*

Deze havenplaats aan diep water werd in 1834 (een jaar eerder dan Port Fairy) gesticht en is de oudste permanente nederzetting in Victoria. Ten zuidwesten ervan liggen de indrukwekkende rotspartijen van Cape Nelson en de *blowholes* (erosiepijpen) en het versteende bos van Cape Bridgewater.

▶▶ Queenscliff *90A3*

Queenscliff wordt slechts door het verraderlijke water van The Rip van Point Nepean op het Mornington Peninsula gescheiden en is een prachtige, ouderwetse plaats met een haven, een fort uit 1882, een aantal grote hotels en een vuurtoren met de naam Black Lighthouse, die in 1863 in Schotland werd geprefabriceerd en daarna hierheen werd verscheept.

▶▶ Strzelecki Ranges *91A3*

Om deze beboste bergkammen te zien, kunt u het beste de Grand Ridge Road van Nyora, ten zuidoosten van Melbourne, naar Carrajung volgen (ongeveer 130 km). De weg voert door een mooi berglandschap en langs leuke steden en dorpen.

Queenscliff op het Bellarine Peninsula, waar de inwoners van Melbourne naartoe gaan om zich te ontspannen

Tel de medeklinkers
De Poolse ontdekkingsreiziger Paul Edmund de Strzelecki gaf zich uit voor graaf. Hoewel Angus McMillan als eerste een pad door het bijna ondoordringbare regenwoud van Zuidoost-Victoria baande, werd niet de door hem voor het gebied bedachte naam 'New South Caledonia' overgenomen, maar de naam die Strzelecki eraan gaf: 'Gippsland'. Strzelecki werd tijdens zijn eigen verkenning van Gippsland voor een ramp behoed door zijn aboriginalgids Tarra, naar wie het Tarra Bulga National Park is vernoemd.

De eucalyptus

■ **Eucalyptussen of gombomen *(gum trees)* zijn zonder meer de meest karakteristieke bomen van Australië. Er zijn meer dan 500 soorten en ze groeien in de meeste delen van het land. Ongeveer driekwart van alle Australische bomen zijn eucalyptussen. Vele ervan dragen fraaie, beeldende namen zoals 'pepermunt-', 'ijzerschors-', 'bloedhout-' of 'zwartstronkeucalyptus'.** ■

Eucalyptusblad
Alle eucalyptusbladeren bevatten een geurige olie die voor verschillende medicinale doeleinden wordt gebruikt. De koala laat zich niet door het onverteerbare uiterlijk van het blad afschrikken: het diertje is voor zijn voedselvoorziening geheel afhankelijk van één bepaalde soort eucalyptus.

Wereldkampioen
De *Eucalyptus regnans*, die in de spreektaal de naam *mountain ash* heeft gekregen, kan in de bossen van Victoria en Tasmanië de uitzonderlijke hoogte van 100 m bereiken en is daarmee de grootste bloemdragende plant ter wereld.

De eerste kolonisten hielden niet zo van de vreemde eucalyptussen of gombomen, met hun bleke, groengrijze of schilferende schors die in flarden van de stammen afhing. Veel boeren en veefokkers beplantten hun landerijen daarom met bomen van thuis. Iepen, eiken, wilgen en populieren sieren nog steeds menig landschap.

Bossen en exploitatie De eucalyptussen hebben echter wel degelijk allure, of ze nu reusachtige wouden vormen of in het gezelschap van andere vegetatie hun bijdrage leveren aan de verrassende parkachtige landschappen op vele plaatsen in het binnenland. In de loop der eeuwen hebben eucalyptussen geleerd om branden te overleven: na een helaas al te vaak voorkomende vuurzee in de *bush* komen de knoppen die in hun schors verborgen zitten op wonderbaarlijke wijze weer uit. Vele soorten, zoals de *jarrah* en de *messmate* leveren eersteklas hout op. Deze werden tot voor kort dan ook zonder pardon geveld. Andere soorten is een sjofeler lot beschoren: die worden omgehakt om als houtspaanders in buitenlandse pulpfabrieken te eindigen.

Variëteiten Er bestaan van de eucalyptus vele ondersoorten, van de Tasmaanse *blue gum*, waaruit spoorbiels werden gemaakt, tot de *river red gum* in de semi-aride streken, de *ghost gum* in de woestijnen en de geharde, koudebestendige *snow gum*, die het symbool is van de Australian Alps.

Het grote bos met river red gums *bij Yarrawonga*

► Walhalla *91A4*

Het geïsoleerde Walhalla, dat verscholen ligt in een gebied met diepe, bosrijke valleien ten noorden van Moe, groeide explosief aan het einde van de 19de eeuw, toen hier meer goud werd gevonden dan waar ook in Victoria. Tegen de tijd dat de spoorbaan in 1910 via een reeks spectaculaire tunnels en bruggen was aangelegd, waren de goudaders uitgeput. Een wandeling door de kronkelige hoofdstraat doet de sfeer van vroeger herleven; u kunt de Long Tunnel Extended Mine bezoeken. U kunt ook een ritje door dit schitterende landschap maken met de gerestaureerde Walhalla Goldfields Railway.

► Wangaratta *90B3*

De Hume Highway is de belangrijkste route ten noorden van Melbourne en Sydney. Aan deze weg, ongeveer 240 km van Melbourne, ligt het welvarende Wangaratta, een dienstencentrum voor het omringende landbouwgebied. De notoire struikrover Daniel 'Mad Dog' Morgan ligt hier begraven, zonder zijn hoofd evenwel, dat naar Melbourne was gestuurd om te onderzoeken of hij inderdaad gek was of gewoon een slechterik. Een andere attractie van de stad is het **Airworld Museum►►**, met een verzameling oude luchtvaartuigen.

► Warrnambool *90A1*

Warrnambool is de grootste stad aan de zuidwestkust van Victoria en dankt zijn populariteit aan de stranden. De plaats is omstreeks 1840 door walvisvaarders gesticht. Voor de kust van Warrnambool worden jaarlijks walvissen waargenomen, die hier komen om hun jongen te baren (zie rechterkolom). Het **Flagstaff Hill Maritime Museum►►** is een zorgvuldig gereconstrueerd havenstadje met historische vaartuigen.

►► Wilsons Promontory National Park *91A4*

Deze kaap aan Straat Bass vormt het zuidelijkste punt van het Australische vasteland. Het is waarschijnlijk het populairste nationale park van Victoria. Veel van de rotsachtige landtongen, stranden en dichte bossen zijn alleen te voet bereikbaar. De enige nederzetting ligt aan de Tidal River, waar de weg eindigt en de wandelpaden beginnen.

Walvissen geven een show bij Warrnambool

De walvissen van Warrnambool
Van mei tot augustus verzamelen zich walvissen bij Logan's Beach om hun jongen te baren. Er is een speciaal platform gebouwd vanwaar u deze grootse zoogdieren kunt observeren, terwijl ze duiken, spelen en spectaculaire fonteinen spuiten of helemaal uit het water opspringen. Er is in het verleden op zo'n grote schaal op de walvissen gejaagd dat ze met uitsterven werden bedreigd.

'The Prom'
Wilsons Promontory, in 1798 ontdekt door zeeverkenner George Bass en genoemd naar een vriend van Bass' collega Matthew Finders, trekt veel natuurliefhebbers. In de zomer kan hier gedoken en gesnorkeld worden, er zijn goede wandelmogelijkheden en de gevarieerde flora heeft van het park een droom voor botanisten gemaakt.

Rondrit De Dandenong Ranges

De 'Blue Dandenongs' liggen op krap een uur rijden van het centrum van Melbourne en zijn een geliefd recreatiegebied van de stadsbewoners.

Canterbury Road leidt naar Montrose aan het noordelijke eind van de Dandenong Tourist Road. Wie tijd over heeft zou nog 30 km verder kunnen rijden naar het **Healesville Sanctuary** in de Yarra Valley, een van de beste plekken om de dieren van Australië te zien.
Mount Dandenong (633 m) is het hoogste punt van de keten, de beeldhouwwerken van het **William Ricketts Sanctuary** zijn bereikbaar via de Tourist Road. De route naar het dorp Kallista voert langs de Nicholas Memorial Gardens en het **Sherbrooke Forest Park**, waar u de boomvarens en *mountain ashes* kunt zien die het gebied beroemd hebben gemaakt. **Belgrave** is de eindhalte van de *'Puffing Billy'*, een gerestaureerde stoomtrein die enthousiaste passagiers over het smalspoor door het bos vervoert.

Rondrit Mornington Peninsula

Een rit van 100 km naar Point Nepean op het uiterste puntje van het Mornington Peninsula.

Frankston is het eindpunt van de forensentrein uit Melbourne. Voorbij **Dromana** (uitstekend toeristenbureau) wemelt het aan de kust van de vakantiehuizen en kampeerterreinen. Boven de stad verheft zich **Arthur's Seat** (305 m), vanwaar u een fraai uitzicht over de baai en de oceaan hebt. Op de noordhelling ligt de **McCrae Homestead**. Dit huis uit 1844 ademt de sfeer van de pionierstijd. Het is een monument van de National Trust, waar rondleidingen worden verzorgd door gidsen.
Sorrento lijkt niet erg op zijn Italiaanse naamgenoot, maar heeft een geheel eigen charme, net als het chique **Portsea**. De stranden aan de buitenrand van het schiereiland kijken uit op de branding van Straat Bass. **Point Nepean** was lange tijd verboden militair terrein, maar maakt nu deel uit van het **Mornington Peninsula National Park**. Aan de ruige, 40 km lange kust en in het aangrenzende zeereservaat vindt u uitstekende surfstranden en duikplekken; van november tot maart zijn er dolfijnen. Verder telt het schiereiland 30 wijngoederen, golfterreinen en goede pensions en restaurants. Vanuit Frankston gaat u via de Mornington Peninsula Freeway en South East Freeway weer naar Melbourne.

***Rechts:** het uiterste puntje van het Mornington Peninsula*

RONDRITTEN VICTORIA

NORTHERN TERRITORY
WESTERN AUSTRALIA
1231m
1440m
Mt Woodroffe
Amata
Pukatja
Musgrave Ranges
Fregon
Everard Range
Great Victoria Desert
Stevenson
Witjira National Park
Granite Downs
Alberga
Marla
Neales
Macumba
A87
Oodnadatta
Roadhouse
OODNADATTA TRACK
Stuart
Coober Pedy
Ranges
STUART HIGHWAY
Lake Dey-Dey
Lake Maurice
Maralinga
Trans-Australian Railway
Cook
The Ghan Railway
Tarcoola
Glendambo
Kingoonya
Lake Harris
Lake Gairdner
Lake Everard
Nullarbor Plain
Koonalda Cave
Nullarbor
A1
Yalata
EYRE
Head of Bight
Nundroo
Nullarbor National Park
Coorabie
Penong
Cactus Beach
Ceduna
Lake Acraman
Yardea
Gawler Ranges
Streaky Bay
EYRE HIGHWAY
Port Kenny
Venus Bay
FLINDERS HIGHWAY
Kyancutta
Eyre
Elliston
Lock
Flinders Island
Peninsula
Mount Hope
Tumby Bay
Coffin Bay Nat Park
Port Lincoln
Cape Carnot
Lincoln Nat Park
Great Australian Bight
0 100 200 300 km
0 50 100 150 200 miles
A
B
C
D
E
1
2
3

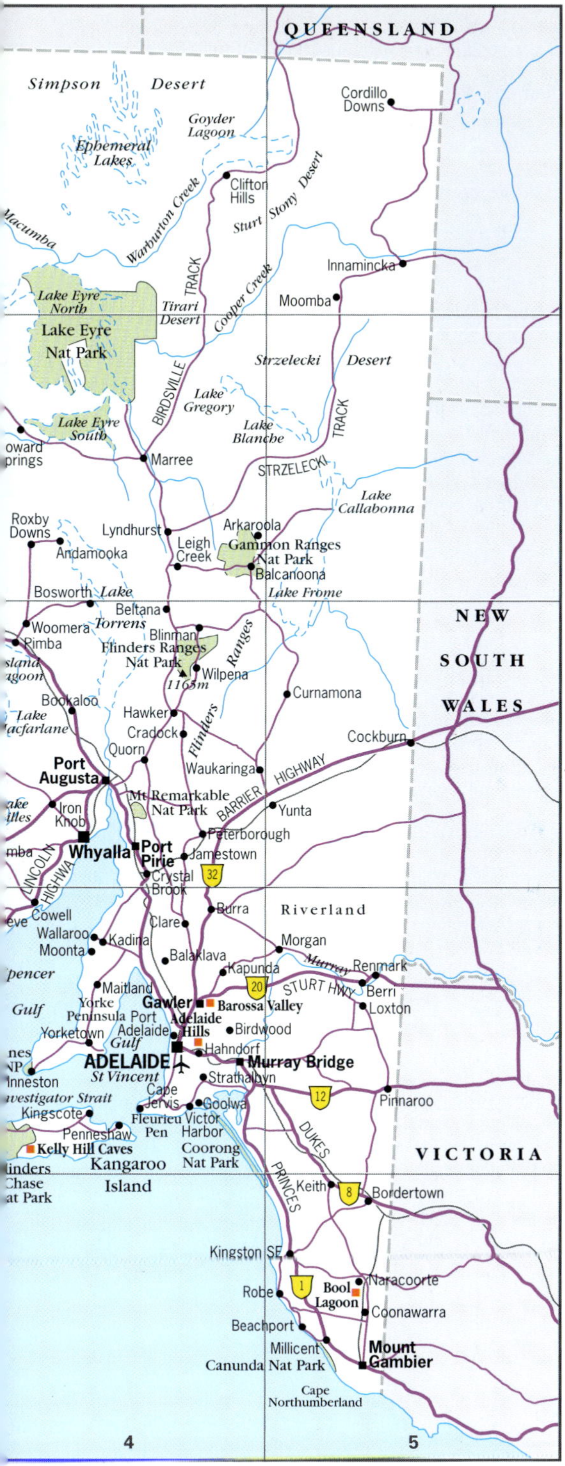

SOUTH AUSTRALIA

HOOGTEPUNTEN

Twee wapenfeiten
South Australia, de droogste staat van Australië, beslaat een achtste deel van het totale oppervlak van het continent, maar heeft minder dan 1,5 miljoen inwoners. South Australia is daarnaast de enige staat die is opgebouwd zonder gebruikmaking van dwangarbeid door gevangenen – in deze staat is men vooral op dit wapenfeit heel trots.

Geen *wowsers* meer
Wowser betekende oorspronkelijk 'iemand die zichzelf niet kan vermaken'. Het predikaat werd smalend toegepast op de brave burgers van Adelaide vanwege hun vermeende vroomheid en schijnbare afkeer van uitbundig plezier. De hedendaagse bezoeker van South Australia zal daar weinig meer van bespeuren. Er mogen dan veel kerken in Adelaide staan, het is ook een stad van restaurants en van proeflokalen voor de wijnen uit de omgeving. Bovendien werd juist in South Australia, bij Maslins ten zuiden van Adelaide, het eerste nudistenstrand van het land geopend.

South Australia Nagenoeg alle inwoners van de op twee na grootste staat van Australië wonen in de vruchtbare kuststrook langs de Grote Australische Golf en op de zuidoostelijke vlakten. Driekwart van de bevolking woont in Greater Adelaide. Ten noorden van deze kuststreek met zijn bijna mediterrane klimaat strekt zich een droog gebied van *Outback* en woestijn uit, waar op sommige plekken nog de sporen van mislukte kolonisatie te vinden zijn en waar enorme lappen grond aan de aborigines zijn teruggegeven. Dit is een staat van grote verschillen. De hoofdstad is de meest verfijnde stad van Australië.

In het begin South Australia is nooit een strafkolonie geweest. Het was een 'provincie' die was gekoloniseerd door vrije burgers (de meesten afkomstig uit het zuiden van Engeland, maar ook uit Duitsland) onder auspiciën van de South Australia Company. De eerste groep kwam met de *Buffalo* in 1836, maar de echte stichter van South Australia was kolonel William Light, wiens visionaire plan voor Adelaide nog de huidige vorm van de stad bepaalt. De kolonie kent een grillige geschiedenis. Enkele jaren na de stichting kon een economische crisis worden bezworen dankzij de ontdekking van koper bij Kapunda en Burra. Pogingen om de grens van de landbouwgebieden naar het noorden te verleggen mislukten wegens jarenlange droogte, hoewel de graanvelden op het schiereiland het goed deden.
Lange tijd was Adelaide alleen maar het centrum van een uitgestrekt landbouw- en mijnbouwgebied. Het zakenleven werd bepaald door sobere, godvrezende handelaren. Het leven in South Australia stond min of meer in het teken van het protestantisme en Adelaide stond bekend als een stad van kerken.

De kwetsbaarheid van wat bijna helemaal een plattelandseconomie was, kwam duidelijk aan het licht tijdens de crisis van de jaren dertig. Na de Tweede Wereldoorlog kwam de industrialisatie op gang, met scheepswerven bij Whylla en motorvoertuigenindustrie in Elizabeth, een voorstad van Adelaide. In de jaren zeventig bleken deze activiteiten op hun beurt ook kwetsbaar te zijn. South Australia heeft tegenwoordig, net als grote delen van de rest van het land, te kampen met economische en financiële problemen.

Gezien de grote verscheidenheid van landschappen in de staat, hoeft het niet te verbazen dat het toerisme toeneemt. Adelaide trekt veel bezoekers – en niet alleen tijdens het tweejaarlijkse Festival of Arts (even jaren). Een relatief nieuwe attractie is het Womadelaide festival – een tweejaarlijks (oneven jaren) wereldmuziekevenement. Het is niet langer mogelijk om met een cruiseschip van Port Adelaide rond de Spencergolf en de St. Vincentgolf te varen, twee inhammen die de zee tot ver in het hart van de staat toelaten. Maar de enorm lange kustlijn biedt mogelijkheden genoeg voor allerhande activiteiten in en aan het water, met name in ongerepte stadjes als **Robe**, ten zuiden van het spectaculaire Coorong National Park. Het aanzien van de kust varieert van geïsoleerde woeste landtongen tot bad- en vissersplaatsjes. De eilanden voor de kust zijn paradijsjes. Het grootste, **Kangaroo Island**, heeft een fantastisch gevarieerde fauna.

In South Australia beginnen veel van de grote toeristenroutes. Zo wordt het station van Tarcoola in de *Outback* aangedaan door twee haast legendarische treinen: de *Ghan*, die naar Alice Springs in het *'Red Centre'* gaat, en de *Indian Pacific*, die hier pauzeert op zijn transcontinentale reis naar het westen over de Nullarbor.

De lutherse kerk van Bethany in de Barossa Valley

Onverschrokken Don
In 1967–1968 was Don Dunstan de premier van South Australia en van 1970 tot 1979 eveneens. Hij cultiveerde een progressief, dynamisch imago en voerde hervormingen door. Onder zijn leiding nam South Australia een wet aan tegen discriminatie op grond van ras of geslacht.
De predikant Douglas Nicholls, een vooraanstaande aborigine, werd gouverneur, terwijl een politiecommissaris die weigerde te zeggen in wiens opdracht hij geheime dossiers over parlementsleden en andere potentiële subversieve elementen had aangelegd, zijn ontslag kreeg. De populaire premier stierf in 1999.

Enkele van de Naracoorte Caves, die op de Lijst van het Werelderfgoed staan, zijn te bezoeken

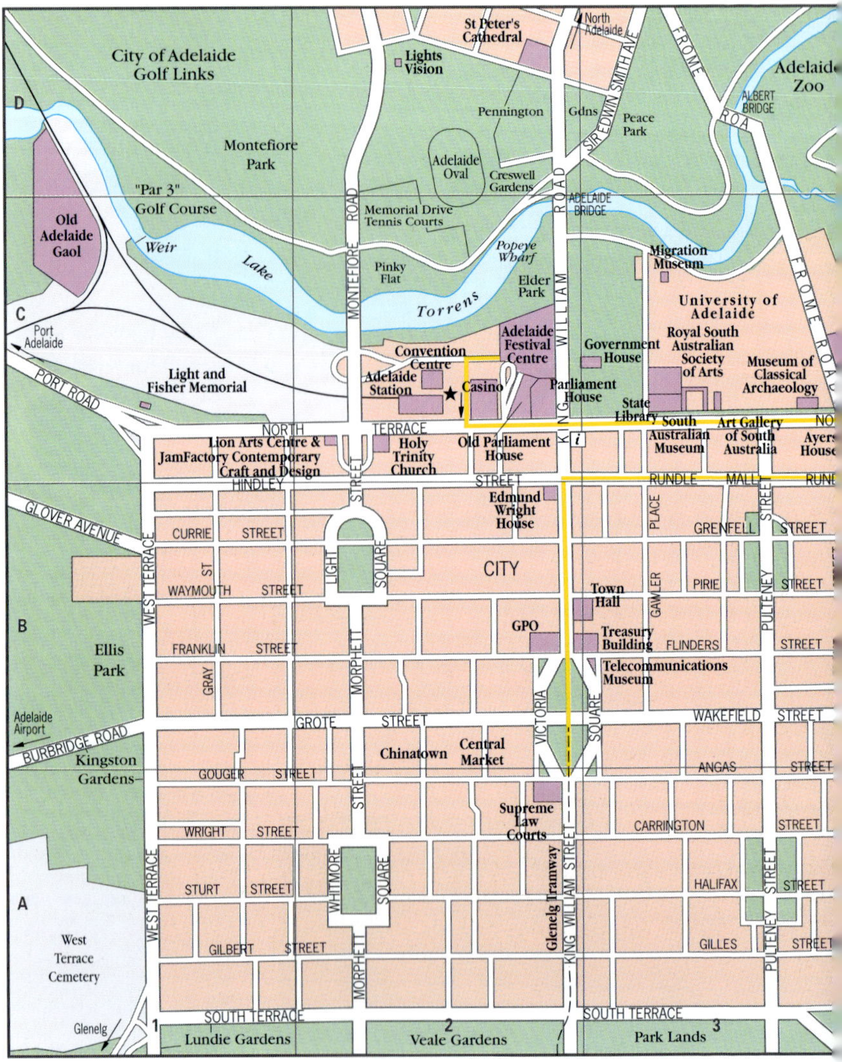

Light zag het goed
'De motieven die me ertoe brachten om Adelaide te situeren waar het nu ligt, zullen op dit moment geen algemene bijval vinden. Door echter de geldigheid van mijn redenen in twijfel te trekken, hebben mijn vijanden me de dienst bewezen alle verantwoordelijkheid naar mij toe te schuiven. Ik laat het niet aan hen maar aan het nageslacht over om uit te maken of ik lof dan wel afkeuring verdien.'

Adelaide

De op vier na grootste stad van Australië laat zich graag voorstaan op zijn tweejaarlijkse Festival of the Arts, zijn restaurants en zijn reputatie van verfijning. De eerste inwoners van de stad waren voornamelijk religieuze dissidenten, op de vlucht voor vervolging in hun vaderland. Ze benaderden werk en ontspanning met wat op het eerste gezicht eenzelfde soort saaie oprechtheid leek te zijn.
De stad zelf was het visioen van één man, kolonel William Light, die als de Surveyor-General van South Australia in 1836 een plattegrond ontwierp waaraan Adelaide zich sindsdien heeft gehouden. Nadat hij een geschikte locatie aan de kleine River Torrens had gevonden, tekende hij een rooster van straten, dat een oppervlakte van een vierkante mijl op de zuidelijke oever moest beslaan. De cen-

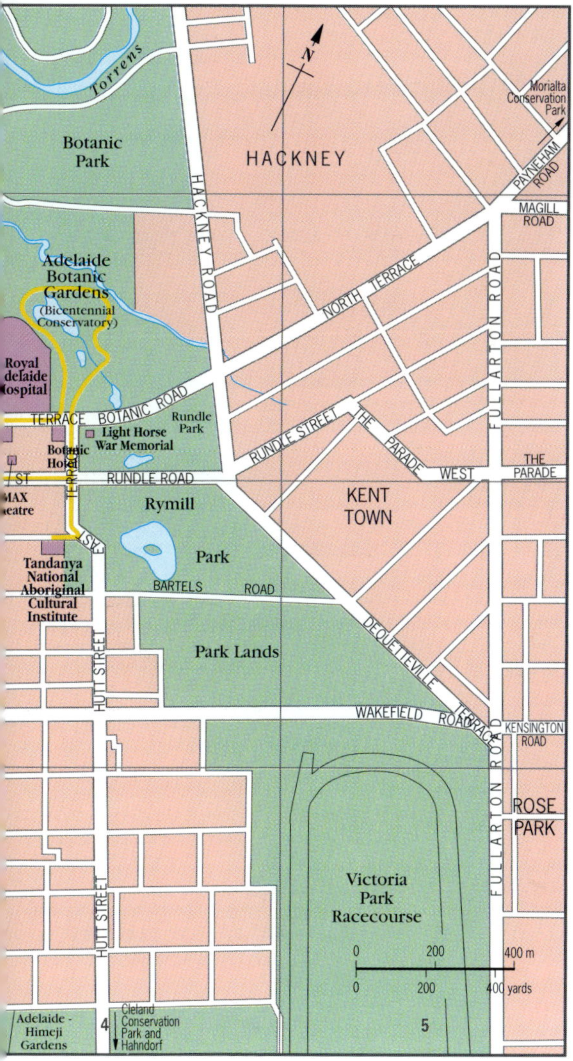

trale verkeersader was breed en het geheel werd verlevendigd door pleinen. Een groene gordel rond de stad moest een passende omgeving vormen voor openbare gebouwen zoals Government House. De andere oever was gereserveerd voor de fraaie voorstad North Adelaide. Ondanks de tegenstand destijds, ondanks de bouwwoede in de jaren zeventig en tachtig van de twintigse eeuw en ondanks de opmars van de auto bepalen deze elementen tot op de dag van vandaag het gezicht van Adelaide. In welke grote stad kun je zomaar in een Victoriaanse villa wonen met uitzicht op een park, lopend naar je werk gaan of een avond in de schouwburg doorbrengen en daarna rustig naar huis wandelen? In het oude Adelaide kunnen de mensen dat allemaal. De meerderheid woont echter in de buitenwijken, die verspreid liggen over het kustgebied langs de St. Vincentgolf en de Adelaide Hills.

Winkelparadijs
Adelaide biedt tal van mogelijkheden om te winkelen. Op de Central Markets kunt u terecht voor levensmiddelen, in het JamFactory Contemporary Craft and Design Centre wordt fraaie kunstnijverheid verkocht. Voor dure kleding moet u in North Adelaide en King William Road (ten zuiden van de stad) zijn. Unley en Port Adelaide staan bekend om hun antiekzaken.

Een buitenbeentje
Hoewel Groot-Brittannië in de 19de eeuw een aantal plannen voor ideale steden ontwierp, ontwikkelden de meeste Australische steden zich volledig in het wilde weg. Het wachten was op een legerofficier, de onwettige zoon van de Engelse stichter van Penang in Maleisië en een halfbloed Aziatische vrouw, om een ambitieus plan voor Adelaide te bedenken en uit te voeren. William Light was officier in de geheime dienst geweest bij de hertog van Wellington en veroverde de rang van kolonel na zijn overplaatsing als adviseur bij het leger van Spanje. Hij ging volledig op in zijn opdracht om niet alleen de locatie van Adelaide te bepalen, maar ook een groot deel van de rest van de nieuwe provincie te inspecteren en te plannen. Light verliet zijn vrouw in Engeland en trouwde met de (eveneens onwettige) dochter van de hertog van Richmond. Toen hij in 1839 stierf (waarschijnlijk was hij overwerkt), werd hem het laatste sacrament onthouden, omdat hij zich had bezondigd aan het openlijk samenwonen met een andere vrouw.

Zeilen is een geliefde vrijetijdsbesteding in Port Adelaide, de haven van de stad

Festiviteiten
In Adelaide zegt men dat het minder geld heeft gekost om het Festival Centre te bouwen dan om het Opera House in Sydney te stofferen. Het centrum is het hele jaar door actief, met twee grote aula's en twee plaatsen voor optredens in de openlucht. Het bijbehorende plein, dat door de Duitse kunstenaar Otto Hajek is ontworpen, is wel gekarakteriseerd als het grootste kunstwerk van Australië onder de blote hemel.
Het Festival of Arts in Adelaide wordt ieder even jaar gedurende drie weken in februari en maart gehouden. Warme dagen en zachte nachten dragen ertoe bij om de juiste sfeer te creëren voor een keur aan evenementen: opera, ballet, concerten, theater, tentoonstellingen, activiteiten voor kinderen, het Fringe Festival en een literatuurfestival – alles binnen loopafstand van elkaar in deze stad.

▶▶ Adelaide Botanic Gardens *129C4*

North Terrace
Deze 20 ha grote tuin is in 1855 aangelegd en biedt behalve aan bomen, struiken, lanen en meren plaats aan een aantal schitterende oude gebouwen: het Museum of Economic Botany, het Simpson Shade House, het Victoria House uit 1868 met zijn reuzenwaterlelie en het Palm House, dat omstreeks 1870 uit Duitsland werd overgebracht en in 1996 volledig is gerestaureerd. Het opmerkelijkst is echter de hoog oprijzende **Bicentennial Conservatory**. Dit hightech bouwwerk herbergt planten uit de tropische regenwouden van Noord-Australië en de omringende landen.

▶▶▶ Art Gallery of South Australia *128C3*

North Terrace
Achter zijn klassieke zuilengang herbergt dit gebouw een van de belangrijkste verzamelingen Australische, Europese en Aziatische kunst van het land. Sommige schilderijen van Australische kunstenaars lijken iets van de essentie van dit land uit te drukken, zoals de op hol slaande schapen in *The breakaway* (1891) van Tom Roberts of de subtiele flirt op het strand op het doek *Holiday at Mentone* (1888) van Charles Conder. Met name de aboriginalafdeling is een bezoek waard. Het museum bezit ook een groot aantal werken van Rodin.

▶ Glenelg *128A1*

Deze voorstad was ooit de populairste badplaats van Adelaide. Er gaat nog steeds een grote bekoring van uit. Trams uit de jaren twintig verbinden Glenelg met het Victoria Square in het centrum (een ritje van 30 minuten). Hier landden in 1836 gouverneur Hindmarsh en de eerste kolonisten.

▶▶ Migration Museum *128C3*

Kintore Avenue 82
Dit interessante museum is ondergebracht in de gerestaureerde gebouwen van het Destitute Asylum en behandelt de geschiedenis van de immigranten die South Australia stichtten. Het museum verhaalt over de moed, de hoop, de teleurstellingen en de tegenslagen van de kolonisten. Wie geïnteresseerd is in de geschiedenis van Australië moet dit museum beslist gaan bezoeken.

▶▶ North Adelaide 128D3

In de oudste en deftigste voorstad van Adelaide staan veel fraaie huizen. Melbourne Street heeft winkels, restaurants en boetieks, O'Connell Street staat bekend om zijn goede restaurants en de mogelijkheden om in de openlucht van eten en wijn te genieten. St. Peter's Cathedral gaat prat op de zwaarste klokken van het zuidelijk halfrond en op het uitkijkpunt Light's Vision kijkt een standbeeld van de kolonel uit over de stad die hij stichtte.

▶▶ Port Adelaide 128C1

De havenstad van Adelaide, die zo'n 10 km ten noordwesten van het door land omgeven stadscentrum ligt, heeft nauwelijks nog bemoeienis met de zeevaart, zodat de bezoeker zich ongestoord op het fascinerende verleden kan concentreren. U vindt er de grootste verzameling 19de-eeuwse gebouwen van South Australia. Tussen de lange loodsen op de kaden staat de helderrode vuurtoren uit 1869, die uitkijkt op een aantal historische schepen. Een eindje landinwaarts in Lipson Street vindt u een paar musea die stuk voor stuk de bus- of treinreis vanuit het centrum waard zijn. Het hoofdgebouw van het **South Australian Maritime Museum▶▶** is een oude opslagloods. Het **Port Dock Station Railway Museum▶▶**, met 26 locomotieven, is het grootste in zijn soort van Australië. U kunt er een ritje in een stoomtrein maken.

▶▶▶ South Australian Museum 128C3

North Terrace

Dit museum voor natuurlijke historie bezit niet alleen een geologische en zoölogische collectie, maar ook een uitstekende verzameling artefacten van aborigines, die op fantasievolle en toegankelijke wijze is tentoongesteld. Dit is de beste plaats in Australië om het verleden van de oorspronkelijke Australiërs te bestuderen.

▶▶ Tandanya National Aboriginal Cultural Institute 129B4

Grenfell Street 253

In dit instituut in het levendige East End van Adelaide kunt u kennismaken met de eigentijdse aboriginalcultuur. Er zijn dans- en theateruitvoeringen, congressen, vieringen, demonstraties en tentoonstellingen en er wordt kunst en kunstnijverheid verkocht.

Andere bezienswaardigheden in Adelaide
Het 19de-eeuwse Ayers House is misschien wel het sierlijkste gebouw van North Terrace. Henry Ayers, die zeven keer de premier van South Australia was, gebruikte zijn huis voor staatsaangelegenheden. De balzaal vormde de spil van het stadsleven. Het in Tudorstijl gebouwde Old Parliament House – niet te verwarren met het Parliament House verderop in de straat – bood onderdak aan het eerste parlement van South Australia.

Het gedroomde spoor van Ngurunderi
In het South Australian Museum wordt uitgebreid aandacht besteed aan Ngurunderi, een van de grote voorouderlijke droomfiguren van het Ngarrindjeri-volk. Zijn tochten achter zijn ontaarde vrouwen aan, van ver stroomopwaarts aan de Murray River tot aan Kangaroo Island, verklaren veel aspecten van de rivier en het kustland. De bochten en kronkels van de Murray werden gemaakt door de reuzenkabeljauw Ponde, toen deze met zijn staart zwiepte, terwijl Long Island, nabij de Murray Bridge, de speer van Ngurunderi is, die zijn doel miste. Bij Middleton doodde hij een zeehond, waarvan de doodskreten nog steeds tussen de rotsen weerklinken. Toen zijn vrouwen naar het westen vluchtten, liet Ngurunderi het waterpeil stijgen, zodat zij verdronken. De vrouwen veranderden in de rotsachtige Pages Islands, terwijl Ngurunderi zelf opsteeg om een ster in het melkwegstelsel te worden.

Ayers House is nu te bezoeken

Het Tandanya National Aboriginal Cultural Institute in East End

Wandelen Groengebieden en oude gebouwen

Zie de kaart op bladzijde 128.

Deze wandeling voert door groengebieden naar North Terrace, de boulevard van de stad, en dan door het winkelcentrum heen naar Victoria Square, het hart van de stad.

Van het controversiële **Festival Centre**, dat uitkijkt over het park langs de Torrens, leidt een voetpad naar North Terrace. Blijf aan de boomrijke noordkant van North Terrace en loop in oostelijke richting langs de historische gebouwen en monumenten. De postmoderne voorhof van het Hyatt Hotel contrasteert met het stationsgebouw, waarin tegenwoordig het casino van de stad is gehuisvest. Het **Old Parliament House** uit 1855 oogt erg bescheiden in vergelijking met zijn opvolger. Dit laatste gebouw werd in 1939 voltooid, maar het ontwerp is uiterst conservatief. U passeert het **Government House**, dat achter een tuinmuur ligt, en komt dan langs de State Library (1884), het **South Australian Museum** (1898) en de **Art Gallery of South Australia** (geopend in 1881). De zuidkant van de Terrace wordt omzoomd door imposante gebouwen, eindigend met het fraaie koloniale **Ayers House** en het uitbundige Botanic Hotel, met zijn boven elkaar gelegen veranda's.
De lus door de **Botanic Gardens** voert langs het elegante oude Palm House en de opmerkelijke Bicentennial Conservatory. Rundle Street is het hart van het levendige East End. Hier vindt u het IMAX-theater, talloze winkels, historische pubs en tientallen uitstekende cafés en restaurants waar u ook buiten kunt eten. Maak een kleine omweg naar het **Tandanya National Aboriginal Cultural Institute** in Grenfell Street. Rundle Mall is een vrolijk winkelcentrum dat eindigt bij King William Street, de belangrijkste noordzuidroute van Adelaide. Het General Post Office en Town Hall liggen aan het Victoria Square, vanwaar de oude tram naar **Glenelg** aan zee rijdt.

Brandend zand De eindeloze vlakte in het binnenland wordt onderbroken door twee gebergten. De Musgrave Ranges in het uiterste noordwesten maken deel uit van de uitgestrekte Pitjantjatjara Aboriginal Lands en lopen parallel aan de andere gebergten van het *'Red Centre'* net over de grens met het Northern Territory. De oeroude Flinders Ranges strekken zich uit over 500 km van de Spencergolf naar Lake Eyre. Het spectaculairste onderdeel ervan is het magnifieke **Wilpena Pound**, een natuurlijk amfitheater met een oppervlakte van 80 m^2. Verder naar het noorden liggen de eindeloze zandduinen van de **Simpson Desert**. Als het er een keer regent, krijgt de schaarse vegetatie van Australisch gras plotseling gezelschap van een zee van wilde bloemen. Tot de bewoners van de woestijn behoren de springende muizen en buidelmollen. De Sturt Stony Desert is een bijna onbereisbare vlakte van door de wind gepolijste stenen (zogenaamde *gibbers*). **Mount Remarkable**, veel verder naar het zuiden, is bekend om zijn diepe ravijnen.

Het zuiden – rijk aan dieren Naar het zuiden toe maakt de bijna volstrekte droogte van het binnenland van South Australia plaats voor een mediterraan klimaat. Hete zomers worden er afgewisseld met relatief koele, vochtige winters. Na anderhalve eeuw kolonisatie is een groot deel van het gebied in landbouwgrond veranderd. Er is echter nog genoeg wildernis over langs de kust: van de nationale parken Coffin Bay en Lincoln op het puntje van het Eyre Peninsula in het westen tot aan het **Coorong National Park** helemaal in het zuidoosten. Ertussenin liggen de duinen en kliffen van het **Innes National Park** op het puntje van het Yorke Peninsula en **Kangaroo Island** met zijn schitterende landschappen en fauna. Het bijzondere Coorong begint waar de Murray River in zee uitmondt. Daar strekt zich in zuidoostelijke richting 145 km strand uit, met daarachter prachtige duinen en een lange, ondiepe lagune. Het gebied trekt veel vogels aan.

De dode zee van Australië
Een groot deel van het enorme Lake Eyre ligt onder de zeespiegel. Als het meer zich met water vult, hetgeen sinds mensenheugenis slechts drie keer is voorgekomen, wordt het een trekpleister voor vogels. Op de kaart lijkt het alsof het zoutmeer wordt gevoed door 1000 km lange rivieren, maar het rivierwater is meestal verdampt voordat dit het meer bereikt. Vanwege zijn volstrekt vlakke oppervlak was het zoutmeer de ideale plaats voor de succesvolle poging van Donald Campbell om in 1964 het snelheidsrecord te vestigen.

De Remarkable Rocks op het vredige Kangaroo Island zijn befaamd om hun vreemde vormen

Reismogelijkheden

De Ghan
Een van de beroemdste spoorlijnen van Australië loopt van Adelaide naar Alice Springs in het Northern Territory. De route is genoemd naar de Afghaanse (en andere) kameeldrijvers die aan het eind van de 19de eeuw werden verdrongen door deze spoorlijn (zie ook bladzijde 189).

Met de auto
De wegen in het dichtbevolkte kustgebied zijn goed, de belangrijkste snelwegen, die de staten onderling verbinden, zijn allemaal verhard. In de *Outback* zijn de wegen van wisselende kwaliteit. Informeer van tevoren naar hun toestand om de juiste maatregelen te kunnen treffen (zie bladzijde 143).

Over het water
De auto- en passagiersveerboten naar Kangaroo Island vertrekken vanuit Cape Jervis aan de punt van het Fleurieu Peninsula.

Vliegtuig Het vliegveld van Adelaide ligt slechts 6 km van het stadscentrum en onderhoudt verbindingen met alle belangrijke binnenlandse bestemmingen en veel overzeese. De omvang en geografie van South Australia maken vliegen binnen de staat aantrekkelijk. Er zijn regelmatig vluchten van Adelaide naar plaatsen op het Eyre Peninsula, zoals Port Lincoln en Ceduna, en naar Kangaroo Island en Mount Gambier. Er wordt ook gevlogen op Coober Pedy en Broken Hill in NSW, hoewel de meeste mensen die naar de *Outback* gaan over de weg reizen.

Bus Adelaide heeft een omvangrijk openbaar-vervoersysteem met overstapmogelijkheden. Kaartjes voor de bus zijn ook geldig voor de metro's naar de voorsteden. De gratis City Loop- en Bee Line-bussen rijdt frequent tussen het hoofdstation en het eindpunt van de Glenelg Tram op Victoria Square. Bij het Passenger Transport InfoCentre in King William Street kunt u informatie krijgen over reizen in Greater Adelaide. De Glenelg Tram (een antiek model uit 1929) en de Adelaide Explorer-tram, die een bijna drie uur durende rondrit maakt langs de belangrijkste bezienswaardigheden, lenen zich uitstekend voor een kennismaking met Adelaide.
Lange-afstandbussen onderhouden expresdiensten naar alle belangrijke bestemmingen en zelfs in vrij afgelegen plaatsen in de *Outback* kunt u een busdienst treffen, zij het een niet bijster frequente. Als u tijd genoeg hebt, kunt u de zeer redelijk geprijsde **Wayward Bus** nemen – een plezierige manier om naar Melbourne (drie dagen) of Alice Springs (tien dagen) te reizen en onderweg bezienswaardigheden aan te doen.

Trein De lange-afstandtreinen vertrekken vanaf het moderne Keswick Station in de zuidwesthoek van Adelaide naar Perth, Alice Springs, Melbourne, Broken Hill en Sydney. Er zijn ook diensten naar Port Pirie en Mount Gambier. Het spoorwegnet naar de voorsteden van Adelaide vanaf het hoofdstation op North Terrace is vrij uitgebreid, met diensten naar interessante plaatsen als Port Adelaide.

De 'O-Bahn' van Adelaide

Koala's kijken in het Cleland Conservation Park

►► Adelaide Hills *125B4*

Greater Adelaide wordt in het westen begrensd door de stranden van de St. Vincentgolf en in het oosten door de ravijnen en steile hellingen van de Adelaide Hills. De *bush* wordt hier doorsneden door schilderachtige wegen en wandelpaden. U vindt er verschillende landschappen en enkele van de oudste nederzettingen van South Australia. Het bos is weer aangegroeid sinds de 'zwarte zondag' van 2 januari 1955, toen er dagenlang een felle bosbrand woedde. Naast vele wijngaarden vindt u er groentekwekerijen, boomgaarden en een aantal toeristische attracties, zoals de **Toy Factory**, die zich tooit met het grootste schommelpaard ter wereld, het **Cleland Wildlife Park**, op Mount Lofty, 20 km ten zuidoosten van Adelaide, het National Motor Museum in Birdwood (zie hieronder) en het schitterende **Warrawong Sanctuary** in Mylor.

►► Arkaroola *125D4*

Vroeger was Arkaroola een grote schapenfokkerij, maar het vakantieverblijf in de *Outback* met zijn wildreservaat wordt nu gebruikt als uitvalsbasis voor het verkennen van het noordelijke deel van de Flinders Ranges. De bergtoppen van het **Gammon Ranges National Park**►► schitteren het zonlicht door hun rijkdom aan kwarts, fluoriet en andere mineralen. Er zijn hete bronnen, een zoutmeer, sporen van aboriginalbewoning, een observatorium en een rijke flora en fauna.

►► Birdwood *125B4*

Het National Motor Museum is een goed excuus voor een rustig ritje van 50 km door de Adelaide Hills. Australië's grootste verzameling klassieke automobielen is ondergebracht in de natuurstenen Birdwood Mill uit 1852.

►► Burra *125B4*

De ontdekking van rijke koperertslagen in Kapunda en Burra, 155 km ten noorden van Adelaide, omstreeks 1840 redde de economie van South Australia. Mijnwerkers kwamen uit Schotland, Ierland, Wales en Cornwall naar Burra en creëerden de Monster Mine, met een lengte van 13 km en een dwarsdoorsnede van 6 km. U vindt er een machinegebouw uit Cornwall, een gevangenis en holen in de rivierbedding waarin ooit 2000 mijnwerkers woonden.

Duitse tegenvoeters
Met de *First Fleet* zeilde ook een aantal Duitsers mee; vele duizenden zijn er sindsdien bij gekomen. In de eerste helft van de 19de eeuw was South Australia de bestemming voor hele gemeenschappen uit Brandenburg en Silezië, die leden onder de religieuze onverdraagzaamheid van de Pruisische autoriteiten.
De eerste nederzettingen waren Klemzig, nu opgeslokt door Adelaide, Hahndorf en Lobethal, in de Adelaide Hills. Later vestigden zich Duitsers in de Barossa Valley, die oorspronkelijk Neuschlesien (Nieuw-Silezië) werd genoemd.

De helden van Holden
Australië werd al snel een van de landen met het grootste autobezit. Aan het begin van de jaren zestig had gemiddeld elk gezin een auto. De carrosseriefabriek van Edward Holden fuseerde in 1931 met General Motors en hield zich aanvankelijk bezig met de assemblage van Britse en Amerikaanse auto's. De eerste Holden, 'Australië's eigen auto', rolde in 1948 van de lopende band, de miljoenste in 1962. Met de komst van de goedkope Japanse auto's gingen de zaken voor Holden minder goed, maar het merk heeft zich de laatste jaren enigszins hersteld.

Bij Coober Pedy's Old Timer's-opaalmijn ziet u hoe de eerste opaaldelvers leefden

Wuivende Australiërs
Als u een Australische sportwedstrijd op de televisie volgt, zult u zich misschien afvragen waarom de toeschouwers altijd naar onzichtbare vrienden en bekenden lijken te wuiven. Ze groeten niet, maar wuiven de hardnekkige vliegen weg. Zoals de Nederlandse scheepskapitein Pelsaert in 1629 al opmerkte: 'We kregen zo veel vliegen in de mond en in de ogen dat we ze niet konden wegjagen.' De Australiërs vrijwaren zich voor deze plaagbeesten door horren voor de ramen en deuren van hun woningen te installeren en buiten met insectenverdelger te spuiten en zo nonchalant mogelijk met hun handen te wapperen (verwoed gewuif lijkt de vliegen alleen maar aan te moedigen). Niemand, maar dan ook niemand (behalve een paar onnozele toeristen) draagt een hoed met kurken eraan om de vliegen op afstand te houden.

►► Coober Pedy *124D3*

De opaalmijnbouw heeft een met aardhopen en gaten bezaaid landschap gecreëerd langs de Stuart Highway, 863 km ten noordwesten van Adelaide. De naam Coober Pedy is afgeleid van de aboriginaluitdrukking *kupa piti*: 'het hol van de blanken'. Sinds er in 1915 opalen werden ontdekt, hebben velen hier hun geluk gezocht. De opaaldelvers leefden onder de grond om te ontsnappen aan de enorme hitte bovengronds, waar het meer dan 40°C kon worden. Behalve comfortabele holen om in te wonen, vindt u in Coober Pedy ondergrondse winkels, restaurants, hotels en zelfs een paar kerken. Verschillende mijnen die in bedrijf zijn, kunnen worden bezocht.

► Eyre Peninsula *124B3*

De westelijke zijde van deze grote driehoek kijkt uit op de branding van de Grote Australische Golf, de oostelijke op het beschutte water van de Spencergolf. De noordzijde wordt gevormd door de onbewoonde Gawler Ranges, terwijl de zuidpunt niet ver van de zeehaven Port Lincoln ligt. De zandgronden van het schiereiland zijn goed voor tarwe en schapen, terwijl er in de diepere lagen ijzererts zit, die tot staal wordt verwerkt in Whyalla, de tweede stad van South Australia. De Eyre Highway loopt van Port Augusta aan de Spencergolf naar de grens met Western Australia. De reis naar het zuiden over de Lincoln Highway voert langs een schitterende kust met kliffen en zandstranden, afgewisseld met vissersdorpen en badplaatsen. Bij **Tumby Bay** komen zeehonden en dolfijnen voor, het Dangerous Reef bij **Port Lincoln►** herbergt zeeleeuwen en grote witte haaien. Het **Lincoln National Park►** in het zuiden staat bekend om zijn stranden en fraaie wegen; daar voorbij strekt een ongerepte kust zich naar het noordwesten uit, naar het afgelegen **Ceduna**, waar u van juni tot oktober walvissen kunt zien.

►► Fleurieu Peninsula *125B4*

Een glooiend landschap, aantrekkelijke wijngaarden en een kust met woeste kliffen en fraaie stranden vormen een prachtige vakantiebestemming pal naast Adelaide. Nog geen half uur rijden naar het zuiden ligt het wijndistrict van de **McLaren Vale►►**, met als centrum het door mooi heuvelland omgeven stadje McLaren Vale. Nog verder naar het zuiden, rond Willunga, worden amandelbomen gekweekt, die in juli uitbundig bloeien. De kust is bezaaid met zandstranden, waaronder het eerste officiële nudistenstrand van Australië, Maslins. De ruige punt van het schiereiland is Cape Jervis. De kust aan de overkant van de Backstairs Passage behoort toe aan Kangaroo Island, dat per veerboot bereikbaar is.

Als u om de kaap heen gaat, is het landschap al niet minder spectaculair, zeker niet in **Deep Creek Conservation Park►**, waar het land steil uit de oceaan oprijst. De aangename badplaats **Victor Harbor** (zie bladzijde 142) wordt bewaakt door de rotsformatie Rosetta Head. Hiervandaan puft de ouderwetse Cockle Train oostwaarts langs de stranden van Port Elliot naar het mooie stadje **Goolwa**, vlak bij de monding van de Murray River (zie bladzijde 139). Aan de geschiedenis van deze rivier wordt aandacht besteed in het informatiecentrum op Signal Point (zie bladzijde 138).

▶▶▶ Flinders Ranges *125C4*

Dit gebergte ligt ten noordoosten van Port Augusta. Het gesteente waaruit het bestaat, behoort tot de oudste ter wereld. Het gebergte is niet erg hoog en dankt zijn populariteit aan de schitterende gekleurde ertsen, de dramatische vormen, de fascinerende planten- en dierenwereld en het ongelooflijk felle zonlicht dat alles een enorme intensiteit verleent. Een van de toegangspoorten tot het gebergte is het stadje Quorn, het eindpunt van de **Pichi Richi Steam Railway▶**. De weg naar Hawker voert voorbij Quorn, dat ooit een belangrijk spoorlijnknooppunt was, maar dat nu een klein plaatsje is met niet meer dan 1500 inwoners. De weg loopt vlak langs de rond 1850 gebouwde en sinds lange tijd verlaten **Kanyaka Homestead** en langs de **Yourambulla Caves** met rotsschilderingen van aborigines.

Een van de grootste geologische curiositeiten van het land, het natuurlijke bolwerk **Wilpena Pound▶▶▶**, bereikt u via een afslag bij Hawker. De Pound is een grote ovale kom van 20 km lang en 8 km breed, afgeschermd van de buitenwereld door bijna loodrechte, 1000 m hoge rotswanden. De vlakke bodem van de kom is weelderig begroeid met onder meer suikergombomen en in de lente met wilde bloemen. Zoals het een fort betaamt, heeft de Pound maar één ingang, een bergengte die is uitgesleten door de Wilpena Creek. Bij het toeristenbureau bij deze ingang kunt u kiezen uit een aantal wandelpaden van uiteenlopende moeilijkheidsgraad. Wie fit genoeg is om 20 km te lopen en een steile klim van 500 m te maken, zou de wandeling door de Pound naar het hoogste punt ervan, St. Mary's Peak, moeten overwegen. De beloning is een verbluffend uitzicht; ook het blinkendwitte oppervlak van het zoute Lake Torrens is te zien.

Voorbij Wilpena ligt de hoofdmoot van het Flinders Ranges National Park – alleen bereikbaar via onverharde wegen. Er komen veel vogelsoorten voor, twee kangoeroesoorten en de zeldzame geelvoetrotswallaby.

Versteende reptielen

De rotswanden van de Wilpena Pound worden door de aborigines beschouwd als de versteende vormen van de dierlijke voorouders die aan de totstandkoming ervan hebben bijgedragen. Twee reuzenslangen lagen hier te wachten op hen die samenkwamen om de allereerste inwijdingsceremonie te vieren: een jonge man zou worden besneden en op die manier worden binnengeleid in de wereld van de volwassenen. De slangen vraten iedereen op, behalve Wala de wilde kalkoen, Yulu de ijsvogel en de jonge man zelf, die wisten te ontsnappen en nieuwe stammen stichtten. Toen ze doodgingen, vormden de slangen met hun lijven een cirkel om de Pound voor altijd in te sluiten.

Het typisch droge en onherbergzame landschap van de Flinders Ranges

Maak eens een tochtje op de brede Murray River...

Hans Heysen
Hans Heysen kwam in 1884 op zevenjarige leeftijd naar South Australia. Hij is een van de bekendste schilders van het Australische landschap, waarvan hij de natuurlijke aspecten, in het bijzonder de bomen en het spel van het licht, nauwgezet bestudeerde. Zijn betoverende doeken sieren menig Australisch museum en hangen ook in zijn woonhuis in Hahndorf, The Cedars (en het aangrenzende atelier), waar hij van 1912 tot zijn dood in 1968 woonde. Heysens naam leeft voort in het langeafstandswandelpad van het Fleurieu Peninsula naar de Flinder Ranges en in een deel van de bergketen zelf.

Australische zeehonden
Van de drie soorten zeehonden die in de Australische wateren voorkomen, leven er twee in de buurt van Kangaroo Island: de Nieuw-Zeelandse pelsrob en de Australische zeeleeuw. De eerste was vanwege de jacht die er op werd gemaakt bijna uitgestorven. Sinds de pelsrobben een beschermde diersoort zijn, neemt hun aantal weer toe.

► Goolwa — 125B4

Deze kleine rivierhaven aan de delta van de machtige Murray River is het beginstation van twee reizen door de tijd: de Cockle Train, een oude stoomtrein die langs de kust rijdt, en de raderstoomboot *Mundoo*, die stroomopwaarts vaart. Het **Signal Point Interpretive Centre►** besteedt aandacht aan de Murray River toen en nu.

► Hahndorf — 125B4

De op één na oudste Duitse nederzetting (1839) in South Australia ligt in de Adelaide Hills, vlak bij de South Eastern Freeway. De Duitse traditie leeft er voort in de architectuur en de cafés waar typisch Duitse gerechten worden geserveerd. Andere bezienswaardigheden zijn de prachtige kunstwerken in de Hahndorf Academy, een antieke klokkenmuseum en The Cedars (zie hiernaast).

►►► Kangaroo Island — 125B4

Dit is het op twee na grootste eiland van Australië, een paradijs voor natuurliefhebbers met wilde kustlandschappen en een bijzonder rijke dierenwereld. Het eiland wordt van Fleurieu Peninsula gescheiden door de diepe zee-engte die bekend staat als de Backstairs Passage en heeft zijn naam te danken aan Matthew Flinders: toen de *Investigator* hier in 1802 langsvoer, wisten zijn bemanningsleden een paar exemplaren te bemachtigen van een ondersoort van de grijze kangoeroe, die er nog steeds in groten getale voorkomt.
De meeste bezoekers komen met de veerboot van het vasteland aan in de kleine vissershaven Penneshaw op het Dudley Peninsula, aan de oostelijke kant van het eiland. Dwergpinguïns doen Christmas Cove aan, even ten westen van de haven. In Kingscote, aan Nepean Bay, staat de Hope Cottage uit 1859, het oudste gebouw van het eiland. Een verharde hoofdstraat leidt langs het vliegveld naar het binnenland. De unieke bezienswaardigheden van het eiland liggen echter aan de zuidkust.
Seal Bay Conservation Park►► is de thuishaven van een van de grootste zeeleeuwenkolonies van het land. De talloze bezoekers laten de dieren schijnbaar volkomen koud. Meer naar het westen ligt de spectaculaire ondergrondse wereld van de **Kelly Hill Caves**, die werden ontdekt door een paard met die naam dat voorgoed in de

onbekende diepten verdween. De krachtige stromingen rond Cape du Couedic bij de zuidwestelijke punt van het eiland zijn erg in trek bij de Nieuw-Zeelandse pelsrob. Bij de kaap zelf staat de ontzagwekkende Admirals Arch, een natuurlijke brug die is uitgesleten in de kalkstenen kliffen. Ten oosten ervan liggen de zogenoemde **Remarkable Rocks▶▶**, grote granieten rotsblokken met uiterst bizarre vormen.

Flinders Chase National Park▶▶, in het westen, laat zien hoe het grootste deel van het eiland er ooit uitzag: een wildernis van lage eucalyptussen en struikgewas. Bij het hoofdkwartier van het park, aan de Rocky River, komen kangoeroes, wallabies en emoes waarschijnlijk om uw boterhammen bedelen. In de bomen ziet u koala's en vogelbekdieren vertonen zich soms voor de geduldige natuurliefhebber. De noordwestelijke punt van het eiland wordt gemarkeerd door de eenzame vuurtoren op Cape Borda. Het oosten is toegankelijk via een hobbelige weg. Hier strekt zich een spectaculaire kust uit, met kliffen van soms wel 200 m hoog en hier en daar een zandstrand.

▶ Mount Gambier *125A5*

De belangrijkste stad in het zuidoosten van South Australia ligt op een locatie met een turbulent vulkanisch verleden. Hieraan herinneren de kegelbergen en kraters, waarvan er één, gevuld met water, in het centrum van de stad ligt. Het Blue Lake, even buiten de stad, verandert mysterieus van kleur al naar gelang het seizoen.

▶ Murray River *125B5*

De trage Murray meandert in de buurt van Renmark South Australia binnen. Van hier tot Lake Alexandrina, waar de rivier de zee ontmoet, is de Murray een mekka voor liefhebbers van een vakantie aan het water. Vooral *houseboats* zijn populair; ze zijn te huur in Renmark, Berri, Loxton, Murray Bridge en verschillende andere plaatsen.

Langs de machtige Murray
Grootschalige irrigatieprojecten hebben het gebied langs de Murray River in één grote boom- en wijngaard veranderd, waar sinaasappels, appels, peren en zo'n 40 procent van de druivenoogst van South Australia vandaan komen. Loxton Historical Village geeft een indruk van het zware leven in de beginperiode van de kolonie. Veel plaatsen langs de rivier hebben iets ontroerends nu de hoogtijdagen van de handel op de rivier voorbij zijn. De sfeer van vroeger wordt ook opgeroepen in het Old Tailem Bend Pioneer Village. De raderstoomboot *Marion*, aangemeerd in Mannum, is omgebouwd tot een passagiersschip en drijvend museum.

...het is een ontspannende manier van reizen en u ziet een schitterend landschap aan u voorbijtrekken

De wijnindustrie

■ **Stekken van de wijnstok behoorden tot de eerste planten die met de *First Fleet* werden geïmporteerd. Hoewel de eerste pogingen om een Australische wijn te produceren geen succes waren, geniet Australische wijn tegenwoordig een uitstekende reputatie, zowel in eigen land als daarbuiten.** ■

Goudgeel vocht in ijskoude kokertjes
Ondanks de toegenomen wijnconsumptie blijven de Australiërs zeer trouwe bierdrinkers. Een eeuw geleden waren de meeste bieren bovengistend, naar het voorbeeld van de Britse *ales* en *stouts*, maar ze werden verdrongen door bier met ondergisting van het type *lager*. Deze ondergistingsbieren pasten beter bij het plaatselijke klimaat en werden het eerst door Duitsers gebrouwen, maar ook door de gebroeders Foster, die hun naam gaven aan het bekendste bier van het land.

In het begin schijnen de kolonisten het liefst rum te hebben gedronken. Later werd het uitstekende Australische bier hoog gewaardeerd, maar de wijnen van het land werden door buitenlanders lange tijd afgedaan als broddelwerk. Sinds de jaren zestig staan de zaken er echter anders voor als gevolg van de toegenomen welvaart en de drinkgewoonten van veel van de nieuwe immigranten in Australië. Gaat u hier maar eens naar een goede wijnhandelaar. U ontdekt een wereld van wijnen van eigen bodem, die erop wachten om te worden geproefd. Net als andere grote wijnproducenten, hoeft Australië niet echt wijn te importeren; de wijnexport zal in 2000 naar verwachting zelfs 1 miljard Australische dollars bedragen.

New South Wales In deze staat liggen de beste wijngaarden, in de befaamde Hunter Valley ten noorden van Sydney. Hier wordt al sinds 1830 wijn geproduceerd; onder de pakweg 60 wijnhuizen bevinden zich enkele van de beste van Australië. Ze liggen niet ver bij de stad vandaan. Kwaliteit is hier het sleutelwoord. Diep in het zuidoosten echter, in de vallei van de Murrumbidgee River, concentreren de wijnproducenten zich vooral op kwantiteit; hier worden dan ook de goedkope wijnen van Australië geproduceerd.

Een wijnhuis bij Nuriootpa in de Barossa Valley

Victoria **Victoria** telde vroeger evenveel wijngaarden als NSW en SA samen, maar de meeste werden in de 19de eeuw door druifluis vernietigd. De wijnstokken die nu worden gebruikt zijn van een Amerikaans ras dat resistent is tegen dit insect. De wijnen van Victoria zijn weer in opkomst. Er worden uitstekende wijnen geproduceerd in de **Yarra Valley** nabij Melbourne. Het Great Western-gebied is beroemd om zijn mousserende wijnen.

Western Australia Ook deze staat heeft oude wijngaarden, in de Swan Valley. Ze gaan terug tot de beginjaren van de kolonisatie. De wijnen afkomstig uit de streek rond de **Margaret River** zijn misschien wel de meest veelbelovende nieuwe wijnen van Australië.

Tasmanië Aangezien Tasmanië dichter bij de zuidpool ligt, moeten de druiven er in een koel klimaat over een langere periode rijpen. Het aantal wijngaarden waar kwaliteitswijnen worden geproduceerd (vooral rond Hobart en Launceston) neemt hier nog steeds toe.

South Australia Dit gebied neemt zo'n tweederde van de Australische wijnproductie voor zijn rekening. De meeste wijngaarden van de Adelaide Plains zijn verdwenen en de druiven die langs de Murray worden geteeld, zijn bestemd voor goedkope wijn, maar andere districten produceren kwaliteitswijnen. **Coonawarra**, in het zuidoosten, levert heerlijke rode wijnen dankzij een smalle strook vulkanische grond. Van de nieuwe regio's met een koel klimaat zijn de **Adelaide Hills** het succesvolst. De uitstekende wijn die in de **McLaren Vale-regio** wordt gemaakt, is erg in trek en de wijn uit de koelere **Clare Valley** is heerlijk, maar de beste wijnstreek van deze staat is nog altijd de **Barossa Valley**, ten noorden van Adelaide. De goede grond, de zon en de regenval staan garant voor een uitstekend product.

Wijn proeven Australische wijnproducenten ontvangen graag bezoekers. Er één uitkiezen kan wel eens moeilijk zijn, maar de goede naam van een wijnboer is allicht een aanknopingspunt.

Het Rum-oproer
In de beginperiode van New South Wales schijnt de kolonie zich staande te hebben gehouden dankzij een oceaan van Bengaalse rum. Bij gebrek aan munten kreeg rum de functie van betaalmiddel. De verkoop was in handen van de officieren van het New South Wales Corps. In plaats van hun tijd aan militaire zaken te wijden, verrijkten deze heren zich op alle mogelijke manieren. Ze kwamen pas in actie toen hun monopolie op de rum werd bedreigd door gouverneur Bligh. Hun mars naar het Government House op 26 januari 1808 en de arrestatie van de gouverneur wordt wel geringschattend het 'Rum-oproer' genoemd (zie ook bladzijde 242).

Petrel Cove bij Victor Harbor

Een vreemde ontmoeting
Tweehonderd jaar geleden streden Engeland en Frankrijk om de heerschappij in het Pacifisch gebied; Australië was een van de beoogde kolonies. Begin 19de eeuw verkende een expeditie onder leiding van Nicolas Baudin uitgebreid de zuidkust van Australië en Tasmanië, een hele reeks Franse namen achterlatend, zoals bij Freycinet Peninsula op Tasmanië. Op 8 april 1802 werd Baudins schip de *Geographe*, dat vanuit het westen langs de kust van South Australia voer, gesignaleerd door Matthew Flinders, die bezig was het hele continent rond te varen. Flinders liet zich uiteindelijk overtuigen van de vreedzame bedoelingen van de Fransen en ging aan boord van hun schip. Aan deze ontmoeting van de twee grote zeevaarders herinnert de naam die is gegeven aan het brede water waar zij elkaar troffen: Encounter Bay.

▶ Naracoorte *125A5*

Deze zuidoostelijke stad zingt de lof van zijn welvarende, pastorale omgeving in het uitstekende Sheep's Backwolmuseum, maar is beroemder om de op de Werelderfgoedlijst opgenomen **Naracoorte Caves▶**. Slechts enkele van de ongeveer 60 bekende grotten zijn toegankelijk. Rondleidingen zijn er in Blanche Cave en Alexandra Cave. In 1969 werden in Victoria Cave de beenderen van tot dan toe onbekende buideldieren – gigantische kangoeroes en wombats – gevonden. Bool Lagoon, meer naar het zuiden, vormt een belangrijk *wetland* waar vele duizenden watervogels en andere dieren op af komen.

▶ Strathalbyn *125B4*

De statige openbare gebouwen in Strathalbyn op het Fleurieu Peninsula hebben iets Schots, net als de keurige parken op de oevers van de Angas River. Het verleden van de stad is netjes bijeengebracht en wordt door de National Trust gepresenteerd in twee gebouwen: het politiebureau uit 1858 en het gerechtsgebouw uit 1867.

▶ Victor Harbor *125B4*

Victor Harbor ligt schitterend aan Encounter Bay en wordt tegen de oceaan beschermd door zowel Rosetta Head *('The Bluff')* als Granite Island. Dit eiland is bereikbaar via een paardentram over een verhoogde weg. De dwergpinguïnkolonie van het eiland laat zich meestal 's avonds zien. In de winter komen er veel toeristen om naar de walvissen te kijken.

▶ Yorke Peninsula *125B4*

Dit 240 km lange schiereiland wordt begrensd door de Spencergolf in het westen en de St. Vincentgolf in het oosten. De inwoners van South Australia komen hier voor vakanties die in het teken staan van vissen en varen. De kust is bezaaid met haventjes en aanlegplaatsen. Dichter naar de punt van het schiereiland toe wordt de kust woester, maar ook daar liggen nog prachtige stranden die gelegenheid bieden tot zwemmen, surfen en duiken.

Tracks

■ De 600.000 km² *Outback* van South Australia omvat enkele van de meest onherbergzame oorden op aarde. De afstanden zijn enorm, het water is schaars en de zomertemperaturen bijna ondraaglijk. Menselijke aanwezigheid beperkt zich tot een paar veebedrijven zo groot als kleine Europese staten en 'steden' niet groter dan gehuchten. Toch kent de *Outback* een eigen fascinatie. De dorre schoonheid verandert op miraculeuze wijze zodra er regen valt: zoutmeren vullen zich met water en wilde bloemen bedekken het land. ■

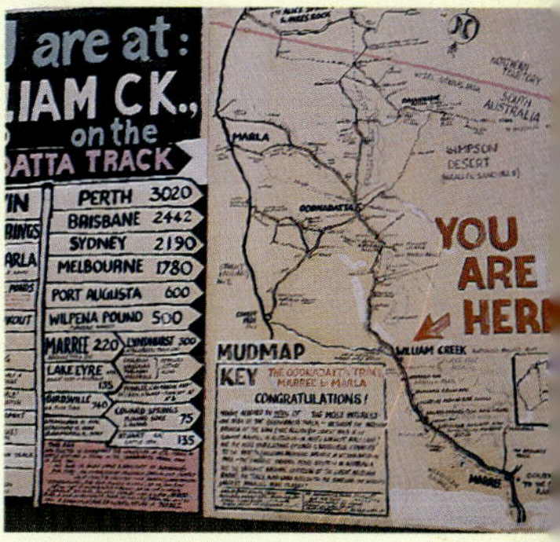

De nederzettingen in de enorme uitgestrektheid van de *Outback* van Southern Australia worden door een klein aantal wegen met elkaar verbonden. Sommige zijn verhard, andere worden aangeduid als *tracks*: hobbelige, onverharde wegen voor de meer avontuurlijke reizigers.

Oodnadatta Track Deze weg maakt deel uit van een route die ten noorden van Adelaide begint en in Alice Springs eindigt. De weg begint in Marree, ten zuiden van Lake Eyre, en volgt het spoor van de verkenner John McDouall Stuart, de Overland Telegraph en de oorspronkelijke Ghan-spoorlijn. Voordat de spoorlijn naar Alice Springs was voltooid, was Oodnadatta het eindpunt en werden goederen verder vervoerd met kamelen. Het oude station staat er nog en is nu een museum.

Strzelecki Track Deze weg is vernoemd naar de Poolse verkenner graaf Paul Strzelecki en loopt in noordoostelijke richting van Lyndhurst naar de grens van Queensland. De weg volgt de route die kapitein Starlight in 1871 gebruikte om gestolen vee naar de zuidelijke markten te drijven en scheert langs de noordelijke Flinders Ranges om de Strzelecki Desert over te steken en te eindigen in Innamincka, waar de ontdekkingsreizigers Burke en Wills omkwamen.

Birdsville Track Ook deze weg was een veeroute, gebruikt door veedrijvers die misschien iets meer respect voor de wet hadden dan kapitein Starlight, maar niet minder onverschrokken waren. Net als de Oodnadatta Track begint deze weg in Marree; hij eindigt zo'n 520 km verderop in Birdsville in Queensland.

Boven: kaart bij William Creek langs de Oodnadatta Track

De bezienswaardigheden van de Birdsville Track
Langs deze *track* liggen warmwaterbronnen, verlaten boerderijen, zandheuvels van 9 m hoog en de door de wind gepolijste kiezelstenen van de Sturt Stony Desert, die zich tot de horizon uitstrekt. De oude grenspost Birdsville met zijn beroemde café komt elk jaar tot leven wanneer de paardenrennen plaatsvinden, een evenement dat meer dan 50.000 lege bierblikjes oplevert.

RONDRIT BAROSSA VALLEY

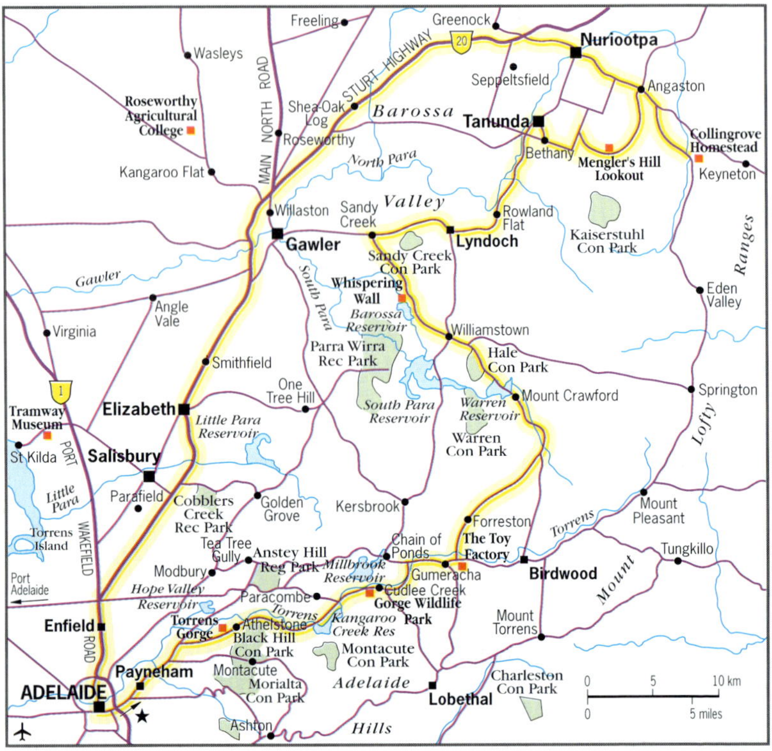

Rondrit Barossa Valley

Deze route naar het wereldberoemde wijngebied Barossa Valley voert door de gevarieerde landelijke omgeving van de noordelijke Adelaide Hills.

Als u de Payneham Road in Adelaide en dan de Gorge Road volgt, komt u uiteindelijk via een rotsachtige doorgang uit in het fruitteeltgebied rond **Gumeracha**.
Onder de vele stuwmeren die het overvloedige regenwater in deze hooglanden opvangen, is het **Barossa Reservoir** een populaire stopplaats vanwege de merkwaardige geluidseffecten die door de *'Whispering Wall'* worden voortgebracht. Het stadje Lyndoch is de poort naar de Barossa Valley, terwijl **Tanunda**, met zijn leerzame Barossa Wine and Visitor Centre, het culturele centrum is van het gebied waar zich vroeger de meeste Duitse kolonisten vestigden. U vindt hier tal van uitnodigende wijnhuizen. **Bethany** (1842) ligt onder Mengler's Hill Lookout, vanwaar u een prachtig uitzicht hebt over het fraaie geordende landschap. Maak een omweg naar de **Collingrove Homestead** (rond 1850) in Angaston, die nu door de National Trust wordt beheerd, maar eens het centrum was van het landgoed van de familie Angas, pioniers van South Australia. De route terug naar Adelaide voert door **Nuriootpa**, het commerciële hart van Barossa Valley, door het welvarende agrarische centrum **Gawler** en door de satellietstad **Elizabeth**.

MCLAREN VALE EN FLEURIEU PENINSULA

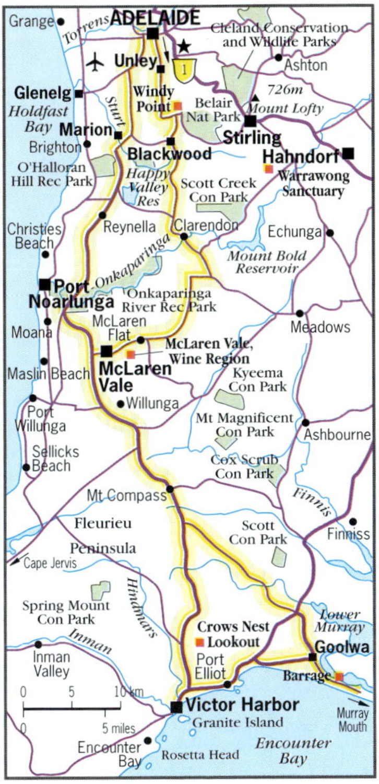

De banksia trekt vogels aan

Rondrit McLaren Vale en Fleurieu Peninsula

Deze rit voert door het heuvelland van de McLaren Vale-wijnstreek en over de glooiende landbouwgronden van het Fleurieu Peninsula naar de monding van de Murray en het fraai gelegen Victor Harbor.

De Unley Road vanuit Adelaide bereikt al snel de omliggende heuvels en klimt naar het **Windy Point Lookout**, dat een fraai uitzicht biedt op de stad en zijn uitgestrekte voorsteden. In deze heuvels wonen vooral welgestelde forensen, maar de buitenwijken maken al snel plaats voor landbouwgrond en bos en voor de wijngaarden rond **McLaren Flat** en **McLaren Vale**. Over een fraaie *highway* door de brede 'taille' van het **Fleurieu Peninsula** rijdt u in korte tijd naar het plaatsje Goolwa aan de kust. Hier vertelt het uitstekende **Signal Point Interpretive Centre** u alles wat u maar wilt weten over de langste rivier van Australië, de Murray, waarvan het water door het vogelrijke stuwmeer ten oosten van de stad stroomt. U kunt hier een boottocht maken naar de monding van de Murray en de Coorong.
Een korte tocht langs de kust van Encounter Bay brengt u bij het druk bezochte Victor Harbor, dat via een verhoogde weg door zee is verbonden met Granite Island. Het uitzicht over de stad en de oceaan is de beklimming van **The Bluff** (100 m), even ten westen van de stad, zeker waard. Het resterende stuk van deze 200 km lange route is de rechtstreekse weg terug naar Adelaide.

De Swan River dankt zijn naam aan de zwarte zwanen

WESTERN AUSTRALIA

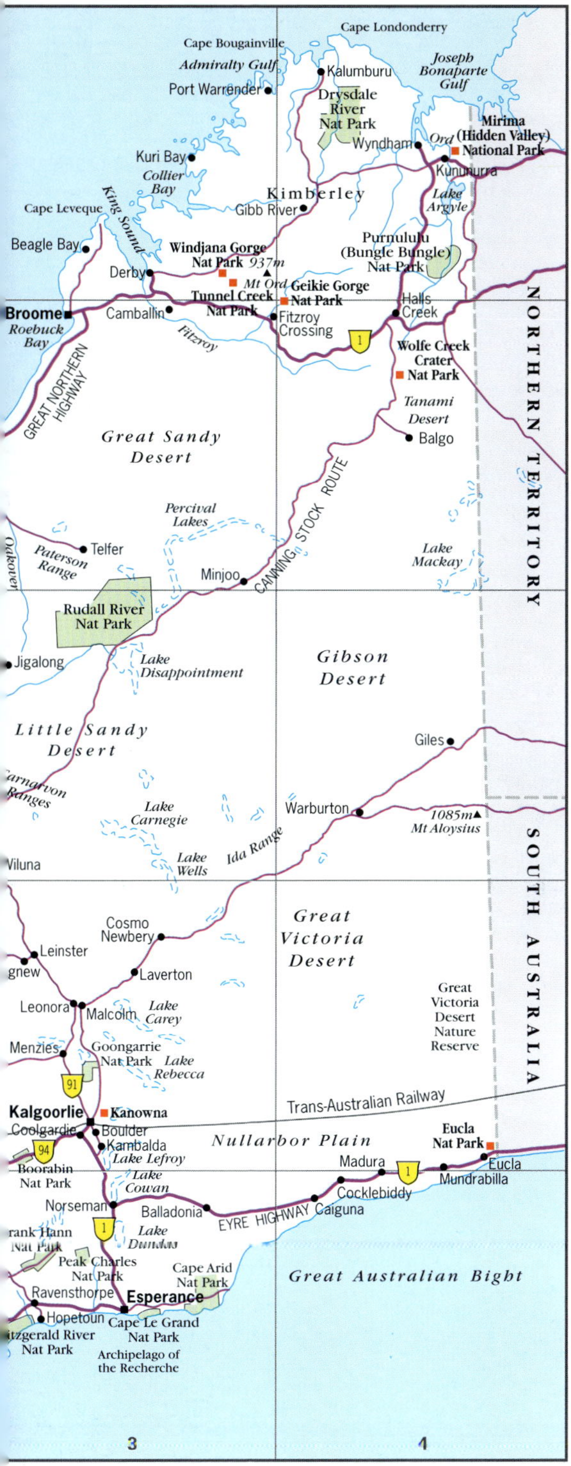

147

HOOGTEPUNTEN

ALBANY *zie bladzijde 159*

FREMANTLE *zie bladzijde 163*

KALGOORLIE-BOULDER *zie bladzijde 165*

THE KIMBERLEY *zie bladzijde 173*

KINGS PARK, PERTH *zie bladzijde 152*

MARGARET RIVER *zie bladzijde 168*

PEMBERTON *zie bladzijde 171*

THE PINNACLES (NAMBUNG NATIONAL PARK) *zie bladzijde 172*

SHARK BAY MARINE PARK (EN MONKEY MIA) *zie bladzijde 168 en 174*

WESTERN AUSTRALIAN MUSEUM, PERTH *zie bladzijde 153*

Karribos in het Warren National Park, ten zuidwesten van Pemberton

Op het hoogste punt van de staat
De Stirling Range is de hoogste bergketen in Zuidwest-Australië. De hellingen zijn in de lente (van september tot oktober) bedekt met wilde bloemen. Het gebied kent talloze wandelpaden, maar vergeet niet uw regenkleding mee te nemen, want een plotselinge stortbui is hier niets ongewoons.

Het tropische noorden
In sommige delen van de Kimberley valt de moessonregen. Rivieren waarvan in de droge periode nog maar een paar plassen zijn overgebleven, stromen in een mum van tijd over en zetten de omringende vlakten onder water. Bepaalde natuurgebieden in het hoge noorden zijn biologisch dermate waardevol dat zij (ondanks hun status van nationaal park) niet voor het publiek toegankelijk zijn.

Western Australia Fans van deze grootste staat van Australië (2,5 miljoen km^2) halen graag de kaart te voorschijn om te zien hoeveel van Europa of de Verenigde Staten binnen de grenzen zou passen. Western Australia is zonder twijfel immens. De staat is ook erg leeg, hij bestaat voor een groot deel uit variaties op het thema woestijn: verschillende soorten lege ruimten strekken zich uit van de stranden in het uiterste noordwesten tot de kliffen van de Nullarbor. Isolement is een andere factor. Perth wordt algemeen beschouwd als de meest afgelegen stad op aarde. De dichtstbijzijnde buurstad, Adelaide, ligt op een afstand van 2700 km, Sydney ligt er 4200 km vandaan. Niettemin is Western Australia een fantastische vakantiebestemming.

Het vriendelijke en zonnige **Perth** is na Sydney de favoriete stad van elke Australiër. Tot voor kort was dit de plaats waar mensen elders uit Australië naar toe trokken op zoek naar het goede leven voor een betaalbare prijs. Deze populariteit is onder meer te danken aan de ligging van Perth aan de prachtige Swan River, een stukje landinwaarts vanaf **Fremantle**, de haven van de stad en tevens een van de sfeervolste historische plaatsen van het land.

De agglomeratie van Perth domineert de kustvlakte die zich uitstrekt ten westen van de **Darling Range**, Western Australia's bescheiden equivalent van de Great Dividing Range. Deze streek, met zijn mediterrane klimaat, zijn spectaculaire kust, zijn fraaie bossen en het leeuwendeel van de vruchtbare landbouwgrond, heeft de hoogste bevolkingsdichtheid van Western Australia. Landinwaarts strekt zich de **Wheat Belt** uit, waar de graanoogst afhankelijk is van de wisselende regenval. Dit gebied gaat langzaam over in regionen met armzaliger begroeiing die de woestijn aankondigen. Verspreid langs de rand van de woestijn liggen verschillende goudzoekersplaatsen, waarvan sommige ter ziele zijn gegaan, terwijl andere, zoals **Kalgoorlie-Boulder**, nog altijd springlevend zijn.

In de rest van de staat zijn de mensen dun gezaaid. De oude parelvissershaven **Broome** is momenteel een populair toeristencentrum. **Port Hedland** vaart wel bij de winning van grote hoeveelheden ijzererts in de Pilbara. In dit achterland liggen nieuwe nederzettingen van geprefabriceerde gebouwen, die haastig zijn opgezet om de mijnwerkers beschutting te verschaffen tegen de extreem hoge temperaturen.

De meeste bezoekers zullen echter vooral willen kennismaken met de grandeur van de natuurlandschappen in Western Australia. Sinds de *highways* naar het noorden en het noordwesten van de staat verhard zijn, kan men gebieden verkennen die vroeger min of meer als rimboe werden beschouwd. Meer nog dan de ruige en uitgestrekte **Hamersley Range** in de Pilbara trekt de verafgelegen tropische **Kimberley** toeristen aan. Dit gebied is rijk aan wonderlijke natuurverschijnselen.

Geschiedenis Nieuw-Holland was de naam die de westelijke rand van het onbekende continent in het begin van de 17de eeuw kreeg van Nederlandse Oost-Indiëvaarders. Zij plachten voor de Australische kust langs naar Java te varen. Soms zeilden ze te ver; de Europese kennismaking met Western Australia begint als schepen zoals de *Zeewijk* en de *Batavia* schipbreuk lijden op de riffen.

Ook de eerste Britse ervaringen waren niet erg gunstig. De verslagen van William Dampier uit 1688–1689 over het dorre noordwesten waren behoorlijk ontmoedigend. Vooral vanwege de (grotendeels denkbeeldige) Franse dreiging aan het begin van de 19de eeuw besloten de Britten echter om het westen van het continent aan hun rijk toe te voegen. De havenplaats Albany, aan de zuidkust, werd in 1826 gesticht, en in 1829 stichtten luitenant-gouverneur Stirling en zijn groep van vrije kolonisten de Swan River-kolonie op de plaats waar nu Perth ligt. De economie ontwikkelde zich niet zo voorspoedig, maar de kolonie werd halverwege de 19de eeuw gered door een grote toestroom van arbeidskracht van veroordeelden en later door de exploitatie van de Eastern Goldfields, waar de stad Kalgoorlie-Boulder nog steeds op drijft.

Aan het begin van de 20ste eeuw werd Western Australia overgehaald tot aansluiting bij de Federatie met de belofte dat de staat met de rest van het land zou worden verbonden door de aanleg van de Transcontinental Railway. Zelfs nog in de jaren dertig bleek uit een referendum echter dat de meerderheid voor afscheiding was. Ondanks slecht financieel beleid van politici en keiharde projectontwikkelaars als Alan Bond, die wegens zijn praktijken een gevangenisstraf uitzit, lijkt de huidige economische positie van het westen vrij stevig te zijn.

Een heel ander land
Ondanks de moderne vervoermiddelen en de goede communicatiefaciliteiten is Western Australia toch echt een heel ander land. Naar de plaatsen ten oosten van de grens met South Australia – of het nu om Adelaide, Melbourne of Sydney gaat – wordt vaak verwezen met de term *Eastern States*, en West-Australiërs gaan eerder naar Bali dan naar het Great Barrier Reef om vakantie te vieren.

Het Stirling Range National Park in het zuidwesten, in de buurt van Albany

Buitenwijken
De buitenwijken aan het water, waar u langs komt als u de veerboot neemt naar South Perth (zie rechterkolom bladzijde 151), zouden u ertoe kunnen verleiden uw huis te verkopen en onverwijld hierheen te verhuizen. Hier, vlak bij de jachthaven, verkiezen de miljonairs van het 'Gouden Westen' te wonen.

Perth

Net als Sydney is Perth een geslaagde synthese tussen fraaie architectuur en een prachtige natuurlijke omgeving. Vanuit **Kings Park** ontvouwt zich naar het oosten een groots panorama: links de kantoorflats van het stadscentrum die schitteren in het altijd heldere zonlicht, rechts het uitgestrekte, druk bevaren Perth Water.

De stad lijkt de meeste ingrediënten van het goede leven wel voorhanden te hebben: een Californisch klimaat, dat niet wordt bedorven door smog, aantrekkelijke woningen in elke prijsklasse in de voorsteden, variërend van aangenaam tot uiterst luxueus, en allerlei recreatiegebieden, van de weidse Swan River en de fraaie stranden tot het weelderige parklandschap dat de ongerepte natuur bijna tot in het hart van de stad brengt.

Het grote Kings Park in het centrum van Perth is de ideale plaats om te ontspannen en de bezienswaardigheden even te laten voor wat ze zijn

Stad des overvloeds Perth stond bekend als een saaie stad, maar is dat nu absoluut niet meer. De **Concert Hall** en het **Entertainment Centre** zijn belangrijke nieuwe bijdragen aan het culturele leven in de stad. Ze vormen een groot contrast met het historische, gerestaureerde **His Majesty's Theatre**. Een ander modern oriëntatiepunt is de witte toren van het **Burswood Casino**, het grootste casino van het zuidelijk halfrond. De Art Gallery en de State Library vormen samen met de gebouwen van enkele andere culturele instellingen een nieuw brandpunt. Het stadscentrum is compact. Een netwerk van futuristische wandelwegen en straten verbindt winkelgalerijen, bus- en treinstations, voetgangersgebieden en pleinen. Er zijn misschien weinig echt spectaculaire bezienswaardigheden, maar al wandelend zult u veel bekoorlijkheden kunnen ontdekken.

Perth en de rivier
Het echte Perth is een synthese van de stad en de rivier. Dit wordt niet alleen duidelijk in Kings Park, maar ook vanaf de rivier zelf. Neem in ieder geval de veerboot naar South Perth (en terug), maar het uitzicht is nog beter als u de veerboot van Rottnest Island of Fremantle naar de stad neemt. Tijdens het laatste deel van deze tocht zult u uw ogen uitkijken bij de onvergetelijke aanblik van de hoge torenflats die zich boven de elegante én functionele Narrows Bridge verheffen.

Perth, hier gezien vanaf Kings Park, is een aantrekkelijke stad

Toeristische boottochtjes
U kunt met de veerboot van de pier bij Barrack Square in Perth naar South Perth, Fremantle en Rottnest Island. U kunt ook een boottocht stroomopwaarts maken en de vroeg-koloniale landschappen en wijnhuizen verderop langs de Swan River bezichtigen. Cruiseschepen doen af en toe nog Fremantle aan.

Zon, zee en zand
De stranden in de omgeving van Perth behoren tot de mooiste van Australië. Het witte zand en het heldere water van de Indische Oceaan bij Cottesloe, Scarborough, Swanbourne en veel andere stranden steken met kop en schouders uit boven het populairste strand van Sydney, Bondi Beach.

►► Art Gallery of Western Australia *150C3*

Perth Cultural Centre, James Street, Northbridge

Dit museum is gehuisvest in een ruim, nieuw gebouw en heeft een fraaie collectie overwegend Australische kunstwerken, inclusief een bejubelde verzameling aboriginalkunst. Tevens zijn er collecties van traditionele en eigentijdse kunstnijverheid, keramiek, textiel, sieraden, houtwerk en glas. Het museum toont zijn bezit ook buiten de deuren, in de vorm van beeldhouwkunst op het plein dat het stadscentrum met Northbridge verbindt. Er worden regelmatig gratis rondleidingen verzorgd.

► Aviation Museum *150A2*

Bull Creek

Australië's grootste verzameling historische vliegtuigen en luchtvaartmemorabilia vindt u in de voorstad Bull Creek. U vindt er gevechtstoestellen uit de Tweede Wereldoorlog, zoals de Avro Lancaster en de Supermarine Spitfire, maar ook de beroemde Dakota, die is ontworpen in de jaren dertig en nu nog steeds vliegt. Het museum bevat 28 vliegtuigen, motoren, schaalmodellen en foto's.

►► Kings Park *150C1*

Dit uitgestrekte park ligt aan de rand van het centrum. Vanaf de stichting van de kolonie in 1829 is het altijd de bedoeling geweest dat het gebied, dat bekend stond als Mount Eliza, onbebouwd terrein zou blijven. Ongeveer tweederde van het park is natuurgebied. Het is ook met de auto toegankelijk, via schilderachtige wegen. Fraser Avenue, met monumenten, gedenktekens en rijen citroengombomen, biedt een schitterend uitzicht op Perth en de Swan River, terwijl de **Botanic Garden** de enorm rijke flora van Western Australia toont.

► Perth Zoo *150A2*

Labouchere Road, South Perth

Een uitstekende reden om de veerboot naar South Perth te nemen is deze dierentuin, met een fraaie verzameling exotische dieren, maar ook inheemse, zoals emoes, koala's en kangoeroes, die u in het Australian Wildlife Park kunt bewonderen. De dierentuin staat bekend om het vele onderzoek dat er wordt gedaan en om het fokprogramma voor bedreigde diersoorten. Een van de bewoners van Western Australia, de kleine termietenetende numbat, staat nu op de lijst van beschermde diersoorten. De dierentuin ontwikkelt zich voortdurend. Tot de nieuwe attracties behoren Harmony Farm (waar milieuvriendelijke technieken worden gedemonstreerd voor een harmonieus leven op de planeet Aarde), de Alinta Reptile Encounter, een gebouw met nachtdieren en een reconstructie van de Afrikaanse savanne.

▶▶▶ Western Australian Museum *150C3*

Frances Street, Northbridge

Dit museumcomplex omvat een cluster van gebouwen die elk op hun eigen manier bijdragen aan de aantrekkelijke ambiance van het Cultural Centre van Perth. Een halve dag hier doorbrengen kan een echte verkenning van de natuur en cultuur van Western Australia uiteraard niet vervangen, maar komt een heel eind in de richting.

Het centrale gedeelte van het complex is het moderne Francis Street Building. Dit gebouw omvat de **Marine Gallery**, die wordt gedomineerd door het 24 m lange skelet van een blauwe vinvis, en de **Aboriginal Gallery**, die een sympathieke poging doet een compleet overzicht te geven van de kunst, de religie en de cultuur van de eerste Australiërs. Traditionele presentaties van zoogdieren en fossielen zijn te bezichtigen in het oude Beaufort Street Building, terwijl de interessante geschiedenis van de kolonisatie van het westen wordt opgeroepen in de **Old Gaol**, de oude gevangenis van Perth, die werd gebouwd rond 1850.

Fonkelende edelstenen
In Perth vindt u verschillende adressen waar edelstenen en halfedelstenen te koop zijn. U kunt er parels uit Broome kopen, opalen uit Coober Pedy en, zeker niet in de laatste plaats, roze diamanten uit de Argyle Diamond Mines.

De voorsteden
In de zuidelijke voorstad Canning Vale kunt u een rondleiding volgen in de Swan Brewery, aan de noordkust vindt u het aquarium Underwater World en Hillary's Boat Harbour in Sorrento. De historische haven Fremantle ligt stroomafwaarts. Een bezoek aan de Swan Valley-wijnhuizen verdient aanbeveling.

Het namaak-Tudor London Court uit 1937 verbindt de Hay Street Mall met St George's Terrace

Wandelen Het centrum van Perth

Zie de kaart op bladzijde 150.

Deze wandeling van 4 km voert langs de vele contrasten tussen oud en nieuw die Perth zo aantrekkelijk maken.

Ten noorden van het City Railway Station liggen de gebouwen en pleinen van het **Cultural Centre**, zoals het Western Australian Museum en de Art Gallery of Western Australia. Aan de winkelpromenade ten zuiden van het station staat het fraaie zandstenen **General Post Office** (1925). De kruising van de Hay Street Mall en Barrack Street wordt gemarkeerd door de toren van de **Town Hall**, met daarachter **St. George's Cathedral** en de **Deanery** (1859), die uitkijkt op **St. George's Terrace**.
Het **Government House** dateert van halverwege de 19de eeuw en wordt omringd door weelderige tuinen. De helling boven The Esplanade langs de Swan River biedt plaats aan de **Stirling Gardens**, in 1829 aangelegd als botanische tuin, en de **Supreme Court Gardens**, die op drooggelegd land liggen. Naast het Supreme Court zelf staat het oudste gebouw van de stad, het **Old Court House** (1837). De galerij in pseudo-Tudorstijl die bekend staat als het **London Court** verbindt St. George's Terrace met Hay Street Mall. Ondanks het gotische uiterlijk is nr. 139 van St. George's Terrace geen kerk, maar de op de lijst van de National Trust staande **Old Perth Boy's School**. Verder naar het westen staat **The Cloisters**, de eerste middelbare school uit 1858 (nu een kantorencomplex). U kunt hier uw wandeling beëindigen en per gratis City Area Transit-bus (CAT) langs de **Barracks Archway** naar het **Kings Park** gaan. Als u loopt, let dan op het **Parliament House** en bezoek het speelgoedmuseum **It's a Small World**.

Rondrit Het zuidwesten

Deze dagtocht vanuit Perth volgt de kust ten zuiden van Fremantle naar de zuidwestpunt van de staat, een gebied dat rijk is aan bloemen, bossen en wijngaarden.

Voorbij de drukbezochte plaats **Mandurah** voert de oude kustweg dicht langs de meren, moerassen en bossen van **Yalgorup National Park**. **Bunbury** heeft prachtige stranden. Tussen deze plaats en **Busselton** aan de Geographe Bay voert de *highway* langs de weinige *tuart trees* die de koloniale tijd hebben overleefd.
De ongeveer 120 km lange kust van het **Leeuwin-Naturaliste National Park** strekt zich uit van Cape Naturaliste in het noorden tot aan Augusta in het zuiden. De ruggengraat van het gebied wordt gevormd door een met kalksteen bedekte granieten bergkam. Erosie door water heeft honderden grotten doen ontstaan, waarvan sommige toegankelijk zijn. Rond het stadje Margaret River

liggen een stuk of twintig wijngaarden. Ten zuiden ervan ligt het **Boranup Forest** met zijn karribomen, dat u het beste kunt zien vanaf de bosweg en de **Boranup Lookout**. Bij de monding van de Margaret River hebt u uitzicht op het Prevelly Park aan de kust.
U kunt de tocht nog verlengen naar **Augusta** en **Cape Leeuwin**. De snelste manier om naar Perth terug te keren is via de South Western Highway voorbij Bunbury.

Rondrit

Rondrit Mundaring Weir

Deze korte excursie voert door de zeer bosrijke Darling Range.

Volg de de Great Eastern Highway richting Darling Range. Het **John Forrest National Park** is een recreatiegebied met rivieren, watervallen en een meer. De stuwdam en het stuwmeer van de **Mundaring Weir** liggen midden in een bosgebied. Keer terug naar Perth via de Lesmurdie Falls en Kalamunda.

RONDRITTEN PERTH

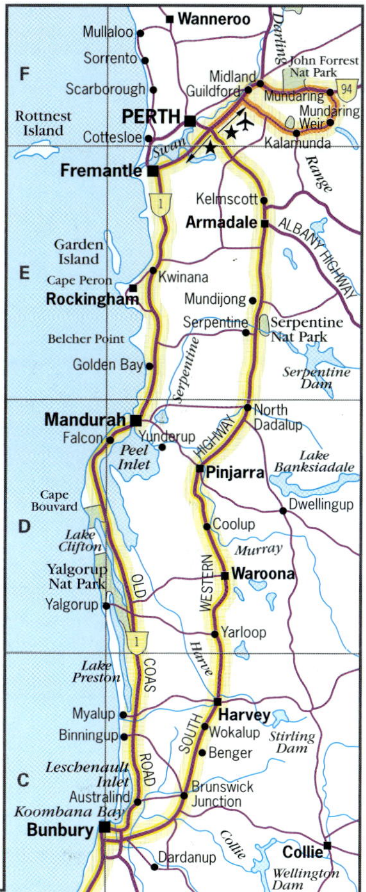

Het onwerkelijke landschap van The Pinnacles, 245 km ten noorden van Perth, ligt in Nambung National Park

Het immense Western Australia telt grote lappen eentonig landschap, maar u vindt er ook gedeelten die hun status als nationaal park zeker verdienen. Deze staat bevat slechts één van de elf als Werelderfgoed bestempelde plekken – de spectaculaire Shark Bay in het midden van de noordelijke kust.

Het zuidwesten Dit deel van Western Australia kent een redelijke hoeveelheid neerslag, die ten goede komt aan de groei van magnifieke bossen, met name karribossen. Deze woudreus is danig in aantal geslonken door de onverzadigbare honger naar hout in de 19de eeuw, maar de boom overleeft niettemin in verschillende nationale parken. In het zuidwesten zijn dat onder andere de Stirling Range en de Porongurup Range, het Boranup Forest in het Margaret River-gebied en het **Walpole-Nornalup National Park**, aan de kust rond de Nornalup Inlet.
Door de eroderende werking van de branding heeft de zuidwestkust een ruig aanzien gekregen, getuige de woeste kliffen en rotsformaties van het **Leeuwin-Naturaliste National Park**. Verder noordelijk langs de kust worden badplaatsen afgewisseld door lagunes en meren met een rijke fauna, zoals in het **Yalgorup National Park**. De achtergrond van de kustvlakte wordt gevormd door de steile hellingen van de Darling Range, waarvan de jarrabossen een aantrekkelijk recreatiegebied opleveren voor de inwoners van Perth. De jarra (een eucalyptus) is een van de karakteristieke bomen van het zuidwesten. Het 300 km lange gebergte is op veel plaatsen toegankelijk, van het **John Forrest National Park** ten oosten van Perth of **Lane Pool** aan de Murray River tot aan **Marrinup** en **Pinjarra**.
Een van de voorrechten van het leven in Perth is de nabijheid van ongerepte natuur. Slechts 35 km ten noordoosten van de stad ligt het **Walyunga National Park**, een woest gebied waar de Swan River en de Avon River diepe kloven in de Darling Range hebben uitgesleten. Ook vlak bij de stad, maar pal naar het noorden, ligt het **Yanchep National Park**, waar onder andere honingopossums, kan-

De Australische grasboom
De grasboom behoort tot de oudste Australische plantensoorten. Grasbomen werden vroeger *blackboys* genoemd, vanwege hun vermeende gelijkenis met een aborigine die met een speer zwaait, maar die benaming is officieel losgelaten. Er komt hars uit de dikke, zwart geblakerde stam, waarboven grasachtige bladeren en een spectaculaire halm (de 'speer') heen en weer wuiven. Grasbomen zijn voor hun groei afhankelijk van vuur en kunnen een maximale hoogte van 5 m bereiken.

goeroes en buideldassen voorkomen. Er is een meer en er zijn kalksteengrotten die kunnen worden verkend. Weinig bezienswaardigheden zijn zo boeiend als de kalkstenen zuilen in het Nambung National Park, **The Pinnacles**.

Het noordwesten De verscheidenheid aan landschappen is groot in het uitgestrekte noordwesten. De wonderlijkste vindt u waarschijnlijk langs de kust. Tussen de inhammen en schiereilanden van het Werelderfgoedgebied **Shark Bay Marine Park** ligt het unieke, verblindend witte Shell Beach, dat 60 km lang is en bestaat uit een 10 m dikke laag schelpen.

De North West Cape heeft twee belangwekkende parken. In het oosten liggen het dorre plateau en de diepe ravijnen van het **Cape Range National Park**, dat naar het westen via fossiele riffen en zandduinen afdaalt naar het 'andere' Barrier Reef van Australië, het **Ningaloo Marine Park**: 260 km koraalrif langs een ondiepe lagune.

De Pilbara is een spectaculair hoogland, dat zich van het getijdengebied en de mangrovemoerassen aan de kust landinwaarts uitstrekt. De trots van het gebied zijn de kleurrijke, 100 m diepe ravijnen van het **Karijini (Hamersley Range) National Park**. De Great Sandy Desert claimt ook een deel van de kust. Waar de Little Sandy Desert begint, diep in het binnenland, liggen de zoutmeren van het **Rudall River National Park**. Voor een bezoek aan dit park is wel een goede uitrusting vereist (neem contact op met een Western Australian-toeristenbureau voor informatie).

De Kimberley Tot de spectaculaire landformaties voorbij de woestijn behoren **Geikie Gorge**, **Windjana Gorge**, de op één na grootste meteorietkrater ter wereld bij **Wolfe Creek** en de bijenkorfachtige rotsen van de **Bungle Bungles**.

De opossum – een van de vele dieren van Western Australia

Een zeldzame vogel
In 1894 was de Windjana Gorge in de Kimberley het toneel van een vuurgevecht tussen de zwaarbewapende politie en een groep aborigines onder aanvoering van Jundumurra, bij zijn tegenstanders bekend onder de naam Pigeon ('duif'). Pigeon was een goede ruiter en spoorzoeker en werd gedwongen om vóór de politie, maar tegen zijn eigen mensen te werken. Uiteindelijk kwam hij in verzet, schoot een agent neer, bevrijdde gevangenen en ontketende een enkele jaren durende guerrilla. Ten slotte werd hij opgespoord en op 1 april 1897 bij Tunnel Creek gedood.

De zachte silica- en zandsteenformaties van de Bungle Bungles kan men het beste bezoeken van april tot oktober

U kunt het Kalbarri National Park ook per helikopter verkennen

Vervoer over de Eyre
De 1680 km van de Eyre Highway tussen Adelaide en Perth vormt een minder groot obstakel dan u wellicht zult denken. Er zijn heel wat Australiërs die zich door dergelijke afstanden niet laten afschrikken en er gedisciplineerd voor gaan zitten om in een gestaag tempo hun bestemming te bereiken. In de vakantietijd is het raadzaam een kamer te reserveren als u van plan bent om in een van de motels langs de route te overnachten. Uw wagen moet bij vertrek absoluut in goede staat verkeren, want het aantal garages is beperkt. Twee risico's waar u rekening mee moet houden: de aanduidig *road train* slaat op een vrachtwagencombinatie met maximaal drie aanhangers. Haal ze alleen in als u heel erg zeker weet dat de weg vrij is! Bovendien krijgt u als u naar het westen rijdt te maken met een lange, onaangename zonsondergang. Een oplossing (tijdig reserveren!) is de auto op de trein te zetten voor de reis naar het westen en op de terugweg naar het oosten weer zelf te rijden.

Vliegtuig Gezien het isolement en de omvang van Western Australia is er veel luchtverkeer, niet alleen tussen de grotere steden, maar ook naar verafgelegen attracties. Perth onderhoudt verbindingen met tal van overzeese bestemmingen; er zijn dagelijks vluchten naar de hoofdsteden van alle staten en een aantal andere Australische steden.

Bus Expresbussen verbinden Perth met de rest van de staat en met andere Australische steden. De agglomeratie Perth kent een omvangrijk netwerk van busdiensten. Sommige bussen vertrekken vanaf het futuristische busstation bij de Narrows. In het centrum van de stad kunt u gebruik maken van gratis bussen. Deze CAT-bussen (City Area Transit) rijden iedere dag volgens een regelmatige dienstregeling in het centrum, een groot gemak zodra u vertrouwd bent met hun routes.

Trein Van het City Station in Perth gaan er treinen naar de voorsteden Guildford, Armadale en, handig voor de reiziger, Fremantle. De tarieven zijn redelijk en de treinen rijden doorgaans op tijd. De meeste treinen in Western Australia vervoeren tegenwoordig uitsluitend goederen, hoewel er passagierstreinen rijden van Perth naar Bunbury in het zuiden (de Australind) en naar Kalgoorlie in het oosten (de Prospector). De *Indian Pacific*, een van de bekendste treinen ter wereld, rijdt twee maal per week van Perth Terminal Station naar Sydney via Adelaide. De tocht naar Adelaide duurt 38 uur en naar Sydney bent u tweeënhalve dag en drie nachten onderweg.

Auto De twee mogelijke routes van Perth naar Port Heland in het noorden, de **North West Coastal Highway** en de **Great Northern Highway**, zijn beide verhard, net als hun vervolg naar de Kimberley en het Northern Territory. Maar de afstanden zijn wel enorm! Het wegennet rond Perth en in een groot deel van het zuidwesten is uitgebreid, maar veel plaatsen zijn alleen bereikbaar via onverharde wegen die in verschillende stadia van verwaarlozing verkeren. Voor sommige populaire routes, zoals de **Gibb River Road** door de Kimberley, is een auto met vierwielaandrijving vereist; deze weg is tijdens het natte seizoen (december–april) vaak gesloten.

►► Albany 146A2

Dit was de eerste Europese nederzetting in Western Australia. Majoor Edmund Lockyer stichtte de stad aan de King George Sound in 1826 om eventuele Franse interesse voor dit deel van het continent voor te zijn. Albany werd een centrum van de walvisvaart en later een kolenstation voor schepen op de India-Sydney-route. Nu is de stad een populair vakantieoord. Tot de 19de-eeuwse gebouwen behoren de **Old Gaol** uit 1851, waar men veroordeelden kon inhuren als arbeidskracht, de **Patrick Taylor Cottage►** uit 1832, waarschijnlijk het oudste gebouw van de stad en nu een museum, het **Old Post Office►**, tegenwoordig het Inter-Colonial Communications Museum en het uitstekende **Albany Residency Museum►**. Hier vlakbij ligt de ***Amity* Replica**, een reproductie op ware grootte van de brigantijn van majoor Lockyer, die in 1975 van plaatselijk hout werd gebouwd.

De stad nestelt zich tussen Mount Clarence en Mount Melville. Verder landinwaarts vindt u de granieten koepels en karribossen van het Porongurup National Park en nog verder de Stirling Range. Naar het oosten en westen strekt zich een van de fraaiste kuststroken van Australië uit. De baai wordt in het zuiden beschut door een ruig schiereiland, het **Torndirrup National Park►►**, met de **Blowholes►**, **The Gap►** en de **Natural Bridge►**, een granietformatie die op een brug lijkt. Het oude walvisstation aan Frenchman Bay is nu **Whaleworld►**, 'het grootste walvisvaartmuseum ter wereld'.

► Augusta 146A2

Dit populaire badplaatsje aan de monding van de Blackwood River is een van de oudste nederzettingen van Western Australia; het werd gesticht in 1830. De regio staat bekend om zijn grotten, met name de spectaculaire **Jewel Cave►** met zijn vreemde rotsformaties en een ondergrondse rivier. In het stadje zelf is het Augusta Historical Museum de moeite waard. Het uitzicht vanaf de met een vuurtoren bekroonde **Cape Leeuwin►**, 8 km naar het zuiden, is schitterend.

Soldaten te paard
Het Desert Mounted Corps onderscheidde zich tijdens de Eerste Wereldoorlog in het Midden-Oosten. In Albany gingen veel troepen aan boord. De soldaten en hun paarden worden herdacht met het beeld boven op Mount Clarence. Het is een kopie van het bronzen beeld dat in 1932 naast het Suezkanaal werd opgericht en dat sneuvelde tijdens de Suezcrisis in 1956. Het originele paardenhoofd werd teruggevonden en is te zien in het Residency Museum.

Een vrouwtjesleeuw
Op de kaart van Australië komen enkele namen van Nederlandse origine voor. De bekendste is wel Cape Leeuwin, met zijn vuurtoren die bijna rondom uitkijkt over de oceaan. De naam is afgeleid van het Nederlandse schip de *Leeuwin*, dat in 1622 langs dit punt voer en het als eerste een plaatsje op de kaart bezorgde. Ook een wijnhuis en een nationaal park dragen deze naam.

Gezicht op Albany van over het water

Het uur nul van Broome
Niet alleen Darwin had te kampen met Japanse luchtaanvallen tijdens de Tweede Wereldoorlog. Op 3 maart 1942 kon een eskader Japanse Zero-gevechtsvliegtuigen een uur lang op zijn gemak bij Mangrove Point een aantal watervliegtuigen van de Geallieerden aanvallen. Bij een lage ebstand zijn de resten van sommige van deze machines in de baai zichtbaar.

Een trap naar de hemel
Een merkwaardig verschijnsel in het bijzondere getijdengebied bij Broome is de optische illusie die bekend staat als 'de trap naar de maan' en die alleen in bepaalde tijden van het jaar kan worden waargenomen, wanneer de lichtstralen van de maan door de drooggevallen oceaanbodem worden weerkaatst.

▶▶ Broome *147D3*

Broome, de zuidwestelijke toegangspoort tot de Kimberley, gaat prat op zijn kleurrijke verleden, toen duikers uit alle delen van Azië de caissonziekte en harde concurrentie trotseerden om parelmoer op te duiken (zie bladzijde 161). Er vaart nog steeds wel eens een logger uit, maar tegenwoordig worden er cultuurparels gekweekt.
De sfeer van het verleden proeft u het beste in het **Broome Historical Society Museum▶**, waar met name de gerestaureerde Japanse afdeling indruk maakt. De stad kijkt uit op de modderbanken en mangroven van Roebuck Bay, een voedselrijk toevluchtsoord voor vogels. Het getijdenverschil bij Broom is uitzonderlijk groot. Bij eb zijn er bij Gantheaume Point, ten zuiden van de stad, pootafdrukken van dinosaurussen te zien. Vanaf hier strekt de witte vlakte van Cable Beach zich 22 km noordwaarts uit.

▶ Bunbury *146A2*

Met een bevolking van 25.000 zielen is Bunbury een van de grootste plaatsen van Western Australia en het regionale centrum voor een groot deel van het zuidwesten van de staat. Het uitkijkpunt dat bekend staat als Boulter's Heights biedt uitzicht over Bunbury. Behalve een havenplaats is de stad ook een populair vakantieoord, met een aantal fraaie stranden langs de 8 km lange Ocean Drive, en een vriendelijke school dolfijnen die 's ochtends meestal het gezelschap van de bezoekers van Koombana Beach opzoekt.

▶▶ Bungle Bungle (Purnululu) National Park *147E4*

Het zachte zandsteen van dit deel van de East Kimberley heeft door erosie de vorm aangenomen van koepels, torentjes en bijenkorven. Het nationale park is alleen toegankelijk met een auto met vierwielaandrijving en er zijn geen faciliteiten. Het gebied is van januari tot maart gesloten, zodat het er in de natte tijd rustig is. De meeste bezoekers geven er de voorkeur aan de bizarre schoonheid en opvallende kleuren van de natuurnvanuit de lucht waar te nemen. Het park bevat kunstuitingen van de aborigines die hier leefden en een aantal begraafplaatsen.

Bunbury, zeehaven en centrum van het zuidwesten

Parelvissen

■ Pareloesters gedijen goed in de tropische zeeën van Cape York in het noorden van Queensland tot aan Shark Bay in het westen van Western Australia, een afstand van ongeveer 3000 km. Een bijzondere concentratie ervan doet zich voor tussen Derby en Cossack in het noordwesten. Vanaf het begin waren de parels alleen maar meegenomen: de industrie was het om het parelmoer te doen, dat voor sieraden en vooral voor knoopjes werd gebruikt. ■

Commerciële exploitatie Deze begon omstreeks 1880, toen aborigines door blanke ondernemers werden gedwongen naar de schelpen op de zeebodem te duiken, vaak een dodelijke onderneming. Zelfs als de verdrinkingsdood kon worden voorkomen, waren er nog aanvallen van haaien. Later in de 19de eeuw, toen de handel zich uitbreidde en duikpakken hun intrede deden, kwamen er ook duikers uit China, de Filipijnen, Maleisië, uit Kupang op Timor en bovenal – de meest bedreven parelduikers – uit Japan. In de jaren twintig was Broome een van de belangrijkste parelcentra ter wereld, met een bevolking van zo'n 3000 inwoners, waarvan 1200 van Japanse afkomst. De meeste parelvissersboten hadden een Europese kapitein, een paar Japanse duikers, een Japanse machinist en bemanningsleden van Timor. Soms kwam het in Broome tot gewelddadigheden tussen de verschillende nationaliteiten. Ieder jaar in augustus, tijdens het Shinju Matsuri (Pearl Festival), herdenkt Broome zijn roemrijke verleden.

De huidige parelvisserij Tegen de jaren dertig waren de oesterbedden nagenoeg leeggehaald; later werd bij de fabricage van knopen het parelmoer vervangen door plastic. Tegenwoordig varen er nog steeds een paar loggers uit naar de oesterbedden, maar de meeste parels uit Broome zijn inmiddels afkomstig van oesterkwekerijen. De kleurrijke geschiedenis van de parelvisserij wordt behandeld in het **Broome Historical Society Museum**. Bij het **Maritime Museum** in Fremantle kunt u een oude logger bezichtigen. Een echte curiositeit is de katholieke missiepost aan Beagle Bay, 130 km ten noorden van Broome, met een altaar dat glinstert van de parelmoeren versiering.

Het jaar van de parelvisser
Van december tot maart valt er weinig te doen, want dit is de natte tijd in deze regio. Van april tot augustus worden de jonge oesters zodanig behandeld dat zij parels voortbrengen. Gedurende de rest van het jaar worden de grote oesters verwijderd en hun schelpen geoogst vanwege het parelmoer.

Nog niet zo lang geleden was Broome afhankelijk van de parelvisserij

Westelijke rots
Mount Augustus, 450 km landinwaarts van Carnarvon, mist misschien de unieke schoonheid van Ayers Rock, maar is ontegenzeglijk de grootste van de twee. Dit is de grootste monoliet ter wereld. Volgens de aborigines is hij geschapen toen in de Droomtijd een man met de naam Burringurrah door een vijandelijke speer werd getroffen. Zijn gestalte (met een stuk van de speer in zijn been) kunt u vanaf een uitkijkpunt ten zuidoosten van de rots ontwaren.

Water in de goudvelden
Het was gemakkelijker om goud te vinden in de velden van Western Australia, dan in dit uiterst droge gebied water te vinden. De in Ierland geboren ingenieur Charles Yelverton O'Connor loste het probleem op. Eerder al was dit laat-Victoriaanse genie het brein geweest achter de constructie van Fremantle Harbour en de aanleg van een groot deel van het spoorwegnet in de staat. Hij is de geestelijke vader van het Goldfields and Agricultural Water Supply Scheme. O'Connors grote pijpleiding, die bij de dam van Mundaring Weir nabij Perth begint, zoog het water 550 km naar het oosten, in voldoende hoeveelheden om de dorst van de mijnwerkers te lessen en de landerijen van de Wheat Belt te irrigeren. O'Connor werd dwarsgezeten door de verdedigers van gevestigde belangen en belachelijk gemaakt door critici. Als een gebroken man pleegde hij zelfmoord een jaar voordat het project werd voltooid.

► Busselton *146A2*

Busselton is een aangename familiebadplaats met goede stranden. De stad ziet in noordelijke richting uit over de Geographe Bay. Vissers hebben hun stek op de Busselton Jetty, de langste houten steiger (2 km) van Australië, die na de vernietigende cycloon Alby in 1978 weer geheel gerestaureerd is. Nadert u de stad vanuit het noorden, dan komt u door een prachtig bos van *tuart trees*, die alleen in Western Australia voorkomen. Iets opzij van de *weg* staat het lange, lage **Wonnerup House►**, een voor het publiek geopend koloniaal huis van rond 1830.

► Carnarvon *146C1*

Carnarvon ligt slechts 150 km ten zuiden van de steenbokskeerkring en heeft een tropische allure. Langs de met rijshout beklede promenade staan palmbomen en in de hoofdstraat bloeien hibiscus en bougainvillea. De plaats is beroemd om de visindustrie (u kunt de fabriek bezoeken waar de garnalen en de mosselen worden verwerkt), maar is tevens het centrum van de welvarende groente- en fruitkwekerijen van het Gascoyne District. De **Bibbawarra Bore►**, 16 km ten noorden van de stad, stoot een straal water van 65°C uit. Bij **The Blowholes►**, 70 km naar het noorden, wordt het water 20 m hoog de lucht in gespoten.

► Coolgardie *147B3*

Deze stad ging even snel teloor als hij was opgekomen. Coolgardie ligt 560 km ten oosten van Perth en 39 km van Kalgoorlie-Boulder en was het centrum van de hevigste *gold rush* van Australië. Aan het einde van de 19de eeuw woonden er maar liefst 15.000 mensen. Tegenwoordig telt de bevolking nog maar een tiende van haar vroegere omvang.
De oude Government Buildings, die nog het meeste weg hebben van een groot spoorwegstation, herbergen nu de **Goldfields Exhibition►**, met een model van de stad in zijn hoogtijdagen. Ertegenover ligt het wonderlijke **Open Air Museum**, dat met zijn afgedankte machines en standbeelden van Australische helden een surrealistische indruk maakt. Meer afgedankte machines en rijdend materieel worden bewaard in het **Railway Station Museum** (in het uit 1896 daterende station).

► Darling Range *146A2*

De ononderbroken lijn van deze beboste hellingen met een hoogte van zo'n 300 m strekt zich uit tot ver ten noorden en ten zuiden van Perth. De bergrug vormt de begrenzing van de kustvlakte.
Op geringe afstand van de stad liggen verschillende recreatiegebieden, zoals het waterrijke John Forrest National Park of Mundaring Weir. Dit

Model van Ned Kelly in Coolgardie

reservoir werd gebouwd in de periode 1898–1902 om de Eastern Goldfields van water te voorzien. Het is een geliefde plek voor picknicks. Het **C.Y. O'Connor Museum▶** vlak bij het spaarbekken is gewijd aan de bouw van dit enorme project (zie linkerkolom bladzijde 162).

▶ Denmark *146A2*

Een woest kustlandschap dat contrasteert met de kalme Denmark River en de rijke landbouwgronden maken van het stadje Denmark in het uiterste zuidwesten een populair vakantieoord voor gezinnen. Wilson Inlet is een van de grootste beschutte wateren aan de zuidkust. Het is er goed vissen en varen. Het **William Bay National Park▶**, ten westen ervan, omvat zandduinen en ongerepte stranden, maar ook heideland en karribos.

▶ Derby *147E3*

Deze stad aan de kust van de King Sound ten noorden van de monding van de Fitzroy River ligt vlak bij de West Kimberley en afficheert zichzelf graag als 'de poort naar de kloven'. En inderdaad, Windjana Gorge ligt 140 km ten oosten van Derby. Dichterbij (op een afstand van 8 km) staat een beroemde duizendjarige Australische apebroodboom *(boab tree)*, die eens als bajes zou zijn gebruikt.

▶ Esperance *147A3*

Deze diepe haven aan de zuidkust floreerde of raakte weer in het slop al naar gelang de opkomst en ondergang van de goudvelden in het noorden. Nu heeft het toerisme Esperance ontdekt, vooral vanwege de stranden en de eilanden van de Recherche Archipelago. Een rit langs de kust leidt naar het **Pink Lake▶**, een zoutmeer dat, zoals de naam al zegt, echt rozekleurig is. Het mooiste kustlandschap ligt zo'n 50 km naar het oosten, in het **Cape Le Grand National Park▶**, met verbluffende baaien met azuurblauw water tussen rotsachtige landtongen.

▶▶▶ Fremantle *146A2*

De oude havenstad Fremantle maakt nu deel uit van Greater Perth, maar is nog steeds de belangrijkste haven van Western Australia. De stad is gesticht in 1829 en dankt zijn aantrekkelijke voorkomen voor een deel aan de ambachtelijk onderlegde veroordeelden die in de bouw werden ingezet ten tijde van de *gold rush*. Dit waren de hoogtijdagen van Fremantle. In dezelfde tijd is ook de haven verbeterd door de beroemde ingenieur O'Connor (zie linkerkolom bladzijde 162).
Het centrum van de stad is vrij klein en de oude gebouwen kunt u het beste te voet bezichtigen. Een goede plek om u te oriënteren is het uitkijkpunt boven op het Port Authority Building of het **Round House▶**, dat in 1831 werd gebouwd als de gevangenis van de nieuwe kolonie. Bij het **Western Australian Maritime Museum▶▶** ligt een logger die is gebruikt in de parelvisserij. Binnen wordt aandacht besteed aan de geschiedenis van de zeevaart. Het andere belangrijke museum van de stad, het **Fremantle History Museum▶**, is gehuisvest in een neogotisch gebouw aan de rand van de stad. Op weg daarheen komt u langs de **Fremantle Markets**, waar altijd een gezellige drukte heerst en waar u als u geluk hebt tegen een koopje aan kunt lopen.

De mooie havenplaats Fremantle ligt 19 km ten zuidwesten van Perth aan de monding van de Swan River

Hoe Fremantle aan zijn naam is gekomen
Fremantle is genoemd naar de Britse marineofficier die hierheen werd gestuurd om het westen van Australië in bezit te nemen voordat iemand anders dat zou doen. Kapitein Charles Howe Fremantle plantte hier op 2 mei 1829 de Britse vlag, een maand voordat de eerste kolonisten arriveerden om de Swan River-kolonie te stichten. Fremantle meende dat de kolonie 'mettertijd een belangrijke plaats' zou worden, ondanks 'de zanderige en weinig toegeeflijke indruk' die hij ervan kreeg.

Onvrijwillige immigranten
De kust van Kalbarri was de plaats waar de eerste Europese kolonisten van Australië voet aan wal zetten, zij het onvrijwillig. Wouter Loos en Jan Pelgrom waren twee muiters van de *Batavia* (zie bladzijde 242). Na hun arrestatie door commandant Pelsaert werden zij in 1629 gedropt aan de monding van de Wittecarra Creek, waar een gedenksteen voor hen is opgericht. De rest van hun levensverhaal is onbekend. Abel Tasman kreeg in 1644 de opdracht om Loos en Pelgrom te zoeken, maar kon geen spoor van hen vinden.

►► Geikie Gorge National Park *147D4*

De kleine nederzetting **Fitzroy Crossing** is gegroeid rond het punt waar de Northern Highway de 1645 km lange Fitzroy River oversteekt die een groot deel van de Kimberley draineert. De Fitzroy mag dan in de droge periode niet meer zijn dan een serie plassen, het rivierwater stijgt in de natte periode maar liefst 16 m, zodat grote gebieden onder water komen te staan. De gevolgen van dit fenomenale verschil in waterstand kunt u (in de droge periode) bekijken als u een boottocht stroomopwaarts maakt door de Geikie Gorge in het nationaal park, waar het onderste deel van de 30 tot 50 m hoge kliffen door het jaarlijkse vloedwater spectaculair is uitgehold. De kloof, die door de rivier is uitgesleten in het kalksteen, is het natuurlijke leefgebied voor veel tropische waterplanten en -dieren, zoals pijlstaartroggen en zoetwaterkrokodillen. In het riet en bos langs de randen leven talloze vogelsoorten.

► Geraldton *146B2*

Deze welvarende havenstad ten noorden van Perth is bekend om de kreeftenexport. Het is tevens een populaire badplaats, vooral in de winter vanwege de vele zon. Ongeveer 60 km voor de kust liggen de Houtmanrotsen. Deze eilandengroep heeft heel wat schipbreuken op zijn geweten. Overblijfselen van gestrande schepen zijn te zien in het Maritime Museum, onderdeel van het **Geraldton Museum►**. De natuurhistorische en andere afdelingen van het museum vindt u in het Old Railway Building.

► Halls Creek *147D4*

Deze typische *Outback*-stad ligt midden in de Kimberley aan de Great Northern Highway. Halls Creek is het centrum van een gebied dat wordt bevolkt door een gering aantal veehouders en mijnwerkers. Niet ver ervandaan ligt Old Halls Creek, met overblijfselen uit de tijd van de *gold rush*. Tussen deze twee plaatsen in ligt een blootliggende ader van witte kwarts, die de Chinese Muur wordt genoemd. 130 km naar het zuiden bevindt zich de 800 m brede en 50 m diepe Wolfe Creek Meteorite Crater.

De afbrokkelende zandsteen verleent de kliffen rond Kalbarri een ruig uiterlijk

Vroeger stonden er paarden bij de, vaak luxueuze, hotels in de goudzoekersplaats Kalgoorlie

► Kalbarri *146B1*

De kloven in het **Kalbarri National Park►►** zijn uitgesleten in het rode zandsteen dat luistert naar de prachtige naam *tumblagooda*. Ze kunnen wel 80 km lang en 170 m diep zijn. Een aantal goed bereikbare uitkijkpunten zoals Hawk's Head Lookout biedt uitzicht over dit landschap en de zandvlakten in de omgeving. Ook het kustlandschap is indrukwekkend, met hoge rode kliffen die steil naar de oceaan afhellen. In het voorjaar bloeit er een wilde bloemenpracht in het nationale park.

►► Kalgoorlie-Boulder *147B3*

De klassieke goudzoekersplaatsen Kalgoorlie en Boulder werden in 1989 samengevoegd. In het nabijgelegen Coolgardie werd het eerst goud gevonden. Kort daarna, op 10 juni 1893, deden Patrick Hannan en twee kameraden de grootste vondst – die bekend staat als Hannan's Reward – en binnen een jaar waren er tienduizenden goudzoekers op de 'Golden Mine' afgekomen. In nog geen tien jaar veranderden beide plaatsen van krakkemikkige nederzettingen in solide gemeenten.
Het standbeeld van de in gedachten verzonken Hannan staat voor de indrukwekkende Town Hall uit 1908, aan de straat die naar hem is vernoemd. Aan beide kanten van deze boulevard staan monumenten die herinneren aan de hoogtijdagen van de stad: overkapte winkelpuien, van zuilen voorziene openbare gebouwen en hotels zoals het **Exchange** (1894), **Palace** (1897), **Old Australia** (1896) en **York** (1900).

►►► De Kimberley *147E4*

Zie bladzijde 173.

► Kununurra *147E4*

Deze stad in de East Kimberley is gesticht in de jaren zestig als centrum voor het Ord River Irrigation Scheme (zie rechterkolom). De **Argyle Downs Homestead** werd gered toen het land waar het op stond onder water kwam te staan. Het is nu een pioniersmuseum. Buiten de stad in het **Mirima (Hidden Valley) National Park►** heeft 300 miljoen jaar van erosie voor spectaculaire patronen in het rode zandsteen gezorgd – het park wordt vaak omschreven als een mini-Bungle Bungle.

Een ruige stad
Kalgoorlie is altijd een onstuimige plaats geweest en zelfs nu nog ontleent het een zekere trots aan zijn reputatie als meest criminele kleinere stad van Australië. In 1926 vermoordden gouddieven de detectives die achter hen aan waren gestuurd en tien jaar later braken er anti-immigratierellen uit, die twee dagen aanhielden, totdat een treinlading politieagenten uit Perth kon worden aangevoerd. Veel van de tegenwoordige misdaden lijken echter vooral het gevolg te zijn van uit de hand gelopen drinkgelagen in het weekeinde.

Mislukt
Het zat de overheid niet lekker dat het water van de Ord River in de Kimberley tijdens de natte periode zomaar de zee in stroomde, terwijl het land er de rest van het jaar verdord bij lag. Er werden grote sommen geld uitgegeven aan het Ord River Irrigation Scheme, dat in 1972 is voltooid. De dammen hielden het modderige water tegen en verdeelden het over duizenden hectaren akkerland. Maar ondanks dit project wilde de woestijn niet bloeien. De katoenplanten werden aangevreten door rupsen, en andere planten deden het al niet veel beter. Tal van insecten zijn inmiddels resistent geworden tegen DDT en hebben het naar hun zin in en rond het 608 km^2 grote Lake Argyle, het belangrijkste waterreservoir van het project.

■ 'We kunnen van dit land een groeve maken waarvan de hele wereld zal profiteren,' zei Henry Bolte, premier van Victoria van 1955 tot 1972. Met uitzondering van ACT hebben de staten van Australië hun welvaart grotendeels te danken aan de overvloedige delfstoffen in de oude rotsformaties. ■

Bezoekers kunnen in het historische park Sovereign Hill in Victoria nog steeds goud wassen

IJzererts voor het opstrijken
Hoewel het bestaan ervan al lang werd vermoed, zijn de ongelooflijk rijke lagen ijzererts in de Pilbara pas in de jaren vijftig ontdekt, en dat bijna bij toeval. Toen Lang Hancock wegens het slechte weer was gedwongen om laag over een van de vele kloven van het gebied te vliegen, merkte hij dat de bergwanden metaalachtig glansden. Bij nader onderzoek bleek zich hier 's werelds grootste concentratie aan ijzererts te bevinden. De topografie van het gebied is veranderd door de ontginning ervan, zoals bijvoorbeeld bij de Mount Whaleback Mine in de buurt van Newman, de grootste open ijzertsgroeve ter wereld.

Rijk aan delfstoffen Western Australia kwam pas goed tot leven met de ontdekking van grote hoeveelheden goud in de Eastern Goldfields aan het einde van de 19de eeuw, maar de staat heeft (of had) ook voorraden antimonium, bismut, asbest, steenkool, tin, koper, ijzer en nikkel en zelfs zeldzame delfstoffen als wolfraam, tantaliet en beril. De opsporing en winning van ertsen is nog altijd in volle gang. De grootste vindplaats van ijzererts werd in de jaren vijftig bij toeval in de Pilbara ontdekt (zie linkerkolom). In de buurt van Kununurra staat de grootste diamantmijn ter wereld, de ongelooflijk productieve Argyle Diamond Mine, waar prachtige witte, champagnekleurige en roze stenen worden gedolven. Deze mijn kwam pas in de jaren tachtig op gang.

De eerste *gold rush* Maar het goud spreekt nog altijd het meest tot de verbeelding. Zoals overal nam de goudkoorts ook hier dramatische vormen aan. De eerste *gold rush* in Western Australia was die naar Halls Creek in de Kimberley in 1885, toen Charlie Hall zichzelf voor Kerstmis een goudklomp van 28 *ounce* cadeau deed. De omstandigheden in dit afgelegen en ruige gebied waren misschien wel slechter dan elders. Een zekere Russian Jack reed een zieke vriend 320 km in een kruiwagen voort op zoek naar een dokter.
Halls Creek bleek minder op te leveren dan gehoopt en de goudzoekers trokken al snel weg van de Kimberley naar de oneindig veel rijkere Eastern Goldfields. In 1892 reed Arthur Bayley Southern Cross binnen met de 554 *ounce* goud die hij en zijn compagnon Bill Ford bij Fly Flat, zo'n 200 km oostelijker, hadden gevonden. Zodra het nieuws van hun vondst zich verspreidde, begon de grootste *gold rush* in de geschiedenis van de kolonie. Fly Flat werd omgedoopt tot Coolgardie. Binnen zes maanden woon-

den er duizenden mensen in tenten. Ze waren te voet of te paard de woestijn door getrokken. De voorraden werden met tweewielige wagens of per kameel aangevoerd. De grootste vondst werd een jaar later in Boulder gedaan. Door de goudkoorts nam de bevolking van Western Australia met sprongen toe. De erbarmelijke omstandigheden hielden nog een tijd aan, met vliegenplagen, tyfusepidemieën en water dat soms evenveel kostte als champagne. Voordat in 1903 O'Connors 550 km lange pijpleiding vanuit Perth gereed was (zie linkerkolom bladzijde 162), werden de handelaren in water vaak rijker dan de goudzoekers.

De komst van de maatschappijen In een paar jaar tijd hadden individuele goudzoekers het grootste gedeelte van de Eastern Goldfields met hun opgravingen doorploegd en het meeste goudhoudende zand gewassen. Er moest nu dieper worden gegraven en dat vereiste grote investeringen en het gebruik van machines. De maatschappijen namen het over van de eenlingen.
De huidige methode van goudwinning via bovengrondse mijnontginning kan goed worden bekeken vanaf het observatieplatform bij de **Super Pit** van Kalgoorlie, een groeve die enkele kilometers breed en 500 m diep zal worden.

Het praatje van Paddy
Een 'levende' Paddy Hannan vertelt het verhaal van de Eastern Goldfields bij Hannan's North Tourist Mine in Boulder, een getrouwe reconstructie van een mijn en de omgeving. Hier kunt u met een lift in de schacht afdalen en van een oud-mijnwerker uitleg krijgen over de mysteries en misères van de exploitatie. Terug aan de oppervlakte kunt u een treintochtje maken door het mijnbouwgebied.
Andere mijnbouwmusea in Kalgoorlie-Boulder zijn het School of Mines Museum en het Museum of the Goldfields.

Enorme vrachtwagens vervoeren het ijzererts

De goudgele zandstranden bij Mandurah zijn altijd populair

Rails door het bos
Aan het begin van de 20ste eeuw weerklonk in de bossen landinwaarts van Mandurah het sissende geluid van de stoomfluit toen smalspoortreinen het jarrahout naar de zaagmolens brachten. Een van de spoorlijnen, de Hotham Valley Tourist Railway, die tussen Pinjarra en Dwellingup loopt, wordt nog door liefhebbers in bedrijf gehouden; de stoomtreinen halen de passagiers op van de moderne Australind-trein uit Perth. De belangstelling was zo groot dat er in 1986 nog een extra lijn, de Etmilyn Forest Tramway, werd geopend, die naar het hart van het sfeervolle jarrabos voert.

▶ Mandurah *146A2*

Deze plaats ligt op minder dan een uur rijden ten zuiden van Perth en is populair bij de bewoners van deze stad. Grote stukken beschut water langs de Murray River, de Serpentine River en de Peel Inlet, 40 km strand en tal van picknickplaatsen zorgen ervoor dat de menigte zich verspreidt, zodat het stadje iets van zijn rust bewaart.

▶▶ Margaret River *146A2*

Margaret River ligt in een gebied met goed verzorgde wijngaarden, maar ook dicht bij een ruige kust en mysterieuze kalksteengrotten. Kunst en kunstnijverheid zijn in het stadje ruim vertegenwoordigd; eens in het jaar worden op het wijngoed Leeuwin Estate concerten gegeven. Een van de meer beschutte plaatsen langs de kust, waarvan het grootste deel tot het Leeuwin-Naturaliste National Park behoort, is **Prevelly Park▶**. Dit is een van de beste surfplekken van Australië en hier wordt dan ook elk jaar in november de Margaret River Classic-surfwedstrijd gehouden. Van de honderden grotten in dit gebied zijn er slechts enkele toegankelijk, waaronder de **Mammoth Cave▶**, zo genoemd vanwege zijn omvang, en de **Lake Cave▶**. In het **Boranup Forest▶** doen de opmerkelijke rijen karribomen denken aan de zuilen van een kathedraal.

▶▶ Monkey Mia *146C1*

Sommige van de honderden tuimelaars die in Shark Bay leven, komen onder de mensen en laten zich voeren. Bij het strand van Monkey Mia in zee te staan en door de neus van een tuimelaar te worden begroet, is een ervaring die weinigen zullen kunnen weerstaan, maar steek eerst uw licht op bij de strandwachter van het Dolphin Information Centre (zie ook bladzijde 174).

▶ New Norcia *146B2*

De benedictijnen kwamen al in 1846 naar Western Australia. Ze bouwden hier een missiepost voor de aborigines en drukten daarmee hun stempel van mediterraan katholicisme op de *bush* 130 km ten noorden van Perth. Behalve het klooster en de kloosterkerk vindt u hier een fraai museum met onder meer een kunstcollectie.

Wilde bloemen

■ De 'vreemdheid' van de Australische flora – de eucalyptus in al zijn schitterende verscheidenheid, de acacia en de banksia – is fascinerend voor mensen van het noordelijk halfrond. De vegetatie van Australië herinnert u er constant aan dat u werkelijk ergens anders bent. ■

De vroege kolonisten probeerden in dit onbekende land de landschappen te creëren die ze van huis uit kenden. Er werden eiken, iepen, wilgen en populieren geplant, waardoor hele landstreken – vooral op Tasmanië – in versies van het Engelse laagland veranderden. De eucalyptussen die hier en daar nog overbleven, leken haast indringers.

Een bonte verscheidenheid Een van de bekoringen van de lente is de overvloed aan wilde bloemen, met name in Western Australia. Een tweeledig isolement, niet alleen van de rest van de wereld, maar ook van de overige delen van het continent, heeft een buitengewoon gevarieerde flora opgeleverd. In de staat komen ongeveer 8000 benoemde plantensoorten voor, plus zo'n 2000 die nog anoniem zijn, waarvan driekwart alleen in dit gebied voorkomt. Enkele van de bekendste Australische planten zijn de 'kangoeroepoot', met zijn vreemd gevormde rode of groene bloemen en een reeks banksia's, waaronder de rode variant.

Voorjaarsspektakel Wanneer de lente nadert, raakt het landschap van noord tot zuid bezaaid met wilde bloemen. In het **Kalbarri National Park**, 600 km ten noorden van Perth, beginnen de bloemen in juli te bloeien. De spectaculairste bloemenpracht is waarschijnlijk te vinden op de heidevelden van het zuidwesten. In gebieden als de **Stirling Range** en de **Porongurup Range** is november de beste bloemenmaand. In Perth omvat **Kings Park** een speciale sectie gewijd aan Australische bomen, struiken en wilde bloemen.

Hieronder: bloeiende orchidee

Het kustgebied van Western Australia

Harold Heights
Het Naval Communication Station, een gezamenlijke communicatiebasis van de VS en Australië die is genoemd naar de vroegere minister-president Harold Holt, blijft via een aantal hoge torens in contact met wat er op de oceanen gaande is. De centrale toren is met zijn 388 m hoger dan het Empire State Building. In de stad Exmouth, gesticht in 1964 ter ondersteuning van de basis, klinken Amerikaanse accenten. Bezoekers komen hier vooral vanwege de uitstekende vismogelijkheden: North West Cape is het punt in Australië dat het dichtst bij het van maritiem leven bruisende continentale plat ligt.

►► Ningaloo Marine Park en Exmouth *146C1*

Een zijweg van de North West Coastal Highway voert via een grote omweg naar de North West Cape, waarvan de ruggengraat wordt gevormd door de ruige **Cape Range**. Dit nationale park bestaat uit een hoog plateau van zandsteen waarin kloven en ravijnen zijn uitgesleten, sommige met diepe plassen. In het westen strekken zich verlaten duinen en stranden uit, die tegen de golven van de oceaan worden beschermd door een 260 km lang barrièrerif, dat 16 km voor de kust ligt. Met zijn 220 soorten koraal, walvishaaien (de grootste vis op aarde) en meer dan 500 variëteiten van tropische vissen is het rif van het Ningaloo Marine Park een van de natuurwonderen van Australië. U kunt er vissen, duiken en kamperen, terwijl boten met glazen bodems uitvaren van Coral Bay en **Exmouth**. Ga voor een eerste kennismaking met dit gebied in de omgeving van Exmouth naar het Milyering Visitor Centre in het Cape Range National Park.

► Northam *146A2*

Northam ligt aan een belangrijke kruising van wegen en spoorlijnen en biedt plaats aan een depot voor het Goldfields Water Scheme. Deze stad is het regionale centrum van een groot deel van de Avon Valley. Hier eindigde vroeger de 100 km lange spoorweg vanuit Perth. Bovendien was Northam de plaats waar goudzoekers begonnen aan hun tocht naar de Goldfields, 450 km naar het oosten. Het spoorwegstation is nu een museum.

► Northcliffe *146A2*

Dit stadje in het uiterste zuidwesten ontstond in het kader van het tot mislukken gedoemde Group Settlement Scheme in de jaren twintig, waarvan de hooggespannen verwachtingen en de mislukkingen in het **Pioneer Museum**► zijn gedocumenteerd. Northcliffe is een goede uitvalsbasis voor wie karribomen wil zien. Een 27 km lange weg brengt u naar Windy Harbour, het enige goed bereikbare strand tussen Augusta en Walpole.

Rond de minder bekende rivaal van het Great Barrier Reef, het Ningaloo Reef, leven ruim 500 soorten vis

Karribomen, de grootste eucalyptussoort, kunnen meer dan 85 m hoog worden

De Gloucester Tree
Het viel niet mee om uitkijktorens voor de brandwacht te bouwen die hoog genoeg waren om boven de zee van gigantische karribomen uit te torenen. De oplossing was om een trap te construeren rond de stam van een geschikte boom en daar bovenin een uitkijkpost te maken. Tegenwoordig wordt er vanuit vliegtuigen de wacht gehouden, maar de uitkijkpost van de Gloucester Tree in de buurt van Pemberton is bewaard gebleven om onbevreesde toeristen de kans te geven de 153 treden te bestijgen en daarvoor te worden beloond met een ontzagwekkend uitzicht over de boomtoppen. Het gaat hier weliswaar om de hoogst gelegen brandweerpost ter wereld, maar met zijn 60 m is de boom zelf bij lange na niet de hoogste karriboom.

▶ Nullarbor Plain *147B4*

Het grootste vlakke gebied ter wereld strekt zich oostwaarts naar South Australia uit en beslaat een oppervlakte van meer dan 124.000 km^2. Behalve melde groeien hier nauwelijks planten en er leven nog minder dieren in deze barre omgeving – de naam Nullarbor betekent 'geen boom'.
De ontdekkingsreiziger Edward John Eyre overleefde zijn verschrikkelijke reis dwars door de vlakte in 1840–1841 door dicht bij de kust te blijven, waar hier en daar brak water te vinden was onder een zandduin. De *highway* die naar hem is genoemd, volgt eveneens een zuidelijke route, terwijl de transcontinentale spoorlijn vanaf de goudvelden verder het binnenland in voert. Het landschap langs de *highway*, die geheel is geasfalteerd, is niet helemaal eentonig, want slechts een vrij klein stuk ervan loopt over de eigenlijke Nullarbor, maar de 145 km lange, volstrekt rechte lijn tussen Balladonia en Caiguna stelt de alertheid van elke automobilist op de proef.

▶▶ Pemberton *146A2*

Dit stadje in de zuidwesthoek van Western Australia is doortrokken van de traditionele houthakkerscultuur. Het is de beste plaats om de magie van het magnifieke karribos te ondergaan. U kunt met de auto gaan, te voet of met de tram, in een replica van de uit 1907 daterende Pemberton Tramway, die over een 36 km lang spoor door het bos rijdt. Er is een boom met een doorgang voor wandelaars; een andere, de **Gloucester Tree▶** (zie rechterkolom) kunt u beklimmen. Bezoek de gerestaureerde zaagmolen uit 1865 of laat u rondleiden door de enorme moderne houtzagerij. In het **Manjimup Regional Timber Park▶** komt u meer te weten over de geschiedenis van het bosgebied, met zijn beken en watervalletjes.

Rails door de woestijn
Op de Trans Australia Railway smaakt u het twijfelachtige genoegen een van de weinige treinreizen ter wereld te maken waarbij het uitzicht 's morgens vanuit uw slaapplaats hetzelfde is als toen u de gordijnen de avond ervoor dichttrok. Stations met imposant klinkende namen blijken niets anders te zijn dan in de wildernis geplante kilometerpalen of hooguit een samenraapsel van spoorwegmaterieel, met een ringlijn zodat treinen elkaar kunnen passeren. De 478 km lange *'Long Straight'* tussen Ooldea en Watson stelt het geduld van zelfs de meest gedisciplineerde machinist op de proef.

Er zijn verschillende hoge toppen in het Porongurup National Park in het achterland van Albany

Een boom van uitersten
De grootste van alle eucalyptussen is de karriboom *(Eucalyptus diversicolor)*, een grandioze boom die een hoogte van 85 m en een leeftijd van 1000 jaar kan bereiken. De hoog oprijzende stammen in het karribos scheppen de statige sfeer van een gotische kerk. De mooiste karribossen liggen in het goed van water voorziene zuiden, landinwaarts van de kust tussen Augusta en Albany. Veel van het bos werd na de twee wereldoorlogen gekapt om voor de teruggekeerde soldaten kleine stukken akkerland te creëren. Aangezien de leemachtige grond waarop de karribomen gedijen minder geschikt was voor akkerbouw, waren de meeste van die ondernemingen tot mislukken gedoemd.

► Pilbara *147C2*

Tot de jaren zestig waren een paar veehouders de enige bewoners van deze woestenij in het noordwesten. De toevallige ontdekking in de jaren vijftig van wat de grootste voorraad ijzererts ter wereld bleek te zijn (zie bladzijde 166) leidde echter tot de bouw van mijnsteden, zoals Tom Price en Newman, en de groei van zeehavens als Dampier en Port Hedland. Treinen van 2 km lengte halen de erts uit de open groeven en vervoeren die over een spoor van honderden kilometers naar zee. Een groot deel van dit ruwe materiaal dat wordt geëxporteerd, komt later naar Australië terug in de vorm van Japanse auto's.
Toeristen komen hierheen voor de winterzon en voor de verbluffende landschappen van het **Karijini (Hamersley Range) National Park►►**. De bont gekleurde rotsen van dit oeroude plateau zijn diep uitgesleten door rivieren, zodat prachtige kloven zijn ontstaan waarin een weelderige vegetatie groeit en ijskoud water zich in plassen verzamelt. Nog uitbundiger plantengroei kenmerkt het **Millstream-Chichester National Park►**, waar stromend water de palmen van een oeroud regenwoud voedt.

►► The Pinnacles (Nambung National Park) *146B2*

De duizenden zandstenen monolieten die verspreid staan over de zandvlakte ten zuiden van de kuststad Cervantes (250 km van Perth), werden door Nederlandse zeelui ten onrechte voor de restanten van een oude stad gehouden. Ze variëren in grootte van giganten van 5 m tot vingerdikke pijpjes. Het is goed mogelijk dat het gefossiliseerde wortels van bomen en struiken zijn. Waar ze ook vandaan komen, het blijven boeiende voorwerpen. In de omgeving van Cervantes vindt u mooie stranden met veel watersportfaciliteiten.

► Porongurup National Park *146A2*

Het oeroude graniet van deze bergketen in het achterland van Albany heeft door erosie de vorm aangenomen van koepels en curieuze formaties zoals Balancing Rock. Castle Rock (570 m) biedt een adembenemend uitzicht over het karribos en het gebied daarachter.

De Kimberley

■ **Dit afgelegen, ruwe en lege gebied in het noorden van Western Australia werd in 1879 verkend door Alexander Forrest, die dacht dat er vee kon worden gehouden. Bedrijven van gigantische omvang laten hun veestapel nog altijd op de schaarse vegetatie grazen. Er is verder diamantmijnbouw bij Argyle, terwijl de toeristen ook komen: sommigen op doorreis, anderen maken van het Kimberleyplateau hun hoofddoel.** ■

East Kimberley Het moderne stadje Kununurra is de poort naar de East Kimberley, een streek met vulkanische rotsen en zandsteenformaties. In de natte tijd zorgen tropische regens voor hoogwater in de rivieren, die een rijke flora en fauna van water voorzien. Langs de riviermonden liggen mangrovenmoerassen. Met beperkt succes heeft men door middel van het Ord River Irrigation Scheme geprobeerd de uitgestrekte akkerlanden te irrigeren met het rivierwater. Vanuit het afgelegen **Wyndham**, de noordelijkste haven van Western Australia en een havenstad sinds 1880, worden vee en landbouwproducten geëxporteerd. Met enige volharding komt u uit bij wonderen der natuur zoals de **Mitchell Falls** of via de Kalumburu Road bij het Aboriginal Reserve and Mission in de buurt van de monding van de King Edward River. Sommige biologisch waardevolle gebieden, zoals het Drysdale River National Park, zijn niet toegankelijk voor het publiek.

West Kimberley In het westelijke gedeelte van de Kimberley, bereikbaar via Broome en Derby, vindt u kloven, uitgesleten in het kalksteen van een oeroud barrièrerif, dat in een grijs verleden omhoog is gestuwd. Van de rivier die door de **Windjana Gorge** stroomt, een 350 miljoen jaar oud kalksteenrif, blijft in de droge tijd niet meer over dan wat plassen. De Fitzroy River stroomt door de veel langere **Geikie Gorge**.

Hoe komt u er
Het meeste verkeer maakt de lange omweg van Derby naar Kununurra via de *highway*. Deze hoofdweg voert u naar het Wolfe Creek Crater National Park en naar de magische Bungle Bungles (al kunt u deze buitengewone natuurfenomenen het beste vanuit de lucht bewonderen). De kortste weg is de Gibb River Road; deze is weliswaar moeilijker begaanbaar, maar maakt dat met zijn uitzicht op rijk begroeide rivieroevers, kloven en waterpoelen meer dan goed.

De Argyle Diamond Mine in de East Kimberley brengt prachtige stenen voort

Een rattennest
Rottnest Island, hetgeen 'rattennest-eiland' betekent, kreeg die naam in 1696 van de Nederlander Willem de Vlamingh, die merkte dat het er wemelde van de grote knaagdieren – althans, dat dacht hij. In werkelijkheid ging het om buideldieren ter grootte van hazen, die bekend staan als quokka's, een soort kleine wallaby die behalve op 'Rotto' ook op sommige delen van het vasteland voorkomt.

Wonderen der zee
Het Shark Bay Marine Park kreeg de status van Werelderfgoedgebied vanwege zijn opmerkelijke schoonheid en zijn belang. De tuimelaars bij Monkey Mia vormen de belangrijkste attractie van deze streek, maar in deze baai, in de Hamelin Pool, komen ook stromatolieten voor – een van de oudste levende organismen ter wereld – en een van de laatste kuddes doejongs of zeekoeien.

► Rottnest Island *155E2*

Dit weekendparadijs van de inwoners van Perth ligt 20 km voor de kust van Fremantle en kan per vliegtuig of per veerboot bereikt worden. Het eiland is 11 km lang en heeft een breedte van maximaal 5 km. Er rijden bijna geen auto's op Rottnest Island. De ruige kust met zijn baaien en witte stranden kunt u het beste met de fiets verkennen. Het uitzonderlijk heldere water is ideaal voor duiken en snorkelen.

►► Shark Bay Marine Park *146C1*

Deze baai, die in een aantal inhammen wordt verdeeld door eilanden en schiereilanden, werd in 1699 door de avonturier William Dampier Shark Bay gedoopt. De 1500 km lange kustlijn is bestempeld tot Werelderfgoedgebied. Het water leent zich uitstekend voor zwemmen en vissen en wordt begrensd door duinen van rood zand, zandstenen kliffen en stranden. Het Shell Beach is 60 km lang en bestaat uit een 10 m dikke laag van ontelbare schelpen. Deze samengeperste schelpen vormen een vreemd materiaal dat in blokken kan worden gezaagd en in de woningbouw wordt gebruikt. Het kleine badplaatsje Denham is de meest westelijke stad van Australië. Aan de andere kant van het Peron Peninsula houden de tuimelaars van Monkey Mia zich op (zie bladzijde 168).

► Southern Cross *146B2*

De straten van Southern Cross, dat in 1888 door goudzoekers is gesticht, zijn nog steeds breed genoeg om er een karavaan van kamelen te laten keren. In het gerechtsgebouw uit 1891 vindt u voorwerpen uit vroeger dagen.

► Stirling Range National Park *146A2*

De *highway* die zich een weg zoekt door dit 65 km lange gebergte bij Albany, met toppen van 1000 m, levert een prachtige route op. Dit zijn niet alleen de hoogste bergen in het zuidwesten van Australië, het is ook een botanisch reservaat, met wel 1000 soorten wilde bloemen.

Enkele van de honderden tuimelaars in Shark Bay

Wave Rock: een oeroud geologisch curiosum

▶▶ **Wave Rock** *146A2*

Deze rotsformatie, een van de grote toeristische attracties van Australië, zal altijd de versteende droom van een surfer blijven. De stenen brandingsgolf is meer dan 100 m lang en 15 m hoog. De overeenkomst met een echte golf wordt benadrukt door de kleurige verticale strepen, die het resultaat zijn van een chemische reactie van de stoffen in het graniet met regenwater.

Tot de andere curiositeiten in de buurt van de kleine *Wheat Belt*-stad Hyden (340 km landinwaarts van Perth) behoren rotsformaties als de Humps en de Hippo's Yawn. Er zijn aboriginalrotsschilderingen in Mulka's Cave.

▶ **Yanchep** *146A2*

Geschikt voor een dagtocht vanuit Perth is de kust ten noorden van de stad, met zijn fraaie stranden, zandduinen en een hele reeks meertjes even landinwaarts. Yanchep zelf is een badplaats, maar eromheen ligt het **Yanchep National Park▶**, met zandsteengrotten, een meer, eucalyptusbossen, koala's en veel wilde bloemen.

▶ **York** *146A2*

Samen met Northam en Toodyay behoort York tot de trits van druk bezochte steden in de pittoreske Avon Valley, 100 km ten noordoosten van Perth. Dit is de meest historische stad in het binnenland van Western Australia. York werd gesticht in 1831 en veel van de mooie, zandstenen gebouwen zijn nog intact. Oude tijden herleven in het **Residency Museum▶** en ook in de **Balladong Farm▶**, een levendig agrarisch museum met dieren in overvloed. Het **York Motor Museum▶▶** telt meer dan 200 klassieke auto's, motoren en zelfs enkele koetsen.

Zwarte zwanen
De Avon is een zijrivier van de Swan River, genoemd naar de zwarte zwanen die er voorkwamen. Beide rivieren verschaften de eerste kolonisten toegang tot het achterland. In het gebied rond Guildford staan veel historische gebouwen, zoals Woodbridge (1885) in het naburige Midland, dat voortreffelijk is gerestaureerd en in oude stijl gemeubileerd (geopend voor publiek). De Swan Valley is ook beroemd om zijn wijn. Een tochtje naar de wijnhuizen is populair, niet alleen vanwege het product, maar ook vanwege de aantrekkelijke locatie van veel wijngaarden.

Fatsoenlijk hotel in het fatsoenlijke York

NORTHERN TERRITORY

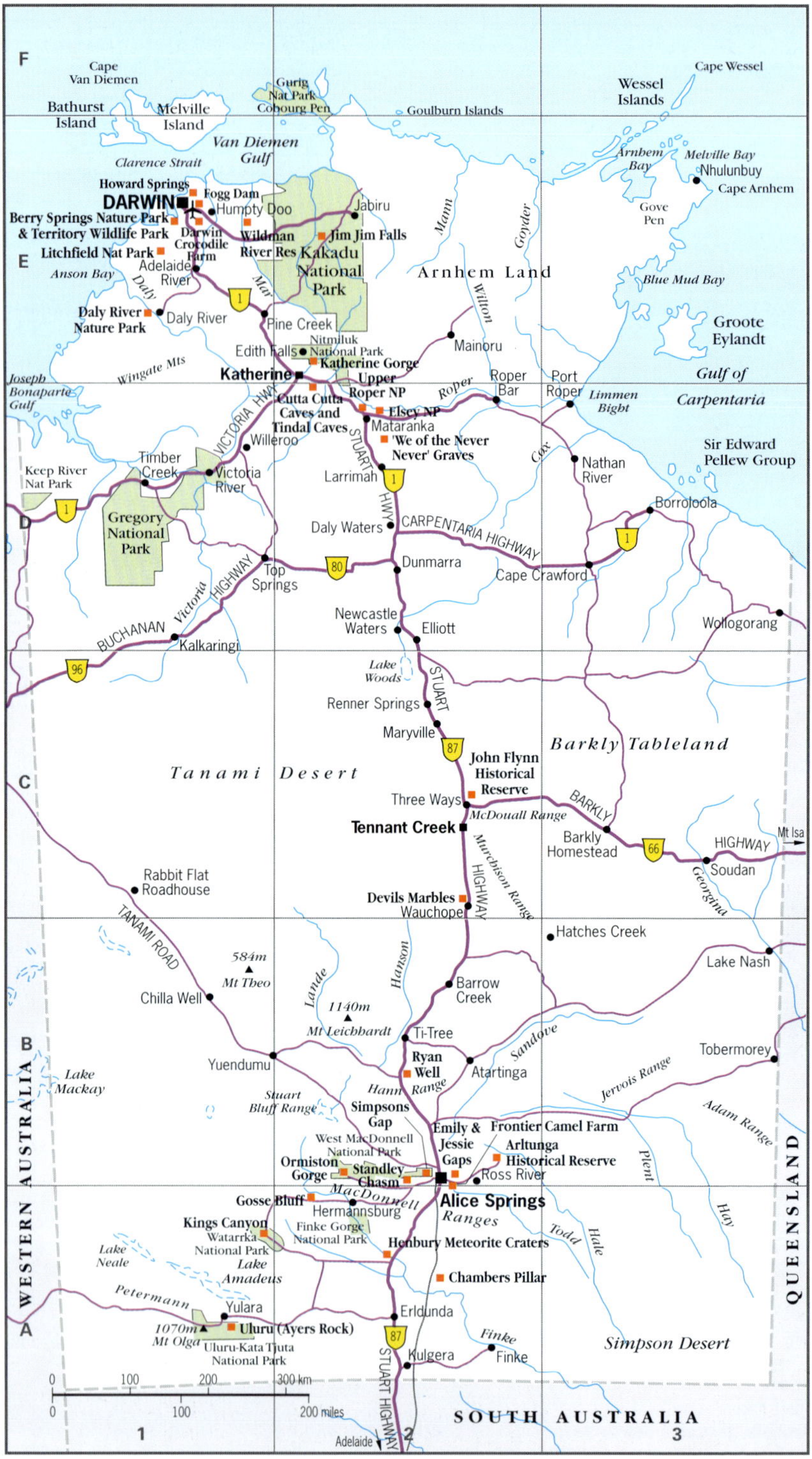

NORTHERN TERRITORY

De ghost gum *is te herkennen aan zijn witte stam*

Northern Territory De op twee na grootste staat van Australië strekt zich uit van de woestijn in het *'Red Centre'* tot de kust en de eilanden van het tropische noorden, het *'Top End'*. Het smalle asfaltlint van de **Stuart Highway** loopt precies door het midden. De veeteelt, die ooit de basis vormde van de economie van het Territory, is inmiddels overschaduwd door de mijnbouw (bauxiet, mangaan, uranium) en het toerisme.
Het Territory trekt steeds meer bezoekers. Behalve de mysterieuze landformaties in de woestijn, waarvan **Ayers Rock** er slechts één is, zijn ook Darwin en de natuurgebieden in het noorden populair, maar bovenal de sublieme wildernis van het **Kakadu National Park**, dat op de Werelderfgoedlijst staat.

De eerste nederzettingen De kust van het Northern Territory schijnt het eerst te zijn waargenomen door de Nederlander Jan Carstenz aan boord van de *Arnhem* in 1623, maar de kolonisatie van het gebied kwam pas rond 1820 op gang. De eerste pogingen tot kolonisatie mislukten. Port Essington (1824) op het Cobourg Peninsula had geen zoet water, Fort Dundas (1824–1829) op Melville Island had te kampen met vijandig gezinde aborigines, terwijl Raffles Bay (1827), eveneens op het Cobourg Peninsula, al na twee jaar werd verlaten.
Victoria (aan een inham van Port Essington) werd gesticht in 1838 en wist het ondanks cyclonen en aardbevingen tot 1849 vol te houden. De schitterende natuurlijke haven van Port Darwin kreeg die naam in 1839 van kapitein J.C. Wickham van de *Beagle*, ter ere van Charles Darwin. Het duurde echter nog dertig jaar voordat de locatie van het huidige Darwin werd uitgekozen; in 1869 werd begonnen met de bouw. Het bleek een gelukkige keuze te zijn, want de stad, die oorspronkelijk Palmerston heette, heeft zich ondanks cyclonen en Japanse luchtaanvallen voorspoedig weten te handhaven.

HOOGTEPUNTEN ◄◄◄◄

ALICE SPRINGS
zie bladzijde 184 en 185

AYERS ROCK (ULURU) EN THE OLGAS (KATA TJUTA)
zie bladzijde 187, 190 en 191

DEVILS MARBLES
zie bladzijde 192

FINKE GORGE NATIONAL PARK
zie bladzijde 192

KAKADU NATIONAL PARK
zie bladzijde 193

KINGS CANYON
zie bladzijde 197

LITCHFIELD NATIONAL PARK
zie bladzijde 197

MACDONNELL RANGES
zie bladzijde 198 en 199

MUSEUM AND ART GALLERY OF THE NORTHERN TERRITORY, DARWIN *zie bladzijde 182*

NITMILUK NATIONAL PARK (KATHERINE GORGE)
zie bladzijde 197

De verovering van het binnenland John McDouall Stuart slaagde er na vijf heroïsche mislukkingen in 1862 uiteindelijk als eerste in om van zuid naar noord de eindeloze droge ruimte van het centrum over te steken. De *highway* die naar hem is vernoemd, volgt zijn route. Al voordat de weg werd aangelegd, was de beroemde Overland Telegraph, die de nog niet in kaart gebrachte wildernis tussen Port Augusta aan de kust van South Australia en Darwin overbrugde, in minder dan twee jaar voltooid. In 1872 werd Australië bij Darwin aangesloten op de onderzeese elektriciteitskabel vanuit Java, 'de grote elektrische kabel die de naties op aarde verbindt'. Langs de 2900 km lange telegraafverbinding moesten bij Alice Springs, Tennant Creek en op andere plekken stations worden gebouwd om het signaal te versterken. Dit werden pleisterplaatsen voor reizigers, waaromheen zich nederzettingen zouden ontwikkelden. Later trokken veefokkers het territorium in. In 1863 werd het een deel van South Australia. Het telegraafstation bij Alice Springs staat er nog, maar de stad zelf is naar het zuiden verhuisd.

De 20ste eeuw in In 1911 kwam het Northern Territory, dat zwaar drukte op de schamele bronnen van South Australia, onder de verantwoordelijkheid van het centraal bestuur te staan. Ofschoon het sinds 1978 zelfbestuur kent, heeft het gebied nog steeds niet de status van een staat en sommige zaken (aboriginalaangelegenheden en de uraniummijnbouw) worden ook nu nog afgehandeld door Canberra. Jarenlang bleef het een uithoek. Slechts weinigen waagden zich op de erbarmelijke wegen. De Tweede Wereldoorlog heeft dit echter allemaal veranderd. Met een reeks zware luchtaanvallen bracht de Japanse luchtmacht ernstige schade toe aan Darwin en aan de Australische psyche. Nu men besefte hoe kwetsbaar het noorden was, werd de weg van Alice Springs naar de kust verhard. Er werd een keten van depots, bases en vliegvelden aangelegd. Door deze gebeurtenissen raakte het Northern Territory echt betrokken bij de natie.

Treinen op de weg
De eerste auto die de zware tocht van 51 dagen dwars door de woestijn maakte, kondigde het einde aan van de door paarden, kamelen en buffels getrokken wagens die tot dan toe het Northern Territory van al het nodige hadden voorzien. In de jaren dertig vormde een logge AEC-vrachtwagen met oplegger de zogenaamde *government road train*, die goederen naar geïsoleerde nederzettingen vervoerde. Kurt Johannsen gebruikte na de Tweede Wereldoorlog een oude tank van het leger om maar liefst acht aanhangwagens met vee te transporteren. De *road trains* van nu tellen niet meer dan drie *dogs* of opleggers, maar leveren niettemin een formidabel spektakel op als zij over de *highways* van het Northern Territory, Queensland en Western Australia denderen.

Een van de fraaie kloven van de Katherine River

Wie over de Stuart Highway van het droge *'Red Centre'* naar het tropische *'Top End'* reist, komt enkele van de schrilste contrasten tegen die de natuur te bieden heeft.

Het *'Red Centre'* Oeroude geologische processen hebben de rode rotsen in het hart van Australië gevormd: een bijna abstracte wereld van kraters en keien, gekartelde bergkammen en eenzame monolieten, die zich scherp aftekenen tegen zandvlakten of kiezelwoestijnen. In dit ontzagwekkende land zijn de slingerende beddingen van waterstromen gegrift, die slechts vollopen wanneer er sporadisch een heftige regenbui woedt. De voorlopers van de huidige rivieren werden genereuzer gevoed. Ze hebben gezorgd voor de kloven en ravijnen, die midden in deze vijandige wereld soms een verrassend rijke en gevarieerde flora en fauna bevatten. De ruige **MacDonnell Ranges**, ten westen en oosten van Alice Springs, worden onderbroken door menige vallei gevuld met varens, palmen en andere exotische planten; sommige daarvan stammen af van de kustflora van een uitgestrekte zee die ooit een groot deel van Centraal-Australië bedekte. Lang nadat de rivieren zijn drooggevallen, kunnen hier nog waterpoelen voorkomen. De woestijn is behoorlijk toegankelijk. Parks Australia North en de Parks and Wildlife-commissie van het Northern Territory verbeteren de faciliteiten en zorgen voor het behoud van deze landschappen. De wijze waarop deze organisaties Ayers Rock beheren is ronduit voorbeeldig.

Het groenere noorden Aan de noordelijke rand van het centrum getuigen de rivieren van de overvloedige moessonregens (een neerslag tot 1600 mm per jaar, tegenover zo'n 120 mm in het zuiden). De Katherine River heeft een reeks spectaculaire kloven uitgesleten en het **Kakadu National Park** kent een rijke fauna. In het *'Top End'* liggen afgelegen plekken zoals het Cobourg Peninsula, dat de Van Diemengolf afschermt. Darwin zelf beschikt over tal van natuurgebieden in het achterland.

De territoriale wateren van Darwin
Bij Doctors Gully aan het einde van de Esplanade komen bij vloed duizenden vissen en een niet gering aantal toeristen samen bij Aquascene, de eerste om te worden gevoerd, de laatsten om te voeren. Waar u ook vissen kunt zien, en bovendien een nagebouwd koraalrif, is bij de Indo Pacific Marine in het drukbezochte Darwin Wharf Precinct. Het Precinct herbergt eveneens de Australian Pearling Exhibition.

Regenwouden en rivieren
Voor een aangenaam dagje uit vanuit Darwin kunt u naar Berry Springs, een natuurpark met natuurzwembaden en het geweldige Territory Wildlife Park. Dit 400 ha grote natuurgebied is geopend in 1989 en laat bezoekers kennismaken met de gevarieerde dierenwereld van het Northern Territory.
Aan de Daly River Road, ver van de bewoonde wereld, ligt het Daly River Nature Park, waar mensen komen spelevaren of vissen op de barramunda (de Australische longvis). Zwemmen is er echter niet bij vanwege de vele *salties* (zoutwaterkrokodillen).
In het afgelegen Gregory National Park kunt u een magnifiek ravijn bewonderen en boottochtjes maken over de Victoria River.

Darwin

Rondkijken
De beste manier om een indruk van Darwin te krijgen is een rit met de Tour Tub, een open minibus. U kunt kosteloos op elk gewenst punt in- of uitstappen.

De hoofdstad van het Northern Territory ligt enigszins hachelijk op een vooruitstekend schiereiland in Port Darwin, een schitterende natuurlijke haven, die twee maal zo groot is als Sydney Harbour. Darwin is tot vier keer toe bijna van de kaart geveegd. Cyclonen maakten de plaats in 1897, 1937 en opnieuw in 1974 met de grond gelijk, terwijl in de Tweede Wereldoorlog de piloten van de Japanse luchtmacht hun best deden om met 60 luchtaanvallen de furieuze natuur te imiteren. Het herstellingsvermogen van Darwin is echter legendarisch. Na elke ramp kwam de geëvacueerde bevolking terug om de stad op-

Het in tropische stijl gebouwde Government House, het oudste gebouw in Darwin (1883)

nieuw op te bouwen. De cycloon Tracy vernietigde in 1974 bijna alle oude gebouwen van de stad. De nieuwe gebouwen werden vooral ontworpen met het oog op cycloonbestendigheid.

Een bont gezelschap Hoewel Darwin zich afficheert als de voordeur van Australië, zag de stad er lange tijd eerder uit als de achtertuin van het land. Het aantrekkelijke van Darwin is dat het door zijn ligging nogal internationaal georiënteerd is. De stad is gesticht in 1869 en werd een thuishaven voor 'parelvissers, buffeljagers, tripangvissers, goudzoekers, veehouders en veedrijvers'. De bevolking is zeer gemengd. Veel inwoners zijn Aziatisch en van alle Australische steden heeft Darwin de meeste voeling met de landen in het noorden. Singapore ligt niet verder weg dan Sydney en Jakarta ligt zelfs dichterbij.
De meeste mensen bezoeken Darwin alleen maar op doorreis naar een bestemming in het buitenland of in het Northern Territory. Wees echter op uw hoede voor de aantrekkingskracht van de stad, die vooral te danken is aan de ontspannen, tropische levensstijl.

Bezienswaardigheden en oriëntatie Het stadscentrum is goed te belopen. Het telt diverse gebouwen (authentiek of gereconstrueerd) uit vroeger dagen. Sommige daarvan liggen tegenover de parkweide van de Esplanade. Hier staat het Government House uit 1883 en het Old Admiralty House, een fraai voorbeeld uit de jaren twintig van een gebouw op palen (karakteristiek voor de tropen). Verder landinwaarts staan het dikwijls herbouwde Victoria Hotel, de Chinese Temple (of Joss House) en, op de binnenplaats van het Civic Centre, de 'Tree of Knowledge', een oude banyanboom en een van de taaiste oriëntatiepunten van Darwin. Deze eerbiedwaardige zaken staan in schril contrast met het nieuwe, peperdure Northern Territory Parliament House, waar rondleidingen worden gegeven. Andere bezienswaardigheden liggen verder weg en zien veelal uit over de Fannie Bay in het noorden. Daar ligt het MGM Grand Casino, bij Mindil Beach, waar van mei tot oktober een beroemde avondmarkt wordt gehouden.

Een schip van blik
De tropische hitte verschaft de inwoners van Darwin een prima excuus om nog meer bier te drinken dan elders in Australië, een land dat toch al bekend staat om zijn hoge bierconsumptie. Ooit lagen de straten en *highways* bezaaid met weggegooide bierblikjes, maar hiervoor is een slimme oplossing bedacht – de Beer Can Regatta. Dit vreemde evenement met bizarre vaartuigen die zijn gemaakt van eenvoudige *'tinnies'* wordt elk jaar in augustus op Mindil Beach gehouden. De gebeurtenis staat boven aan de sociale agenda in Darwin en trekt duizenden toeschouwers. De bierconsumptie tijdens de festiviteiten verschaft de grondstoffen voor het evenement van het volgende jaar.

In de Museum and Art Gallery kunt u zich vergapen aan de reusachtige krokodil Sweetheart

Een rappe tante
Darwin ligt op het pad van cyclonen, waarvan er geen zo verwoestend was als de cycloon Tracy, rond Kerstmis 1974. In vier uur tijd werd tweederde van de gebouwen van de stad verwoest en de rest ernstig beschadigd. Het dodental liep op tot 66. Niemand weet precies hoeveel kracht Tracy had – de windsnelheidsmeter op het vliegveld brak af toen hij 217 km per uur aangaf, maar de hoogste snelheid werd geschat op zo'n 300 km per uur. De ramp bracht niet alleen treurnis met zich mee. Het Darwin van voor 1974 was bepaald geen pronkstuk van stadsplanning. De wederopbouw verliep heel wat ordelijker en ging gepaard met de bouw van de satellietstad Palmerston, 20 km naar het zuidoosten.

► Darwin Botanic Gardens 180C2

Gardens Road
Planten groeien snel in het klimaat van Darwin; de schade die deze fraaie tuinen in 1974 hebben geleden, is reeds hersteld. De gelegenheid werd te baat genomen om wat soorten toe te voegen, waaronder orchideeën, vijgenbomen, varens en zo'n 400 tropische palmen, de grootste collectie van het zuidelijk halfrond. Veel mensen zoeken verkoeling in de tuinen.

► East Point Military Museum 180D2

East Point Road, Fannie Bay
Op de landtong East Point staan betonnen bunkers en diverse soorten geschut. De kanonnen die hier werden geïnstalleerd om aanvallers af te schrikken, zijn ironisch genoeg door een Japanse schroothandelaar opgekocht.

► Fannie Bay Gaol Museum 180D2

East Point Road, Fannie Bay
Ofschoon Darwin geen strafkolonie is geweest, benadrukt de stad niettemin het belang van zijn gevangenis, die in 1883 is gebouwd en tot 1979 werd gebruikt. De galg die er staat, is nog gebruikt voor de laatste executie in het Northern Territory in 1952.

►►► Museum and Art Gallery of the Northern Territory 180C2

Conacher Street, Bullocky Point
Hier wordt aandacht besteed aan de unieke geografische positie van het Northern Territory. Verder vindt u er een uitstekende verzameling aboriginalkunst, een schat van voorwerpen uit Zuidoost-Azië en Oceanië en de 'Cyclone Tracy Gallery'. Een gigantische schuur herbergt het Maritime Museum met allerlei vaartuigen: prauwen, sinistere oorlogskano's, boten met fantastische vlerken, een lipalipa en de laatste parelvissersloggger van Darwin, de *Vivienne*. De tentoonstelling over de cycloon Tracy is fraai, maar de ereplaats wordt ingenomen door Sweetheart, een reusachtige (opgezette) krokodil.

Krokodillen

■ Een morbide fascinatie voor krokodillen heeft stellig iets te maken met de gedachte zelf een potentiële prooi te zijn voor dit agressieve reptiel. De krokodillen van het Northern Territory, Western Australia en Queensland zijn goed bekend bij het grote publiek, niet alleen vanwege de film *Crocodile Dundee*, maar ook vanwege hun groeiende aantal, het toegankelijk maken van hun habitat voor het toerisme en de gretigheid waarmee de media elke aanval door een krokodil dramatiseren. ■

In Australië komen twee soorten krokodillen voor. De voor mensen ongevaarlijke, vrij kleine zoetwaterkrokodil leeft in rivieren tussen de Golf van Carpentaria en Broome in Western Australia. De zoutwaterkrokodil is twee maal zo groot (exemplaren van 6 m zijn geen uitzondering) en heeft een bredere snuit. Deze krokodil geeft de voorkeur aan het brakke water van getijrivieren. Het dier komt voor van India tot het westelijke gedeelte van de Grote Oceaan, en in Australië van de kust van Queensland rond Rockhampton tot het gebied rond Broome.
Zoutwaterkrokodillen leven van vissen en dieren van allerlei formaat, inclusief mensen. Veel slachtoffers worden onverwachts aan de waterkant aangevallen. De krokodil nadert onder water en gebruikt vervolgens zijn grote staart om als een Polaris-raket uit de diepte omhoog te schieten. De prooi wordt onder water gesleept en verdrinkt voordat hij in stukken wordt gescheurd. Krokodillen kunnen wel een uur onder water blijven. Een groot deel van de tijd brengen ze in ondiep water door, waar ze als boomstammen in liggen te drijven. Op die manier besparen de dieren de energie die nodig is om een prooi te verschalken.

Kijk uit voor u een duik neemt De zwembaden en andere wateren van Darwin moeten worden gecontroleerd voordat ze voor het publiek worden opengesteld. Zwemmen of pootjebaden in gebieden waar krokodillen voorkomen is levensgevaarlijk. Denk eraan dat krokodillen zich ook op het land met grote snelheid kunnen voortbewegen. Ga nooit zwemmen als er verbodsborden staan en informeer in twijfelgevallen ter plaatse.
De beste manier om deze angstaanjagende wezens te zien, is onder leiding van een gids een rondvaart te maken in een boot met een stalen bodem (sleep niet met uw hand door het water, u zou niet de eerste zijn die hem kwijtraakt). Zulke boten varen op Yellow Water in Kakadu en, dichter bij Darwin, op de Adelaide Rivier.

Darwin Crocodile Farm
Deze boerderij 40 km ten zuiden van Darwin herbergt duizenden krokodillen, die worden gefokt voor hun huiden. Het voederen is altijd spectaculair.

Waarschuwing
Krokodillen ontzien niets of niemand, neem dus geen risico's. Dat u ze niet kunt zien, wil nog niet zeggen dat ze er niet zijn.

Albert Namatjira
Deze vertegenwoordiger van het Aranda-volk, geboren in 1902 bij Hermannsburg Mission, werd een voortreffelijke aquarelschilder in de Europese traditie. Zijn onderwerp was het landschap van de MacDonnell Ranges. De schilder en zijn werk werden bejubeld. In 1957 werd hem het voor die tijd buitengewone voorrecht van volledig staatsburgerschap verleend. Maar Namatjira werd verscheurd door de spanning tussen de blanke en de aboriginalgemeenschap en door de drank. Hij werd veroordeeld omdat hij een andere aborigine drank had geleverd en stierf, moreel gebroken, op 57-jarige leeftijd. Namatjira's verrassend frisse schilderijen zijn in veel Australische musea te bewonderen. Aboriginalkunstenaars na hem kozen veelal voor een andere schildertrant, een abstractere, traditionelere stijl die wordt gekenmerkt door de 'stippeltechniek'.

Alice Springs heeft diverse monumenten voor...

►► Alice Springs *176B2*

The Alice (zoals de stad wijd en zijd bekend staat) ligt in het midden van het continent en is van een stoffige buitenpost in een toeristische trekpleister veranderd. De stad biedt goede, moderne faciliteiten en is een uitstekende uitvalsbasis voor het verkennen van het *'Red Centre'*. Alice Springs begon in 1871 als telegraafstation van de Overland Telegraph tussen Adelaide en Darwin – de plaatselijke bronnen werden genoemd naar Alice, de vrouw van sir Charles Todd, de postdirecteur van South Australia. Alice Springs ontwikkelde zich traag, totdat in 1929 de treinverbinding met Adelaide gereed kwam: de fameuze maar gammele 'Ghan', genoemd naar de Afghaanse kameeldrijvers die door de trein werden vervangen. In de Tweede Wereldoorlog kreeg het spoorwegstation een grote strategische betekenis, vooral nadat de Stuart Highway naar Darwin van asfalt werd voorzien. Maar pas sinds de opkomst van het massatoerisme in de jaren zeventig kan de stad bogen op comfortabele hotels, goede restaurants en een winkelcentrum – tot verrassing van de *old-timers*: nog maar kort daarvoor, wanneer ze een avondje kwamen doorzakken, stalden ze hun paard in de hoofdstraat.
De beste plaats om een indruk te krijgen van The Alice en de woestijn eromheen is **Anzac Hill►**, waar een gedenkobelisk staat. Het stadscentrum strekt zich uit over de westelijke oever van de bedding van de Todd River. Het feit dat er meestal geen water in staat heeft de hilarische Henley-on-Todd Regatta er niet van weerhouden om een belangrijk jaarlijks evenement te worden, waarbij niet zozeer roeispanen als wel benen de bodemloze vaartuigen moeten voortbewegen. Het grootste deel van het jaar dient de droge rivierbedding als bivakplaats voor een deel van de aanzienlijke aboriginalbevolking van The Alice. Ten zuiden van de stad liggen de lange bergkammen van de MacDonnell Ranges, onderbroken door de Heavitree Gap. Daarachter liggen het vliegveld en de geheime US/Australian Pine Gap-communicatiebasis. Hoewel de

...de Royal Flying Doctor Service

meeste bezoekers vooral vanwege de locatie naar Alice Springs komen, biedt de stad zelf ook veel attracties. Enkele oudere gebouwen herinneren nog aan de beginfase. Het eerbiedwaardigst is de **Old Stuart Town Gaol**, die helemaal van 1907 dateert! Het **Adelaide House** is als ziekenhuis gebouwd in 1920–1926. Nu is het een museum, waar memorabilia bewaard worden uit de begintijd van de Royal Flying Doctor Service. In de jaren twintig zetelde de overheid van het Northern Territory een tijdje deels in Darwin en deels in Alice Springs. **The Residency▶** stamt uit deze periode en herbergt nu een klein maar goed museum gewijd aan de plaatselijke geschiedenis. Het belangrijkste museum van de stad is het **Museum of Central Australia▶** in het Araluen Precinct; het bezit een uitgebreide collectie op het gebied van de kunst en natuurlijke historie van Centraal-Australië.
Transport en communicatie zijn de thema's van Alice Springs. De stad kwam voort uit het **Old Telegraph Station▶▶**, waarvan de gebouwen nog steeds bestaan, even ten noorden van de stad. Zowel de **School of the Air** als de **Royal Flying Doctor Service** hebben bases in de stad, die toegankelijk zijn voor het publiek. Verder naar het westen ligt het **Museum of Technology, Transport and Communications**, met tentoonstellingen over de eerste vliegtochten in de *Outback* en over de geschiedenis van het autovervoer. Aan de Stuart Highway, voorbij de Heavitree Gap, vindt u de **National Transport Hall of Fame** en de Ghan Preservation Society, die gewijd zijn aan de treinen van het oorspronkelijke smalspoor. In de pionierstijd werd het droge binnenland bevoorraad met kamelen. Op de **Frontier Camel Farm** kunt u alles aan de weet komen over de kamelen en hun Afghaanse drijvers.
Alice Springs is een plaats die duidelijk het stempel draagt van de aanwezigheid van de aborigines. De economie van de stad wordt mede draaiende gehouden door het geld dat de aborigines uitgeven, maar er is nog meer geld gemoeid met de handel in aboriginalsouvenirs, die niet de kwaliteit van de schilderijen van Albert Namatjira (zie linkerkolom bladzijde 184) halen. Een aangrijpend verhaal over de relatie tussen Europeanen en aborigines wordt verteld in het **Strehlow Research Centre**, waar u kennis maakt met het Aranda-volk en de zoon van een Duitse missionaris, die te midden van hen leefde.

In The Alice wordt u zowel gevoed als vermaakt

Reismogelijkheden

De Stuart Highway
Deze 2100 km lange weg, die iedereen kent als *'The Track'*, ontrolt zijn smalle strook asfalt door de immense, verlaten ruimte van Centraal-Australië tussen Port Augusta en Darwin. De weg volgt de route die in 1862 voor het eerst door de taaie Schot John McDouall Stuart is afgelegd. Vele jaren lang was de weg een beruchte assenbreker, maar er werd niets ondernomen totdat de oorlogssituatie in 1942 wanhopig werd en de weg van het spoorweghoofd bij Alice Springs tot aan Darwin met hulp van de Amerikaanse strijdmacht snel werd geasfalteerd. Het duurde nog enige tientallen jaren voordat de zuidelijke helft van de *highway* helemaal werd verhard en er aan het avontuur van grind, steen en stof een einde kwam.

Vliegtuig Het vliegveld van Darwin heeft in 1991 een nieuw luchthavengebouw gekregen – minder karaktervol dan de vroegere tinnen loods, maar oneindig veel gerieflijker. Hiervandaan zijn er verbindingen met alle grotere Australische steden en met tal van overzeese bestemmingen, inclusief directe vluchten naar Japan, Singapore, Indonesië en Maleisië. Ook Alice Springs heeft een modern vliegveld, eveneens met lijnvluchten naar verschillende Australische bestemmingen. Connellan Airport, niet ver van Ayers Rock, biedt een beperkter aantal vluchten. Kleine vliegtuigen brengen u overal in het territorium. Vanuit de lucht gezien is de woestijn het spectaculairst. Probeer eens de heteluchtballon in Alice Springs.

Bus Lange-afstandbussen verbinden Darwin, Alice Springs, Ayers Rock en andere plaatsen in het Northern Territory met de grotere Australische steden. Touroperators bieden tal van reizen aan, vooral naar het *'Red Centre'*. Sommige dagtochten, zoals Darwin-Kakadu-Darwin, zijn niet aan te raden voor mensen met een zwak gestel – het is beter om een overnachting in te plannen. Alleen Darwin kent een lokale busdienst.

Trein Over het spoor van Tarcoola in South Australia naar het noorden rijdt wederom de **'Ghan'** (zie bladzijde 189), een luxetrein die Sydney, Melbourne, Adelaide en Alice Springs met elkaar verbindt. Dit is de enige spoorlijn in het Northern Territory. Verschillende steden onderhouden bus- en vliegtuigverbindingen met het spoorwegstation in Mount Isa, het eindpunt van de *'Inlander'*-trein uit Townsville, bijna 1000 km verderop aan de kust van Queensland.

Auto De **Stuart Highway** loopt van Darwin via Alice Springs naar Port Augusta en Adelaide (2700 km) in het zuiden. Bij Three Ways buigt de **Barkly Highway** af naar Mount Isa en gaat dan verder naar Townsville (2556 km). Bij Katherine buigt de **Victoria Highway** af naar de Kimberley en gaat dan verder naar Perth (4081 km). Verharde wegen voeren naar Ayers Rock en Jabiru in het Kakadu National Park en er zijn goed begaanbare wegen naar de meeste toeristische plekken.

Kolossale trucks doorkruisen het noorden en de Outback *van het continent*

De rotskoepels van The Olgas, of Kata Tjuta, wachtend om verkend te worden

▶ Arnhem Land *176E2*

Ten oosten van Kakadu lijkt een ruige, steile wand de weg naar dit mysterieuze, ontoegankelijke gebied te versperren. Arnhem Land is vernoemd naar het Nederlandse schip waarvan de bemanningsleden als eerste Europeanen dit land zagen. Het ontvouwt zich spectaculair naar het oosten en vormt de westelijke kustlijn van de Golf van Carpentaria. Het gebied is nu eigendom van aborigines. Het grootste gedeelte ervan is slechts toegankelijk met een vergunning, maar er worden wel rondleidingen verzorgd vanuit Darwin en Kakadu en u kunt bovendien per vliegtuig naar Seven Spirit Bay op het Cobourg Peninsula.

▶▶▶ Ayers Rock (Uluru) en The Olgas (Kata Tjuta) *176A1*

De rode monoliet Ayers Rock is een van de grote toeristische clichés van de wereld, maar de enorme rots blijft indrukwekkend. Uluru, de aboriginalnaam voor Ayers Rock, heeft een unieke spirituele betekenis voor de plaatselijke aborigines, wier voorvaderen minstens 20.000 jaar geleden al in het gebied leefden. Verscheidene heilige plaatsen rond de voet van de berg mogen niet worden betreden of gefotografeerd.

De verkenner Ernest Giles was in 1872 de eerste Europeaan die de rots zag. In 1985 werd het land, waartoe ook het op de Werelderfgoedlijst geplaatste Uluru-Kata Tjuta National Park behoort, ceremonieel teruggegeven aan een namens de traditionele eigenaars optredende aboriginaltrust en vervolgens voor een periode van 99 jaar verpacht aan de parkbeheerders van het Northern Territory. Hotels en andere toeristische voorzieningen bevinden zich in het **Ayers Rock Resort**, op een respectvolle afstand van 18 km van Uluru vandaan.

Het sediment waaruit Ayers Rock/Uluru en de naburige Olgas/Kata Tjuta bestaan, is 500 tot 600 miljoen jaar geleden afgezet en vervolgens omhooggedrukt. Ayers Rock is 348 m hoog, Mount Olga 546 m, maar beide gaan nog een stuk dieper de grond in.

Vervolg op bladzijde 190.

Aboriginalplaatsnamen

Ofschoon veel Australische plaatsnamen zijn ontleend aan plaatsen in het 'oude land', hadden de kolonisten er ook niets op tegen om aboriginalnamen te gebruiken. Parramatta was hiervan het eerste voorbeeld en andere aboriginalnamen kunnen over de gehele landkaart worden aangetroffen. Ze klinken vaak toepasselijker dan de namen die doen denken aan de dorpen, buitenwijken of provincieplaatsen in het verre Engeland. Wie zou weerstand kunnen bieden aan Woolloomooloo? Tegenwoordig worden veel van deze buitenlandse namen weer vervangen door de aboriginalnaam. The Olgas (genoemd naar een 19de-eeuwse Spaanse koningin) heten nu officieel Kata Tjuta ('veel hoofden') en Ayers Rock wordt Uluru genoemd.

Australische spoorwegen

■ In zo'n groot land als Australië was er een lange en moeilijke strijd voor nodig om 'de tirannie van de afstand' te overwinnen. De spoorwegen speelden een belangrijke rol in de economische ontwikkeling van het land en droegen ertoe bij dat de verschillende staten politiek naar elkaar toe groeiden. ■

Een lange weg binnendoor Toen de Transcontinental Railway west en oost eenmaal met elkaar had verbonden, gingen Europese bootreizigers die haast hadden om in Melbourne of Sydney aan te komen in Fremantle aan land om van daar hun reis per trein voort te zetten. Hoewel ze telkens moesten overstappen als de spoorbreedte weer eens veranderde, boekten ze op die manier een tijdwinst van één of twee dagen. Tegenwoordig is het niet langer nodig om over te stappen, aangezien inmiddels op het hele stuk van Perth tot Sydney de standaardspoorbreedte wordt gehanteerd.

Er is tijd genoeg om de wegenkaart te bestuderen

De maat van het spoor De eerste stoomtreinen reden tussen Melbourne en de haven van de stad (september 1854) en tussen Sydney en Parramatta (een jaar later). Maar toen waren er al moeilijkheden. Welke spoorbreedte moest worden gehanteerd? De koloniën kwamen aanvankelijk overeen dat het spoor de standaardbreedte van George Stephenson (4 voet en 8,5 inch ofwel 1435 mm) zou krijgen, maar later werd een voorkeur uitgesproken voor een grotere afstand tussen de rails (5 voet en 3 inch ofwel 1600 mm), zoals in Ierland. Ten slotte ging elke kolonie haar eigen weg: Victoria en South Australia kozen voor het breedspoor, New South Wales koos voor de standaardbreedte en Queensland en Western Australia hielden er het totaal andere idee op na om het smalspoor van 3 voet en 6 inch (1067 mm) te gebruiken. Tasmanië begon met het standaardspoor, maar schakelde later over op het smalspoor.

Zolang de verschillende spoorwegnetten gescheiden van elkaar opereerden, was er niets aan de hand, maar uiteindelijk werd beslist dat ze op elkaar zouden aansluiten (of liever gezegd: níet aansluiten). Passagiers op weg van de ene staat naar de andere moesten bij de grens overstappen, goederen moesten worden uitgeladen en weer ingeladen. De meest gehate drie woorden in heel Australië schijnen destijds *'All change! Albury'* te zijn geweest (Albury was de naam van het station op de grens tussen New South Wales en Victoria).

Natuurlijke hindernissen Spoorwegen waren in Australië erg duur vanwege de afstanden die moesten worden overbrugd, de uiteenlopende natuurlijke obstakels die moesten worden overwonnen en de enorme kosten die waren verbonden aan het importeren van rails en andere materialen. Het grillige landschap werkte tegen, overstromingen in verder meestal droge streken spoelden hele stukken spoorbaan weg.

Om de kosten te drukken werden aan veel spoorlijnen buiten de stedelijke gebieden geen hoge eisen gesteld, met ergerlijke snelheidsbeperkingen als resultaat. Bruggen werden lange tijd niet gebouwd. De treinveerboot die jarenlang de wagons van de trein van Sydney naar Brisbane over de Clarence River vervoerde, werd pas in 1932 door een brugverbinding overbodig.

Voor secundaire spoorlijnen werd ook wel een spoorbreedte van 2 voet en 6 inch gehanteerd, alleen geschikt voor een miniatuurtrein zoals die nu nog rijdt tussen Ferntree Gully en Belgrave in de Dandenongs in Victoria (de beroemde 'Puffing Billy'). Nog smaller – 2 voet (60 cm) – zijn de suikerrietlijnen die zich door de plantages van

Queensland slingeren. Van tijd tot tijd hebben sommige delen van Australië blijk gegeven van een behoefte aan zelfstandigheid. Zo wilde Western Australia aan het einde van de 19de eeuw alleen tot de Federatie toetreden op voorwaarde dat een (door de Federatie te bekostigen) transcontinentale spoorlijn deze staat met de rest van het land zou verbinden. Het duurde jaren voordat de rails door de 479 km lange Nullarbor Plain waren gelegd, maar het spoor kwam in 1917 gereed en wordt nu gebruikt door de *Indian Pacific.*

De Ghan Een weliswaar onvoltooid, maar fascinerend spoorwegproject was de verbinding South Australia–Northern Territory. Een gammel smalspoor kronkelde van het zuidelijke Port Augusta naar het noorden en van het noordelijke Darwin naar het zuiden. Het noordelijke gedeelte werd de Ghan genoemd, omdat het de Afghaanse kameelkaravanen verving die tot dan toe op dat traject het meest effectieve vervoermiddel waren geweest. Oodnadatta bereikte men in 1890, maar het duurde nog eens 39 jaar voordat Alice Springs werd bereikt. Het noordelijke gedeelte kwam slechts tot Birdum, 500 km ten zuiden van Darwin. Beide spoorlijnen werden in de jaren zeventig afgebroken. Het noordelijke deel verdween helemaal, maar het zuidelijke deel werd opnieuw aangelegd over een minder overstromingsgevoelig tracé. De trein die nu over de rails dendert heet ook de Ghan, maar biedt een comfort dat het reisgezelschap van Wilfred Thomas (zie rechterkolom) nooit heeft gekend. Het is een van de klassieke treinreizen van de wereld.

Rumoerige nachten
Een van de eerste reizigers met de Ghan, Wilfred Thomas, probeerde de slaap te vatten, maar moest tot zijn ontzetting constateren dat zijn medereizigers – een groepje ruig ogende mijnwerkers en veeboeren – plotseling de stoelen verwijderden, de sterke drank en een paar doedelzakken te voorschijn haalden en het vervolgens op een nachtelijk dansfestijn zetten.

De luxueuze Ghan verbindt Sydney en Melbourne met Adelaide en The Alice

Een draak in de *Outback*
De angstaanjagende *thorny devil* is een van de verbazingwekkendste bewoners van de woestijn en verdient zijn naam – ook de officiële: *Moloch horridus* – zeer zeker. Ondanks de stekels op zijn logge lichaam is het echter een ongevaarlijk dier, dat op zijn onaantrekkelijke uiterlijk vertrouwt om aanvallers af te schrikken.

Het spectaculaire uitzicht vanaf Ayers Rock

Vervolg van bladzijde 187.

Ayers Rock en The Olgas reageren op mysterieuze wijze op veranderingen in de lichtval; vooral de vreemde gedaanteverwisselingen tijdens zonsopgang en zonsondergang zult u niet willen missen. De rode grondkleur hangt samen met de aanwezigheid van ijzererts.
De meeste bezoekers haasten zich om de Rock te beklimmen, maar deze expeditie moet niet te lichtvaardig worden ondernomen. Raadpleeg wachters en gidsen over het beste tijdstip, de watervoorraad en de route (de enige) die u moet volgen. U zou ook tegemoet kunnen komen aan de uitdrukkelijke wens van de aborigines en van de beklimming kunnen afzien. De berg is ook op een eerbiediger wijze te bezichtigen, door middel van een wandeling of een door een aboriginalparkwachter geleide tocht rond de 10 km lange voet van de berg. Op die manier zult u bovendien een schat van details opmerken die van dichtbij moeilijker zijn waar te nemen: de vreemde, beschuitachtige textuur van het gesteente of de wijze waarop de haast verticale lagere hellingen door erosie zijn gerimpeld. Als u echt geluk hebt, kunt u een storm meemaken en het daaropvolgende spektakel van ontelbare watervallen.
De geologische oorsprong van de 36 koepels van **The Olgas** is verwant aan die van Ayers Rock, maar ze leveren een andere, zij het niet minder fascinerende ervaring op, al was het maar vanwege de rijke flora en fauna in de beschutte kloven tussen de afzonderlijke toppen. Een wandeling door het gebied is natuurlijk prachtig, maar de spectaculairste manier om deze 'slapende dinosaurussen' te bekijken is aan boord van een vliegtuigje, op een van de korte vluchten die ook over Ayers Rock voeren. Behalve dat u een blik kunt werpen op de geïsoleerde tafelberg Mount Connor krijgt u vanuit de lucht ook een goede indruk van de inrichting van het Ayers Rock Resort

(zie rechterkolom). Het ontwerp, uit 1981, sluit uitstekend aan bij de omringende woestijn.
U zult bij Ayers Rock talloze georganiseerde tochten aantreffen, variërend van reisjes per dubbeldekker tot een rit met commentaar achter op een Harley-Davidson. Deelnemers aan de **Uluru Experience▶** kunnen nader kennismaken met de flora en fauna van de woestijn en met de cultuur van de aborigines.

▶ Bathurst Island en Melville Island *176E1*

Deze twee eilanden ten noorden van Darwin worden van elkaar gescheiden door de smalle Apsley Strait. Hier leeft het Tiwi-volk. Deze mensen hadden geen contact met de aborigines van het vasteland en ontwikkelden hun eigen cultuur, waartoe de bijzondere, rijkelijk versierde Pukamani-grafpalen behoren. De eerste Britse poging om bij Fort Dundas een kolonie te stichten (1824–1829) eindigde in een mislukking. Aan het begin van deze eeuw werd er een katholieke missie gesticht, maar de eilanden zijn nu teruggegeven aan hun traditionele eigenaars en kunnen slechts via een georganiseerde rondreis worden bezocht.

▶ Chambers Pillar *176A2*

Deze 50 m hoge geel-rode monoliet van zandsteen verheft zich loodrecht op zijn brede fundament en vormt een van de markantste oriëntatiepunten van de woestijn. De pilaar staat in een beschermd gebied aan de rand van de Simpson Desert. Lange tijd werd hij door onversaagde ontdekkingsreizigers, die er soms een inscriptie op zetten, gebruikt als hulpmiddel bij het bepalen van de route.

▶ Cutta Cutta Caves Nature Park *176D2*

Deze kalksteengrotten ten zuiden van Katherine aan de Stuart Highway zijn door nauwe gangen onderling verbonden. Er huizen oranje hoefijzerneusvleermuizen, waarvan ooit werd aangenomen dat ze waren uitgestorven. De Tindal Caves, waar bijzondere sponsformaties te zien zijn, liggen hier niet ver vandaan.

Groen op rood
Het ecologische evenwicht en de visuele aantrekkingskracht van de woestijn kunnen gemakkelijk worden verstoord als bezoekers er in groten getale verschijnen. De vroegere opeenhoping van motels en andere faciliteiten aan de voet van Ayers Rock was geen architectonisch hoogstandje. Het huidige Ayers Rock Resort, dat ervoor in de plaats is gekomen, is zowel in esthetisch als in ecologisch opzicht een grote verbetering. Het ligt op 18 km afstand van de Rock en maakt nauwelijks inbreuk op de unieke omgeving, deels vanwege de landschapsarchitectuur, die inspeelt op de karakteristieke vormen en vegetatie van de omgeving. Het hotel en de overige gebouwen hebben dikke stenen muren voor de isolatie. Veranda's en overhangende dakranden beschutten ramen en wandelgangen tegen de zon. De zonneschermen zijn het symbool van het Ayers Rock Resort geworden, maar zijn er ook om energie vast te houden.

De barramundi
Deze lekkere tropische vis is geliefd in Australië. Barramundi's kunnen enorm groot worden: exemplaren van 1,80 m lang en met een gewicht van 500 kg zijn niet uitzonderlijk. Ze komen voor in de noordelijkste waterrijke gebieden en planten zich voort in riviermondingen. De barramundi laat zich niet zomaar vangen – het is een vechter. De soort is nog steeds talrijk, maar er gelden wel vangstbeperkingen voor.

De zeldzame oranje hoefijzerneusvleermuis huist in de Cutta Cutta Caves

De ronde granieten Devils Marbles ten zuiden van Tennant Creek

Kastelen van klei
In een land waar de neerslag minimaal is, zijn er geen wormen om de grond om te woelen. In het Northern Territory en andere dorre gebieden wordt deze functie vervuld door termieten, die hele landschappen vormgeven met hun vreemde aardhopen (zie hieronder). Deze vestingen worden gebouwd met een mengsel van aarde, spuug en mest en kunnen een hoogte van 3 m bereiken. Hoe vijandig de weersomstandigheden buiten ook mogen zijn, binnen de keiharde muren heerst een vochtig klimaat met een constante temperatuur van 30°C.

►► Devils Marbles *176C2*

Honderden grote en kleine granieten keien liggen verspreid over de vlakte langs de Stuart Highway, even ten noorden van het dorp Wauchope. Voor geologen zijn het de restanten van oeroude bergen, voor de aborigines zijn het de eieren van de Regenboogslang Wanambi. U kunt ze het beste vroeg in de ochtend bekijken.

►► Finke Gorge National Park *176A2*

De kloof in de westelijke MacDonnell Ranges die bekend staat als Palm Valley bereikt u via de rotsachtige bedding van de Finke River. Deze staat doorgaans droog, maar is na regenval onbegaanbaar. De weelderige begroeiing in de beschutte kloof staat in schril contrast met de droogte van de woestijn. De ongeveer 3000 koolpalmen in het nationaal park met een oppervlakte van 46.000 ha zijn uniek voor dit gebied; ze stammen af van prehistorische bomen die aan de kust van een toenmalige tropische zee groeiden. Een goed uitzicht op het ravijn biedt de **Initiation Rock**, waar jongens van het Aranda-volk ooit in de mysteries van de mannelijkheid werden ingewijd.

►► Gurig National Park *176F2*

Dit nationale park, dat aan de traditionele aboriginal-eigenaars is teruggegeven, omvat het gehele Cobourg Peninsula, dat van Arnhem Land westwaarts de oceaan in steekt. Het is een voortreffelijke plek om te zeilen en te vissen. Het aantal bezoekersvergunningen is echter zeer beperkt (vergunningen zijn verkrijgbaar bij de Parks and Wildlife Commission van het Northern Territory). De fraaie natuurlijke haven van **Port Essington** was de locatie van Victoria, een van de eerste Britse nederzettingen, die later is vervangen door Darwin.

► Henbury Meteorite Craters Conservation Reserve *176A2*

Aan het einde van een onverharde zijweg van de Stuart Highway, 130 km ten zuiden van Alice Springs, ligt een groep kraters die 5000 jaar geleden zijn ontstaan door de inslag van een meteoriet.

▶▶▶ Kakadu National Park *176E2*

Ongeveer 250 km ten oosten van Darwin ligt het grootste nationale park van Australië. Het is in 1987 door de Unesco aangemerkt als Werelderfgoedgebied vanwege de plaatsen met aboriginalkunst en de rijke fauna.
Kakadu omvat uiteenlopende landschappen. In het getijdengebied langs de Van Diemengolf liggen de mondingen van de East, West en South Alligator River en de Wildman River. Grijze moddervlakten contrasteren er met het heldere groen van de mangrovenmoerassen, die als paaigronden fungeren voor de barramundi (zie rechterkolom bladzijde 191). In de natte periode vormen de vele buiten hun oevers getreden rivieren een grote zoetwaterzee, waar het krioelt van de trek- en watervogels, zoals eksterganzen, wouwen, zilverreigers, brolgakraanvogels, pelikanen, aalscholvers, ibissen en zadelbekooievaars. Zout- en zoetwaterkrokodillen liggen op de loer in kreken en zijarmen. Verder naar het zuiden liggen eucalyptusbossen, die bezaaid zijn met termietenheuvels en waaruit imposante rotspartijen oprijzen: geïsoleerde fragmenten van de ontzagwekkende zandstenen rotswanden die de westelijke rand van Arnhem Land markeren. Deze woeste noord-zuidbarrière heeft een lengte van 500 km en wordt onderbroken door kloven die zijn uitgesleten door rivieren. In het regenseizoen zijn hier schitterende watervallen te zien. De twee bekendste zijn de **Jim Jim Falls▶** en de **Twin Falls▶**. De natuurlijke 'galerijen' in de zandstenen wanden bevatten de mooiste voorbeelden van vroege aboriginalkunst van Australië. Het drukst bezocht zijn die bij **Ubirr▶▶** en bij **Nourlangie Rock▶**. Het **Bowali Visitor Centre** van het park ligt bij de belangrijkste plaats, Jabiru, maar er is ook een goed complex, het **Warradjan Aboriginal Cultural Centre**, waar u veel te weten komt over de geschiedenis en cultuur van deze streek. Met een vliegtuig vanuit Darwin kunt u net in een dag een indruk van Kakadu krijgen. Er zijn ook busreizen naar het gebied.

De kunst van de Outback
De aboriginalkunst heeft meer te maken met traditionele riten en ceremoniën dan met zelfexpressie. Zij is vluchtig en herhaalbaar. Veel van de kunst in het hart van Australië is abstract en symbolisch. Het doek van de kunstenaar kan een rotswand zijn of de grond, waarop met gekleurde aarde, steentjes, veren en wat dies meer zij zandschilderingen worden gemaakt. De wandschilderingen in Kakadu zijn figuratief. Sommige jachttaferelen dateren van 23.000 jaar geleden. De röntgenstijl, die de inwendige organen en het geraamte van vissen en andere dieren laat zien, dateert van de periode die volgde op een stijging van de zeespiegel, zo'n 7000 tot 9000 jaar geleden. De recentere afbeeldingen van Europeanen en hun toebehoren behoren tot de zogenaamde contactperiode.

Zonsopgang in Kakadu: een onvergetelijk schouwspel

Aborigines nu

■ In de eerste helft van de 20ste eeuw leek het erop dat de aborigines van Australië gedoemd waren om uit te sterven. Hun aantal liep dramatisch terug van naar schatting een half miljoen in de begintijd van de Europese kolonisatie tot zo'n 60.000 (waaronder velen van gemengd bloed) in de jaren twintig van de 20ste eeuw. ■

Lekkere larven
Terwijl de aboriginalmannen met boemerangs en met behulp van vuur jaagden, zochten de vrouwen en kinderen naar kleinere zoogdieren, hagedissen, insecten, zaden en vruchten. Een bijzondere delicatesse is de *witchetty grub*, die meestal kort in gloeiend hete as wordt geschroeid alvorens te worden gegeten. De kennismaking met *'bush tucker'* (voedsel uit de bush) kan een fascinerende ervaring zijn.

De in de *Outback* gestichte christelijke missies verbraken de oude spirituele banden van de aborigines met het land. Van overheidswege aangestelde 'beschermers' *(protectors)* verplaatsten hen willekeurig en aboriginalkinderen werden bij hun ouders vandaan gehaald en in tehuizen of door adoptieouders grootgebracht. Ze vielen ten prooi aan alcoholisme en ziekten en werden door vee- en schapenboeren uitgebuit als goedkope arbeidskrachten. Rechten die andere Australiërs ten deel vielen, werden consequent ontzegd aan de aborigines. Er is wel gedacht dat de aborigines van het vasteland binnen afzienbare tijd hetzelfde lot wachtte als de Tasmaniërs.

Niet uitgestorven Aan het eind van de 20ste eeuw is de situatie echter hoopgevender geworden. De aborigines hebben een stem gekregen; er wordt naar hen geluisterd door de blanke meerderheid. Hun lot is onder de aandacht gekomen van de machthebbers dankzij protestacties als de 'tent-ambassade' die jaren geleden voor het parlement in Canberra werd opgezet, of de mars van 30.000 mensen door de straten van Sydney als onderdeel van de boycot van de viering van de Bicentennial (of 'invasie') in 1988. Er zijn enkele aboriginalradio- en televisiestations.
Op politiek gebied zijn belangrijke hervormingen doorgevoerd. De bijna onvoorstelbare situatie dat aborigines niet

Deze kinderen wonen dicht bij een school, anderen luisteren over de radio naar de School of the Air

werden meegeteld in de volkstelling, werd in 1967 rechtgezet via een referendum, dat tevens de federale regering de verantwoordelijkheid gaf over aboriginalzaken. Een gevolg daarvan was de Aboriginal Land Rights Act van 1976, een wet die erin voorzag dat gebieden aan de 'traditionele eigenaren' konden worden teruggegeven. Zo werden in 1985 **Ayers Rock** en het **Uluru National Park** eigendom van de namens de traditionele eigenaren optredende Uluru-Kata Tjuta Land Trust. Zulke gebieden zijn nu alleen toegankelijk voor wie een vergunning heeft gekregen. Voor een wereldberoemd nationaal park wordt die meteen gegeven, maar vergunningen voor minder bekende plekken worden niet automatisch verstrekt – iets wat veel blanke Australiërs dwars zit.

In de ogen van anderen De houding van de blanken is drastisch veranderd. In een tijd waarin het milieu wordt bedreigd en de mensen hun zingeving zijn kwijtgeraakt, dwingt de manier waarop de aborigines vele duizenden jaren in materiële en geestelijke harmonie met de natuur hebben geleefd respect af. Traditionele én hedendaagse aboriginalkunst wordt in brede kring bewonderd. Bij velen leeft de wens om het in de loop van 200 jaar aangedane onrecht te vergoeden. Maar er blijven problemen, ook al lijken ze niet langer onoverkomelijk. Sommige aboriginaljongeren proberen de oude manier van leven te combineren met de voordelen van de Europese beschaving, maar anderen leven aan de rand van de samenleving. Aborigines worden veel vaker voor kleine vergrijpen veroordeeld dan andere Australiërs; een schandalig groot aantal jonge aborigines is in politiecellen gestorven. In vele blanke harten worden de aborigines nog steeds veracht.
Wellicht moeten de aborigines zich eerst van de blanke waarden afkeren en zoveel mogelijk naar hun tradities terugkeren voordat de rassen weer in harmonie kunnen samenleven. Het recht om blanken de toegang tot de aboriginalgebieden te ontzeggen kan in dat licht worden bezien, in plaats van als het begin van een soort apartheid. Veel aborigines zijn bereid om hun toegenomen gevoel van eigenwaarde en hun erfenis met mede-Australiërs en buitenlandse bezoekers te delen. Hedendaagse aboriginalkunst is overal verkrijgbaar. De traditionele rotsschilderingen kunt u het beste onder leiding van een aboriginalgids bezichtigen (informatie bij de Australian Tourist Commission – zie bladzijde 266). Muziek, dans en rituelen zijn op verschillende plekken te zien, maar een bezoek aan een aboriginalgemeenschap zal menigeen als het hoogtepunt van een reis naar Australië ervaren.

Het recht op land
Sinds 1976 bezitten de aborigines in het Northern Territory het land dat vroeger reservaat was. Daarnaast hebben ze het recht lege kroondomeinen te claimen. Dat betekent niet dat er niet aan mijnbouw wordt gedaan, maar de eigenaars krijgen wel geld voor de exploitatierechten. Vrij veel gemeenschappen in gebieden als Arnhem Land hebben nu een inkomen uit de exploitatie van de bronnen op hun grondgebied.

Sommige aborigines zijn bereid u deelgenoot te maken in hun tradities

Schapen

■ Het aantal schapen in Australië bedraagt tegenwoordig meer dan 160 miljoen. Voor meer dan driekwart zijn dit de sterke merinoschapen met vachten van wel 10 kg. Australië zorgt wereldwijd voor ongeveer een kwart van de wolproductie en is de grootste exporteur van lams- en schapenvlees. Op sommige plaatsen grenst de schapenpopulatie aan het ongelooflijke: zo grazen op Kangaroo Island 1 miljoen schapen, terwijl er maar 4000 mensen leven. ■

Het scheerrecord
Traditioneel werkten schaapscheerders in het scheerseizoen in groepen, die van de ene schapenfokkerij naar de andere trokken. Ze wisten hun vaardigheid tot ongelooflijke snelheid op te voeren. In 1892 vestigde een man uit Queensland, Jackie Howe, het record schapen scheren met de hand: 321 schapen in 7 uur en 40 minuten. De scheerders van nu kunnen dat maar moeilijk evenaren, zelfs met elektrische tondeuses.

Een sterk ras Het schaap is een van de dieren die met Australië worden geassocieerd. Schapen waren ook meegekomen met de *First Fleet*, maar 59 van de 90 dieren van gouverneur Phillip stierven al snel. Kapitein John Macarthur had meer geluk. Hij was zo slim om Bengaalse ooien door Engelse rammen te laten dekken en de schapen vervolgens met Spaanse merino's te kruisen. Dit gekruiste schapenras deed het goed in de nieuwe omgeving. Het leverde een vacht van goed gewicht en goede kwaliteit op – Macarthur werd een rijk man – en verschafte het fundament voor de wolindustrie van Australië. In de 19de eeuw waren het behalve de mensen ook de schapen die het nieuwe land koloniseerden. In 1900 bedroeg hun aantal bijna 100 miljoen.

Schaapscheerders Het is een spektakel om de zeer bedreven schaapscheerders aan het werk te zien. De schapen worden in de schuur gedreven, door de scheerder op de grond gegooid en bij hun poten vastgehouden. De tondeuses, die de oude scharen al lang geleden hebben vervangen, glijden snel door de vacht, die indien mogelijk in één stuk wordt verwijderd. De wol wordt naar kwaliteit gesorteerd en dan in enorme balen afgevoerd.

Wordt dit een nieuw record schaapscheren?

► Katherine 176E2

Deze plaats is het centrum van een uitgestrekt en afgelegen gebied dat door de schrijfster Jeannie Gunn is beschreven in *We of the Never Never*, haar klassieke roman uit 1908 over de *Outback*. Het gebied ontleent zijn naam aan het gezegde dat wie hier woont, 'nooit ofte nimmer' kan weggaan. U kunt Springvale bezoeken, de oudste boerderij van het Northern Territory, maar de meeste van de 250.000 jaarlijkse bezoekers van de stad komen voor de spectaculaire Katherine Gorge in het **Nitmiluk National Park►►**, zo'n 30 km naar het oosten. De Katherine River heeft in het zandstenen plateau aan de rand van Arnhem Land een aantal kloven uitgesleten, die een verrassende verscheidenheid van planten en dieren herbergen. De eerste twee ravijnen kunt u aan boord van een toeristenboot bekijken, de engten verder stroomopwaarts vanuit uw eigen kano. Vanaf het informatiecentrum kunt u wandelingen maken naar diverse plekken langs de kloof.

►► Kings Canyon 176A1

Met zijn ruige zandstenen rotswanden die 200 m boven de droge rivierbedding oprijzen, vormt dit ravijn in het Watarrka National Park, 350 km ten zuidwesten van Alice Springs, een van de indrukwekkendste landschappen van Centraal-Australië. Het geniet een groeiende populariteit. Als u wandelschoenen hebt en redelijk fit bent, mag u de 6 km lange wandeling omhoog naar het plateau en langs de rand van het ravijn niet missen. Het is in het begin een steile klim, maar die wordt beloond met een panoramisch uitzicht over de canyon en met een glimp van Ayers Rock.

►► Litchfield National Park 176E1

Dit gebied van 650 km^2 met zandsteenplateaus en regenwouden, dat tot voor kort onderdeel was van een boerenbedrijf in privé-bezit, wordt steeds populairder. U kunt er zwemmen in de heldere plassen aan de voet van de watervallen. In het park zijn veel hoge termietennesten te zien, evenals de zandstenen pilaren van de 'Lost City'. Het park is bereikbaar via het stadje Batchelor.

Kings Canyon, een onherbergzaam maar goed wandelgebied

Een levende traditie
Door de toegenomen belangstelling voor de inheemse geschiedenis en cultuur van Australië en dankzij initiatieven van de aborigines, zijn er in het Territory verschillende culturele centra geopend. U vindt er één in Kakadu (zie bladzijde 193). Het Uluru-Kata Tjuta Cultural Centre, bij Ayers Rock, biedt traditionele dans, kunst en kunstnijverheid.

Australisch gras
De ontdekkingsreizigers vervloekten de stekelige graspollen, omdat de speerachtige bladeren van de spinifex de paarden en kamelen tot bloedens toe verwondden. Australische grassen kunnen met hun penwortels vocht van ver onder de oppervlakte halen en zijn daardoor vaak de enige planten die bestand zijn tegen de extreme hitte van het *'Red Centre'*. De bladeren staan naar buiten en daardoor ontstaan er holten die een onderkomen bieden aan insecten, *thorny devils*, skinken en zelfs een duivenras.

De Larapinta Trail
Deze lange route loopt van Alice Springs Telegraph Station recht de West MacDonnells in. Wandelaars kunnen het hele traject (zo'n 200 km) of een stuk ervan lopen en onderweg overnachten. Neem voor meer informatie contact op met de Park and Wildlife Commission van de Northern Territory.

►►► MacDonnell Ranges *176A2*

De plooiingen van deze parallel lopende bergkammen van kwartsiet en zandsteen strekken zich honderden kilometers over Centraal-Australië uit en bieden vanuit de lucht een bijna angstaanjagend panorama van totale verlatenheid. Toch leefde hier het Aranda-volk tot geruime tijd na de komst van de blanken, en in de lang geleden door de rivieren uitgesleten kloven groeit een weelderige vegetatie van palmen en varens.

Enkele van de spectaculairste landschappen van het **West MacDonnell National Park** zijn goed bereikbaar vanuit Alice Springs via de Namatjira Drive. De markante top van Mount Gillen (940 m) ziet uit over The Alice zelf. Iets verder weg, 17 km van Alice Springs, ligt **Simpsons Gap►►**, waar de kloof, het lichte zand, de *river red gums* en de *ghost gums* een uitstekende inleiding zijn op het landschap van de bergketens. U kunt dit reservaat met de auto verkennen, maar het is aan te raden om gebruik te maken van de bewegwijzerde wandelpaden (er loopt zelfs een fietspad). Tot de fauna van de kloof behoort een kolonie zwartvoetwallabies.

Een wereld van verschil met de brede kloof van Simpsons Gap is de **Standley Chasm►►**, een nauwe spleet tussen 100 m hoge rotswanden van kwartsiet. Rond het middaguur wordt deze rode kloof gevuld met een zinderend licht. Om dit bij te wonen, moet u een kilometer langs de bedding van de kreek wandelen. Bij de **Ellery Creek Big Hole►►** vormen hoge, rode kliffen de begrenzing van de met water gevulde kloof, waar u kunt zwemmen en vissen. De **Serpentine Gorge►** bestaat uit een nauwe, slingerende doorgang met semi-permanente waterpoelen. De **Ormiston Gorge and Pound►►** is het grootste van de reservaten in het West MacDonnell National Park, met permanente waterpoelen en *ghost gums*. In de **Glen Helen Gorge►►** contrasteren roestkleurige rotswanden met het blauwe water van de diepe lagune in de bedding

De blauwe lagune van de Glen Helen Gorge

Een edele tronie, ooit geïmporteerd, nu ingeburgerd

van de Finke River. Verder naar het westen ligt de **Redbank Gorge**▶ met zijn koude bergmeertjes. Nog verder voert de Tylers Pass naar Gosse Bluff en terug naar Alice Springs via Hermannsburg Mission. U kunt nog een korte omweg maken naar de **Palm Valley**▶ (zie bladzijde 192).
In de MacDonnells ten oosten van Alice Springs vindt u in het **Emily and Jessie Gaps Nature Park**▶ semi-permanente waterpoelen en aboriginalrotsschilderingen, terwijl de bleke stammen van de *ghost gums* zich in het **Trephina Gorge Nature Park**▶▶ scherp aftekenen tegen de ruige kliffen. Hoog boven **John Hayes Rockhole**▶ kijkt u uit over een schitterend landschap en aboriginalrotskunst. Het vakantieoord bij **Ross River** is een goede uitvalsbasis voor verdere verkenningstochten, bijvoorbeeld naar het **Arltunga Historical Reserve**.

▶ Mataranka *176D2*

Aan de Stuart Highway, 100 km ten zuidoosten van Katherine, vormen de Mataranka Homestead en de warmwaterpoel een populaire reisonderbreking. Elke minuut gutst er 16.500 liter water met een constante temperatuur van 34°C in een kristalheldere poel.

▶▶▶ The Olgas/Kata Tjuta *176A1*

Zie bladzijde 187 en 190.

▶ Pine Creek *176E1*

De winkel van Ah Toy in dit stadje aan de Stuart Highway herinnert nog aan de dagen van de *gold rush* van omstreeks 1870, toen hier vijftien keer zoveel Chinezen als Europeanen woonden. Die tijd wordt herdacht in het **Pine Creek Miners' Park**.

▶ Tennant Creek *176C2*

Volgens de overlevering werd Tennant Creek gesticht in de jaren dertig, toen de as brak van een wagen die bier en bouwmaterialen vervoerde voor een nieuw hotel verder in het noorden. Het leek te veel moeite om door te reizen, dus toen het bier was opgedronken werd het pand hier maar gebouwd. Toen werd er goud gevonden en Tennant Creek werd een van de ruigste plaatsen langs de spoorlijn. Tegenwoordig heeft de stad tal van aantrekkelijke voorzieningen voor de passant. De **Gold Stamp Battery** bewerkt nog steeds het in de streek gevonden goud en bevat een interessant museum. Het uit 1874 daterende **Overland Telegraph Station** is voor publiek geopend.

Geen luchtspiegeling
Tot aan de jaren dertig speelden kamelen een onvervangbare rol in de ontsluiting van het centrum van het continent. Verkenners en veefokkers gebruikten kameelkaravanen om voedsel, instrumenten, bouwmaterialen, prikkeldraad en ertsen te vervoeren. Hun even taaie verzorgers kregen allemaal het predikaat 'Afghaan', hoewel velen van hen uit India kwamen. Toen vrachtauto's, jeeps en vliegtuigen hun werk overnamen, werden de dieren vrijgelaten. Er zijn er nu enkele duizenden van. In gevangenschap worden ze gefokt voor de export naar Saoedi-Arabië. Bovendien vinden veel toeristen het spannend om een ritje op een kamelenrug te maken. Op 8 km ten zuiden van Alice Springs ligt de bekende kamelenfokkerij Frontier Camel Farm.

Het fraaie Green Island

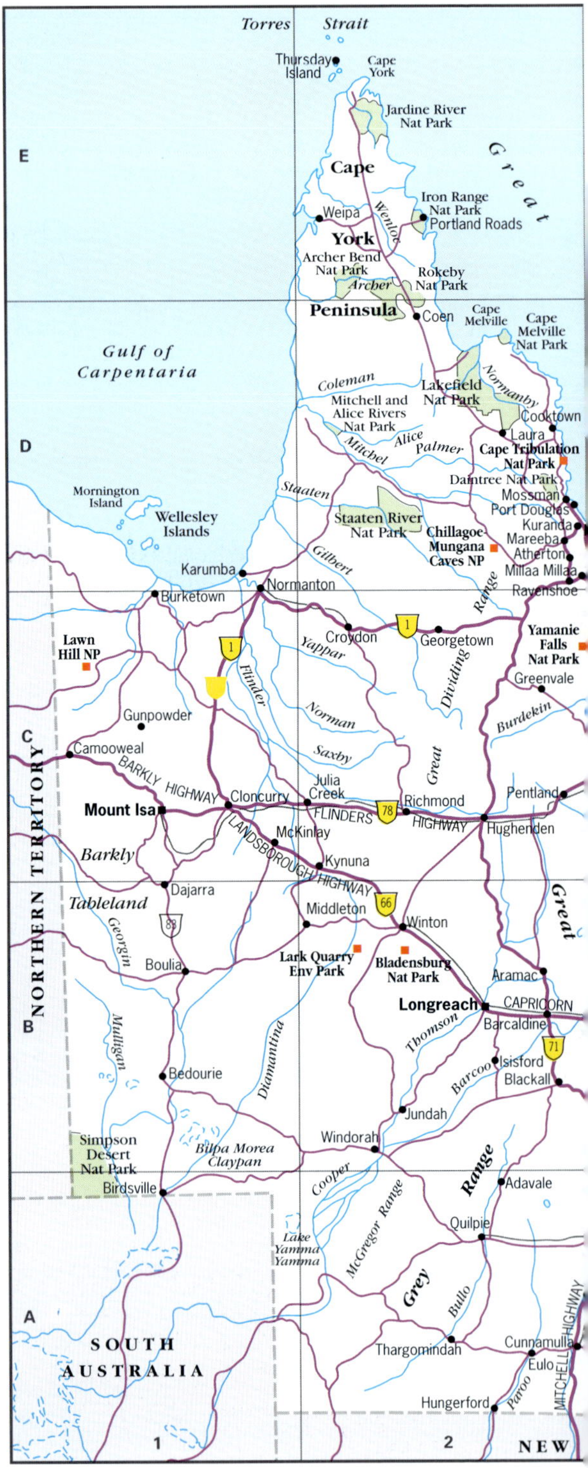

QUEENSLAND

HOOGTEPUNTEN

CAIRNS *zie bladzijde 211*

CARNARVON NATIONAL PARK *zie bladzijde 213*

DAINTREE NATIONAL PARK *zie bladzijde 212 en 214*

FRASER ISLAND *zie bladzijde 214 en 215*

GOLD COAST *zie bladzijde 215*

GREAT BARRIER REEF *zie bladzijde 216–219*

LAMINGTON NATIONAL PARK *zie bladzijde 220*

QUEENSLAND CULTURAL CENTRE, BRISBANE *zie bladzijde 207*

SOUTH BANK PARKLANDS, BRISBANE *zie bladzijde 206 en 207*

SUNSHINE COAST EN NOOSA *zie bladzijde 208, 223 en 225*

Queensland De *'Sunshine State'* is na Western Australia de grootste deelstaat van Australië en ligt, doorsneden door de steenbokskeerkring, tussen New South Wales en Straat Torres, die Australië van Papoea-Nieuw-Guinea scheidt. De immens lange, vruchtbare kuststrook met prachtige stranden en paradijselijke eilanden, ligt grotendeels niet ver van de uitlopers van de **Great Dividing Range**. In het oosten, voorafgegaan door een brede lagune, ligt het **Great Barrier Reef**, de grootste door levende wezens gebouwde constructie ter wereld. In het westen maken de subtropische regenwouden op de berghellingen plaats voor agrarische gebieden in het hoogland. Deze streek, waar de grote veeteeltbedrijven soms voor de enige namen op de kaart zorgen, is de *Outback* in zijn puurste vorm en gaat uiteindelijk over in een echt woestijnlandschap. Het **Cape York Peninsula** in het noorden is een van de meest afgelegen plekken van Australië.
Queensland is overvloedig bedeeld met natuurschoon en een gunstig klimaat. De staat is een favoriete bestemming geworden. Samen met de minerale rijkdommen, die op plaatsen als **Mount Isa** (qua oppervlakte de grootste stad ter wereld) worden gewonnen, heeft het toerisme ervoor gezorgd dat de welvaart in Queensland toenam, terwijl de economie in andere staten inzakte. Landbouw is nog altijd van belang. Langs de kust vindt u rijk geschakeerde landschappen met tropische gewassen, zoals suikerriet, dat met treinen over een smalspoornetwerk naar de fabrieken wordt vervoerd.

Een verleden als strafkolonie De recente geschiedenis van Queensland begon met de vestiging van een strafkolonie aan Moreton Bay in 1824. Deze vergaarbak van bijzonder recalcitrante wetsovertreders werd spoedig verplaatst naar een nabijgelegen locatie stroomopwaarts, die de naam Brisbane kreeg (naar de toenmalige gouverneur van New South Wales). In 1859 werd de kolonie onafhankelijk van New South Wales en ter ere van koningin Victoria Queensland genoemd.
De bevolking groeide en de kolonisatie breidde zich uit. Houthakkers kapten de beste bomen in het regenwoud en lieten het aan de boeren over om het resterende kreupelhout te verwijderen. De ontdekking van goud en andere ertsen droeg bij aan de ontsluiting van het land. Vanaf ongeveer 1870 vond de *gold rush* plaats naar het rijkste goudveld van Queensland, aan de verafgelegen en van de ziekten wemelende Palmer River. De rol van 'gastarbeiders' is in de geschiedenis van Queensland niet zo erg groot geweest, maar op een bepaald moment overtrof het aantal Chinese goudzoekers langs de Palmer de rest van de bevolking in het verre noorden. Een andere groep migranten waren de Kanaken, die met duizenden tegelijk van hun eilanden in de Stille Zuidzee en Nieuw-Guinea werden ontvoerd naar de suikerrietvelden (zie linkerkolom).
Een groot deel van de Australische aborigines leefde in Queensland, misschien wel meer dan 200.000 rond het begin van de blanke kolonisatie. Ze waren strijdlustiger dan elders en verzetten zich heftig tegen de landonteigening. Het baatte echter niet veel. Aan het einde van de eeuw was hun aantal geslonken tot een luttele 15.000.

Suikerriet
Tot de spektakels van Queensland behoren de branden die 's winters in de buurt van steden zoals Mossman (70 km van Cairns) in de suikerrietplantages woeden. De dorre stengels worden in brand gestoken om van de resten, slangen en insecten af te komen. In andere seizoenen bieden de hoge groene planten een vredige aanblik. Ze worden op de kustvlakten gecombineerd met tropische vruchten zoals ananas, mango, asimina en guave. De suikerproductie gaat terug tot het midden van de 19de eeuw, toen contractarbeiders van de Zuidzee-eilanden (bekend als 'Kanaken') in groten getale het land binnen werden gehaald. Veel suikerfabrieken in Queensland kunnen tegenwoordig worden bezichtigd.

De politiek en de mensen Een generatie lang werd Queensland geregeerd door de ultraconservatieve National Party, die vroeger de Country Party heette en opkwam voor de boerenbelangen. Deze partij werd vanaf 1968 geleid door Joh Bjelke-Petersen, een vurig tegenstander van vrije moraal, natuurbehoud en alles wat 'ontwikkeling' maar in de weg kon staan. Onder zijn autoritaire bewind werden demonstraties verboden, boeken gecensureerd, homoseksuelen aangevallen en monumenten gesloopt.

Onroerend-goedspeculanten deden goede zaken en buitenlandse investeerders werden aangemoedigd om in de rijkdom van de staat te delen, zonder dat er voorwaarden werden gesteld. Een schandaal rond wangedrag en corruptie van de politie betekende de ondergang van Petersen.

De typische Queenslander wordt beschouwd als de meest 'Australische' Australiër. De pioniersgeest heeft zich hier veel langer gehandhaafd dan in de zuidelijke staten. Ze keken neer op het luxueuze leven van de inwoners van Sydney en Melbourne, evenals op alles wat met cultuur te maken heeft. Tot voor kort was Brisbane trots op zijn provinciale karakter. Er is veel veranderd, maar de staat neemt nog steeds een aparte plaats in.

De wereldberoemde trein van Cairns naar Kuranda

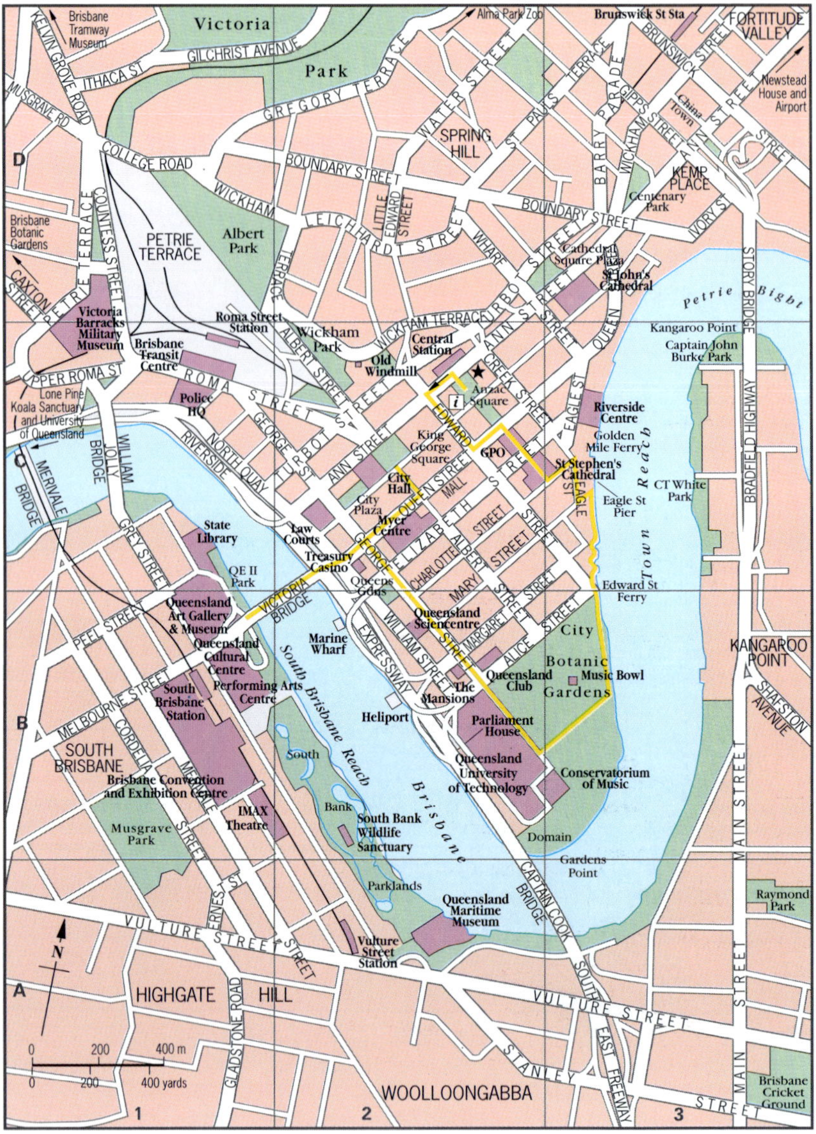

Brisbane

De op twee na grootste stad van Australië ligt op de oevers van de bochtige Brisbane River, vlak bij Moreton Bay. Brisbane is lange tijd een echte provincieplaats geweest, waar zelfs nog in 1961 veel straten onverhard waren. Misschien om van dit beeld af te komen heeft de stad sinds 1985 de vooruitgangsgedachte omarmd, zij het met een enthousiasme dat sommigen nogal betreurenswaardig vinden.

Bezienswaardigheden in de oude stad Ondanks de grote moderniseringswoede vindt u hier nog genoeg oudere gebouwen die een idee geven van de stijlvolle, tropische metropool die Brisbane nooit is geweest. Een voorbeeld daarvan vindt u op de hoek van George Street en Alice Street, waar de **City Botanic Gardens** een weelderige achtergrond vormen voor de witgepleisterde gevels van de **Queensland Club** en het **Old Parliament House**. Een heel wat aantrekkelijker vorm van modernisering dan de nieuwe, torenhoge dependance van het parlementsgebouw vindt u op de zuidelijke oever van de rivier in de South Bank Parklands. Hier werd de **Expo 88** gehouden, die de stad heeft verrijkt met een fraai park en een aantal interessante gebouwen voor cultuur en recreatie.

Prachtige voorsteden In de voorsteden komen de eigenschappen van de stad goed tot hun recht. De buitenwijken liggen verspreid over een uitgestrekt en heuvelachtig gebied en bestaan bijna helemaal uit vrijstaande huizen. In wijken als Red Hill, Paddington en Bardon kan het Queenslandse huis op palen in al zijn verscheidenheid worden bestudeerd.

Wegwijs in het centrum Het stadscentrum van Brisbane is verrassend klein en gemakkelijk te voet te verkennen, maar het is een aardig idee om de City Sights Trambus te nemen. De boottocht naar het historische **Newstead House** is ook een leuke excursie. Er gaan veerboten naar diverse bestemmingen langs de rivier.

Het Parliament House uit 1868 is zorgvuldig gerenoveerd

Wandelen Gebouwen en de City Botanic Gardens

Zie de kaart hiernaast.

Trek een halve dag uit voor deze verkenning van het schiereiland waarop Brisbane is gebouwd.

Het **Central Railway Station** uit 1901 ziet uit op het **Anzac Square**, met zijn **Shrine of Remembrance**. Op de hoek van Ann Street en Edward Street staat het bijzondere **People's Palace**, gedecoreerd met veranda's en balustraden van gietijzer. Het **General Post Office** is een imposant gebouw. De GPO-galerij leidt naar Elizabeth Street, naar de **Old St. Stephen's Church** en de **St. Stephen's Cathedral**.
De wandeling langs de oever van de rivier voert langs de ingang van de **City Botanic Gardens** in Edward Street. Naast de tuinen ligt de **University of Technology**.
De mooie **Queensland Club** van rond 1880 ligt in een parkachtige omgeving en geeft een indruk van het tropische paradijs dat Brisbane had kunnen zijn. Ertegenover staan **The Mansions**, waarin nu winkels en restaurants zijn gevestigd. Vlak bij de Queens Gardens vindt u de **Commissariat Stores** in William Street, gebouwd in 1829 en één van de twee gebouwen uit de tijd van de strafkolonie die bewaard zijn gebleven. Het Lands Building en de oude Treasury in George Street zijn nauwgezet gerestaureerd en herbergen respectievelijk het Conrad International Hotel en de Treasury Casino. Het **Queensland Sciencentre** (zie bladzijde 207) ligt vlakbij.
Aan de overkant van de Victoria Bridge liggen de moderne gebouwen van het **Queensland Cultural Centre** en de **South Bank Parklands**. U kunt eventueel met de Brisbane Transportveerboot naar het stadscentrum terugkeren. De **Queen Street Mall** is een modern winkelcentrum met enkele oudere gebouwen. De wandeling eindigt op **King George Square**.

Het Queensland State Parliament

Ten zuiden van de rivier
Zuid-Brisbane is een aantrekkelijk stadsdeel. U vindt er de South Bank Parklands (zie bladzijde 207), het Queensland Maritime Museum en het enorme nieuwe Convention and Exhibition Centre.

Parken en tuinen
Brisbane heeft het getroffen met de vele groene gebieden in en om de stad. Het **Brisbane Forest Park** beslaat 265 km^2 bos, heuvels en meren. De **City Botanic Gardens** bedekken de punt van een schiereiland in een bocht van de Brisbane River. Langs de oever loopt een promenade – een prachtige omgeving voor de gebouwen van de Queensland University of Technology, waaronder het Old Government House uit 1860. Aan de voet van **Mount Coot-tha** (229 m), 6 km buiten de stad, liggen de fraaie Brisbane Botanic Gardens, een van de beste plekken in het land om van de inheemse planten te genieten. Verder zijn er tropische kassen en een planetarium.

► City Hall *204C2*

King George Square

Tegen 1930 werd een poging ondernomen het provinciale imago van Brisbane te overwinnen met de bouw van dit kolossale pand, waarvan de 91 m hoge toren zich verheft achter een zuilenrij tegenover King George Square. Boven hebt u hét uitzicht over het stadscentrum. De toren bevat een schilderijengalerij en een museum. Het Heritage Trail, dat begint bij de City Hall, voert langs de belangrijkste historische plekken en gebouwen van de stad.

► Newstead House *204D3*

Breakfast Creek Road, Newstead

Dit witte herenhuis met elegante veranda's uit 1846 is het oudste woonhuis van Brisbane. Het was eigendom van kapitein John Wickham, de gezagvoerder van de *Beagle* tijdens een verkenning van de kust van Australië, en het centrum van het sociale leven in de stad. Het is nu een museum over de koloniale tijd.

► Old Windmill *204C2*

Wickham Terrace

Het oudste gebouw van Brisbane werd in 1829 door gevangenen gebouwd en ziet uit over de stad. Bij te weinig wind werd de molen als tredmolen gebruikt en aangedreven door veroordeelden (nog betrouwbaarder ook!). Later werd de molen gebruikt als observatorium.

► Parliament House *204B2*

Hoek George Street en Alice Street

Dit fraaie gebouw in Frans-renaissancistische stijl opende in 1868 de deuren. Het parlement van Queensland zetelt er nog steeds. Buiten de zittingen zijn er rondleidingen.

►► Queensland Cultural Centre *204B1*

Melbourne Street, South Brisbane

'Cultuur' schijnt iets te zijn dat Brisbane jarenlang aan de deftige lui in Sydney overliet. Maar de tijden veranderen, en toen de stad besefte dat cultuur zo gek nog niet was,

werd al gauw voor royale accommodatie gezorgd. Het resultaat is een imposant gebouwencomplex op de zuidoever. Het werd voltooid in 1985 en omvat onder meer de Queensland Art Gallery, het Queensland Museum, de State Library en het Performing Arts Complex.
De **Queensland Art Gallery▶▶** bezit een goede verzameling Australische en aborginalkunst en het begin van een collectie Europese schilderijen, waarvan een deel thematisch is tentoongesteld in plaats van per kunstenaar of per land. De doeken kunnen echter niet concurreren met de grootschalige architectuur, die van beton is.
De voorwerpen in het **Queensland Museum▶▶**, vooral de dinosaurussen en de vliegtuigen, passen beter in hun omgeving. U vindt er ook een expositie over de geschiedenis, de kunst en de cultuur van de aborigines.

▶▶▶ Queensland Sciencentre

110 George Street
Dit interactieve centrum van wetenschap en technologie, dat in een prachtig gerestaureerd gebouw is ondergebracht, is een van de leukste attracties van Brisbane. U vindt hier zo'n 170 opstellingen, die zelfs de meest a-technische bezoeker nog zullen boeien.

▶▶ South Banks Parklands *204B4*

South Brisbane
De internationale menigte is intussen vertrokken, maar veel van de paviljoenen en faciliteiten die in het kader van Brisbane's Expo '88 werden gecreëerd, staan er nog en verlevendigen dit uitgestrekte parkachtige gebied langs de rivier aan de overkant van het stadscentrum. Onder de vele attracties bevinden zich het allermodernste **IMAX Theatre** en het **Butterfly and Insect House**, waar zo'n 850 vlindersoorten en een flink aantal andere Australische insecten huizen. In de Parklands vindt u ook winkels, restaurants, een Nepalese pagode en nog veel meer (zie de linkerkolom op bladzijde 206).

Koalahoofdstad
Brisbane afficheert zichzelf als de 'koalahoofdstad'. De Alma Park Zoo en het Lone Pine Koala Sanctuary zijn beide goede plekken om deze vriendelijke buideldieren te zien.

Brisbane: de op twee na grootste stad van Australië

In de Glass House Mountains

Rondrit

De Sunshine Coast en omgeving

Deze dagtocht langs de Sunshine Coast van Queensland voert naar het agrarische binnenland en het bergland langs de Bruce Highway.

De **Glass House Mountains**, ongeveer 60 km ten noorden van Brisbane, onderbreken de monotonie van de kustvlakte. Dit oude vulkanische gebergte is het beste te zien vanaf de oude hoofdweg ten noorden van Caboolture of vanuit het Mary Cairncross Park nabij Maleny. De route door de **Blackall Range** voert door een prachtig hoogland en langs theesalons en ambachtelijke werkplaatsen. Even ten noorden van Montville ligt het **Kondalilla National Park**, met zijn 90 m hoge watervallen midden in het regenwoud. Ook het **Mapleton Falls National Park** heeft spectaculaire watervallen.
In **Nambour**, centrum van de tropische fruitteelt, rijden suikerriettreinen over een smalspoor door het stadje. Langs de Sunshine Coast ten noorden van Coolum tot aan de modieuze gemeente **Noosa Heads** ligt een hele reeks schitterende stranden.

QUEENSLAND RONDRIT 1

In **Tewantin** vindt u een huis dat helemaal van flessen is gebouwd en de zogenaamde Big Shell. **Eumundi** is een charmant dorpje in het binnenland, maar op zaterdag wordt er een markt gehouden en is het er buitengewoon druk.
Via de Bruce Highway kunt u snel naar Brisbane terugkeren.

Zoals te verwachten is in een staat van zo'n enorme omvang, heeft Queensland de meest uiteenlopende landschappen. Vele zijn aangemerkt als nationaal park of anderszins tot beschermd gebied verklaard.

Van de tropische kusten naar de woestijn in het binnenland De meeste bezoekers zullen kennismaken met het rif en de tropische en subtropische regenwouden langs de kust, maar de vaak unieke parken in het binnenland verdienen evenzeer de aandacht. Meer dan 1200 km landinwaarts liggen de eentonige zandheuvels van de **Simpson Desert**, die voor ontdekkingsreiziger Charles Sturt een onoverkomelijk obstakel bleken. Pas in 1973 werden ze voor het eerst te voet overgestoken en nog steeds vormen ze een uitdaging voor avonturiers.
Verder naar het oosten maakt de schaarse vegetatie van de woestijn plaats voor een gebied dat wordt gekarakteriseerd door graslanden, acacia's, eucalyptusbossen en verspreide exemplaren van de vreemde *bottle tree*. Tussen het Australische gras in de woeste heuvels van het **Lark Quarry Environmental Park** liggen de versteende voetstappen van dinosaurussen.
Nog verder oostwaarts levert een brede gordel van zandsteen een spectaculair landschap op. Hier hebben veel van de grotere rivieren van Queensland hun oorsprong. In de diepe kloven die deze hebben uitgesleten groeit een rijke flora, waaronder de koolpalmen van het **Carnarvon National Park**, dat ook bekend is om de vreemde rotsformaties. Naarmate het land hoger wordt en de regenval toeneemt, maakt het blauwgroen van de eucalyptussen plaats voor het donkergroen van het tropische regenwoud, met zijn enorme rijkdom aan soorten, waaronder varens, klimplanten en andere epifyten. In het uiterste noorden van Queensland lopen de regenwouden soms door tot aan de stranden langs het Great Barrier Reef, waarvan de zandbanken en eilanden nu als deel van het **Great Barrier Reef Marine Park** worden beschermd.

Van het wilde noorden naar het vriendelijke zuiden Op Cape York liggen enkele van de fraaiste maar minst toegankelijke nationale parken van Queensland, waar de natuur zich van haar onvoorspelbaarste kant laat zien. In het regenseizoen zijn de rivieren gevuld met woest stromend, slibrijk water, waardoor oversteekplaatsen wekenlang onbegaanbaar zijn. Ze drogen weer op tot een reeks geïsoleerde poelen wanneer de regen is gestopt. Vreemde termietenheuvels sieren het landschap en de kustvlakte is bedekt met mangrovenmoerassen. In het zuidoosten laat de natuur een vriendelijker gezicht zien. Brisbane is een van de weinige grote steden die op zo'n korte afstand zulke mooie en gemakkelijk bereikbare natuurgebieden heeft.
Beboste hooglanden strekken zich uit van vlak bij Brisbane tot het **Lamington National Park**.

In het Lone Pine Koala Sanctuary in Brisbane, het bekendste wildreservaat in Queensland, leven kangoeroes, Tasmaanse duivels en vele andere dieren

In het zuiden
In de buurt van Warwick, bij Cunningham's Gap in het Main Range National Park, kunt u genieten van prachtige uitzichten. Er lopen verschillende paden door het regenwoud en eucalyptusbos.

Let op of u ergens de mooie Pennantrosella ziet

Reismogelijkheden

De Pacific Highway ten zuiden van Brisbane voert door eucalyptusbossen

Trein naar het plateau van Queensland
Elk jaar reizen een half miljoen mensen op het korte traject Cairns–Kuranda. Weinigen worden teleurgesteld door de spectaculaire rit van 34 km van de kust naar het regenwoud in de bergen. Via een reeks tunnels en scherpe bochten klimt de lange sleep van oude wagons van zeespiegelniveau tot een hoogte van 328 m. Hij stopt voor een adempauze bij de geweldig hoge Barron Falls. De spoorlijn werd tussen 1886 en 1891 aangelegd om het agrarische Atherton Tableland met de haven van Cairns te verbinden en betekende meteen het einde van Port Douglas als belangrijke haven. Het voortreffelijk onderhouden eindstation bij Kuranda is beplant met palmen en schaduwrijke varens.

Vliegtuig Queensland heeft drie internationale luchthavens – Brisbane, Townsville en Cairns – die regelmatige verbindingen onderhouden met vele overzeese bestemmingen. Er zijn tal van nationale vluchten naar plaatsen in Queensland, bijvoorbeeld naar de Gold Coast (Coolangatta) en de Sunshine Coast (Maroochydore). Binnen de staat zelf bestaat een intensief luchtverkeer; in het regenseizoen is reizen per vliegtuig soms de enige manier om afgelegen noordelijke bestemmingen te bereiken. Kleine vliegtuigen, helikopters en watervliegtuigen onderhouden een netwerk van diensten dat zowel het vasteland als de eilanden omspant. Sommige eilanden kunnen alleen door de lucht worden bereikt.

Boot Als u op vakantie in Queensland bent, zult u bijna onvermijdelijk een keer een boottocht maken, al is het maar voor een uitstapje naar het Great Barrier Reef (met een snelle *wavepiercer* of een ter plekke gehuurd bootje). De meeste eilanden zijn bereikbaar per veerboot of rondvaartboot; deze vervoeren ook auto's naar Fraser Island en een paar eilanden in de buurt van Brisbane. De beste manier om een indruk te krijgen van het rif en de eilanden is een cruise. Het aanbod is enorm, van reizen met moderne luxeschepen tot tochten met overnachtingen op onbewoonde eilanden. Vergeet niet een boot- of veerboottochtje te maken op de Brisbane River.

Bus Er gaan bussen van Brisbane naar andere Australische steden binnen en buiten Queensland. De plaatselijke diensten verschillen in kwaliteit, maar die in Brisbane en aan de Gold Coast zijn vrij goed.

Trein Queensland heeft het langste spoorwegnet van het land – smalspoor, maar wel geschikt gemaakt voor elektrische treinen. Er rijden verschillende toeristentreinen: de luxueuze **Queenslander** (wekelijks, van Brisbane naar Cairns), de **Sunlander** (vaker, van Brisbane naar Cairns), de **Inlander** (van Townsville naar Mount Isa), de **Spirit of the Outback** (van Brisbane naar Longreach via Rockhampton), de **Westlander** (van Brisbane naar Charleville) en de **Spirit of Capricorn** (van Brisbane naar Rockhampton). De populairste treinroute van Australië voert omhoog van Cairns naar Kuranda (zie linkerkolom). Dan zijn er nog twee curiositeiten voor avonturiers: de wekelijkse **Savannahlander** van Cairns naar Forsayth, diep in het binnenland, en de **Gulflander**, die over een geïsoleerd stuk spoorlijn nabij de Golf van Carpentaria rijdt. De enige *interstate*-trein gaat naar Sydney.

Auto Het wegennet in de dichtbevolkte kuststrook is goed en loopt van oost naar west, via Mount Isa naar het Northern Territory. Veel plaatsen in Queensland zijn echter nog steeds alleen maar bereikbaar over onverharde wegen. Cape York en andere plaatsen in het hoge noorden kunnen in het regenseizoen van de buitenwereld afgesneden zijn bij gebrek aan doorwaadbare plaatsen. Een eigen auto (bij voorkeur met vierwielaandrijving) is bijna onontbeerlijk als u veel nationale parken wilt bezoeken, ofschoon u als u goed rondvraagt voor elke bestemming wel een georganiseerde reis kunt vinden.

► Atherton Tableland *200D2*

Van Cairns tot bij Innisfail, 150 km naar het zuiden, rijst uit de kustvlakte een groot tafelland op. Er zijn in dit gebied nog resten van het regenwoud te vinden, maar op de rijke vulkanische grond groeien nu vooral suiker, bananen en allerlei exotische vruchten. Ten zuidoosten van Atherton langs de Gillies Highway ligt **Yungaburra►►**, met dode vulkanen en kratermeren.

►►► Cairns *201D3*

Cairns ligt dichter bij Papoea-Nieuw-Guinea dan bij een flink deel van de rest van Australië. De stad is de toegangspoort tot het hoge noorden van Queensland. Cairns speelde een rol in de ontsluiting van de goudvelden en tinmijnen van het binnenland en werd vervolgens een belangrijke markt voor de explosief groeiende landbouw van het gebied (vooral suikerriet). De expansie is nog niet afgelopen: het toerisme bloeit vanwege de nabijheid van het Barrier Reef, prachtige stranden en de rivieren en bossen van de Daintree en het Atherton Tableland. Het rond 1985 geopende Cairns International Airport is nu al de op vier na drukste luchthaven van Australië.

De breedte van de straten en de relatieve afwezigheid van verkeer dragen bij aan de ontspannen sfeer in de stad. Het moderne complex aan het water met boetieks, winkels, het in 1996 geopende Reef Casino en een luxueus hotel heeft beslist allure, evenals de zeewaardige jachten van de superrijken in de aangrenzende jachthaven.

Het **Cairns Museum** en de naburige **Art Gallery►** bieden inzicht in het verleden bevolkt door aborigines, spoorwegarbeiders, goudzoekers en Chinese arbeiders. Als u er even helemaal uit wilt zijn, kunt u een tochtje maken naar de **Flecker Botanic Gardens►**, net buiten de stad, met meer dan 200 verschillende soorten palmbomen en de rustige Centenary Lakes. Aan de rand van de stad vindt u verder het **Tjapukai Aboriginal Cultural Park**, waar u onder meer een replica van een aboriginalkamp kunt bekijken en waar traditionele dansen worden opgevoerd.

Rum Bundaberg
Deze vrij grote stad 368 km ten noorden van Brisbane aan het einde van Hervey Bay dankt zijn naam aan de rum die er gedistilleerd wordt uit het suikerriet van de kustvlakte. Bundaberg is ook een uitvalsbasis voor het zuidelijke Barrier Reef. Mon Repos Environmental Park, een strand ten noorden ervan, wordt door schildpadden bezocht in de tijd dat ze eieren leggen (november–februari).

Vogels en stranden
De watervogels die van het modderige, ondiepe water van Trinity Bay bij Cairns profiteren, hebben het gewonnen van de plannen er een kunstmatig strand te creëren. Zwemmers en zonaanbidders komen wel aan hun trekken op de paradijselijke stranden van de 26 km lange 'Marlin Coast' meer naar het noorden. Van oktober tot mei kan er niet gezwommen worden door de aanwezigheid van kubuskwallen (zie bladzijde 212).

De Esplanade en de pier bij het zonnige Cairns

Rondrit De Daintree en Cape Tribulation

Deze route van een dag vanuit Cairns voert langs fraaie stranden en over de Daintree River naar het tropische regenwoud en de koraalriffen.

De **Captain Cook Highway**, een van de mooiste kustwegen ter wereld, is meestal rustig en gaat vanaf Cairns eerst landinwaarts om ten noorden van het exclusieve Palm Cove weer bij de kust uit te komen. **Port Douglas**, de meest noordelijke badplaats van enige betekenis, herbergt het **Rainforest Habitat Wildlife Sanctuary**, een herschepping van het natuurlijke leefmilieu van het tropisch regenwoud.
Het suikerriet van de velden rond **Mossman** wordt via een mijlenlang smalspoor naar de fabriek in de stad gebracht. Een korte omleiding voert naar het regenwoud van de Mossman River Gorge in het **Daintree National Park**, met zijn stroomversnellingen en heerlijke plekjes om te zwemmen. De asfaltweg eindigt (voorlopig) bij de afslag naar de veerboot over de Daintree River. Vanaf hier hebt u in de natte tijd eigenlijk een auto met vierwielaandrijving nodig. Langs de brede rivier liggen mangrovenmoerassen, waar krokodillen huizen. Voorbij de veerboot begint het tropische **Cape Tribulation National Park**, een restant van de wouden waarin zich de eerste bloeiende planten op aarde ontwikkelden. De weg slingert zich door het bos en over drooggevallen rivierbeddingen; de weelderige vegetatie is door het verkeer bedekt met een laagje stof. De **Heights of Alexandra Lookout** biedt een geweldig uitzicht. De beste inleiding tot de complexe ecologie van dit Werelderfgoedgebied krijgt u in het **Daintree Rainforest Environment Centre**, waar een plankenpad u tot diep in dit mysterieuze rijk voert.
U moet beslist een strandwandeling maken op **Cape Tribulation,** ook al is zwemmen er lang niet altijd mogelijk door de zeer gifitge kubuskwallen. Voorbij de kaap begint de 32 km lange Bloomfield Track (alleen voor auto's met vierwielaandrijving).

De goanna, *of varaan*

QUEENSLAND RONDRIT 2

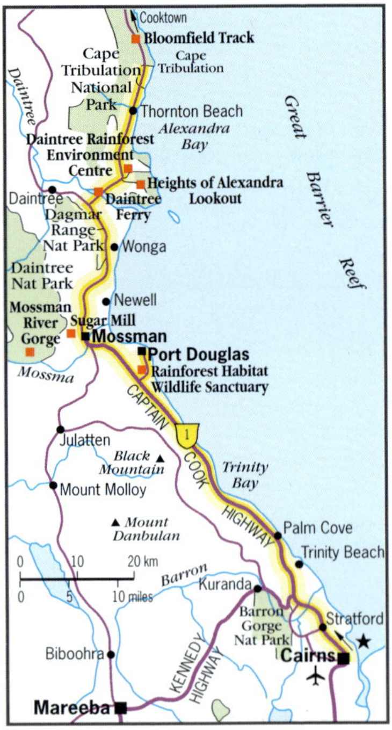

De inheemse lampepoetser van Queensland

Oeroud huis
Behalve op vreemde zandsteenformaties kan Mount Moffat in het Carnarvon National Park ook bogen op de Kenniff Cave, een grot waarin zo'n 20.000 jaar geleden aborigines hebben geleefd en rotsschilderingen hebben gemaakt.

▶▶ Cape York Peninsula *200E2*

Dit grote schiereiland wordt wel een van de laatste wildernissen ter wereld genoemd. Het is honderden kilometers lang en loopt taps toe tot bij Cape York, dat uitziet op Straat Torres en zijn vele eilanden. Een bevolking van misschien 10.000 zielen woont verspreid over dit gebied. De meesten zijn aborigines, wier voorouders een erfenis van opmerkelijke rotsschilderingen hebben nagelaten, met name in de buurt van **Laura**. Dit stadje ligt aan het lage gedeelte van de Peninsula Development Road, waarvan de oversteekplaatsen tijdens *'the Wet'* zelfs voor wagens met vierwielaandrijving onbegaanbaar zijn. Gedurende *'the Dry'* wordt de kaap bezocht door de meer avontuurlijke toeristen. Het regenwoud langs de kust maakt verder landinwaarts plaats voor een savanneachtig landschap, dat wordt onderbroken door termietenheuvels, waarvan sommige een hoogte van maar liefst 3 m bereiken. Het schiereiland biedt plaats aan enkele opmerkelijke nationale parken, waaronder Lakefield, het aan de kust gelegen Cape Melville en het afgelegen, door krokodillen bewoonde Archer Bend. De toekomst van het schiereiland ligt waarschijnlijk bij het 'wildernistoerisme'. Afgezien van de bauxietwinning bij Weipa heeft de beschaving nauwelijks zijn sporen op het land achtergelaten.

Architectuur in het hoogland
Nadat in 1872 bij Charters Towers goud was gevonden, werd de stad met enkele fraaie gebouwen uitgerust. Enkele daarvan staan nog steeds overeind, waaronder banken, een aandelenbeurs, de School of Mines, het stadhuis en het gerechtsgebouw.

▶▶ Carnarvon National Park *201B3*

Een groot deel van dit spectaculaire park is moeilijk toegankelijk, maar de bijzondere kloven die door de Carnarvon Creek en de zijrivieren ervan in het plateau van zachte zandsteen zijn uitgesleten, kunnen worden bereikt via de Carnarvon Developmental Road tussen Roma en Rolleston. Hier torenen 200 m hoge rotswanden uit boven koolpalmen, varens, mossen en orchideeën, een schaduwrijk dat nogal verschilt van het veel hoger liggende plateau. Er zijn enkele grotten met rotsschilderingen van aborigines. Een voetpad van 10 km leidt in de kloof omhoog naar de post van een parkopzichter.

▶ Charters Towers *201C3*

Dit stadje in het hoogland heeft een aangenaam klimaat. Het is een geliefde plek voor kostscholen en kan bogen op een paar van de beste voorbeelden van vroege Australische architectuur (zie rechterkolom).

► Chillagoe-Mungana Caves National Park *200D2*

Rond het oude mijndorp Chillagoe is een grottenstelsel in het plaatselijke kalksteen ontstaan door de erosie van de bovenloop van de Mitchell River. Niet alle grotten zijn toegankelijk. De kunstmatige verlichting in de Donna-grot en de Trezkinn-grot verhoogt de vreemdheid van de kalksteenformaties. Aan de buitenkant heeft de rots door erosie al even opmerkelijke vormen aangenomen: torens en gedaanten die aan dieren doen denken.

► Cloncurry *200C1*

Deze plaats, die ooit een bedrijvige goud- en kopermijnstad was, ligt aan weerskanten van de hoofdweg en de spoorlijn van Mount Isa naar de kust en drijft tegenwoordig op de veehouderij. Hier ging in 1928 de Royal Flying Doctor Service van start (zie linkerkolom).

Als dokters konden vliegen...
De Royal Flying Doctor Service (RFDS) is in 1927–1928 opgericht door dominee John Flynn en begon zijn diensten in Cloncurry met een vliegtuig van de Queensland and Northern Territory Aerial Service (QANTAS). Deze gebeurtenis wordt herdacht met een monument voor Flynn en krijgt aandacht in het John Flynn Place Museum in Cloncurry.

► Cooktown *200D2*

Deze stad uit de tijd van de goudkoorts aan de Palmer River is genoemd naar kapitein James Cook. Nadat de *Endeavour* schade had opgelopen op het Barrier Reef, liet de grote zeevaarder het schip hier op het strand lopen. Hoewel de bevolking is teruggelopen van 30.000 tot minder dan 1000, zijn er nog genoeg sporen van het verleden om van Cooktown een toeristische attractie te maken. Aan het gedwongen verblijf van de kapitein wordt aandacht besteed in het **James Cook Museum**. Hij wordt ook herdacht door middel van een standbeeld en de jaarlijkse heropvoering in juni van zijn landing. Cooktown is gemakkelijk bereikbaar vanuit Cairns via de weg door het binnenland of via de overwegend onverharde Cape Tribulation- kustweg. Het is een handige uitvalsbasis voor tochtjes naar het binnenland van Cape York.

►►► Daintree National Park *200D2*

De bijzondere betekenis van het regenwoud in Queensland blijkt uit het feit dat het Daintree-gebied en Cape Tribulation zijn aangemerkt als Werelderfgoedgebied. Het oerwoud in het uiterste noorden is een overblijfsel uit het Krijt. Het ontsnapte aan de vulkaanuitbarstingen waardoor andere oerwouden in de regio zijn vernietigd en heeft bijgevolg een unieke ecologische waarde.
De nederzetting Daintree ligt op de oevers van de Daintree River, die beroemd is om de mangroven en de krokodillen. Het regenwoud is alleen toegankelijk voor ervaren woudlopers. Beginners kunnen zich het beste beperken tot het **Daintree Rainforest Environment Centre►►**.

De wildernis gered
In het verre geologische verleden dreigden vulkaanuitbarstingen en lavastromen de Daintree te vernietigen. Recentere bedreigingen hebben te maken met de verkaveling van het regenwoud ten behoeve van 'ontwikkeling' en de aanleg van de controversiële Bloomfield Track. De status van Werelderfgoedgebied zou wel eens net op tijd kunnen zijn gekomen om dit onvervangbare natuurgebied te behouden.

►► Fraser Island *201B4*

Dit is het grootste zandeiland ter wereld. Het strekt zich uit over een lengte van 120 km langs de zuidkust van Queensland en sluit de Hervey Bay gedeeltelijk in. Met zijn prachtige stranden, duinen van soms wel 240 m hoogte, heideland, regenwoud, mangroven en zoetwatermeren trekt Fraser Island, een Werelderfgoedgebied, veel bezoekers aan, hoewel er weinig faciliteiten zijn en het alleen te bereizen is in een wagen met vierwielaandrijving (er zijn geen wegen). Een rit langs de oostkust voert u langs het wrak van de *Maheno* en de zandsteenkliffen naar de badplaatsjes bij **Eurong Beach** en **Happy Valley**.

Het eiland is gemakkelijk bereikbaar met de veerboot vanaf een aantal punten op het vasteland (Inskip Point, Urangan Head, River Head) of met het vliegtuig.

► Glass House Mountains *201A4*

Landinwaarts van de Bruce Highway ten noorden van Brisbane verheffen zich enkele steile, vreemd gevormde bergtoppen – de kernen van oude vulkanen. Ze hebben hun raadselachtige naam van kapitein Cook gekregen en zijn geliefd bij bergbeklimmers. Niet-klimmers kunnen de pieken het beste vanaf de Old Gympie Road of vanuit het Mary Cairncross Park bij Maleny bezichtigen.

►►► Gold Coast *201A4*

Tussen Tweed Heads aan de grens van New South Wales en Paradise Point in het noorden ligt een 70 km lange reeks zandstranden, waar ieder op zijn wenken wordt bediend. Behalve zwemmen, surfen en zonnebaden vinden er allerlei andere activiteiten plaats – golfen bijvoorbeeld en avontuurlijke sporten als parapenten. Er zijn diverse themaparken en vergelijkbare attracties, waaronder het zeer populaire **Sea World** aan Main Beach en het drukbezochte themapark Warner Bros Movie World.

In **Surfers Paradise**, met zijn winkelcentra, goede restaurants en levendige uitgaanscentrum, en Jupiters Casino in het naburige Broadbeach kunt u ten volle genieten van dit Arcadië aan de kust. Rustiger (en goedkoper) zijn het gebied rond Currumbin of het beboste Burleigh Heads in het zuiden, waar u in een onopvallend bezoekerscentrum kunt kennismaken met wat er is overgebleven van de natuurlijke omgeving van de kust.

Hoogbouw verheft zich bij het prachtige strand bij Surfers Paradise

Zand te koop
Het zand van Fraser Island heeft een hoog mineraal gehalte, waardoor het zeer waardevol is voor bepaalde industriële processen. In 1977 boekte de milieubeweging een opmerkelijk succes toen de zandwinning en daarmee de geleidelijke export van het hele eiland werd stopgezet.

Een mislukt Utopia
De Gold Coast is een schoolvoorbeeld van mislukte projectontwikkeling. Als u vanuit Brisbane komt, krijgt u iets te zien dat aan de buitenwijken van Moskou doet denken, behalve dat de hoogbouw qua vorm iets meer variatie kent en in smaakvolle pastelkleuren is geverfd. De huizenblokken staan zich te verdringen om een glimp van het strand te kunnen opvangen, waardoor dat in de loop van de middag in de schaduw van de gebouwen komt te liggen. De hoofdweg is versierd met felgekleurde reclameborden die om uw klandizie schreeuwen: Charcoal Chicken wedijvert met Korean Cooking, Cocktail Academy met Coastal Chiropracters en Jesus is The Answer met de Drive-Thru Bottle Shop.

Het Great Barrier Reef

■ Het Great Barrier Reef is de grootste toeristische attractie van Australië. Het strekt zich uit over meer dan 2000 km langs de oostkust, van de Gulf of Papua tot een punt in de buurt van Gladstone. ■

De vissen van het rif
Het rif herbergt duizenden soorten vissen, van de gulzige *potato cod* (zie foto hieronder) tot de kleurrijke papegaaivis, gracieuze roggen en de giftige koraalduivel. Ook voelen veel soorten haaien zich er thuis. De haaien vallen echter zelden mensen aan en zullen banger voor u zijn dan u voor hen bent.

Het koraal van de buitenste rand van het rif vormt een onderzeese helling die steil in de Grote Oceaan afdaalt. Dit *outer reef* ligt slechts 30 km bij Cairns vandaan, maar aan het andere uiteinde, tegenover Mackay, is het 260 km van de kust verwijderd. Aan de landzijde vormt warm, ondiep water een soort lagune. Hierin liggen veel riffen en honderden eilanden, waarvan sommige echte koraaleilandjes zijn; de meeste zijn echter fragmenten van het vasteland die geïsoleerd zijn komen te liggen toen de zeespiegel steeg. Ze lopen enorm uiteen, van eilandjes van zand en koraal die maar net boven zee uitsteken wanneer het eb is tot door riffen omrande bergruggen bedekt met prachtig regenwoud.

Wezens van de diepte Er is bijna geen ecosysteem op aarde dat het rif kan overtreffen in schoonheid of verscheidenheid. Poliepen, kleine organismen met uitwendige skeletten van kalksteen, vormen de bouwstenen van het koraalrif. Ze nemen de meest uiteenlopende vormen aan, die doen denken aan bomen, borden, paddestoelen of zelfs hersenen, en geven levendige kleuren aan het onderwaterlandschap. Tot de caleidoscopische verzameling van andere levende wezens behoren behalve de tropische vissen ook sponzen, zeesterren, krabben, haaien, schildpadden, gigantische schelpdieren en een enkele doejong, een groot onschuldig dier dat ook wel zeekoe wordt genoemd.
Een ander schepsel dat tot dit waterige paradijs wordt aangetrokken, is de toeristische *Homo sapiens*. Dit zowel

De gigantische potato cods *in het prachtige duikgebied Cod Hole, 20 km van Lizard Island, worden graag gevoerd en geaaid*

Het Rif is een goede plek om te leren snorkelen

op het land als in het water voorkomende zoogdier kunt u bovendien door de lucht zien vliegen om het rif te bewonderen. Daarnaast komt het voor op golfbrekers en vaartuigen van allerlei aard, inclusief boten met een platte bodem en semi-duikboten. Soms ook draagt het een snorkel of duikbril en zoekt het dier het gezelschap van de andere bewoners van het rif. Grote aantallen verblijven op het vasteland en wagen zich op dagtochtjes vanuit de belangrijkste toeristencentra als Port Douglas, Cairns, Townsville en de Whitsunday-eilanden naar het Reef, anderen verblijven op eilanden met exclusieve hotels en appartementen. De avontuurlijker types bivakkeren op onbewoonde eilanden zonder enige voorziening.

Problematisch natuurbehoud Het rif is een Werelderfgoedgebied dat sinds 1976 wordt beheerd door de Great Barrier Reef Marine Park Authority. Het behoud van het rif gaat gepaard met de nodige problemen. Deze komen niet alleen voort uit de enorme toestroom van toeristen en de druk van projectontwikkelaars, maar worden ook veroorzaakt door landbouwgif. De proefboringen in de oceaan mogen dan zijn gestopt, de petrochemische industrie loert nog altijd op het rif als een potentiële locatie voor *offshore*-oliewinning.
Een nog veel rechtstreeksere bedreiging vormt de doornenkroon. Deze zeester zuigt de koraalpoliep moeiteloos uit zijn beschermende skelet en heeft de laatste jaren grote delen van het koraal aangetast. Sommigen denken dat overbevissing van de natuurlijke vijanden van de zeester wellicht de explosieve groei van de doornenkroonpopulatie heeft veroorzaakt. Vooralsnog heeft men geen remedie voor dit probleem kunnen vinden.

De vlindervis: een bewoner van het grootste levende organisme op aarde

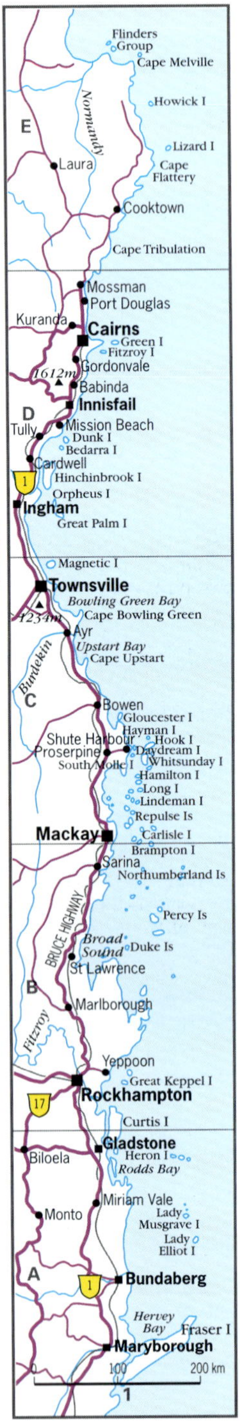

Great Barrier Reef

Een klipvis in de buurt van Heron Island

►►► Great Barrier Reef Islands *201C3*

Hieronder passeren de populairste eilanden van het rif de revue (van zuid naar noord).

Southern Reef Aan het zuidelijke uiteinde van het rif liggen **Lady Elliot Island**►► en het onbewoonde **Lady Musgrave Island**►►. Deze twee koraaleilandjes, pal aan het rif, lenen zich uitstekend voor duiken en snorkelen. Naar het eerste gaan vliegtuigjes en boten vanuit Bundaberg (80 km) en Hervey Bay. Het tweede, een nationaal park, beschikt alleen over de belangrijkste faciliteiten; er is geen accommodatie. Het eiland kan op een dagtocht per boot of watervliegtuig vanuit Bundaberg worden bereikt. **Heron Island**►► is deels vakantieoord en deels nationaal park. Het is beroemd om zijn fauna. Behalve duiken en snorkelen kunt u er tochtjes maken met semi-duikboten of over het rif wandelen. Helikopter of rondvaartboot brengen u erheen vanuit Gladstone (72 km).
Het grote, beboste **Great Keppel Island**►► is populair bij jonge mensen. Er zijn boten met glazen bodems, een koraalduikboot, een onderwaterobservatorium, jetski's en mogelijkheden om te waterskiën, door de *bush* te wandelen of zich in het nachtleven te storten. Het eiland is bereikbaar per vliegtuig vanuit Rockhampton (56 km) of per veerboot vanuit Rosslyn Bay.
Ten slotte is er nog **Brampton Island**►►, een nationaal park dat deel uitmaakt van de Cumberland-groep. Dit is de favoriet van pasgehuwde stellen vanwege de romantische omgeving. Er zijn goede faciliteiten, inclusief een golfbaan. Het eiland is bereikbaar vanuit Mackay (32 km).

Whitsunday Islands De meeste van deze eilanden zijn omgeven door riffen. Ze vormden eens de toppen van oeroude bergen en liggen verspreid aan beide kanten van de Whitsunday Passage. Slechts zeven van de meer dan 70 eilanden hebben faciliteiten voor toeristen. Hotels en appartementencomplexen karakteriseren het populaire **Hamilton Island**►►. Het heeft een internationale luchthaven. U kunt er ook komen met een vliegtuig vanuit Proserpine of Mackay en per boot vanuit Shute Harbour.

Van de zes andere toeristische Whitsunday-eilanden is **Hayman Island** het meest luxueus. Hoewel het een nationaal park is, is **Lindeman Island** een populaire Club Med-locatie; **South Molle** en **Daydream Island** richten zich vooral op gezinnen. **Hook Island** (met een goed onderwaterobservatorium) en **Long Island** zijn met hun goedkopere accommodatie vooral populair bij jongeren. Van alle eilanden kunt u tochtjes maken naar het Outer Reef.

North Islands Het grote **Magnetic Island▶▶**, vlak voor de kust bij Townsville, heeft granieten heuvels van 500 m hoog, schitterende zandstranden, een overvloed aan koala's en een groot nationaal park. U komt er met de helikopter of veerboot vanuit Townsville (9 km). Verder naar het noorden ligt het vulkanische en dicht beboste **Orpheus Island▶▶**, met stranden, buitengewone koralen en een biologisch onderzoeksstation. Het is per vliegtuig bereikbaar vanuit Townsville (80 km) en Cairns, en per boot vanuit Townsville.
Het nationale park **Hinchinbrook Island▶▶** is het grootste en ruigste eiland van Queensland. Ervaren wandelaars doen er verschillende dagen over om de Coastal Walk uit te lopen. Het eiland is bereikbaar per boot vanuit Cardwell of per vliegtuig vanuit Townsville.
De bergen van het middelgrote **Dunk Island▶▶** en het kleinere **Fitzroy Island▶▶** zijn bedekt met regenwoud. Het eerste heeft prachtige stranden en een rijke fauna; het is bereikbaar per vliegtuig vanuit Townsville (160 km) en Cairns (120 km) en per boot vanuit Clump Point. Fitzroy Island leent zich goed voor duiken en snorkelen. Het is met de boot bereikbaar vanuit Cairns (19 km).
Green Island▶ ligt niet ver van Cairns (27 km) en is daarom populair bij dagjesmensen, ook al heeft het koraaleilandje nu ook luxeaccommodatie. Het eiland heeft het oudste onderwaterobservatorium van het rif.
Lizard Island▶▶ is het noordelijkste van de toeristische eilanden. Het is vanuit Cairns (241 km) per vliegtuig bereikbaar, heeft prachtige baaien en biedt bovendien een fantastisch uitzicht vanaf Cook's Lookout.

Accommodatie op de eilanden
Eenvoudig en goedkoop Lady Elliot Island (safarihutten en tenten), Lady Musgrave Island (zelfvoorzienend kamperen met vergunning van de National Parks and Wildlife Service), Great Keppel Island (jongerenaccommodatie en camping), Magnetic Island (accommodatie voor rugzaktoeristen), Hinchinbrook Island (camping), Dunk Island (camping met vergunning) en Fitzroy Island (jeugdherberg).
Redelijk geprijsde middenmoot Great Keppel Island (vakantiehuisjes), Brampton Island (vakantiecentrum), Hamilton (vakantiecentra), Magnetic Island (vakantiecentra), Hinchinbrook Island (vakantiecentrum), Dunk Island (vakantiecentrum) en Fitzroy Island (villa's).
Exclusief en duur Luxueuze vakantiecentra zijn er op de eilanden Heron, Hayman, Orpheus, Bedarra, Green en Lizard.

Alligator- en soepschildpadden broeden in oktober en november op Heron Island

Met een eend door de tropen
De eenden van Kuranda zijn de robuuste DUKW's, amfibievoertuigen die in de Tweede Wereldoorlog voor het leger zijn ontwikkeld en die met evenveel gemak een steil pad door de jungle beklimmen als tussen de schildpadden door een poel oversteken.

Boven het regenwoud
Hoewel de Cairns–Kuranda Railway nog altijd de comfortabelste manier is om deze plaats te bereiken, biedt de Skyrail Rainforest Cableway een spectaculair alternatief. De cabines van deze in 1995 geopende kabelbaan bieden u een adembenemend uitzicht tijdens hun 7,5 km lange weg omhoog.

Lamington National Park, een paradijs voor wandelaars en vogelkenners

▶ Innisfail *201D3*

Deze uitvalsbasis voor het noorden van Queensland, het Barrier Reef en het Atherton Tableland staat bekend om het suikerriet, dat hier voor het eerst aan het eind van de 19de eeuw werd geplant – er valt veel regen in dit gebied. De industrie kreeg een impuls door de vele Italiaanse immigranten na de Tweede Wereldoorlog. De Chinese gemeenschap is echter veel ouder. De Chinese tempel is één van de twee in Australië die nog dienst doen. Een heel ander soort attractie is de Johnstone River Crocodile Farm.

▶▶ Kuranda *200D2*

Dit populaire 'dorp in het regenwoud' ligt hoog in het Atherton Tableland. De treinreis vanuit Cairns (zie kader) is spectaculair. Kuranda is een echt toeristenparadijs. *'Ducks'* (amfibievoertuigen uit het leger) maken tochtjes door het regenwoud, u vindt er een vlinderreservaat, een nachthuis voor wilde dieren, een grote markt en kunst- en kunstnijverheidszaken – en dat alles zonder dat de omgeving te veel is aangetast. Andere mogelijkheden zijn een informatiecentrum over het regenwoud, wandeltochten, aboriginaldansen en een dierenpark. Kuranda is ook de ideale uitvalsbasis voor bezoekers die andere delen van het Atherton Tableland willen verkennen.

▶▶ Lamington National Park *201A4*

In schril contrast met de glitter en het beton van de Gold Coast staat het rijkelijk begroeide achterland ervan, met zijn hooggelegen bossen en boerenbedrijven. De bergen van het Lamington National Park zijn opmerkelijk vanwege de antarctische beuken, waarvan sommige meer dan duizend jaar oud zijn. Van het bos waarvan zij deel uitmaken krijgt u de beste indruk, als u de wandeling aandurft die in de buurt van het O'Reilly's Guesthouse begint. Van hier naar de Binna Burra Lodge loopt een andere wandelroute. Deze is 22 km lang en biedt prachtige uitzichten over het grensgebied van New South Wales.

Een hele ervaring – in de 'Big Pineapple'

▶ Longreach *200B2*

Ver landinwaarts aan de Capricorn Highway en de spoorlijn naar Rockhampton vormt Longreach het centrum voor een groot stuk *Outback*. Hier legde QANTAS in de jaren twintig een basis aan en werd de eerste vliegtuigfabriek van Australië geopend. Toeristen komen er vooral voor de **Australian Stockman's Hall of Fame▶▶**. Dit grote, weelderige gebouw verrees ter gelegenheid van de Bicentenary in 1988 en herbergt tentoonstellingen over elk denkbaar facet van het leven in de *Outback*.

▶ Mackay *201C3*

Deze stad met ruim 40.000 inwoners gaat prat op zijn belangrijke suikerindustrie; vanuit de zeehaven wordt ongeveer een derde van de Australische suikerproductie verscheept. Het toerisme wint echter aan betekenis: de stad ligt niet ver van het Barrier Reef, de stranden van het vasteland en het prachtige **Eungella National Park▶▶**. Dit door regenwoud bedekte hoogland ('land van de wolken' volgens de aborigines) is heerlijk koel vergeleken bij de zeer hete kust en herbergt ongewone planten, dieren en vogels, zoals de Eungella-honingzuiger. Ook het schuwe vogelbekdier vertoont zich soms.

▶ Maryborough *201A4*

Deze plaats nabij de monding van de Mary River bedient een rijk agrarisch achterland. Maryborough werd in 1842 gesticht en telt vrij veel 19de-eeuwse gebouwen, evenals prachtige tropische parken en tuinen.

▶ Millaa Millaa *200D2*

Dit dorpje met melkveehouderijen is beroemd om de **Millaa Millaa Falls**, een van de schilderachtige watervallen langs de route die bekend staat als het Waterfall Circuit. Ten westen van het stadje ligt de **Millaa Millaa Lookout**: van 1100 m hoogte hebt u een goed uitzicht over het Atherton Tableland, een van de dichtstbegroeide gebieden van Australië.

Flamboyante vrucht
Een van de treffendste voorbeelden van de commerciële kitsch in Australië is de Big Pineapple. Deze 15 m hoge vrucht van glasvezel zal onvermijdelijk uw aandacht trekken als u vanaf de Sunshine Coast via de Bruce Highway landinwaarts rijdt. Terwijl dit object in eerste instantie reclame maakt voor een ananasplantage, is het officieus het symbool geworden voor het gebied van de tropische fruitteelt rond Nambour.

Regenwouden

■ Het Australische regenwoud is gekapt om zijn hout of om plaats te maken voor suikerrietplantages, wegen, vliegvelden of de toeristenindustrie, maar tegenwoordig wordt het eindelijk erkend als een uniek ecosysteem, dat het waard is om behouden te blijven. Dat het veel bezoekers trekt, speelt hierbij ook een rol. ■

De schuwe en zeldzame kasuaris, de op één na grootste vogel van Australië, is buitengewoon sterk

Dierenwereld
De fauna van het regenwoud is al even uitbundig als de flora. Sommige dieren, zoals de boomkangoeroe, de kleine koeskoes of de muskusachtige kangoeroerat komen alleen in deze omgeving voor.
Een van de bedreigde diersoorten is de kasuaris, een loopvogel die verwant is aan de emoe. Pas op! Het dier is in staat om een dodelijk trap uit te delen met zijn scherpe teen.

Overblijfselen uit het verleden Het tegenwoordige regenwoud, dat te vinden is op delen van de oostkust van Cape York tot Tasmanië, bedraagt nog maar een fractie van het mozaïek van vegetatie dat het hele continent miljoenen jaren geleden bedekte. Het regenwoud heeft beschutting en een hoge vochtigheid nodig en is naarmate het klimaat van Australië droger en droger werd langzaam verdwenen. Maar waar het complex van factoren (regenval, verdamping, bodem en temperatuur) gunstig is, sieren prachtige restanten nog altijd de oppervlakte van het land. Zo worden de oostelijke hellingen van de bergen aan de kust in het noorden van Queensland door de bergruggen van de Great Dividing Range beschermd tegen de droge wind uit het binnenland, terwijl ze profiteren van de vochtige wind uit zee. Hier liggen de weelderigste regenwouden van het land.

Variëteit Op onverwachte locaties dicht bij zee, waar zandduinen bescherming bieden tegen de vernietigende effecten van het zeewater, komt een kustregenwoud voor, zoals op enkele eilanden van het Great Barrier Reef. Verder naar het zuiden, in New South Wales en Victoria, verandert het regenwoud van samenstelling: de structuur wordt simpeler en er komen minder soorten voor. Enkele gematigde en subtropische regenwouden in New South Wales, die zich van de grens met Queensland tot aan het gebied rond Newcastle uitstrekken, vormen tezamen een Werelderfgoedgebied. Dit type bos mengt zich geleidelijk met vegetatie die kenmerkend is voor koelere streken. Hiertoe behoren de zuidelijke beuk en de antarctische beuk. Deze bomen gedijen in het klimaat van Tasmanië, maar ze komen ook op grote hoogte voor in het **Lamington National Park** in Queensland.

Subtropisch regenwoud in het Bunya Mountains National Park

► Mission Beach 201C3

De fraaie stranden tussen Tully en Innisfail hebben een totale lengte van 14 km en staan bekend als het Mission Beach-gebied. Hiervandaan kunt u Duck Island zien liggen. In het bos vlakbij komen veel kasuarissen voor en op de bovenloop van de Tully River wordt met vlotten gevaren.

►► Noosa Heads 201A4

In het uitgebreide Noosa Heads (Noosaville, Noosa, Tewantin en Sunshine Beach) aan de noordpunt van de Sunshine Coast, 150 km van Brisbane (zie ook bladzijde 225), moet u zijn als u verfijning zoekt en niet van de brutale stijl van de Gold Coast houdt. In het stijlvolle Noosa vindt u laagbouwhotels en andere accommodatie, enkele uitstekende restaurants en mooie zandstranden. Dit is het beginpunt voor boottochten op de Noosa River en de lagunen, of de rivier over naar het **Cooloola National Park**►►, met zijn strand van 65 km en het grootste duinenstelsel ter wereld. Landinwaarts, in het gebied rond de Blackall Range, ligt het dorp Eumundi, met een terecht befaamde zaterdagmarkt.

► Port Douglas 200D2

Deze havenstad en badplaats 70 km ten noorden van Cairns ademt een geheel eigen sfeer, vooral op tropische avonden wanneer slechts een enkele auto de rust verstoort in de brede straten met hun koloniale gebouwen. U kunt een tocht door de suikerrietvelden maken met de Bally Hooley-trein of het **Rainforest Habitat Wildlife Sanctuary** bezoeken. Vlakbij is een Shipwreck Museum.

► Rockhampton 201B4

De 'vleeshoofdstad' van Australië ligt een eindje landinwaarts aan de Fitzroy River op de steenbokskeerkring. De stad wordt gekenmerkt door laat-19de-eeuwse gebouwen en tropische bomen. De Botanic Gardens behoren tot de mooiste in het land. Niet ver daarvandaan vindt u het **Dreamtime Cultural Centre**►, met exposities over het leven van de Straat Torres Islanders en de aborigines van het vasteland.

Kolen uit de tropen
Queensland levert een belangrijke bijdrage aan de kolenproductie van Australië. De steenkool wordt in de diepe putten van een open groeve in het Bowen Basin en meer landinwaarts gewonnen. Via Gladstone en speciaal aangelegde havens, zoals Hay Point, wordt het over de hele wereld geëxporteerd. Verscheidene mijnen (Blackwater, Blair Athol, Goonyella en Peak Downs) ontvangen bezoekers.

Op weg naar de haven van Port Douglas

Veehouderij

■ **Australiërs consumeren pakweg de helft van de 1,5 miljoen ton rundvlees die het land produceert. De rest wordt geëxporteerd, met name naar Canada, de VS en Japan.** ■

De veroordeelden en soldaten die met de *First Fleet* in Australië arriveerden, schijnen zich in leven te hebben gehouden met vlees van de runderen die ze uit India hadden meegenomen. Later werden er Engelse rassen ingevoerd. De kolonie werd op een zeker moment zelfvoorzienend, maar kwam later zelfs met een overschot aan rundvlees te zitten. Inblikken en invriezen losten dat probleem uiteindelijk op, zodat Australië een van de grootste exporteurs van rundvlees ter wereld kon worden.

Samen met de schapen waren de runderen de metgezellen van de blanke pioniers tijdens hun verovering van het uitgestrekte binnenland van het continent. Sommige van deze tochten hadden een welhaast epische allure: in 1870 dreef de veedief Harry Redford duizend gestolen dieren van Longreach in Queensland naar de *Outback* van South Australia en in de jaren 1883–1885 trok de familie Durack met 10.000 stuks vee van Queensland naar de Ord River in de Kimberley, een reis van 5000 km.

Het bijeendrijven van het vee
Als het tijd is om het vee te monsteren, worden de dieren bijeengedreven door veedrijvers te paard of, zoals tegenwoordig vaker gebeurt, op motoren of in terreinwagens. Op de enorme ranches in het uiterste noorden worden helikopters ingezet om de slimmere dieren op te sporen en uit hun schuilplaatsen te verdrijven.

Grootschalig boeren De meeste voor vleesconsumptie bestemde runderen zijn Herefords of Shorthorns, maar er is ook een kruising met Brahmans gefokt in een poging om de weerstand tegen de hitte en insecten te verhogen. De Australische veestapel was het grootst in de jaren zeventig en bedroeg toen zo'n 33,4 miljoen. Later daalden de cijfers, het huidige totaal is ongeveer 18 miljoen.

De meeste dieren grazen op de droge landen in het midden en noorden van Australië. Hun dorst lessen ze met het water dat uit artesische putten omhoog wordt gepompt. Vanwege de arme weidegronden is de veedichtheid gering en zijn de veebedrijven groot. Er zijn bijna geen omheiningen, zodat de beesten vrij rondlopen tot de tijd van de monstering is gekomen. Met trucks worden de dieren uit de weiden opgehaald en op een rustkuur gezet om wat vleziger te worden, waarna ze worden geslacht.

Het rundvee in New South Wales graast op eersteklas grond

▶▶ Sunshine Coast — 201A4

Ten noorden van Brisbane strekt deze legendarische strook van fraaie stranden zich over zo'n 100 km uit, van Caloundra tot Noosa Head. Ze zijn erg in trek bij mensen die een rustiger alternatief voor de Gold Coast zoeken (zie ook Noosa op bladzijde 223). Hebt u genoeg van de zon en het zand, dan kunt u het parkachtige achterland, inclusief de groene wereld van de Blackall Range, gaan verkennen.

▶ Toowoomba — 201A4

Toowoomba ligt hoog te midden van de korenvelden en weilanden van de vruchtbare Darling Downs. Het is de grootste stad in het binnenland van Queensland, met brede, lommerrijke straten en aantrekkelijke parken en tuinen. Het vogelrijke **Ravensbourne National Park▶** ligt dichtbij, evenals de **Crows Nest Falls▶**, waarvan het water in een diepe granieten kloof valt.

▶ Townsville — 201C3

De grootste tropische stad van Australië, aan de voet van Castle Hill, fungeert als afzetmarkt voor een grote regio die zich landinwaarts van Mount Isa tot de Golf van Carpentaria uitstrekt. Behalve een universiteitsstad en militair centrum is Townsville een belangrijke plaats voor toeristen die naar het noorden reizen of naar het Barrier Reef willen varen. De stad heeft een botanische tuin uit het einde van de 19de eeuw, maar bezoekers zullen waarschijnlijk in de eerste plaats worden aangetrokken door het **Great Barrier Reef Wonderland▶▶**. In dit grootste koraalrifaquarium ter wereld kunt u vanuit een glazen tunnel het rif bewonderen. Bijna even levensecht zijn de films die worden vertoond op het cilindervormige doek van het **Omnimax Theatre▶**. Eén vleugel van het **Queensland Museum▶** is gewijd aan natuurlijke historie, geschiedenis en technologie. Bezoek ook het **Visitor Centre** van de **Marine Park Authority**, die het rif beheert.

▶ Warwick — 201A4

Deze schilderachtige plaats, een bloeiend handelscentrum voor de zuidelijke Darling Downs, is na Brisbane de oudste stad van Queensland. Warwick is gesticht in 1848.

De populaire badplaats Caloundra is met zijn zandstrand en heldere zeewater kenmerkend voor de Sunshine Coast

Cane toads

Deze onaantrekkelijke dieren zijn bijna even lastig als de konijnen. De padden werden in 1935 uit Hawaii ingevoerd in de hoop dat ze de kevers zouden opvreten die de suikerrietvelden aantastten. Ze vormen nu echter een grotere bedreiging dan de plaag die ze moesten bestrijden, omdat ze erg goed bleken te zijn in het elimineren van veel inheemse diersoorten. Met het gif dat ze afscheiden, kunnen ze de meeste van hun vijanden doden – behalve het wegverkeer. U moet dan ook niet opkijken van de platgereden padden op de *highways* van Queensland. Inmiddels rukken de *cane toads* naar New South Wales op.

TASMANIË

Cape Wickham
Egg Lagoon
Lavinia Nature Reserve
King Island
Naracoopa
Currie
Grassy
Stokes Point
Curtis Group
Bass Strait
Three Hummock Island
Hunter Island
Robbins Island
Cape Grim
Stanley
Rocky Cape Nat Park
Montagu
Smithton
Marrawah
Irishtown
Boat Harbour Beach
Wynyard
Somerset
Burnie
Calder
Arthur
Yolla
Penguin
Ridgley
Ulverstone
Asbestos Range Nat Park
Port Sorell
Devonport
Latrobe
Gunns Plains
Sprent
Railton
Leven Canyon
Sheffield
Temma
Arthur Pieman Protected Area
Sandy Cape
Savage
Waratah
1339m Black Bluff
Mole Creek
Savage River
Marakoopa Cave
Lake Dove
1545m Cradle Mt
Tullah
Rosebery
Walls of Jerusalem Nat Park
Pieman
Cradle Mt - Lake St Clair Nat Park
1617m Mt Ossa
Lake Augusta
Zeehan
Mt Lyell Mine
West Coast
1447m Mt Olympus
Lake St Clair
Queenstown
Derwent Bridge
Lake Echo
Strahan
Lake Burbury
L. King William
Cape Sorell
Franklin-Gordon Wild Rivers Nat Park
1443m Frenchmans Cap
Tarraleah
Lake Binney
Macquarie Harbour
Sarah Island
Wayatinah
Franklin
Mt Field Nat Park
Point Hibbs
Gordon
Lake Gordon
Strathgordon
Maydena
Lake Pedder
Frankland Range
Low Rocky Point
Southwest National Park
Arthur Range
Zie rondrit bladzijde 246
Port Davey
0 20 40 60 80 100 km
0 20 40 60 miles
South West Cape
Maatsuyker Group
E
D
C
B
A
1
2
3

TASMANIË

HOOGTEPUNTEN

BATTERY POINT, HOBART
zie bladzijde 232 en 234

CRADLE MOUNTAIN–LAKE ST CLAIR NATIONAL PARK
zie bladzijde 236 en 237

FRANKLIN-GORDON WILD RIVERS NATIONAL PARK
zie bladzijde 236 en 240

FREYCINET NATIONAL PARK
zie bladzijde 236 en 240

LAUNCESTON
zie bladzijde 244 en 245

PORT ARTHUR *zie bladzijde 247*

SOUTHWEST NATIONAL PARK
zie bladzijde 236 en 249

RICHMOND *zie bladzijde 248*

STRAHAN *zie bladzijde 250*

TASMANIAN MUSEUM AND ART GALLERY, HOBART
zie bladzijde 233

Conflicten
De laatste decennia is een bittere strijd losgebarsten tussen bekrompen economische belangen en natuurbehoud. Het unieke Lake Pedder werd vernietigd door de bouw van een dam, maar dankzij de publieke opinie kon de Franklin River en Gordon River eenzelfde lot worden bespaard. Momenteel lijkt het natuurbehoud aan de winnende hand te zijn.

Tasmanië De nauwe banden van dit groene, bergachtige eiland met het Australische vasteland worden elke zomer herdacht met een groots sportevenement, de Sydney to Hobart Race, een opwindende zeilwedstrijd langs de kust van New South Wales en over het dikwijls woelige water van Straat Bass. De eerste ontdekkingsreizigers dachten dat Van Diemensland (zoals Tasmanië tot 1856 heette) een deel van het vasteland was, maar deze vergissing werd in 1798 door George Bass en Matthew Flinders gecorrigeerd. In 1804 werd Hobart, in de zuidoosthoek, de hoofdstad van de tweede Britse kolonie in Australië.

Klein maar fijn 'Tassie' is zeker anders. Hoewel het eiland volop functioneert binnen het Australische Gemenebest, lijkt het zich toch van de rest van het land te willen onderscheiden. Tasmanië is de kleinste staat van Australië (het heeft de omvang van Ierland). Het kent een gematigd klimaat dat de bossen van overvloedige regenval voorziet, terwijl er ook vaak genoeg blauwe luchten zijn om zonaanbidders tevreden te stellen. In het binnenland vindt u stenen bruggen, dorpen, stadjes en herenhuizen uit de tijd van koning George, te midden van keurige landbouwgronden, waar hagen en bladverliezende bomen herinneren aan de Britse oorsprong van de eerste kolonisten. Voorbij de weilanden en boomgaarden verheffen zich ruige hooglanden, met heldere meren, snelstromende rivieren en een magnifiek berglandschap. De drie grote nationale parken in het zuidwesten van Tasmanië zijn tot Werelderfgoedgebied uitgeroepen.

Bezoekers welkom De relatief lange geschiedenis van Tasmanië heeft vele oude nederzettingen en historische gebouwen opgeleverd, inclusief het Port Arthur-complex, voor veel mensen een van de aangrijpendste monumen-

ten van de strafkolonie Australië. Hobart, de hoofdstad van Tasmanië, is klein, maar heeft een Europese stijl en waardigheid. De zeehaven ligt aan de monding van de River Derwent, die verder landinwaarts door een prachtig groen heuvel- en berglandschap stroomt.

Misschien is de gastvrijheid van het eiland (zelfs gemeten naar de maatstaf van de Australische vriendelijkheid) te danken aan zijn kleinschaligheid en isolement. Het levenstempo ligt er laag en de bewoners zijn al gauw bereid om de dag met een vreemde door te brengen: *no worries* is hier nog meer van toepassing dan in de rest van Australië. (Deze open houding heeft niet kunnen verhinderen dat de ongeveer 470.000 inwoners van Tassie het doelwit zijn geworden van de grappen van andere Australiërs.)

Dit alles, gevoegd bij de vrij lage prijzen, heeft ertoe bijgedragen dat het toerisme een belangrijke pijler van de plaatselijke economie is geworden, hoewel verrassend weinig buitenlanders de korte reis (240 km) vanaf het vasteland maken. De dollars van de bezoekers zijn zeer welkom, want de economie is niet zo sterk en het werkloosheidscijfer is hoger dan dat op het vasteland.

De landbouw doet het goed in het binnenland, het zuidoosten en in de rivierdalen, maar de fruitteelt kreeg een enorme klap toen de Europese Gemeenschap de fruitproducten begon te weren. In het dunbevolkte westen wordt nog steeds aan mijnbouw gedaan; rond Queenstown heeft de winning van metaalertsen geresulteerd in een uiterst bizar en kaal landschap. De bosbouw is van groot economisch belang, maar moet steeds meer rekening gaan houden met ecologische en landschappelijke overwegingen. Ondanks ontwikkelingen in het verleden is er veel ongerepte natuur overgebleven voor de bezoeker: ongeveer een derde van Tasmanië is beschermd gebied en er zijn 17 nationale parken.

Er zijn historische plekjes te over in Launceston

Freycinet National Park, aan de oostkust

Hobart

Hobart is de op één na oudste stad van het land (na Sydney) en het is de kleinste van de hoofdsteden van de staten. De stad strekt zich uit langs beide oevers van de monding van de River Derwent, een van de diepste havens ter wereld, die wordt overbrugd door de 1025 m lange Tasman Bridge. Het centrum met zijn vele koloniale gebouwen is samengebald rond **Sullivans Cove** op de westelijke oever, met op de achtergrond beboste hellingen die oplopen naar de top van de 1270 m hoge Mount Wellington. De rijke, bouwkundige erfenis en de omgeving maken het tot een genot om Hobart te verkennen.

Geschiedenis De stad werd in 1804 gesticht door luitenant-gouverneur David Collins, nadat het jaar daarvoor de eerste poging tot kolonisatie aan Risdon Cove, even stroomopwaarts, was mislukt. Jarenlang bestond de bevolking overwegend uit veroordeelden en hun opzichters, maar de uitmuntende haven groeide al spoedig uit tot een basis voor de walvisvaarders en robbenjagers van de Zuidelijke IJszee en de Stille Zuidzee.
De stad breidde zich landinwaarts uit langs een raster van straten die vanaf de aanlegsteigers en de pakhuizen van Sullivans Cove omhoog de heuvels in leiden. Er zijn veel fraaie afzonderlijke gebouwen, maar het is het bijna Europese aanzien van de stad als geheel dat Hobart zo uniek maakt. Straten met Victoriaanse kolossen zoals het stadhuis of het Theatre Royal uit 1837 contrasteren met het ongedwongene van een buitenwijk als Battery Point.

Ontspannen levensstijl Het leven in Hobart is doortrokken van het goede humeur van de inwoners van de stad, die hier naar tevredenheid lijken te leven. Hoewel Hobart in het verleden wel minachtend als 'slaperig' werd gekarakteriseerd, biedt het tegenwoordig talloze faciliteiten om zowel de inwoners als de bezoekers van de stad te vermaken. De hotels en eetgelegenheden kunnen wedijveren met die in andere grote steden, terwijl het casinocomplex bij Wrest Point (het eerste in Australië) de stad een kosmopolitische allure heeft gegeven. Elke zaterdag kijken de zandstenen pakhuizen aan het Salamanca Place neer op een van de kleurrijkste markten van Australië, terwijl de stad eind december en in de eerste week van januari wordt verlevendigd door de Sydney to Hobart Race, een befaamde zeilwedstrijd. In deze periode vindt ook het Hobart Summer Festival plaats, een evenement voor lekkerbekken dat een maand duurt.

De ontdekking van Tasmanië
De Nederlandse zeeman Abel Tasman kreeg op 24 november 1642 een nog niet in kaart gebrachte kust in zicht en gaf er de naam Van Diemensland aan, naar Anthony van Diemen, de gouverneur-generaal van Nederlands Oost-Indië.
De westelijke bergtoppen Mount Heemskerk en Mount Zeehan herinneren aan de twee expeditieschepen van Tasman. Niet wetende dat zijn ontdekking geen deel uitmaakte van het vasteland, zeilde Tasman weer weg. Pas in 1798 zouden George Bass en Matthew Flinders het eiland als eersten ronden. Mede om eventuele Franse plannen met het eiland te doorkruisen werd luitenant John Bowen er in 1803 naartoe gestuurd om de Britse vlag op de kust van Risdon Cove te planten.

De haven van Hobart biedt een spectaculaire aanblik

►► Antarctic Adventure 230B3

2 Salamanca Square

Het hoofdkwartier van de Australian Antarctic Division bevindt zich in Hobart. Het in 1998 geopende educatieve wetenschapscentrum biedt de bezoeker inzicht in de geografie, natuurlijke historie en verkenning van het bevroren continent, met interactieve opstellingen, een planetarium en een spannende simulatierit.

De kerk als oriëntatiepunt
De kerken van Hobart werden doorgaans op prominente locaties gebouwd om als oriëntatiepunt in de stad te kunnen functioneren. Dat geldt ook voor de achthoekige toren van de St. George's Church bij Battery Point. Het metselwerk – in Egyptische stijl, zoals in het begin van de 19de eeuw in de mode was – is uitzonderlijk.

►► Battery Point 230B3

Deze kaap scheidt Sullivans Cove in het noorden van Sandy Bay in het zuiden. Door de vooruitstekende positie was het de ideale locatie voor de kanonnen die hier in 1818 werden opgesteld ter bescherming van de haven. Het interessante aan Battery Point is tegenwoordig de mooie 19de-eeuwse bebouwing. Er zijn *cottages*, villa's en kleine rijtjeshuizen die er (afgezien van hun tinnen daken) uitzien alsof ze zojuist uit het laat-*Georgian* Engeland zijn overgeplant. Heel wat grootser is 'Narryna', een bepleisterd stenen woonhuis uit 1836, dat door mooie ijzeren hekken van de straat wordt afgeschermd. Het pand huisvest het **Van Diemen's Land Folk Museum**. Het authentiek gemeubileerde interieur roept de meer elegante kant van het leven in het 19de-eeuwse Hobart op. In Battery Point vindt u ook enkele uitstekende restaurants en veel kunst- en kunstnijverheidswinkels.

►► Het havengebied 230B3

Ofschoon de walvisvaarders allang verdwenen zijn, kan de ware geest van Hobart nog altijd worden bespeurd langs de aanlegsteigers en kaaien van de haven aan Sulli-

De Botanic Gardens van Hobart bevatten een breed scala aan inheemse en exotische planten

vans Cove. Vissersschepen en plezierboten liggen in de twee bassins die bekend staan als Victoria Dock en Constitution Dock. De naam van het laatste dok herinnert aan de grote dag in 1835 toen de toestemming voor een eigen grondwet het einde van Tasmanië als strafkolonie inluidde. Een oude Sydney-veerboot contrasteert met de slanke trawlers en het blinkende schip van de Commonwealth Scientific and Industrial Research Organisation (CSIRO), dat aan de westkant van Battery Point ligt aangemeerd. De gebouwen rond de haven behoren tot de mooiste van Hobart, met name het **Customs House**, nu onderdeel van het museum, en het gerestaureerde pakhuis aan Hunter Street. U moet zelf maar beslissen wat u vindt van het controversiële Hotel Grand Chancellor.

► Maritime Museum of Tasmania *230B3*

The Carnegie Building, 16 Argyle Street

Dit heerlijk ouderwetse museum is ondergebracht in 'Secheron', een fraai woonhuis op Battery Point dat omstreeks 1835 is gebouwd. U vindt er allerlei voorwerpen betreffende de zeevaart en krijgt te zien hoe nauw de geschiedenis van Tasmanië met de zee verbonden is.

► Royal Tasmanian Botanical Gardens *230D3*

Op de steil naar de Derwent afhellende, schitterende botanische tuin in de buurt van de Tasman Bridge staan fraaie bomen en constructies als de houten Fernery of het Conservatory, met zijn wisselende bloemperken, het ene nog mooier dan het andere. Niet alleen botanici zullen genieten van de goed onderhouden collectie Tasmaanse planten, waarvan sommige nog moeten worden geclassificeerd en andere met uitsterven worden bedreigd.

►► Salamanca Place *230B3*

Rond 1830 werden de stenige hellingen van Battery Point afgegraven om de kade in het zuiden van Sullivans Cove aan te leggen. Ook werden er solide ogende pakhuizen gebouwd ten behoeve van de schepen die hier aanmeerden. Deze prachtige zandstenen gebouwen zijn al jaren overbodig en hebben een nieuwe bestemming gekregen als boetiek, atelier, galerie, restaurant, antiekzaak of boekhandel. Elke zaterdagmorgen verandert het plein door de komst van marktkooplui, die allerhande koopwaar aan de man proberen te brengen.

►► Tasmanian Museum and Art Gallery *230C3*

Macquarie Street 40

Het belangrijkste museum van Tasmanië is gehuisvest in een complex van gebouwen, waaronder Macquarie Street 40, een gebouw uit 1808 en vermoedelijk het oudste pand in Australië dat continu is bewoond. Er wordt aandacht besteed aan de Tasmaanse dieren (en hun voorouders uit het Pleistoceen, zoals kangoeroes van 3 m en gigantische wombats). De Tasman Aboriginal Gallery vertelt het trieste verhaal van de aboriginces van het eiland. De Colonial Gallery brengt de tijd van de strafkolonie weer tot leven. U vindt er onder meer John Glovers schilderijen van Tasmanië als een paradijs bewoond door aborigines en de beroemde *Conciliation* van Benjamin Duterrau, waarop hun noodlottige kennismaking met de Europeanen is vastgelegd.

Het Theatre Royal uit 1837 is met zorg gerestaureerd

De bergen van Hobart
Bij helder weer bieden Mount Nelson en Mount Wellington een sensationeel uitzicht op de schitterende omgeving van Hobart. Mount Nelson (340 m), met op zijn hellingen de woningen van de bevoorrechten, verheft zich aan de rand van Sandy Bay. Bovenaan staat nog een kleine seinpost, maar het huis van de seiner is een theesalon geworden. Mount Wellington (1270 m) is bereikbaar via de weg die in 1937 is aangelegd om luie lieden ook te kunnen laten genieten van het panorama dat voordien slechts voor onvermoeibare wandelaars was weggelegd. Boven op de berg vindt u oon koot mct uitleg over wat u precies ziet, maar de meeste bezoekers zullen vermoedelijk al genoegen nemen met het grootse uitzicht dat zich voor hen ontvouwt.

Constitution Dock, aanleghaven voor de zeilwedstrijd Sydney–Hobart

Wandelen **Van Sullivans Cove naar Battery Point**

Deze wandeling begint in het noordelijke deel van de haven bij het monument waarmee de stichting van de stad in 1804 wordt herdacht en voert naar de oude wijk Battery Point.

De fraaie oude pakhuizen aan Hunter Street contrasteren met het moderne hotel dat uitziet over het Victoria Dock. Richting binnenstad ziet u de oude gebouwen van het **Tasmanian Museum and Art Gallery**. De ingang is om de hoek in Macquarie Street, waar ook de Town Hall uit 1864 en het **General Post Office** (1905) met zijn hoge toren te vinden zijn. Het **Franklin Square** was vroeger een paradeplaats tegenover het eerste Government House. Het plein heeft nu fraaie bomen en een fontein. Het kruispunt Murray Street–Macquarie Street is uniek in Australië vanwege alle oude gebouwen: de **St. David's Cathedral**, de oude **Law Courts** en een aantal rijtjeshuizen uit het midden van de 19de eeuw.
Tegenover het St. David's Park ligt de koninklijke tennisbaan, die nog altijd wordt gebruikt. Het park zelf, met zijn grote gazons en fraaie inheemse en uitheemse bomen, was eens het kerkhof van de stad. Een monument herdenkt John Woodcock Graves, de schrijver van het lied *Do ye ken John Peel?*, die Tasmanië in 1886 bezocht. Voorbij Harrington Street ligt **Hampden Road**, de verkeersader van Battery Point, met een groot aantal gebouwen uit de 19de en het begin van de 20ste eeuw. Links ligt **Arthurs Circus** met zijn *cottages* van rond 1840–1850. Via Runnymede Street komt u in Princes Park, dat abrupt afdaalt naar het **Signal Station** uit 1818. Voorbij de Castray Esplanade hebben de moderne CSIRO-laboratoria de kaap in bezit genomen, maar het is nog steeds mogelijk om er een weg te zoeken en te genieten van het uitzicht over de Derwent.
De Esplanade voert terug naar het stadscentrum. Landinwaarts van Princes Wharf staan prachtige 19de-eeuwse pakhuizen aan de **Salamanca Place** – een mooi slot van uw wandeling.

Reismogelijkheden

Vliegtuig Tasmanië onderhoudt via de vliegvelden van Hobart, Launceston, Burnie/Wynyard en Devonport goede verbindingen met het vasteland. Er zijn ook vliegvelden bij Queenstown, Smithton en Strahan, evenals op Flinders Island en King Island in Straat Bass, maar hierop wordt minder intensief gevlogen.
Regelmatige binnenlandse vluchten tussen al deze vliegvelden worden aangevuld door tal van toeristische vluchten door lokale bedrijfjes. De reis met het watervliegtuig vanuit Strahan, die u over Macquarie Harbour en Frenchman's Cap voert en eindigt met een landing in het ravijn van de Lower Gordon River, kan niet genoeg worden aanbevolen.

Boot De *Spirit of Tasmania* vaart om de dag tussen Melbourne (vertrek op maandag, woensdag en vrijdag) en Devonport (vertrek op zaterdag, dinsdag en donderdag), en doet 15 uur over de tocht. Deze moderne, luxueuze veerboot kan bijna 1300 passagiers en maximaal 490 voertuigen vervoeren.

Auto De meeste bezoekers nemen hun eigen auto mee of huren een auto na aankomst. De afstanden zijn relatief klein en de wegen zijn doorgaans goed, maar soms wordt het verkeer opgehouden door vrachtwagens die hout vervoeren. Een eigen auto komt bijzonder goed van pas op Tasmanië, waar slechts een elementair openbaarvervoerssysteem bestaat.

Trein Het smalspoornet bestaat nog, maar er rijden al jaren geen passagierstreinen meer. Er bestaat nog wel een handvol speciale ritten voor treinliefhebbers.

Bus Elke nederzetting van enige omvang heeft een busdienst, maar de frequentie waarmee de bussen rijden kan erg laag zijn. De twee belangrijkste busondernemingen zijn **Tasmanian Redline Coaches**, die *'Tassie Passes'* uitgeeft met een variabele geldigheidsduur, en **Tassielink**, die een regelmatige, vitale verbinding onderhoudt met bestemmingen in de wildernis. Er rijden bussen naar de belangrijkste nationale parken en naar de begin- en eindpunten van wandelroutes door de *bush*.

Reizen te voet
Iedereen die naar Tasmanië gaat, moet bereid zijn te wandelen, al was het maar een klein stukje over de talrijke bewegwijzerde natuurpaden. Wie avontuurlijker is aangelegd zal de meer toegankelijke bergtoppen, zoals Cradle Mountain, willen beklimmen, de vijf- tot tiendaagse Overland Track willen lopen of onder begeleiding van een gids met een vlot de Franklin River willen afzakken.

Wandelen in de bush *op Tasmanië*

Nationale parken

De Franklin River is ideaal voor wildwatervaren

Ongeveer een vijfde van Tasmanië heeft de status van nationaal park, deelstaatreservaat of zeereservaat.

Werelderfgoedgebied Het grootste stuk beschermd land (circa 14.000 km^2) is het in de jaren tachtig op de Lijst van het Werelderfgoed opgenomen gebied dat zich uitstrekt van Cradle Mountain tot South West Cape en dat verscheidene parken en reservaten omvat. De ongerepte rivieren, het regenwoud en de bergketens van deze grote gematigde wildernis kunnen vanaf de Lyell Highway worden bekeken of door middel van vlieg- of boottochten vanuit Strahan. De diepste geheimen worden echter alleen prijsgegeven aan de woudloper of wildwaterkanoër.
Cradle Mountain-Lake St. Clair, de Franklin-Gordon Wild Rivers en de nationale parken van het zuidwesten worden hieronder afzonderlijk beschreven, maar het wilde hart van het eiland omvat ook nog het grote natuurlijke amfitheater dat de **Walls of Jerusalem** wordt genoemd en het 'land van duizend meren', zoals het Central Plateau soms wordt genoemd. Door dit gebied loopt de Heritage Highway, die Deloraine met Melton Mowbray verbindt.

Beschermde schoonheid De status van nationaal park of reservaat geldt voor veel Tasmaanse natuurlandschappen: stranden, grotten, meren en bossen. De granieten bergen van het Freycinet Peninsula, de alpine heidelandschappen, de boomvarens en watervallen van Mount Field werden als eerste tot nationaal park verheven. In het noordoosten verheffen zich de kale bergkammen van Ben Lomond, waarvan de skihellingen via een kronkelige bergweg bereikbaar zijn. De eucalyptussen van het laatste grote droogtebestendige bos van het eiland worden beschermd binnen het **Douglas-Apsley National Park**. Ook op de meeste kleinere eilanden treft u wel een reservaat aan. Het **Lavinia Nature Reserve** op Kings Island is het verblijf van een bedreigde papegaaiensoort, terwijl de Wybalenna Historic Site op Flinders Island de restanten bevat van de gedoemde poging in de periode 1833–1847 om de laatste Tasmaanse aborigines te herhuisvesten.

Het regenwoud van het Wild Rivers National Park

Het spectaculaire berglandschap van Cradle Mountain

▶ Bicheno *227C5*

Deze kleine plaats aan de oostkust was ooit een basis voor walvisvaarders en robbenjagers en daarnaast een haven voor de export van steenkool uit de nabijgelegen mijnen. Tegenwoordig brengen de boten rivierkreeft en zeeoor binnen en is het stadje populair bij sportvissers, kunstenaars en strandliefhebbers. Deze laatsten worden aangetrokken door het milde klimaat, de mooie stranden en het schitterende landschap. In het nabijgelegen Douglas-Apsley National Park kunt u uitstekend wandelen.

▶ Bothwell *227B4*

Bothwell ligt fraai in de mooie Clyde Valley en omdat er tal van koloniale gebouwen staan, is het stadje uit 1824 van historisch belang. Het is de zuidelijke toegangspoort tot de bergachtige Central Highlands van Tasmanië.

▶ Burnie *226D3*

De meeste bezoekers stoppen niet eens in de op drie na grootste stad van Tasmanië, maar Burnie vormt niettemin een interessant contrast met de nogal zelfbewuste landelijkheid elders op het eiland. U vindt er verschillende fabrieken, het Pioneer Village Museum, een kaasfabriek en grote treinladingen erts.

▶▶▶ Cradle Mountain-Lake St. Clair National Park *226C3*

Dit nationale park met ruige bergtoppen en hooggelegen heidelanden maakt deel uit van het Tasmaanse Wereld-erfgoedgebied. U bereikt het park via **Cradle Valley▶▶** in het noorden of Lake St. Clair, bij de Lyell Highway, in het zuiden. Informatie over het park vindt u bij het bezoekerscentrum in Cradle Valley. Een plankenpad dringt door tot diep in het regenwoud en biedt een fraai uitzicht op de waterval van de Pencil Pine Creek. Er zijn verschillende wandelroutes, die straalsgewijs vanuit het centrum diverse kanten opgaan of meteen over de grindweg doorgaan naar de noordelijke oever van **Lake Dove▶▶**. Gelet op het feit dat hier de meeste dagen van het jaar wel regen valt, kunt u alleen maar hópen dat u Cradle Mountain in het heldere water van het meer weerspiegeld zult zien.

Lake St. Clair▶▶ is de bron van de River Derwent en met zijn 200 m het diepste zoetwaterbassin van Australië. U kunt hier zo de natuur in lopen, al is het maar tot het punt waar de Cuvier River en de Hugel River samenkomen.

De boshut van Weindorfer

In 1912 bouwde de Australiër Gustav Weindorfer diep in het ongerepte bosgebied voor zichzelf een hut van *King Billy pines*. Hij noemde zijn optrekje Waldheim ('huis in het bos'). Het is vooral aan Weindorfers enthousiasme te danken dat het gebied in 1922 als landschapspark en later als nationaal park werd aangewezen. Zijn Waldheim staat er nog, zij het gerestaureerd, maar het heeft gezelschap gekregen van andere accommodatie, variërend van de comfortabele Cradle Mountain Lodge tot een kampeerterrein dat naadloos past in deze schitterende omgeving.

De Overland Track

De wandelroute van Cradle Valley naar Cynthia Bay bij Lake St. Clair is 85 km lang. Wandelen is wellicht de beste manier om optimaal van de landschappen van het nationale park te kunnen genieten – wilde heidevelden, bosrijke valleien, diepe kloven, meren en rotsachtige pieken, waaronder het hoogste punt van Tasmanië, Mount Ossa (1617 m). De tocht neemt minimaal vijf dagen in beslag (voor ervaren woudlopers vier), maar het is beter om er meer tijd voor uit te trekken, zodat u zich niet hoeft te haasten en naar believen kunt rondkijken. Er zijn hutten langs het traject, maar hun capaciteit is beperkt en de kans is groot dat u moet kamperen. Informeer altijd bij een parkwachter voordat u de wildernis in trekt.

Waterkracht

De overvloedige regenval en de bergen zorgen ervoor dat het potentieel aan energie door waterkracht op Tasmanië veel groter is dan in enige andere Australische staat.

Een van Tasmanië's vele stuwdammen

Waterkracht
Tasmanië heeft zijn waterkrachtcentrales onder andere gebouwd om de aluminiumindustrie te kunnen uitbreiden. Het vergt enorme hoeveelheden elektriciteit om bauxiet om te werken tot aluminium. Waterkracht is goedkoop en moet dus de ideale oplossing hebben geleken. Bell Bay in het noorden van Tasmanië werd in de jaren vijftig uitgekozen als locatie voor een aluminiumfabriek, omdat het gunstig lag tussen de goedkope energiebron in het Tasmaanse binnenland en de grote voorraden bauxiet van Queensland.

Vroege projecten De eerste projecten dateren van voor de Eerste Wereldoorlog, maar pas in de periode tussen de twee wereldoorlogen werden er grootse plannen ontworpen die van Tasmanië het Ruhrgebied van Australië moesten maken, met nieuwe industrieën die zouden profiteren van de goedkope elektriciteit en de economische problemen van het eiland voorgoed zouden oplossen. De **Hydro-Electric Commission (HEC)**, opgericht in 1930, werd een soort staat binnen de staat en de grootste werkgever op Tasmanië, die zich door geen enkele technische moeilijkheid liet tegenhouden om energie te onttrekken aan de ongetemde wildernis.
Aan het einde van de jaren zestig wilde de HEC het gletsjermeer **Lake Pedder** exploiteren. Ze slaagde erin om dit unieke ecosysteem onder water te laten lopen, ondanks de protesten van mensen die zich zorgen maakten over de natuur. De vernietiging van Lake Pedder werd door de Unesco omschreven als 'de grootste ecologische tragedie sinds de Europese kolonisatie van Tasmanië'.

Waterkracht of plantentuin Het volgende grote voorstel van de HEC had betrekking op de Franklin River, de Lower Gordon River en het omliggende gematigde regenwoud. De Tasmaanse samenleving was verdeeld, maar de tegenstand was deze keer beter georganiseerd, in de vorm van de **Tasmanian Wilderness Society**. Uit een referendum bleek hoeveel mensen zich zorgen maakten. Het project werd in 1983 stopgezet door de nieuwe federale Labor-regering. De rivieren in het zuidwesten bleven behouden. Wellicht zal Tasmanië uiteindelijk meer profiteren van de toeristen die afkomen op deze wildernissen dan het had kunnen doen van de opwekking van extra megawatts aan energie.

► Deloraine 227C4

Dit aantrekkelijke stadje ligt buiten de vaste routes, maar is een omweg waard. Het ligt in een vruchtbare omgeving aan de Meander River, halverwege tussen Launceston en Devonport. In en rond Deloraine staan tal van koloniale gebouwen, waaronder Bonney's Inn (1831).

► Devonport 226D3

Devonport is een van de belangrijkste toegangspoorten tot Tasmanië. Hier meert de autoveerboot *Spirit of Tasmania* aan nadat hij vanuit Melbourne Straat Bass is overgestoken, en er is ook een vliegveld. Even landinwaarts van de vuurtoren uit 1889 op de rotskaap Mersey Bluff ligt het **Tiagarra Aboriginal Culture and Art Centre►**, dat aandacht besteedt aan het leven van de eerste Tasmaniërs en een rondleiding verzorgt langs de 250 plekken met raadselachtige rotskunst die in dit gebied worden aangetroffen. Andere plekken die uw aandacht verdienen zijn het Maritime Museum, de Devonport Gallery and Arts Centre en het op de National Trust-lijst opgenomen **Home Hill►**, het witte huis dat eigendom was van Joseph Lyons, de enige Australiër die zowel de premier van een staat als minister-president was. Iets ten westen van de stad ligt het eindstation van de **Don River Railway►**, met de grootste verzameling oude locomotieven en treinstellen van Tasmanië. Er rijden regelmatig oude treinen en het museum is heel interessant.

►► Flinders Island 227E5

Het grootste eiland van de Furneaux-groep bewaakt de oostelijke toegang tot Straat Bass. Ooit was het eiland het verblijf van robbenjagers en daarna de locatie van G.A. Robinsons tot mislukken gedoemde toevluchtsoord voor aborigines (zie bladzijde 241). Nu is het een eenzaam oord met iets meer dan 1000 inwoners. Maar u vindt er een overvloed aan wilde dieren (inclusief de pijlstormvogel – zie rechterkolom) en witte stranden, die contrasteren met de rotsen van het **Strzelecki National Park►►**.

Pijlstormvogels
De eilanden in Straat Bass zijn de broedplaatsen van de pijlstormvogel, een bruine, weinig spectaculaire vogel die met de wijzers van de klok mee over de Grote Oceaan rondtrekt. De jongen, mollige diertjes die rijk zijn aan vet en olie, worden uitgebroed in meterslange holen om vervolgens door hun ouders aan hun lot te worden overgelaten. Daardoor waren de jonge dieren een gemakkelijke prooi voor de aborigines.

De mooie Liffey Falls, ten zuiden van Deloraine, zijn een bezoek zeker waard

De fraaie, ongerepte stranden van het Freycinet Peninsula behoren tot de mooiste van Tasmanië

Huon pines
Deze unieke Tasmaanse conifeer is gemakkelijk te herkennen aan zijn geveerde bladeren en hangende takken. Hij komt vooral in de nattere gebieden van het uiterste zuidwesten voor. Behalve dat de boom extreem langzaam groeit, leeft hij ook extreem lang – sommige exemplaren zouden wel eens van vóór de jaartelling kunnen dateren. Eerbied voor ouderdom was er niet in de koloniale tijd, toen de houthakkers de Huon om zijn bijzonder veerkrachtige hout prezen. Tegenwoordig wordt het hout meer gewaardeerd om zijn schoonheid (nadat het is verwerkt tot sierobject, zoals een fruitschaal) en is het een pijler van de Tasmaanse souvenirindustrie geworden.

►►► Franklin-Gordon Wild Rivers National Park *226B3*

Dit geweldige gebied met zijn regenwoud, wilde rivieren en woeste hooglanden strekt zich uit van het beschutte water van Macquarie Harbour tot de Lyell Highway en is het centrale deel van het Tasmaanse Werelderfgoedgebied. Het hoogste punt (1443 m) is de monoliet van kwartsiet die bekend staat als **Frenchmans Cap►►**, waarvan de oostelijke helling 300 m steil omhoog loopt. Ervaren woudlopers kunnen de wandeltocht naar Frenchmans Cap en terug in vier dagen afleggen. De avontuurlijk aangelegden kunnen gaan wildwatervaren op de Franklin River: een geweldige tocht van meer dan een week door kloven en over stroomversnellingen naar de kleine pier dicht bij de monding van de Gordon. Dit punt is ook met de boot bereikbaar vanuit Strahan of per watervliegtuig, waarbij het toestel het ravijn in vliegt om gracieus op het heldere, maar theekleurige water te landen. Een plankenpad voert diep in het vochtige bos, waar zich tussen de boomvarens, de *Huon pines* en de antarctische beuken een waterval in een poel stort.

►► Freycinet National Park *227B5*

Het Freycinet Peninsula bereikt u via de vissersplaats Coles Bay. Het schiereiland strekt zich zuidwaarts uit tot aan het kleine Schouten Island in het azuurblauwe water van de Tasmanzee. Met zijn rode granieten pieken, ongerepte witte zandstranden, eucalyptusbossen en wilde bloemen was dit een van de eerste nationale parken van Tasmanië.

► Geeveston *227A4*

In het oude houtstadje Geeveston, dat dateert uit 1842 en 61 km ten zuidwesten van Hobart ligt, is het **Geeveston Forest and Heritage Centre►** het beginpunt voor verkenningen van het bosgebied. Aan de **Arve Road►►** liggen picknickplaatsen en uitkijkpunten. Iets verder landinwaarts ligt het **Hartz Mountains National Park►►**, dat deel uitmaakt van het Werelderfgoedgebied.

Tasmaanse aborigines

■ **In december 1642 hoorde de bemanning van Abel Tasmans *Heemskerck* menselijke stemmen in het bos bij hun landingsplaats in de buurt van Cape Sorell, maar de personen achter die stemmen vertoonden zich niet. Misschien hadden ze een voorgevoel van het lot dat hun nakomelingen te wachten stond onder de latere kolonisten.** ■

Boven: rotskunst van aborigines in Devonport

Conflicten op Tasmanië Qua karakter verschilden de Tasmaanse aborigines nogal van hun tegenhangers op het vasteland. Toen de blanke kolonisatie in 1803 begon, leefden er op Tasmanië tussen de 4000 en 5000 verspreid wonende eilanders. De gebruikelijke betrekkingen tussen de twee rassen ontstonden en er werd ook veel samengewerkt. Vooral de vrouwelijke aborigines zetten hun vaardigheden in voor de zeehondenjacht. Maar de spanningen namen toe, ondanks alle beloften van de kant van de blanke ambtenarij. De leefpatronen van de inboorlingen werden verstoord toen hun jachtterreinen in landbouwgronden veranderden. Sommigen verzetten zich met geweld tegen de aantasting van hun manier van leven, wat het veel effectievere geweld van de kolonisten opriep. Binnen twintig jaar was het aantal aborigines gehalveerd.

Het einde van een ras De meest noodlottige episode was die van de verzoening. George Augustus Robinson maakte contact met de overgebleven aborigines en probeerde hun vertrouwen te winnen en hen ertoe te bewegen zich in een christelijk protectoraat op Flinders Island te vestigen. Daar werden de resterende aborigines geveld door religie, drank, ziekten en het verlies van hun land en cultuur. De laatste Tasmaanse volbloedaborigine, een vrouw met de naam Truganini, stierf in 1876.

Verdwenen, maar niet vergeten
Het uitsterven van de volbloedaborigines van Tasmanië wordt vaak gekarakteriseerd als genocide, ofschoon de processen die daarbij een rol speelden in wezen dezelfde waren als die op het vasteland. Er zijn nog wel veel mensen van gemengd bloed over.

The last muster, *een schilderij van John Glover uit 1836*

Schipbreuken

■ **Tal van gevaren bedreigden de eerste zeelieden die de nog onbekende kustwateren van het grote zuidelijke continent bevoeren: hevige stormen, plotseling opdoemende eilanden, verborgen riffen en geen hoop op bijstand vanaf de wal. Zelfs de vaardige kapitein Cook liep vast in het koraal van het Barrier Reef, maar zijn bemanning wist de gestrande *Endeavour* zodra het vloed werd weer vlot te krijgen.** ■

Kapitein Bligh
De marineofficier William Bligh (1754–1817), ook wel 'Bligh of the Bounty' genoemd, stond bij zijn tijdgenoten bekend als 'Breadfruit Bligh', omdat hij degene was die, in opdracht, de broodboom in West-Indië had geïntroduceerd. Hij was streng, op het wrede af, en kreeg te maken met maar liefst twee muiterijen. De eerste, aan boord van de Bounty, is wereldberoemd geworden. De tweede opstand tegen zijn gezag, in 1808, werd aangevoerd door de officieren van het *'Rum Corps'*, zoals de militaire macht in New South Wales minachtend werd genoemd. Als gouverneur van de kolonie had Bligh geprobeerd paal en perk te stellen aan wat hij zag als de buitensporige invloed van het corps op het commerciële leven van de kolonie (het bezat het monopolie op de verkoop van sterke drank). Er werd een machtsgreep voorbereid en Bligh werd door zijn eigen mensen gearresteerd. Onverschrokken als hij was, weigerde hij om als gevangene naar Londen terug te keren. Hij werd later door de Britse regering van elke blaam gezuiverd.

Een Nederlandse ramp De eersten die met de ongastvrije kant van Australië te maken kregen, waren de Nederlanders, die gebruik maakten van een indirecte, maar snellere route naar hun Oost-Indische koloniën. Ze voeren rond Kaap de Goede Hoop, dan naar het oosten met de Westenwinden in de zeilen, om ten slotte voor de kust van Western Australia (dat ze Nieuw-Holland noemden) de steven naar het noorden te wenden.
Niet elke kapitein maakte echter bijtijds de bocht, onder andere commandant Pelsaert van de *Batavia*. Hij vervoerde onder meer de sierstenen voor de hoofdpoort van de stad waarnaar zijn schip was genoemd. Op een kwade dag in 1629 liep de *Batavia* op een van de lage koraaleilanden van de Houtmanrotsen, ongeveer 56 km van Geraldton, aan de grond. De opvarenden wisten met moeite de kust te bereiken. Toen er weer enigszins sprake was van een organisatie, voer Pelsaert met een kleine boot naar Java om hulp te halen. Zijn vertrek was het signaal voor een muiterij die al een tijdje aan boord van de *Batavia* had gedreigd. De ontevreden zeelui voerden een schrikbewind. Verkrachting en moord waren aan de orde van de dag. Als door een wonder overleefde Pelsaerts kwetsbare vaartuig de oceaanreis. De commandant keerde terug, arresteerde de opstandelingen en executeerde hun leiders ter plekke.
Dit onwaarschijnlijke verhaal wordt in detail verteld in het **Australian Maritime Museum** in Fremantle. Een deel van de *Batavia* is inmiddels geborgen, genoeg voor de reconstructie van het achterschip, dat een indrukwekkende aanblik oplevert. Ook zijn in dit museum de kant-en-klare sierstenen uit het scheepsruim gebruikt om de poort op te richten die ooit was bedoeld voor de stad Batavia.

De Shipwreck Coast De *Batavia* was niet het enige schip dat voor de kust van Western Australia schipbreuk leed, maar waarschijnlijk is Straat Bass, tussen Victoria en Tasmanië, verantwoordelijk voor het grootste aantal Australische schipbreuken. In de 19de eeuw vormde de door stormen geteisterde Straat een belangrijke doorgang op de vaarroute naar het oosten van Australië. King Island kreeg pas in 1861 een vuurtoren en tot die tijd voeren de schepen dicht langs de rotsachtige kust van het vasteland en liepen vaak aan de grond.
De beroemdste schipbreuk vond plaats in 1878, toen het ijzeren klipperschip *Loch Ard* strandde op de rotsen in de

buurt van Port Campbell in Victoria. Van de 50 opvarenden overleefden maar twee de ramp. Het scheepsmaatje Tom Pearce hield zich aan een reddingsboot vast en werd een smalle geul met veel kliffen ingesleurd. Hoewel hij behoorlijk gewond was, wist hij de jonge Eva Carmichael te redden, die ook door de stroming in de geul was meegesleurd. Tom liet Eva half bewusteloos op het strand liggen en slaagde erin de klif te beklimmen en hulp te gaan halen. Er werden slechts vier lichamen van opvarenden van de *Loch Ard* gevonden. Hun graven liggen op het nabijgelegen kerkhof, een van de vele waar de stoffelijke overschotten van slachtoffers van deze verraderlijke kust zijn begraven.

Langs de Historic Shipwreck Trail tussen Princetown in het oosten en Port Fairy in het westen staan borden die informatie bevatten over de plekken van 25 schipbreuken van kustvaarders, vrachtschepen en boten met verwachtingsvolle immigranten. In de gereconstrueerde haven bij Warrnambool die het **Flagstaff Hill Maritime Museum** heet, zijn voorwerpen te zien die afkomstig zijn van deze vergane schepen. Andere scheepvaarttentoonstellingen vindt u in het **Old Cable Station Museum** bij Apollo Bay en het **Portcampbell Information Centre**.

De zee bij Flinders Island is verraderlijk

Boven: de kliffen van Cape Raoul op het Tasman Peninsula

Boven en onder: kostbaarheden gered uit de 17de-eeuwse Batavia

Duivels ...
Een van de officieuze symbolen van Tasmanië is de *Sarcophilus harrisii*, het roofdiertje dat beter bekend staat als de Tasmaanse duivel. De toch al niet zo vriendelijk ogende zwart-met-witte 'duivel' wordt onveranderlijk grommend getoond. Hij gebruikt zijn krachtige kaken om zijn lievelingskost, kadavers, te lijf te gaan. Tasmaanse duivels lijken echt last te hebben van een slecht humeur, want ze vechten fel met elkaar tijdens het eten en verorberen soms hun eigen jongen als er geen ander voedsel voorhanden is. U kunt ze soms in het wild aantreffen, maar u maakt meer kans in een park, zoals het mooie Bonorong Park Wildlife Centre in Brighton, 25 minuten ten noorden van Hobart.

Een oude windmolen in Launceston trekt veel bekijks

▶ George Town 227D4

George Town telt veel historische plekken en ongerepte stranden en ligt in een lieflijk landschap, dicht bij de monding van de mooie Tamar River, het 56 km lange estuarium van de North Esk, South Esk en Macquarie River. Het is een van de oudste steden van Australië. U vindt hier nog verschillende vroeg-koloniale gebouwen, onder andere het elegante huis uit de tijd van koning George dat bekend staat als **The Grove**. Dit is omstreeks 1830 gebouwd voor de havenmeester Matthew Curling Friend.

▶ Hamilton 227B4

Deze charmante, kleine plaats met zandstenen *cottages* en een handvol grotere gebouwen is een handige pleisterplaats op de weg naar het westen vanuit Hobart. Het stadje heeft nooit de ambities gerealiseerd van de eerste kolonisten, die Hamilton een gouden toekomst als bescheiden metropool voorspelden. Zelfs het Jackson's Emporium is van twee verdiepingen teruggebracht tot één.

▶▶ King Island 226E1

Het weelderig begroeide King Island, dat ten noordwesten van Tasmanië in de woeste baren van Straat Bass ligt, staat bekend om zijn zuivelproducten, hoewel een groot deel van het 58 km lange eiland bestaat uit onbewoond *bushland* met een rijke fauna. In het begin van de 19de eeuw was het eiland een van de grote slagvelden in wat wel 'de strijd van de mens tegen de dieren' is genoemd, toen de rauwe *'Straitsmen'* grote aantallen robben afslachtten voor hun olie en huiden.

▶▶ Launceston 227C4

De op één na grootste stad van Tasmanië, gelegen aan de plaats waar de North Esk River en de South Esk River samen de mooie Tamar vormen, is de officieuze hoofdstad van het noordelijke deel van het eiland. Veel van de 19de-eeuwse gebouwen zijn bewaard gebleven en Launceston is dan ook een plezier om doorheen te wandelen. De stad is ingericht volgens het gebruikelijke rasterpatroon van straten, waarvan enkele, zoals de Mall en het Civic Square, voetgangersgebied zijn. Op Civic Square staat een sculptuur gewijd aan de wilde dieren die op het eiland voorkomen, met onder meer staartbijtende Tasmaanse buidelwolven (zie kolom bladzijde 245), en verder het **Macquarie House▶** uit 1830, dat nu een museum van de plaatselijke geschiedenis herbergt. Vlakbij vindt u ook nog het postkantoor van rode bakstenen in Queen Anne-stijl, het Italiaans aandoende stadhuis en de St. Andrew's Kirk. De voorgevel van de Old Umbrella Shop in George Street (nu een winkel en informatiecentrum van de National Trust) verkeert nog in de oorspronkelijke staat van rond 1860.
De andere attracties van Launceston liggen ten oosten van het centrum. Het **Queen Victoria Museum and Art Gallery▶** kan wedijveren met het Tasmanian Museum in Hobart. Dicht bij de King's Bridge over de South Esk ligt de **Penny Royal World▶**, met allerlei nagemaakte 19de-eeuwse gebouwen, waaronder watermolens, windmolens en een volledig in bedrijf zijnde buskruitmolen, die u kunt bereiken met een ouderwetse tram. Stroomopwaarts ligt het spectaculairste park van Launceston, het

Cataract Gorge Reserve►►, een wild en rotsachtig miniatuurravijn dat door een stoeltjeslift wordt overbrugd. Er valt veel te zien en te doen rond Launceston. U kunt een boottocht maken op de Tamar of een van de vele uitstekende wijnhuizen, zoals Heemskerk Wines, op beide oevers van de rivier bezoeken. In het achterland liggen mooie landhuizen. Het fraai geproportioneerde **Franklin House**►, nabij Kings Meadow, zou niet hebben misstaan op het Engelse platteland in de tijd van koning George, terwijl het **Entally House**► met zijn ene verdieping en veranda meer inheems, meer 'Tasmaans' lijkt. **Clarendon**►, met zijn Ionische zuilengang, is een van de mooiere grote buitens van Australië en kijkt uit over de South Esk River.

► Maria Island National Park *227B5*

Dit eiland voor de oostkust bereikt u met de veerboot vanuit Triabunna. Het is aantrekkelijk vanwege zijn ongerepte natuur. Hoewel het een strafkolonie was – de eerste veroordeelden werden in 1825 naar Maria Island gestuurd – en ooit voor commerciële doeleinden werd geëxploiteerd, is het eiland nu een oase van rust, met een rijke fauna en verkeersvrij. Neem zelf proviand mee, want er is geen elektriciteit en er zijn geen winkels.

► Mole Creek *226C3*

De kalksteenrotsen rond dit stadje zijn rijkelijk voorzien van grotten, waarvan de meeste niet toegankelijk zijn. Twee kunt u er wel bezoeken: de **King Solomon Cave**►, met een kalksteenformatie die doet denken aan de bijbelse monarch, en de langere **Marakoopa Cave**►.

... en wolven
Tasmaanse duivels zijn geen beschermde diersoort, maar de Tasmaanse buidelwolf is officieel uitgestorven. Het naar het schijnt laatste exemplaar is in 1936 in de Hobart Zoo gestorven, drie maanden nadat hij tot beschermde diersoort was uitgeroepen. Tasmaanse wolven waren wolfachtige buideldieren, met gestreepte ruggen en grote kaken. Hun voorkeur voor schapen en lammeren maakte de buidelwolven er bij de boeren niet geliefder op. De vraag of het dier nog voorkomt op een afgelegen plaats , leidde onder de Tasmaniërs tot een schisma tussen gelovigen en sceptici. De buidelwolf zou vaak zijn gesignaleerd, maar een definitief bewijs is nog niet geleverd.

De Cataract Gorge, het populairste recreatiegebied bij Launceston

Rondrit Over de Lyell Highway

Zie de kaart op bladzijde 226–227

Een dagtocht van Hobart dwars door het bergachtige hart van Tasmanië naar de afgelegen havenstad Strahan.

De route voert eerst door het dal van de Derwent met zijn cultuurlandschap van velden en boerderijen en plaatsjes als het Engels ogende New Norfolk en het historische Hamilton.
Dan wordt het landschap woester en verschijnen de eerste tekens van het grootschalige gebruik van waterkracht op Tasmanië: borden geven zijwegen naar stuwdammen aan, er is een kanaal en enorme pijpleidingen kronkelen langs de hellingen omhoog en omlaag. Na Tarraleah, een woonoord voor arbeiders van de Hydro-Electric Commission, en Lake Binney wordt het bos dunner en maakt plaats voor vlakten met *buttongrass*.
Even voor de Derwent Bridge komt **Mount Olympus** in zicht. Deze machtige berg ziet uit op het heldere water van **Lake St. Clair**, dat bereikbaar is via een korte zijweg bij de Derwent Bridge. Het parkwachtersstation bij Cynthia Bay markeert het ene eind van de beroemde Overland Track, waarvan de Cradle Mountain het andere eind vormt. Voor deze wandelroute moet u minstens vijf dagen uittrekken, maar er zijn ook kortere, makkelijker tochten in de omgeving mogelijk.
De Lyell Highway, een fantastische bergweg, werd pas in 1932 voltooid. Er zijn verschillende, meestal goed aangegeven stopplaatsen langs de weg tussen Derwent Bridge en Queenstown, onder andere bij King William Saddle, dat de waterscheiding tussen de Derwent en het Franklin-Gordon-rivierenstelsel markeert, en de Surprise Valley Lookout, die uitzicht biedt op de imposante piek van de **Frenchmans Cap** (1443 m).
Vanaf de Franklin River Bridge kunt u langs een gedeelte van de Frenchmans Cap Walking Track een korte wandeling maken naar de Donaghy's Hill Wilderness Lookout, de Alma River Crossing of de Nelson Falls.
De weg loopt langs de verdronken vallei van **Lake Burbury** van de H.E.C., een imposant berglandschap. Op een heel andere manier bijzonder zijn de kale, verwoeste hooglanden rond het mijnbouwcentrum **Queenstown**. Het laatste stuk van de reis gaat over de weinig opwindende kronkelweg door het bos naar het havenplaatsje **Strahan**, een uitstekende uitvalsbasis voor de verdere verkenning van de wilde westkust of het regenwoud, de rivieren en de bergen van het binnenland.

De bosrijke Derwent Valley met zijn mooie dorpjes ligt vlak bij Hobart

► New Norfolk

227B4

Stroomopwaarts van Hobart doet de Derwent Valley denken aan het landschap van Zuid-Engeland, met glooiende heuvels, grote, West-Europese bomen en – in de buurt van het historische New Norfolk – hopvelden met de bijbehorende eesten, waarvan er één nu een museum is.

► Oatlands

227B4

De uitbreiding van de Britse macht naar de binnenlanden van Tasmanië ging gepaard met de aanleg van *highways.* Een van de belangrijkste was de verbinding tussen Hobart en Launceston die bekend staat als de Heritage Highway. Langs deze route waren enkele strategische nederzettingen geprojecteerd, waaronder Oatlands. Het in 1832 gestichte stadje is nooit groter geworden dan een dorp van bescheiden omvang, maar er staan aardig wat mooie koloniale gebouwen.

►►► Port Arthur

227A5

Beter dan waar ook op Tasmanië kunt u in Port Arthur nog de sfeer proeven uit de tijd van de strafkolonie (zie ook het kader op bladzijde 248).
Het Tasman Peninsula is zelf bijna een eiland; het is met de rest van Tasmanië verbonden door niet meer dan een smalle landengte. De eerste veroordeelden werden hier in 1830 naar toe gebracht om de bomen te vellen die de basis vormden voor de eerste bloeiende industrieën van Port Arthur. Naarmate er meer gevangenen en bewakers kwamen, begonnen allerlei activiteiten te floreren. Na verloop van tijd was de kolonie bijna zelfvoorzienend. De meer dan 2000 inwoners woonden en werkten in een hele verzameling fraaie bakstenen gebouwen. Om de sfeer van 'thuis' op te roepen, werden er eiken en iepen geplant en merels losgelaten.
Het leven in Port Arthur kenmerkte zich door uitingen van extreme wreedheid, maar ook door een merkwaardig soort rationaliteit. Voor het minste vergrijp werden afranmelingen uitgedeeld, maar in Point Puer werden jeugdige delinquenten verplicht heropgevoed. De keuze voor heropvoeding in plaats van straf leidde halverwege de 19de eeuw tot de bouw van de Model Prison, waar gevangenen hun tijd in totale afzondering uitzaten. Het resultaat was echter vaker krankzinnigheid dan rehabilitatie.
Het einde van het strafkoloniale systeem betekende ook de sluiting van Port Arthur, dat rond 1900 een toeristische attractie werd. Er staan nog veel overeind, zoals het gebouw uit 1844 dat vanaf 1857 dienstdeed als gevangenis, wachttorens, de sinistere Model Prison en de kerk.
Tot de attracties van het Tasman Peninsula behoren verder de hoge kliffen en vreemde rotsformaties aan de kust en de **Bush Mill**, een reconstructie van een houthakkerskamp met een stoomtrein.

De oudste
New Norfolk gaat prat op een aantal 'oudsten'. De St. Matthew's is de oudste bewaard gebleven kerk van het eiland. De Bush Inn is de oudste herberg van Australië die zonder onderbreking een tapvergunning heeft (daar zijn er wel meer van). In de nabijgelegen kweekvijvers werd de in ijs verpakte kuit die de lange tocht vanuit Engeland overleefde opgekweekt tot de eerste forellen en zalmen die in de wateren van het zuidelijk halfrond zwommen.

Van struikrover tot boer
De Ierse veroordeelde Martin Cash, die was vervuld van 'een diepe, samengebalde haat jegens het gezag dat mij onterecht vervolgde', trotseerde omstreeks 1840 met twee maten de haaien en zwom van het Tasman Peninsula naar de vrijheid. Tijdens een bezoek aan een vriendin in Hobart in 1843 werd hij herkend. Toen Cash opnieuw werd gearresteerd, schoot hij op een politieagent, maar hij ontkwam aan executie en vestigde zich uiteindelijk als boer.

Port Arthur, een overblijfsel uit het tijdperk van de veroordeelden

Verweerde bergen bij Queenstown

Tragedie in Port Arthur
De geschiedenis van Port Arthur kreeg in april 1996 een zwarte bladzijde, toen Martin Bryant, een 28 jaar oude inwoner van Hobart, als een waanzinnige tekeer ging. In slechts enkele uren schoot hij 35 mensen dood en verwondde er nog veel meer. Tasmanië en de rest van de wereld reageerden geschokt. Terwijl Bryant een levenslange gevangenisstraf uitzit, herwint Port Arthur langzaam zijn status als een van de belangrijkste toeristische trekpleisters van het land.

***Leatherwood*-honing**
Een van de meest kenmerkende bomen op Tasmanië is de *Eucryphia lucida* of Tasmaanse *leatherwood*, een boomsoort die thuishoort in het gematigde regenwoud. Plaatselijke imkers hangen al jaren bijenkorven op in de buurt van *leatherwoods* om te profiteren van de voorkeur die de bijen hebben voor de nectar in de bloemen van de boom, die in de lente en voorzomer ontluiken.

▶▶ Queenstown *226B2*

Weinig plekken waar de industrie heeft huisgehouden zijn zo spectaculair als het hooggelegen, kale landschap rond deze mijnstad in het westen van Tasmanië. Bezoekers die de stad vanuit het oosten naderen zullen worden getroffen door het contrast tussen het uitgestrekte, weelderige regenwoud aan weerskanten van de Lyell Highway en de kale hellingen rond Queenstown.

De mijnwerkers die hier vanaf het einde van de 19de eeuw naartoe kwamen, hoopten goud te vinden, maar al snel werd de winning van kopererts belangrijker. De onstilbare honger van de kopersmeltovens had de kap van het regenwoud in de wijde omtrek tot gevolg, terwijl de uitstoot van schadelijke stoffen eventuele herbebossing onmogelijk maakte. Door de afwezigheid van vegetatie werd de bodem al spoedig door zware regens (tot 3000 mm per jaar) weggespoeld. Er bleven slechts geulen en kale rotsen achter, die nu pas weer begroeid raken.

Queenstown is stilletjes een beetje trots op dit griezelverhaal, waaraan het stellig een eigen identiteit heeft te danken. Deze geschiedenis wordt herdacht met de wat merkwaardige collectie beeldhouwwerken bij de **Miners Siding**, waar ook een kleine locomotief met tandheugel en rondsel staat. In de **Mount Lyell Mine** wordt nog steeds kopererts gedolven; u kunt het mijnmuseum bezoeken. De mijn wordt echter voortdurend bedreigd door sluiting en zal uiteindelijk wel een 'levend' museum van de rijke mijnbouwgeschiedenis van de streek worden.

▶▶ Richmond *227B4*

Voor Tasmaniërs belichaamt Richmond alles wat 'historisch' is aan hun eiland. Langs de hoofdstraat van het stadje staan fraaie oude gebouwen uit de koloniale tijd, waarvan er enkele dateren van omstreeks 1820.

Twee attracties in het bijzonder spreken tot de verbeelding: de uit 1825 daterende gevangenis, die veroordeelden die met openbare werken bezig waren onderdak bood, en de door veroordeelden gebouwde brug – de oudste brug van Australië, die werd gemaakt met het plaatselijk gewonnen zandsteen. Vroeger liep de *highway* van Hobart naar Port Arthur eroverheen.

▶▶ Ross 227C4

Een rit over de Heritage (Midland) Highway voert u door een landschap waaraan door de eerste kolonisten een uitgesproken Engels karakter is verleend.

Ross is een van de strategische nederzettingen die in de eerste helft van de 19de eeuw langs de route werden gevestigd om dienst te doen als pleisterplaats voor reizigers. De mooie oude Church Street ligt in de schaduw van de iepen, maar de opvallendste bezienswaardigheid van Ross is de beroemde brug. Deze elegante constructie dateert van 1836 en is gedecoreerd met zulk virtuoos beeldhouwwerk, dat de veroordeelde die het maakte er zijn vrijheid mee verdiende.

▶ St. Helens 227C5

Deze vissershaven is de drukstbevolkte plaats aan de oostkust van Tasmanië en ook de populairste: 's zomers zijn er vijf keer zoveel vakantiegangers als inwoners. Niet alleen sportvissers komen naar St. Helens, de plaats is ook een uitstekende uitvalsbasis voor een verkenning van de magnifieke noordoostkust, met zijn zandduinen, witte zandstranden en groepen Forester-kangoeroes.

▶▶▶ Southwest National Park 226A3

Deze uitgestrekte wildernis, met bergkammen die oprijzen uit ongerepte bossen van zuidelijke beuken en *Huon pines*, vormt het zuidelijke deel van het Tasmaanse Werelderfgoedgebied. Het omvat grote stukken met *buttongrass*, gletsjermeren, wilde rivieren en een prachtige kust met verlaten zandstranden.

Tot voor kort waagde slechts een enkeling zich in deze afgelegen en onbedorven wereld, maar aan het einde van de jaren zestig legde de Hydro-Electric Commission van Tasmanië een weg aan tot diep in het hart van het gebied – een voorbode van het plan om Lake Pedder te laten opgaan in een kunstmatige watermassa die twintig maal zo groot zou zijn als het meer zelf.

De verontwaardiging die het plan opriep, niet alleen bij natuurbeschermers maar ook bij een groter publiek, bleek tevergeefs. Lake Pedder, met een unieke fauna en een strand van schitterend wit zand, kwam geheel volgens plan onder water te staan in het belang van de opwekking van slechts een fractie goedkopere elektriciteit.

Het voordeel voor de huidige bezoeker is dat hij door middel van een rit over de Strathgordon Road en de Scotts Peak Road kennis kan maken met een van de laatste wildernissen van gematigd bos ter wereld. Beide *highways* bieden fantastische uitzichten op het nieuwe Lake Pedder. Wie verder wil doordringen, kan een veertiendaagse trektocht maken over het pad dat van de Scotts Peak Dam via de Port Davey-inham naar de South East Cape leidt. Informeer bij de verschillende reisorganisaties.

▶ Stanley 226D2

Deze badplaats en historische haven ligt op een schiereiland aan Straat Bass in de schaduw van *'the Nut'*. De top van deze basaltkern (150 m) van een oeroude vulkaan, die eigenlijk **Circular Head** heet, is te voet of met de stoeltjeslift te bereiken en biedt een prachtig uitzicht op de noordwestkust. Andere attracties zijn de Highfield Historic Site uit 1832 en een kolonie dwergpinguïns.

Vissen op Tasmanië
De visserij is een van de belangrijkste bedrijfstakken van Tasmanië en u kunt hier heerlijk verse vis, schaal- en schelpdieren eten. De kleine havens aan de oostkust bieden de bezoeker mogelijkheden te over om te gaan zeevissen, met name op tonijn en marlijn. Maar waarschijnlijk is het toch vooral de forel die de buitenlandse hengelaar zal verlokken. Sinds er in 1864 met kuit afkomstig uit Engeland forellen werden gekweekt in de beroemde Salmon Ponds-kwekerij bij New Norfolk, zijn de schone rivieren en meren een ideale natuurlijke omgeving gebleken voor zowel de bruine forel als de regenboogforel.

Hengelaars vissen op tonijn bij het Tasman Peninsula

►► Strahan 226B2

Strahan (spreek uit 'strawn') is een karaktervol havenplaatsje aan Macquarie Harbour. Het stadje werd gesticht als exporthaven voor hout en erts. Nu drijft Strahan op de visserij, de bosbouw en het toerisme. Het Strahan Visitor Centre besteedt aandacht aan de geschiedenis van het gebied. Hell's Gates, gelegen bij de gevaarlijke ingang van Macquarie Harbour, bewaakte Sarah Island, dat van 1822 tot 1834 een van de wreedste Britse strafkolonies in Australië was. Strahan vormt een goede uitvalsbasis voor mensen die de Gordon River willen verkennen.

► Swansea 227B5

Vanaf het strand van Swansea hebt u een geweldig uitzicht op de Great Oyster Bay en het Freycinet Peninsula. Dit is een van de beste plekjes aan de Sun Coast van Tasmanië. Tot de toeristische attracties behoren de bakstenen General Store en de uit 1885 daterende Bark Mill.

► Wynyard 226D3

Deze vissershaven aan de monding van de Inglis River onderhoudt luchtverbindingen met het vasteland. De plaats is een toegangspoort tot de schilderachtige noordwestkust van Tasmanië en het vruchtbare achterland. In het oosten liggen het prachtige witte zand van de **Boat Harbour** en **Sisters Beach** en de ruige kustlijn van het **Rocky Cape National Park**►►, waarachter een heide- en heuvellandschap ligt. Op de landtong bij Table Cape staat een vuurtoren.

► Zeehan 226C2

Zeehan is genoemd naar een van de schepen van Abel Tasman. De heropening van de tinmijn betekende een duwtje in de rug voor de kwakkelende plaatselijke economie. Getuigen van de vroegere welvaart door de winning van zilverlooderts zijn onder andere het **Gaiety Theatre** en het **West Coast Pioneers Memorial Museum**► (zie linkerkolom).

De geneugten van het sporen
Het West Coast Pioneers Memorial Museum in Zeehan biedt plaats aan een grote verscheidenheid van plaatselijke pronkstukken, maar toont ook locomotieven die lang geleden in Glasgow en Manchester of Duitsland zijn gebouwd. Zij werden per schip hierheen gebracht ten behoeve van het ertsvervoer.

Ondanks de zomertoeristen is Georges Bay bij St. Helens nog steeds een bruisende vissershaven

PRAKTISCHE INFORMATIE

Alarmnummer
Voor politie, brandweer en ambulance geldt het gemeenschappelijke alarmnummer 000.

Ambassades en consulaten
• Het adres van de Nederlandse ambassade in Australië is:
Empire Circuit 120, Yarralumla, Canberra, ACT 2600
(tel. 02–62733111).
Nederlandse consulaten vindt u in Adelaide, Brisbane, Hobart, Melbourne, Perth en Sydney.
• Het adres van de Belgische ambassade in Australië is:
Arkana Street 19, Yarralumla, Canberra, ACT 2600
(tel. 02–62732501/02).
Belgische consulaten vindt u in Adelaide, Brisbane, Darwin, Hobart, Melbourne, Perth en Sydney.

Apotheken
In Australische apotheken *(chemists* of *pharmacies)* zult u veelal dezelfde medicijnen tegenkomen als in West-Europa. In grote steden kunt u dag en nacht terecht. Recepten moeten door een in Australië geregistreerde arts zijn uitgeschreven. Farmaceutische producten zijn hier nogal duur.

Autopech
Als u een auto huurt, informeer dan naar de service bij pech onderweg. Vaak zal het verhuurbedrijf zorgen dat u wordt geholpen. Leden van de ANWB of de Touring Club kunnen een beroep doen op de wegenwachtdiensten van zusterorganisaties in de verschillende staten van Australië (de National Roads and Motorists Association biedt meer informatie).
Ook de internationale reis- en kredietbrief is geldig in Australië.
Pech in de *Outback* kan fataal zijn. U doet er verstandig aan uw reis goed voor te bereiden (zie de tips op bladzijde 262).
• **National Roads and Motorists Association**,
388 George Street,
Sydney, NSW 2000
(tel. 13–2132).

Autoverhuur
Op de meeste Australische vliegvelden en in bijna alle steden (ook de kleinere) kunt u een auto huren, mits u over een geldig rijbewijs beschikt en ten minste 21 jaar bent. Het is mogelijk om een auto te huren voor een 'enkele reis' van de ene grote stad naar de andere, maar dat is niet goedkoop. U betaalt boven op het basistarief (per dag of per week) verschillende extra kosten zoals een schadeverzekering en een kilometerprijs.
Afgezien van gewone personenauto's worden er ook campers en auto's met vierwielaandrijving verhuurd. Er kunnen beperkingen van kracht zijn voor het besturen van auto's op onverharde wegen.

Elektriciteit
De spanning op het Australische lichtnet bedraagt 240/250 volt en de stekkers zijn driepolig. Voor de apparaten die u meeneemt, zult u dus een adapter nodig hebben. U kunt ze natuurlijk ook gewoon voorzien van een Australische stekker. De meeste contactdozen voor scheerapparaten zijn van het universele type.

De Overland Train rijdt tussen Adelaide en Melbourne

Fooien
Het geven van fooien is in Australië niet overal gebruikelijk; zo verwachten taxichauffeurs en kruiers op vliegvelden bijvoorbeeld geen fooi. Kruiers op spoorwegstations hebben vaste tarieven en kruiers in hotels kunt u geven wat u wilt. Het is niet gebruikelijk dat in restaurants bedieningsgeld bij uw rekening wordt opgeteld. Als u zeer te spreken bent over de bediening kunt u een fooi van 10 procent geven.

Gehandicapten
Maatschappelijke organisaties en de toeristenindustrie proberen het leven voor mensen met een handicap gemakkelijker te maken. Moderne gebouwen en faciliteiten zijn goed toegankelijk voor mensen met een rolstoel, bij oversteekplaatsen voor voetgangers klinkt een geluidssignaal wanneer de weg vrij is en veel nationale parken hebben paden die speciaal voor gehandicapte mensen zijn uitgestippeld. Zij zullen merken dat Australië in dit opzicht een van de behulpzaamste landen ter wereld is. Toch is het verstandig om u bij de planning van uw reis al op de hoogte te stellen van de voorzieningen.
De **Australian Council for Rehabilitation of the Disabled** (PO Box 60, Curtin, ACT 2605, tel. 02–62824333) kan u informatie verschaffen over voorzieningen en diensten in heel Australië.

Geldzaken
Het Australische geldstelsel werd in 1966 decimaal toen de ponden, shillings en pence werden vervangen door dollars en centen (100 ¢ = $ 1). Er zijn munten van 5, 10, 20 en 50 cent en van 1 en 2 dollar. Verder zijn er bankbiljetten van $ 5, $ 10, $ 20 en $ 100, gemaakt van het duurzame polymeer. U kunt zoveel geld als u wilt meenemen naar of vanuit het land, maar voor bedragen hoger dan AUS$ 10.000 moet u een speciaal formulier invullen.
Geld wisselen is geen probleem, want afgezien van banken zijn er ook nog tal van wisselkantoren op plaatsen waar toeristen samenkomen. Doorgaans zijn de banken van maandag tot en met donderdag van 9.30 tot 16.00 uur en op vrijdag van 9.30 tot 17.00 uur geopend. Travellercheques uitgegeven in

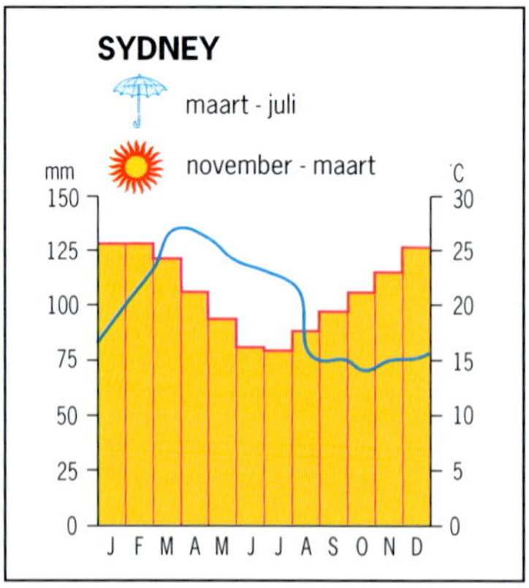

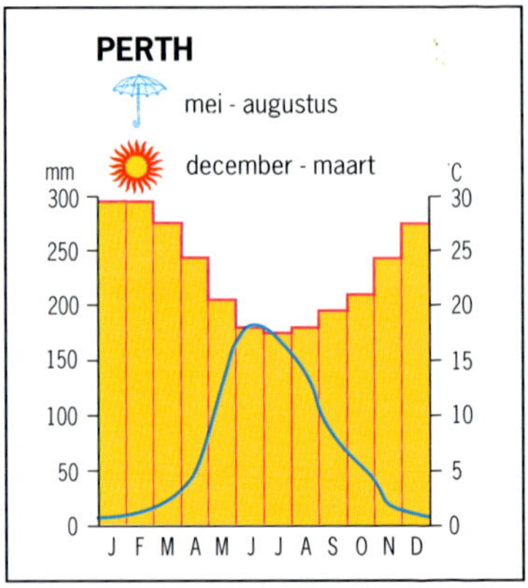

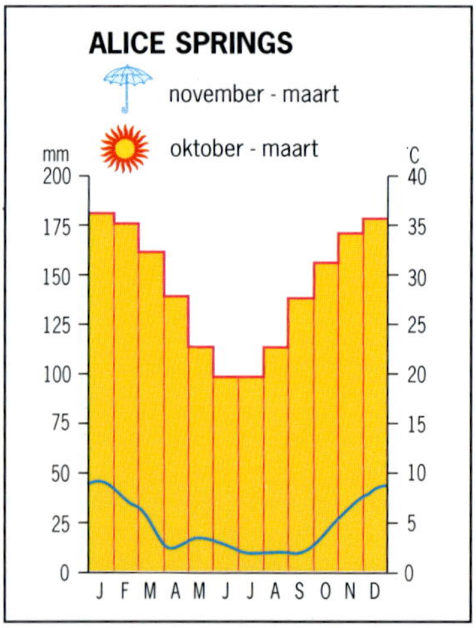

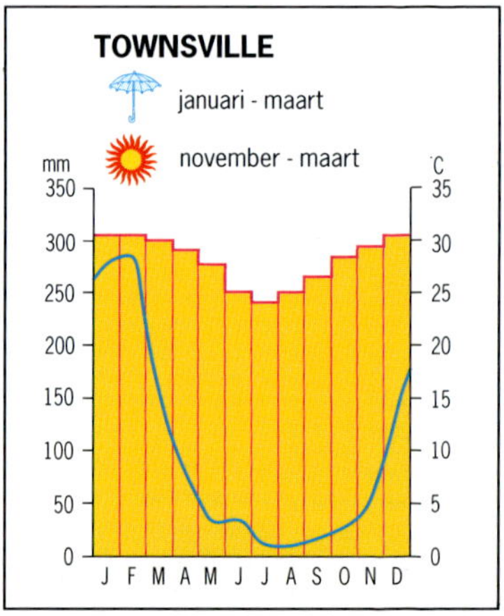

Australische dollars worden het snelst geaccepteerd. Creditcards worden veel gebruikt, maar het kan voorkomen dat ze in afgelegen oorden of in kleine winkels niet erg op prijs worden gesteld.

Gezondheid
Er zijn geen speciale gezondheidsmaatregelen nodig voordat u naar Australië gaat. De hygiënische voorschriften zijn streng en het eten en het drinkwater zijn veilig. Om verbranding door de zon te voorkomen kunt u het beste een breedgerande hoed en een hemd of blouse met kraag dragen – en wees niet zuinig met zonnebrandcrème.
Zorg dat u verzekerd bent tegen ziektekosten. Informeer bij uw ziektekostenverzekeraar of ziekenfonds. Met een goede reisverzekering bent u ook gedekt tegen ziektekosten. Tandheelkundige behandelingen moet u altijd eerst zelf betalen.

Heenreis
Alle reizigers naar Australië dienen over een geldig paspoort en (afgezien van Nieuw-Zeelanders) een visum te beschikken. Visa moeten van tevoren bij de Australische ambassade worden aangevraagd, dit kan eventueel schriftelijk. Kosten zijn er alleen aan verbonden als u van plan bent om langer dan drie maanden te blijven of als u een *multiple entry*-visum nodig hebt. Met een *working holiday maker*-visum (geldigheidsduur 12 maanden) kunt u gedurende uw verblijf tijdelijke

OMREKENTABEL

VAN	NAAR	VERMENIG-VULDIG MET
inches	centimeter	2,54
centimeter	inches	0,3937
feet	meter	0,3048
meter	feet	3,2810
yards	meter	0,9144
meter	yards	1,0940
miles	kilometer	1,6090
kilometer	miles	0,6214
acres	hectare	0,4047
hectare	acres	2,4710
gallons	liter	4,5460
liter	gallons	0,2200
ounces	gram	28,35
gram	ounces	0,0353
pounds	gram	453,6
gram	pounds	0,0022
pounds	kilogram	0,4536
kilogram	pounds	2,205
ton	engels ton	1,0160
engels ton	ton	0,9842

baantjes aannemen; ook aan dit visum zijn kosten verbonden.

Vliegtuig Alle hoofdsteden van de Australische staten (uitgezonderd Canberra) worden bezocht door internationale luchtvaartmaatschappijen en ook vanuit Darwin, Cairns en Townsville kunt u naar buitenlandse bestemmingen vliegen. Er zijn allerlei mogelijkheden om een vliegreis naar Australië te combineren met tussenstops. U kunt ook een *round-the world*-vlucht boeken. Veel reizigers maken gebruik van de gelegenheid om op de ene plaats in Australië aan te komen en vanuit een andere stad het land weer te verlaten.
De tarieven van de pakweg 40 luchtvaartmaatschappijen die op Australië vliegen, lopen nogal uiteen en schommelen per seizoen. Het is raadzaam om van tevoren de prijzen in de gaten te houden. Er zijn koopjes bij, met name onder de chartervluchten, maar bedenk wel dat goedkopere vluchten extra vermoeiend kunnen zijn vanwege de vele tussenlandingen.

Boot Wie tijd en geld genoeg heeft, kan vanuit een bestemming in Azië aan boord van een cruiseschip – van maatschappijen als CTC, Cunard, P&O of Royal Viking – naar Australië reizen. Sommige vrachtschepen vervoeren ook kleine aantallen passagiers, maar dit is beslist geen goedkoop alternatief.

Invoerbepalingen
Persoonlijke bezittingen kunt u belastingvrij invoeren, en verder maximaal 250 sigaretten of 250 gram tabak, 1,25 liter alcoholhoudende drank (bier, wijn of sterke drank) en cadeaus tot een waarde van AUS $ 400. Er staan strenge straffen op het invoeren van wapens, alle drugs, beschermde dieren en aanverwante producten, en goederen die in quarantaine moeten worden gegeven, met name planten die ziekten kunnen dragen.

Kamperen
Afgezien van mogelijke overlast van insecten is Australië een geweldig land om te kamperen, niet alleen

In de Outback *is een auto met vierwielaandrijving een uitkomst*

vanwege het klimaat maar ook vanwege het grote aantal kampeerterreinen in de buurt van de steden en in de *bush*. De voorzieningen op de campings (waaronder eventueel elektriciteit, koud en warm water, sanitair) zijn doorgaans goed. Op sommige kunt u gebruik maken van kant-en-klare tenten en meestal zijn er ook caravans en huisjes te huur. Een kampeerterrein kan eigendom zijn van een gemeente, een commerciële keten of een nationaal park. Sommige campings in nationale parken hebben alleen de allernoodzakelijkste voorzieningen. Individueel kamperen in de vrije natuur is ook mogelijk, maar voorzichtigheid is geboden.
Campers worden bij Australiërs steeds populairder. Reizigers die van plan zijn om veel rond te trekken, zouden kunnen overwegen om zo'n camper te huren.

Kerken
De meeste godsdiensten zijn in Australië vertegenwoordigd, maar buiten de grote steden beschikken alleen de grotere christelijke gemeenschappen over kerkgebouwen. De rooms-katholieke Kerk en de anglicaanse Kerk hebben ongeveer evenveel volgelingen; hun kathedralen waren ooit de belangrijkste en hoogste gebouwen in de oude stadscentra. In 1977 verenigden de congregationalisten en methodisten zich in de Uniting Church.
De islam werd in de 19de eeuw in Australië geïntroduceerd door de Afghaanse kameeldrijvers; er zijn nu zo'n 25 moskeeën in het land. Synagogen zijn vooral te vinden in de hoofdsteden van de staten.

Klimaat
Zoals te verwachten is van een land dat tevens een continent is, kent Australië verschillende klimaten. De seizoenen zijn tegengesteld aan die op het noordelijk halfrond: de zomer loopt van december tot en met februari, de winter van juni tot en met augustus. Over het algemeen kunt u het zuiden het beste tussen september en april bezoeken en het noorden en het centrum tussen mei en oktober.
Het zuidwesten en zuidoosten (zuidwestelijk Western Australia, een groot deel van South Australia, Victoria, een groot deel van New South Wales, Australian Capital Territory en

Ansett Australia biedt dikwijls goedkope vluchten aan

Rugzaktoerisme in Australië

Tasmanië) zijn in het voorjaar en in de zomer op hun best, hoewel de midzomerse temperaturen erg hoog kunnen zijn. De winters kunnen er regenachtig en saai zijn. Het vriest er zelden, behalve op grote hoogten, waar u ook sneeuw kunt verwachten, zoals in de Snowy Mountains.
Veel Australiërs gaan 's winters op vakantie in het *'Red Centre'* of in het noordwesten van Western Australia, waar ze de ene heldere, zonnige dag met temperaturen van 20 tot 25°C na de andere kunnen verwachten, hoewel de nachten er vaak koud zijn.
's Zomers kan het er ondraaglijk heet zijn – temperaturen van 45°C zijn niet ongewoon.
De subtropische en tropische delen van het land (een groot deel van Queensland, Western Australia en het Northern Territory) zijn het minst aangenaam tijdens *'the Wet'*, de periode die gekenmerkt wordt door zware regenval en een hoge luchtvochtigheid en doorgaans van november tot en met april duurt. Dit is ook het seizoen waarin de zeer giftige *box jellies* (kubuskwallen) de zee onveilig maken en wegen worden weggespoeld. In *'the Dry'* (van mei tot en met oktober) is het weer aangenamer, met warme (maar niet te warme) en zonnige dagen.

Media

Kranten en tijdschriften Een blik in een kiosk volstaat om u ervan te overtuigen dat Australiërs veel lezen. Tot het aanbod van publicaties behoren onder meer landelijke en regionale kranten, sensatiebladen, plaatselijke blaadjes en talloze tijdschriften over elk denkbaar onderwerp.
The Australian werd in 1964 opgericht door mediatycoon Rupert Murdoch, als nationale krant van algemeen belang ter aanvulling van de meer gespecialiseerde *Australian Financial Review*. Regionale kranten zoals *Age* uit Melbourne en *The Sydney Morning Herald* worden door veel lezers als de beste kranten van het land beschouwd, maar buitenlanders zullen het niet-Australische nieuws misschien nogal selectief vinden (oordeel niet te streng: hoe bericht uw favoriete krant over Australische zaken?). De Australische sensatiebladen zijn zoals de sensatiebladen elders – niet van het allerhoogste niveau. De meeste etnische groepen hebben dag- of weekbladen in hun eigen taal.

Radio en televisie De radio vertoont een even grote verscheidenheid in aanbod als de kranten. De ABC (Australian Broadcasting Corporation) is een landelijke zender en heeft verreweg het beste aanbod, met uitstekende nieuwsberichten en informatieve programma's, die meermaals bekroond zijn met internationale prijzen. In schril contrast daarmee staan de (vaak kleine) commerciële radiostations die popmuziek, telefoonspelletjes, verkeersinformatie en andere zendtijdvulling de ether insturen. Daarnaast zijn er radiostations die

uitzendingen verzorgen voor bepaalde etnische groepen of over specifieke onderwerpen.
Net als elders in de wereld leunt ook de Australische commerciële televisie zwaar op reclamespotjes en buitenlandse programma's. ABC TV blijft in het algemeen hoge kwaliteitsnormen hanteren en SBS (Special Broadcasting Service, niet overal te ontvangen) zendt met name programma's voor etnische minderheden uit in hun eigen taal.

Misdaad
Politieke en zakelijke schandalen van soms spectaculaire omvang en de activiteiten van een goed georganiseerde criminele onderwereld halen vaker het nieuws en krijgen meer aandacht dan de kleine misdaad. Er zijn natuurlijk wel dieven en zakkenrollers, maar toch behoren de Australische steden tot de veiligste ter wereld. U kunt dan ook volstaan met de normale voorzorgsmaatregelen tegen zakkenrollers en autodieven, net zoals u thuis zou doen.

De typisch Australische verkeersborden spreken duidelijke taal

Nationale feestdagen

Nieuwjaarsdag	1 januari
Australia Day	vierde maandag in januari (herdenking van de landing van de *First Fleet* op 26 januari 1788)
Labour Day	verschilt van staat tot staat (herdenking van de invoering van de 8-urige werkdag)
Goede Vrijdag	
Paasmaandag	
Anzac Day	25 april (herdenking van de landingen op Gallipoli op 25 april 1915)
Queen's Birthday	tweede maandag in juni
Eerste Kerstdag	25 december
Tweede Kerstdag (Boxing Day)	26 december (28 december in South Australia)

Openbaar vervoer
De toename van voorsteden met een lage bevolkingsdichtheid rondom de grotere steden is niet bevorderlijk voor een efficiënt openbaar vervoer; de Australiërs zijn voor werk, winkelen en uitjes in hoge mate aangewezen op de auto. Des te opmerkelijker is het dat de stadsdiensten van bus, trein, tram (Melbourne) en veerboot (Sydney en Brisbane) zo uitgebreid, frequent en efficiënt zijn, hoewel ze wel een zware belasting vormen voor de staatskas. Er zijn allerlei speciale aanbiedingen die interessant zijn voor de toerist (onder andere dagkaartjes waarmee u van het hele netwerk gebruik kunt maken en gereduceerde tarieven voor reizen in de daluren). Meer details vindt u onder het kopje 'Reismogelijkheden' in de afzonderlijke hoofdstukken. Zie bladzijde 260 voor vervoer over lange afstanden.

Openingstijden
Winkels In de regel zijn de winkels maandag tot en met vrijdag van 9.00 tot 17.00 uur en op zaterdag van 9.00 tot 16.00 uur geopend. Op donderdag of vrijdag is er koopavond tot 20.00 of 21.00 uur.

Simpsons Gap kunt u het beste te voet verkennen

Kantoren Maandag tot en met vrijdag van 9.00 tot 17.00 uur.

Musea Deze zijn gewoonlijk gesloten op Eerste Kerstdag en Goede Vrijdag; sommige zijn ook op Anzac Day dicht. De grotere musea zijn meestal dagelijks geopend, maar houd er rekening mee dat ze één dag in de week gesloten kunnen zijn. Veel kleine musea zijn alleen in de weekeinden of tijdens schoolvakanties of feestdagen geopend; het is dus raadzaam eerst te informeren voordat u zich op pad begeeft.

Politie
Australië heeft een politieapparaat per staat en een federale politie (de AFP). Deze laatste houdt zich bezig met het onderzoeken van grote misdaden, het bewaken van de binnenlandse veiligheid, het bestrijden van terrorisme en het handhaven van de openbare orde in het gebied rond Canberra (ACT).
De in het blauw gestoken agenten zijn meestal bijzonder hulpvaardig voor buitenlandse bezoekers, maar verwacht geen speciale voorrechten als u de wet overtreedt (zie de tips op bladzijde 262). In het onwaarschijnlijke geval dat u wordt gearresteerd, moet u uw naam en adres bekend maken, maar hebt u het recht om te zwijgen totdat u met een vriend of een advocaat hebt gesproken. Mocht deze situatie zich onverhoopt voordoen, dan kunt u het beste vragen om in contact te worden gebracht met uw consulaat (zie Ambassades en consulaten op bladzijde 252).

Postkantoren
De kantoren van Australia Post kunt u vinden in de centra van de steden, in buitenwijken en over het hele platteland, vaak gecombineerd met een winkel in de kleinere plaatsen. De grotere kantoren bieden allerlei faciliteiten, zoals fax en e-mail.
De dienstverlening is redelijk efficiënt. Brieven die per luchtpost worden verzonden, kunnen na een paar dagen aankomen, mits voldoende gefrankeerd en duidelijk geadresseerd. Een pakket dat per zeepost naar Europa wordt verstuurd, doet eindeloos lang over de bootreis. Een alternatief voor het betalen van het volledige luchtposttarief is om het pakket *economy air* te verzenden, dan komt het twee tot vier weken later aan.
In de meeste postkantoren is goed postpapier en verpakkingsmateriaal te

Een beaut barbie down under *met een paar* mates

koop en zijn poste restante- en telegramvoorzieningen aanwezig. Australische brievenbussen zijn langwerpig en zijn rood met een witte streep. De gele brievenbussen zijn bestemd voor exprespost.

Reizen in Australië

Vliegtuig Het is niet zo verbazingwekkend dat vliegen zeer populair is in zo'n immens groot land als Australië: meer dan driekwart van alle langeafstandsreizen wordt per vliegtuig gemaakt. Er zijn maar weinig plaatsen die niet door de lucht kunnen worden bereikt. Meestal zult u in een comfortabele, moderne jet reizen, maar in de *Outback* of andere afgelegen streken ook wel naast de piloot in een eenmotorig toestel, dat danst op de thermiek. Binnenlandse vluchten zijn tegenwoordig gedereguleerd, waardoor passagiers nu kunnen profiteren van speciale aanbiedingen. De grootste luchtvaartmaatschappijen zijn **Ansett Australia** en **Qantas Airways**. Beide bieden buitenlandse reizigers kortingen op de gewone tarieven aan. Reizigers die met Qantas naar Australië vliegen, kunnen gewoonlijk gebruik maken van goedkopere binnenlandse vluchten van deze maatschappij. Ga na welke aanbiedingen er zijn wanneer u uw reis voorbereidt en wees erop bedacht dat de vluchten in de belangrijkste vakantieperioden snel zijn volgeboekt. Studenten krijgen kortingen en er zijn ook *last minute*-tarieven. Roken is op binnenlandse vluchten niet toegestaan.

- **Ansett Australia** Swanston Street 501, Melbourne, Victoria (tel. 03–96233333 of 13–1300).
- **Qantas Airways** Coward Street 203, Mascot, NSW 2020 (tel. 02–96913636 of 13–1313).

Trein De kaart van het spoorwegnet in Australië lijkt onaf, met enorme gebieden waar ieder spoor van een spoor ontbreekt. De grote steden zijn echter allemaal per trein bereikbaar. Bovendien leveren sommige Australische treinreizen een onvergetelijke ervaring op, zoals de driedaagse transcontinentale reis met de *Indian Pacific* van Sydney (of Adelaide) naar Perth, dwars door de Nullarbor Plain, of de 20 uur durende reis van Adelaide naar Alice Springs met de befaamde *Ghan* (er zijn nu ook treinen uit Sydney en Melbourne die aansluiting bieden op de *Ghan*). Deze en andere treinen (waaronder de *Sunlander* tussen Brisbane en Cairns) bieden u de mogelijkheid om op een ontspannen en comfortabele manier (luxueuze slaapwagons, uitstekende diners, goede bediening en douches) een indruk te krijgen van de uitgestrektheid en diversiteit van Australië. De meeste spoorwegdiensten zijn geconcentreerd in het oosten en zuidoosten van het land, met uitgebreide netwerken rond Sydney, Melbourne, Brisbane en Adelaide. Europeanen moeten er nogal eens aan wennen dat langeafstandstreinen soms maar één keer per dag rijden. De snelheden die de treinen halen zijn beduidend minder indrukwekkend dan het comfort dat ze bieden.

Buitenlandse reizigers kunnen een **Austrailpass** kopen (alleen verkrijgbaar buiten Australië), waarmee ze voor een bepaalde periode onbeperkt over het hele spoorwegnet kunnen reizen. Een **Austrail Flexipass** is een beter idee voor reizigers die flexibel willen blijven wat betreft het maken van *stopovers*.

Auto De Australische wegen zijn van uiteenlopende kwaliteit. In de gebieden rond de grote steden zijn ze uitstekend, maar in afgelegen streken kunnen de wegen onverhard zijn – of tijdens *'the Wet'* zelfs helemaal verdwijnen. Alleen in de buurt van de grotere steden vindt u echt brede autosnelwegen, maar de meeste hoofdwegen bestaan voor het grootste deel uit twee rijstroken en soms maar uit één enkele strook asfalt met grindbermen. Nog weer andere wegen zijn gewoon grindwegen. Veel hoofdwegen in Western Australia en het Northern Territory zijn inmiddels geasfalteerd, zodat een rondrit door heel Australië over het asfalt nu tot de mogelijkheden behoort.

Een eigen auto maakt mobiel en onafhankelijk, maar u moet niet vergeten dat de afstanden enorm zijn als u uitgebreid in Australië gaat rondreizen. Verreweg de meeste populaire toeristische gebieden zijn bereikbaar met een gewone auto. Een auto met vierwielaandrijving zal alleen nodig zijn als u van plan bent om veel over de onverharde wegen in de *Outback* te rijden – over een van de *tracks* van South Australia bijvoorbeeld (zie bladzijde 143). Een camper of een vergelijkbare auto biedt nog meer flexibiliteit.

Een alternatief voor het huren van een auto (zie Autoverhuur op bladzijde 252) is een auto te kopen, met name als uw verblijf van lange duur is. Een tweedehands auto kunt u kopen via de gebruikelijke kanalen (handelaren, veilingen en dergelijke) of van een collega-reiziger. Wat dat betreft kunnen mededelingenborden in hotels voor rugzaktoeristen een handige bron van informatie zijn. Soms komt u ook aantrekkelijk geprijsde, stoffige campers langs de weg tegen. Als u bang bent de auto niet kwijt te zullen raken wanneer uw verblijf voorbij is, kunt u hem het

De beste keuken van de stad, aan de rivier

beste bij een handelaar kopen die de garantie geeft de wagen terug te zullen kopen, al is dit niet de goedkoopste manier.

Tips voor automobilisten Gerekend naar het aantal auto's en afgelegde kilometers komen er in Australië weinig verkeersongevallen voor. Drinken en autorijden was vroeger een alledaagse combinatie (en kan dat in sommige gebieden in de *Outback* nog steeds zijn), maar in de steden schijnt de strengere politiecontrole effect te sorteren. Het wettelijk toegestane alcoholpromillage is 0,05 in alle staten en *territories*.

In principe rijden Australiërs links en halen ze rechts in. Dit is misschien niet meteen duidelijk op een *highway* met diverse rijstroken, waar veel automobilisten gewoon rechts blijven rijden zonder zich iets aan te trekken van het verkeer dat hen links inhaalt. Het is toegestaan om op de geasfalteerde middenstrook van een *highway* te rijden, maar dat kan een enerverende beproeving worden wanneer er tegenliggers naderen. De monsterlijk grote vrachtauto's met aanhangers die u in Western Australia, Queensland en het Northern Territory kunt tegenkomen, verwachten dat u altijd ruim baan voor hen maakt en hebben geen strategie om zich aan te passen als u dat niet doet. Het inhalen van zo'n stofwolken verspreidende *road train*, die wel 50 m of langer kan zijn, is een riskante onderneming. Als u geen lang stuk weg voor u uit kunt zien, is het beter om geduld te betrachten.

De Abbey Church in New Norcia, Western Australia

Het rijden over onverharde wegen vereist speciale vaardigheden die u waarschijnlijk niet in korte tijd zult verwerven. U kunt ze gewoon vermijden of anders extra voorzichtigheid betrachten. 's Nachts en in de ochtend- en avondschemering zwerven er veel dieren over de *highway*. Een *'roo bar'* (hekwerk aan de voorkant van de auto) dient om de schade te beperken die het aanrijden van een grote kangoeroe kan veroorzaken. Rijd 's nachts niet over wegen op het platteland als dat niet nodig is.

In stadsgebieden geldt een maximumsnelheid van 50/60 km per uur. Tenzij anders aangegeven, geldt in de overige gebieden een maximumsnelheid van 100/110 km per uur; zowel voor- als achterin is het dragen van autogordels verplicht.

Sommige verkeersborden zult u waarschijnlijk alleen in Australië zien, maar de meeste daarvan zijn ook voor buitenlanders begrijpelijk.

Bochtige wegen zijn vaak voorzien van lange uitwijksporen, te gebruiken door langzaam rijdend verkeer om andere verkeersdeelnemers te laten passeren. Denkt u eraan dat het inhalende verkeer voorrang heeft.

U moet in het bezit zijn van een geldig rijbewijs.

Benzine (per liter verkocht) is er zowel loodhoudend als loodvrij. Benzinestations zijn redelijk talrijk, maar zijn vaak maar een beperkt

Australia Day in Sydney

aantal uren open. In sommige gebieden kan het moeilijk zijn om op zaterdag of zondag te tanken.
Een autotocht door de *Outback* vereist de nodige voorzorgsmaatregelen. De auto moet in goede staat verkeren en het is verstandig om reserveonderdelen mee te nemen, inclusief een plastic noodvoorruit. Neem voldoende brandstof en water (4 liter drinkwater per dag) mee.
Op sommige routes moet u een formulier van de politie invullen, waarop u uw traject en de verwachte dag van aankomst aangeeft.
In geval van pech is het van vitaal belang dat u in of in de buurt van uw auto blijft. Een auto biedt schaduw en bescherming en is veel zichtbaarder dan u zelf bent (zie ook Autopech op bladzijde 252).

Studenten en jongeren
Australië kent niet zoveel officiële kortingen voor jonge buitenlandse reizigers, maar omdat het land betrekkelijk goedkoop is, vormt dat niet echt een probleem.
Er zijn talloze jeugdherbergen en hotelletjes voor rugzaktoeristen.
Het lidmaatschap van uw eigen landelijke jeugdherbergencentrale kan een korting opleveren en geeft het recht om van Australische jeugdherbergen gebruik te maken.
Lange reizen per bus zijn niet duur en liften is gemakkelijker dan in veel andere landen. De mededelingenborden in hotels en jeugdherbergen geven een schat van informatie over het gezamenlijk gebruik van auto's en het aanbod van maaltijden, excursies en amusement.
De ooit zo populaire werkvakanties zijn vanwege de economische teruggang minder haalbaar geworden.

Taal
Het nogal nasale Australische accent komt u zonder noemenswaardige variaties in alle delen van het land tegen. Het idioom verschilt nauwelijks van streek tot streek, er bestaat echter wel verschil tussen het taalgebruik binnen en buiten de stad.
Taalverschillen in Australië hebben eerder met de gelegenheid of maatschappelijke klasse te maken. De mensen die u op een vrijdagavond aan de bar van een *pub* aantreft, zullen waarschijnlijk hun neus ophalen voor het vaak als bekakt *('posh')* betitelde stemgeluid van medewerkers van de Australian Broadcasting Corporation.
Omgekeerd kan hun taalgebruik weer moeilijkheden opleveren voor buitenlanders die alleen maar de Engelse 'standaardtaal' hebben geleerd.
De Australische woordenschat omvat behalve woorden van aboriginalherkomst (zoals *mallee*, *didgeridoo* en *kangaroo*) ook veel neologismen die zijn bedacht om typisch Australische verschijnselen

Vissen in de London Lakes op Tasmanië

aan te duiden (zoals *Outback*, *bottle brush* en *bloodwood*) en tal van Engelse woorden waarvan de oorspronkelijke betekenis is veranderd (*creek* betekent rivier, de *mountain ash* is een eucalyptussoort en een *mob* is een groep mensen of dieren, zoals een kudde schapen). Maar de echte charme van het *Strine* (Australisch-Engels) is het *slang*. Bovendien worden veel woorden als het even kan afgekort (*barbie* betekent barbecue, *cossie* is een zwemkostuum en *garbo* is een vuilnisman). Scheldwoorden zijn niet van de lucht, maar zijn soms vriendelijk bedoeld, zoals '*you old bastard*'. Hieronder volgt een korte lijst met woorden, uitdrukkingen en afkortingen die de reiziger zoal kan tegenkomen.

ABC	Australian Broadcasting Corporation
ACT	Australian Capital Territory (het gebied rond Canberra)
Alice, The	Alice Springs
ALP	Australian Labor Party
ANZAC	Australian and New Zealand Army Corps
arvo	middag
barbie	barbecue
beaut	prachtig
billabong	afgesneden bocht van een rivier
billy	kampeerpotje om thee in te zetten
bloke	man
bludger	klaploper
blue	een gevecht, een roodharige
bonzer	mooi
bottle shop	slijterij
bush	binnenland
bushranger	struikrover
BYO (bring your own)	restaurant zonder vergunning waar men zijn eigen drank meeneemt
cask	wijnvat
chook	kip
chunder	overgeven
crook	misselijk, niet goed
dag, daggy	vieze wol aan het achtereinde van een schaap; scheldwoord (of koosnaam) voor zaken of personen
daks	broek
dinkum	echt
drongo	iemand die traag van begrip is
Dry	het droge seizoen
dunny	toilet buiten
fossicking	zoeken naar bijvoorbeeld edelstenen
galah	een soort papegaai, een idioot

garbo	vuilnisman
g'day	goedemorgen, goedemiddag, hallo
greenie	milieubeschermer
hoon	herrieschopper, hooligan
international	buitenlands (zoals in *international visitors*)
interstate	heeft te maken met de andere Australische staten (*'he's interstate'* betekent dat de persoon in kwestie niet in zijn *'home state'* is)
journo	journalist
larrikin	vandaal, vlegel
mate	begroeting, alleen voor mannen
mob	groep personen of dieren, zoals schapen
mozzie	mug
Never-Never	afgelegen oord in de *Outback*
new Australian	pas geïmmigreerde
ocker	onbehouwen Australische man
pokie	gokautomaat, fruitautomaat
Pom, Pommie	Engelsman
property	boerderij
rort	luidruchtig feestje of afzetterstent
RSL	Returned Serviceman's League
salties	zoutwater-krokodillen
semi-trailer	oplegger
Sheila	vrouw
she'll be right	het komt allemaal goed
shout	tractatie, zoals een rondje geven
slab	pak van 24 blikjes bier
smoko	(rook)pauze
station	grote boerderij
stingers	kwallen
strides	broek
swag	spullen, persoonlijke bezittingen
ta	bedankt
tea	avondeten
thongs	teenslippers
tucker	eten
uni	universiteit
ute	bestelwagen
Wet	regenseizoen
wowser	puritein, spelbreker
yakka	werk

Telefoon

Vanuit de meeste telefooncellen of cellen met de letters STD *(Subscriber Trunk Dialling)* kunt u interlokale gesprekken voeren en vanuit cellen met de letters ISD *(International Subscriber Dialling)* internationale telefoongesprekken. U kunt doorgaans een telefoonkaart of een creditcard gebruiken. Lokale gesprekken kennen geen tijdlimiet; *interstate*-gesprekken zijn, gezien de afstanden, betrekkelijk goedkoop. De lagere tarieven gelden van 19.00 tot 7.00 uur op werkdagen en het gehele weekeinde. Wees er wel op bedacht dat hotels vaak de telefoonkosten die u vanuit uw kamer hebt gemaakt verdubbelen.
Om vanuit het buitenland naar Australië te bellen, draait u het internationale toegangsnummer (00), het landnummer van Australië (61), het netnummer (zonder de eerste 0) en het abonneenummer. Om vanuit Australië naar het buitenland te bellen, draait u het internationale toegangsnummer (0011), het land-

Pootjebaden op Bondi Beach

nummer (voor Nederland 31, voor België 32), het netnummer (zonder de eerste 0), en ten slotte het abonneenummer. Houd rekening met het tijdverschil (zie Tijd, hierna).

Tijd
De breedte van Australië heeft geleid tot het invoeren van drie tijdzones. Eastern Standard Time (EST) is van toepassing in New South Wales, ACT, Victoria, Tasmanië en Queensland; Central Standard Time (CST) in South Australia en het Northern Territory; en Western Standard Time (WST) in Western Australia. CST ligt een half uur achter op EST, WST ligt twee uur achter. In alle staten behalve Queensland kent men zomertijd: in het NT en Western Australia lopen de klokken van oktober of november tot en met maart een uur voor. EST loopt negen uur voor op onze Midden-Europese tijd.

Toeristische informatie
Buiten Australië geven de kantoren van de **Australian Tourist Commission** (zie hieronder) informatie. Elke staat heeft een eigen Tourism Board, met een hoofdkantoor in de hoofdstad van de staat en filialen in sommige hoofdsteden van de andere staten. Plaatsen van enige omvang hebben een informatiecentrum, met gegevens over lokale attracties en faciliteiten voor het reserveren van hotelkamers en excursies. Het advies dat u er krijgt, is niet altijd neutraal. Andere nuttige informatie kunt u inwinnen bij de automobilistenbonden, die leden van buitenlandse zusterorganisaties van gratis kaarten voorzien, en bij de bezoekerscentra en kantoren van de National Parks and Wildlife Service. In Nederland en België bent u aangewezen op de vestiging van de Australian Tourist Commission in Londen (Becket House, 60–68 St Thomas Street, London SE1 3QU). Telefonische informatie in Nederland: 020–4874541; in België: 02–713199.

Toiletten
De Australische steden zijn goed voorzien van openbare toiletten. Ze staan vaak op plattegronden aangegeven.

Vrouwelijke reizigers
Australië is een redelijk veilig land voor vrouwelijke reizigers, maar de extreme uitingen van *'ockerism'* (zie Taal op bladzijde 265) zijn irritant.

De Northern Territory Tourist Commission verstrekt informatie over bezienswaardigheden zoals de Devils Marbles

HOTELS EN RESTAURANTS

ACCOMMODATIE

Het grote scala van accommodatie in Australië loopt uiteen van hotels die tot de meest luxueuze ter wereld behoren, via motels, *units* (volledig ingerichte appartementen) en 'hotels' (waartoe ook de meest eenvoudige *pubs* worden gerekend), tot budgethotels voor rugzaktoeristen. U zult vast geen moeite hebben om logies te vinden, maar in het hoogseizoen (van juli tot september en van december tot februari) is het raadzaam om te reserveren. De prijzen steken gunstig af bij die in andere ontwikkelde delen van de wereld en als u langer blijft of in hotels van een bepaalde keten logeert, kunt u vaak korting krijgen. De aanbevolen hotels zijn onderverdeeld in drie prijsklassen:

- goedkoop ($)
- gemiddeld ($$)
- duur ($$$)

SYDNEY

Aarons Hotel ($/$$) Ultimo Road 37, Haymarket (tel. 02–92815555). Beter dan het gemiddelde budgethotel bij Darling Harbour en Chinatown.
ANA Hotel Sydney ($$$) Cumberland Street 176, The Rocks (tel. 02–92506000). Groot hotel met Japanse eigenaars, dicht bij The Rocks. Uitstekende service en voorzieningen, schitterend uitzicht.
Chateau Sydney ($$) Macleay Street 14, Potts Point (tel. 02–93582500). In de buurt van Kings Cross, met zwembad, goede faciliteiten en uitzicht op de haven.
Citistay Westend Hotel ($/$$), Pitt Street 412 (tel. 02–92114822). Zeer redelijk geprijsd hotel in het centrum, dicht bij de winkels, het uitgaanscentrum rond George Street en Darling Harbour.
Cremorne Point Manor ($/$$) Cremorne Road 6, Cremorne Point (tel 02–99537899). In dit sfeervolle oude pand vindt u goede accommodatie en met de veerboot bent u zo in het centrum.
Harbour Rocks Hotel ($$) Harrington Street 34, The Rocks (tel. 02–92518944). Middelgroot hotel op een uitstekende locatie in het hart van The Rocks.
Hotel Ibis Darling Harbour ($$) Murray Street 70 (tel. 02–95630888). Redelijk geprijsde accommodatie aan de westkant van Darling Harbour. Mooi uitzicht vanuit de kamers, het restaurant en de bar.
Hotel Inter-Continental Sydney ($$$) Macquarie Street 117 (tel. 02–92300200). Dit hotel is deels gevestigd in het gerestaureerde Treasury Building uit 1851 en ligt op een historische plek in het hart van de stad, vlak bij Circular Quay en het Opera House.
Hotel Nikko Darling Harbour ($$$) Hoek Sussex Street en King Street (tel. 02–92991231). Een fonkelnieuw vijfsterrenhotel met uitzicht op de Darling Harbour en dicht bij het centrum van de stad.
Manhattan Park Inn International ($$) Greenknowe Avenue 8, Elizabeth Bay (tel. 02–93581288). De kamers in dit redelijk geprijsde art-decohotel beschikken over een televisie, koelkast en koffiezetapparaat. Het Manhattan ligt dicht bij het hart van het levendige Kings Cross.
Manly Beach Resort ($) Carlton Street 6, Manly (tel. 02–99774188). Dit budgethotel ligt dicht bij alle attracties van Manly en het populaire strand.
Manly Pacific Parkroyal ($$$) North Steyne 55, Manly (tel. 02–99777666). Dit Pacific Parkroyal-hotel ligt aan het strand van de badplaats en buitenwijk Manly, slechts een kort tochtje met de veerboot van het centrum van Sydney vandaan.
Millennium Hotel Sydney ($$$) Begin van William Street, Kings Cross (tel. 02–93561234). Hotel in het hart van de uitgaanswijk Kings Cross met goede faciliteiten, twee restaurants en uitzicht over de stad en de Harbour.
Oakford Apartments ($$) Wylde Street 10, Potts Point (tel. 02–93584544). Comfortabele zelfstandige appartementen in Kings Cross met uitzicht over het water.
The Observatory Hotel ($$$) Kent Street 89–113 (tel. 02–92562222). Een van de meest luxueuze en modieuze hotels van Sydney dicht bij The Rocks.
Oxford Koala Hotel & Apartments ($$) Hoek Oxford Street en Pelican Street, Darlinghurst (tel. 02–92690645). Groot complex met standaard hotelkamers en appartementen met keuken in de trendy wijk Darlinghurst, niet ver van het centrum.
Park Hyatt Sydney ($$$) Hickson Road 7, The Rocks (tel. 02–92411234). Het duurste hotel van Sydney staat op een schitterende locatie aan de rand van de haven.
Ravesi's on Bondi Beach ($$) Hoek Campbell Parade en Hall Street, Bondi Beach (tel. 02–93654422). Klein en mooi luxehotel met uitzicht op het wereldberoemde Bondi Beach. Het restaurant is uitstekend.
The Regent Hotel Sydney ($$$) George Street 199 (tel. 02–92380000). Dit hotel ligt in de buurt van The Rocks en heeft een prachtig uitzicht op de haven en de stad.
The Russell Hotel ($$) George Street 143a, The Rocks (tel. 02–92413543). Dit kleine pensionachtige hotel is gevestigd in een fraai 19de-eeuws gebouw en staat bekend om zijn goede service en prachtige kamers.
Sebel of Sydney ($$/$$$) Elizabeth Bay Road 23, Elizabeth Bay (tel. 02–93583244). Dit intieme hotel niet ver van Kings Cross is zeer in trek bij rijken en beroemdheden.
Sir Stamford Double Bay ($$$) Knox Street 22, Double Bay (tel. 02–93630100). Dit chique hotel ligt in een van de meest exclusieve buitenwijken van Sydney.
Star City ($$$) Pyrmont Street 80, Pyrmont (tel. 02–97779000). Dit hotel maakt deel uit van het enorme casinocomplex bij Darling Harbour. Eersteklas faciliteiten, waaronder

een fitnessruimte, een zwembad en verschillende restaurants.
Sydney Central YHA ($) Hoek Pitt Street en Rawson Place (tel. 02–92819111). Met zijn 530 bedden is dit de grootste jeugdherberg ter wereld, dicht bij het Central Station. Er is een café met vergunning en op het dak kunnen de gasten zwemmen en barbecuen.
Victoria Court Hotel ($$) Victoria Street 122, Potts Point (tel. 02–93573200). Dit verrukkelijke hotel in Victoriaanse stijl staat in een lommerrijke straat nabij Kings Cross.
Wynyard Vista Hotel ($$) York Street 7–9 (tel. 02–92741222). Dit hotel richt zich op zakenmensen en is gunstig gelegen bij Circular Quay, het Wynyard-busstation en het zakencentrum.

CANBERRA (A.C.T.)

Brassey Hotel ($$) Belmore Gardens, Braddon (tel. 02–62733766). Elegant hotel uit 1927 dicht bij het Parliament House en de bezienswaardigheden ten zuiden van het meer. Het hotel ligt in een mooie tuin.
Hyatt Hotel Canberra ($$$) Commonwealth Avenue, Yarralumla (tel. 02–62701234). Het beste hotel van Canberra. De service is uitstekend en de faciliteiten in dit gerestaureerde art deco-gebouw laten niets te wensen over.
Macquarie Hotel ($) National Circuit 18, Barton (tel. 02–62732325). Dit hotel ligt in een rustige buitenwijk op loopafstand van het Parliament House.
Olims Canberra Hotel ($$) Hoek Ainslie Avenue en Limestone Avenue (tel. 02–62485511). Goede accommodatie voor een redelijke prijs, dicht bij het centrum van de stad en het oorlogsmonument.
Rydges Canberra ($$/$$$) London Circuit, Canberra City (tel. 02–62476244). Dit hotel ligt dicht bij de attracties in het centrum en biedt een prachtig uitzicht.
Tall Trees Motel ($$) Stephen Street 21, Ainslie (tel. 02–62479200). Dit motel ligt in een rustig en mooi vormgegeven landschapspark, op slechts een kleine afstand van het centrum van de stad.

NEW SOUTH WALES

Blue Mountains

Balmoral Guesthouse ($$) Bathurst Road 196, Katoomba (tel. 02–47822264). Dit fraai gerestaureerde hotel uit 1876 is het oudste van de streek. Victoriaanse luister, compleet met open haarden.
Fairmont Resort ($$$) Sublime Point Road 1, Leura (tel. 02–47825222). Dit moderne complex op de top van de kliffen biedt behalve uitstekende accommodatie en recreatiefaciliteiten ook een prachtig uitzicht.
Jemby Rinjah Lodge ($$) Evans Lookout Road 336, Blackheath (tel. 02–47877622). Deze milieuvriendelijke *lodge* ligt aan de rand van het Blue Mountains National Park. De accommodatie bestaat uit houten blokhutten, waarvan sommige met kookgelegenheid, maar er is ook een uitstekend restaurant.
Jenolan Caves House ($$$) Jenolan Caves (tel. 02–63593322). Een prachtig, groot en zeer comfortabel overblijfsel uit de 19de eeuw in Tudor-stijl, uit de hoogtijdagen van de berghutvakanties.
Lilianfels Blue Mountains ($$$) Lilianfels Avenue, Echo Point, Katoomba (tel. 02–47801200). De meest exclusieve verblijfplaats in de Blue Mountains. In het oorspronkelijke woonhuis uit het einde van de 19de eeuw is nu een bekroond restaurant gevestigd.
Mountain Heritage Country House Retreat ($$) Hoek Apex Street en Lovel Street, Katoomba (tel. 02–47822155). Ouderwets gezellig hotel, compleet met knappend haardvuur, comfortabele kamers van verschillende grootte en enkele van de mooiste uitzichten van de regio.

Hunter Valley

Peppers Guest House Hunter Valley ($$/$$$) Ekerts Road, Pokolbin (tel. 02–49987596). Dit hotel in koloniale stijl, zeer aantrekkelijk gelegen tussen de wijngaarden, wint voortdurend prijzen voor zijn comfort, faciliteiten en gastvrijheid en het eten in het restaurant Chez Pok.
Vineyard Hill Country Motel ($$) Lovedale Road, Pokolbin (tel. 02–49904166). Dit zeer redelijk geprijsde motel biedt comfortabele units van één of twee slaapkamers, elk met een eigen terras.

Southern Highlands

Links House Small Hotel ($$) Links Road 17, Bowral (tel. 02–48611977). Dit vriendelijke hotel is rustig gelegen tegenover het plaatselijke golfterrein. Het beschikt over een tuin, een tennisbaan, prettige kamers, twee gezellige lounges met open haard en een populair restaurant.
Mercure Grand Bowral Heritage Park ($$) Kangaloon Road 9, Bowral (tel. 02–48614833). Dit bekroonde hotel biedt alle mogelijke faciliteiten, waaronder een grote tuin, een tennisbaan, een croquetveld, een golfterrein en een biljartkamer.
Milton Park Country House Hotel ($$$) Hordern's Road, Bowral (tel. 02–48611522). Dit prestigieuze landhuis heeft de naam een van de beste hotels van Australië te zijn. Het is fraai gelegen en heeft een breed aanbod van moderne faciliteiten. Het restaurant is voortreffelijk.
Peppers Mount Broughton ($$$) Kater Road, Sutton Forest (tel. 02–48682355). Zeer aangenaam hotel met ruime kamers en suites en een uitstekend restaurant. Het ligt in een grote tuin naast een golfterrein.

VICTORIA

Melbourne

Albany Motel ($) Hoek Toorak Road en Millswyn Street, South Yarra (tel. 03–98664485). Dit hotel biedt budgetaccommodatie in de doorgaans dure wijk South Yarra.

All Seasons Crossley ($$/$$$) Little Bourke Street 51 (tel. 03–96391639). Dit is een modern luxehotel met voortreffelijke faciliteiten.

Batmans Hill Hotel ($$) Spencer Street 66–70 (tel. 03–96146344). Dit hotel ligt tegenover het Spencer Street Station. De historische gevel is volledig gerestaureerd.

Centra St. Kilda Road ($$) Hoek St. Kilda Road en Park Street (tel. 03–92099888). Uitstekend, zeer redelijk geprijsd hotel op een eersteklas locatie: tegenover de Botanic Gardens en vlak bij het Arts Centre.

City Limits Hotel ($) Little Bourke Street 20–22 (tel. 03–96622544). Dit hotel in het hart van het stadscentrum biedt faciliteiten zonder franje voor budgetprijzen.

City Park Hotel ($/$$) Kingsway 308–310, South Melbourne (tel. 03–96860000). Redelijk geprijsde accommodatie dicht bij de Botanic Gardens en St. Kilda.

Georgian Court Guest House ($) George Street 21–25, East Melbourne (tel. 03–94196353). Dit hotel in het exclusieve, aantrekkelijke East Melbourne ligt op loopafstand van het centrum.

Grand Hyatt Melbourne ($$$) Collins Street 123 (tel. 03–96571234). Het Hyatt is waarschijnlijk het meest luxueuze hotel in het centrum van de stad en biedt talloze recreatie- en dinerfaciliteiten.

Hotel Grand Chancellor Melbourne ($$) Lonsdale Street 131 (tel. 03–96633161). Dit centraal gelegen hotel biedt goede service en faciliteiten tegen redelijke prijzen.

The Hotel Y ($/$$) Elizabeth Street 489 (tel. 03–93295188). Een van de beste budgethotels van Melbourne, tegenover de Queen Victoria Market.

Le Meridien at Rialto Melbourne ($$$) Collins Street 495 (tel. 03–96209111). Prachtig neogotisch hotel uit het einde van de 19de eeuw dat voorzien is van alle gemakken die u hierbij zou verwachten.

Lygon Lodge Carlton ($$) Lygon Street 220, Carlton (tel. 03–96636633). Dit kwaliteitsmotel in de voorstad Carlton (iets ten noorden van de stad) biedt goede accommodatie tegen redelijke prijzen.

Magnolia Court Boutique Hotel ($$) Powlett Street 101, East Melbourne (tel. 03–94194222). Elegant, klein hotel net ten oosten van het stadscentrum, dicht bij de Melbourne Cricket Ground.

Marco Polo Inn ($$) Hoek Harker Street en Flemington Road, North Melbourne (tel. 03–93291788). Hotel van goede kwaliteit met een zwembad en restaurant, zo'n 1,5 km ten noorden van de stad.

Novotel Bayside Melbourne ($$) The Esplanade 16, St. Kilda (tel. 03–95255522). Hotel met 200 kamers, zwembad, bubbelbaden en fitnessruimte in de voorstad St. Kilda. Het kijkt uit over Port Phillip Bay.

Oakford Gordon Place ($$/$$$) Little Bourke Street 24 (tel. 03–96632888). De luxeappartementen van het Oakford (tussen het Parliament House en Chinatown) kijken uit op een groene binnenplaats met een enorme palmboom. In het historische complex zijn verder een bar, een delicatessenwinkel en het Places Restaurant ondergebracht.

Parkroyal on St. Kilda Road ($$/$$$) St. Kilda Road 562, St. Kilda (tel. 03–95298888). Een elegant luxehotel met grote kamers en een uitstekende service in een van de interessantste oudere buitenwijken van Melbourne, slechts een korte tramrit van het centrum vandaan.

Punt Hill Serviced Apartments ($$) Flemington Road 115, North Melbourne (tel. 03–98209911). Deze van alle gemakken voorziene appartementen en studio's met één, twee of drie slaapkamers liggen iets ten noorden van het stadscentrum.

Rockman's Regency Hotel ($$$) Hoek Exhibition Street en Lonsdale Street (tel. 03–96623900). Dit is het meest luxueuze hotel van Melbourne, niet ver van het centrum. De faciliteiten zijn uitstekend. Het hotel herbergt enkele van de duurste bars en restaurants van de stad.

Sheraton Towers Southgate ($$$) Southgate Avenue 1, Southbank (tel. 03–96963100). Dit uitstekende hotel maakt deel uit van het Southgate-complex. Kamers, faciliteiten en service van hoge klasse.

South Yarra Hill Suites ($$/$$$) Murphy Street 14, South Yarra (tel. 03–98688222). Deze appartementen met schoonmaakservice bestaan uit één, twee of drie slaapkamers met een goed geoutilleerde keuken en een riante zitkamer.

Victoria Hotel ($$) Little Collins Street 215 (tel. 03–96530441). Dit comfortabele hotel van rond de eeuwwisseling ligt midden in het centrum en is een begrip in Melbourne geworden.

The Windsor ($$$) Spring Street 103 (tel. 03–96336000). Dit imposante, ouderwetse hotel is prachtig gerestaureerd en voorzien van antiek meubilair. Het ligt fraai tegenover het Parliament House en staat op de monumentenlijst van de National Trust.

Great Ocean Road

Caledonian Inn ($) Hoek Bank Street en James Street, Port Fairy (tel. 03–55681044). Dit hotel met een bar en een visrestaurant gaat er prat op het oudste hotel met een drankvergunning van Victoria te zijn. Het motelgedeelte is nieuwer.

Cumberland Lorne Resort ($$$) Mountjoy Parade 150, Lorne (tel. 03–52892400). Bekroond vakantiecentrum met luxe-appartementen in het centrum van een bekende badplaats.

Erskine House ($$) Mountjoy Parade 136, Lorne (tel. 03–52891209). Rudyard Kipling verbleef in dit eerbiedwaardige hotel met zijn onberispelijk verzorgde tuin.

Seacombe House Motor Inn ($$) Sackville Street 22, Port Fairy (tel. 03–55681082). Het Seacombe House is een van de oudere gebouwen in deze leuke oude havenstad. Het staat op de monumentenlijst van de National Trust. Het motel zelf bestaat uit moderne eenheden.

Noordoost-Victoria

Eucalypt Ridge ($$$) Skyline Road 564, Eildon (tel. 03–57742033). Een duur hotel in de bergen met uitzicht op Lake Eildon. Er zijn luxesuites en een prima restaurant. Het hotel wordt omgeven door 100 ha *bushland* en er is een nationaal park in de buurt.

Mount Buffalo Chalet ($$) Mount Buffalo National Park (tel. 03–57551500). Een prachtig, ouderwets berghotel in de schitterende omgeving van het nationale park.

Mount Buller Chalet Hotel ($$$) Summit Road, Mount Buller (tel. 03–57776566). Dit hotel is het hele jaar open en vormt een ideale basis voor ski- of bergwandelvakanties. Het beschikt over 65 kamers en vele topfaciliteiten, waaronder een sportcentrum, een restaurant en een cocktailbar.

Rose Cottage ($$) Camp Street 42, Beechworth (tel. 03–57281069). *Bed and breakfast*-accommodatie in een sfeervolle oude *cottage*.

Tanswells Commercial Hotel ($) Ford Street 50, Beechworth (tel. 03–57281480). Dit 19de-eeuwse hotel heeft fraai siersmeedwerk en is ingericht met authentiek meubilair. Het pand staat op de monumentenlijst van de National Trust.

Trackers Mountain Lodge ($$/$$$) Schuss Street 88, Falls Creek (tel. 03–57583346). Luxehotel in het hart van een van de populairste ski-oorden van Australië. De locatie van het hotel is ook zeer geschikt voor het maken van zomerse wandelingen of voor paardrijden en vissen.

SOUTH AUSTRALIA

Adelaide

Adelaide Barron Townhouse Motel ($$) Hoek Hindley Street en Morphett Street (tel. 08–82118255). Dit hotel biedt appartementen op een zeer centrale locatie.

Apartments on the Park ($$) South Terrace 274 (tel. 08–82230599). Zelfstandige eenheden in het zuiden van de stad. Deze accommodatie is ideaal voor gezinnen of kleine groepen.

Centra Adelaide ($$) South Terrace 208–223 (tel. 08–82232744). Redelijk geprijsd hotel met zwembad en restaurant, goede service en faciliteiten, en uitzicht op de zuidelijke parklanden.

Festival Lodge Motel ($) North Terrace 140 (tel. 08–82127877). Redelijk geprijsde motelachtige accommodatie in de beroemdste straat van Adelaide.

Grosvenor Vista Hotel ($$) North Terrace 125 (tel. 08–84078888). In dit hotel overnachten boeren met hun gezinnen als ze in de stad zijn. De prijzen voor de kamers variëren.

Hilton Adelaide ($$$) Victoria Square 233 (tel. 08–82172000). De kwaliteit die u van het Hilton gewend bent, ditmaal in het hart van de stad.

Hindley Parkroyal ($$/$$$) Hindley Street 65 (tel. 08–82315552). Uitstekend hotel met zwembad, bubbelbaden en restaurant aan een belangrijke uitgaansstraat.

Hotel Adelaide International ($$) Brougham Place 62, North Adelaide (tel. 08–82673444). Goed, redelijk geprijsd hotel met een mooi uitzicht over de stad. Op loopafstand van het centrum en de cafés en winkels van O'Connell Street.

Hyatt Regency Adelaide ($$$) North Terrace (tel. 08–82311234). Het Hyatt is getooid met prachtige kunstwerken en is het meest luxueuze hotel van de stad. Het ligt dicht bij alle belangrijke bezienswaardigheden.

The Mansions Quest Inn ($$) Pulteney Street 21 (tel. 08–82320033). Zelfstandige appartementen in een gunstig gelegen, interessant oud pand.

North Adelaide Heritage Apartments ($$/$$$) (tel. 08–82721355). Een fantastische verzameling zelfstandige appartementen in de chique voorstad North Adelaide, uiteenlopend van knusse *cottages* tot een oude kapel en een fantasievol gerenoveerde brandweerkazerne.

Stamford Grand Adelaide ($$$) Moseley Square, Glenelg (tel. 08–83761222). Het beste hotel in de bekendste voorstad van Adelaide aan het strand, een korte, aangename tramrit van het centrum vandaan.

Stamford Plaza Adelaide ($$$) North Terrace 150 (tel. 08–84611111). Het elegantste hotel van Adelaide biedt een fraai uitzicht, een uitstekende bediening en smaakvol ingerichte kamers en suites.

Adelaide Hills

Grand Mercure Hotel Mount Lofty House ($$$) Summit Road 74, Crafers (tel. 08–83396777). Luxueus buitenleven op z'n Zuid-Australisch. Het hotel ligt net onder de top van Mount Lofty in de Adelaide Hills, een korte rit van de stad vandaan. Het bijbehorende restaurant is voortreffelijk.

Hahndorf Resort & Convention Centre ($/$$) Main Street 145a, Hahndorf (tel. 08–83887921). Een goede keus voor een verblijf in Hahndorf: motelachtige units en ruime chalets op een groot terrein, waarop ook een zwembad en een kanomeer liggen.

Panmure Estate ($$/$$$) Sturt Valley Road 32, Stirling (tel. 08–83396655). Een van de beste *bed and breakfast*-gelegenheden van de streek. Luxesuites, maaltijden voor fijnproevers en een geweldige tuin.

Barossa Valley

All Seasons Premier Barossa Valley Resort ($$/$$$) Golf Links Road, Rowland Flat (tel. 08–85240000). Een goed alternatief voor een motel of *bed and breakfast*. Twee restaurants, een zwembad en tennisbanen, dicht bij een golfterrrein met 18 *holes*.

Collingrove Homestead ($$/$$$) Eden Valley Road, Angaston (tel. 08–85642061).

Dit National Trust-gebouw aan de rand van de Barossa behoorde ooit toe aan een van de grootgrondbezittersfamilies van Australië. Diner op afspraak.
Lawley Farm ($$) Krondorf Road, Tanunda (tel. 08–85632141). Deze landelijke *bed and breakfast* heeft zes zelfstandige suites, sommige met een eigen bubbelbad.
Tanunda Hotel ($) Murray Street 51, Tanunda (tel. 08–85632030). Budget-accommodatie in een historische pub in de verder nogal prijzige Barossa Valley.

WESTERN AUSTRALIA

Perth

Baileys Parkside Motel ($) Bennett Street 150 (tel. 08–93253788). Deze zelfstandige budgeteenheden liggen mooi centraal. Suites en eenheden voor gezinnen.
Burswood International Resort Hotel and Casino ($$$) Great Eastern Highway, Riverdale (tel. 08–93627777). Luxe vakantieoord met een eigen golfterrein op de oever van de Swan River, tegenover het stadscentrum. Het casino is een van de grootste van het zuidelijk halfrond.
Chateau Commodore Hotel ($$) Hay Street 417 (tel. 08–93250461). Goede accommodatie voor een redelijke prijs. Het hotel heeft een zwembad en een restaurant en ligt op loopafstand van de zakenwijk van de stad.
City Waters Lodge ($/$$) Terrace Road 118 (tel. 08–93251566). Zelfstandige appartementen aan de Swan River.
Cottesloe Beach Hotel ($/$$) Marine Parade 104, Cottesloe (tel. 08–93831100). Deze uitstekende pub aan het strand biedt goede, redelijk geprijsde accommodatie, verschillende bars en een café.
Hyatt Regency Perth ($$$) Adelaide Terrace 99, East Perth (tel. 08–92251234). Dit is een van de beste hotels van de stad. Het ligt net ten oosten van het centrum en heeft een fraai uitzicht op de Swan River.
Metro Inn Apartments ($) Nile Street 22, East Perth (tel. 08–93251866). Goedkope zelfstandige appartementen en hotelkamers dicht bij het stadscentrum en de Swan River.
Miss Maud Swedish Hotel ($$) Murray Street 97 (tel. 08–93253900). Chic Scandinavisch hotel in het centrum. Goede en alleszins betaalbare maaltijden.
Parkroyal Perth ($$$) Terrace Road 54 (tel. 08–93253811). Een luxehotel in het hart van de stad, met uitzicht op de Swan River.
Parmelia Hilton ($$$) Mill Street 14 (tel. 08–93223622). Dit is een van de meest karaktervolle hotels van de Hilton-keten. Het ligt midden in het centrum van Perth.
Rendezvous Observation City Hotel ($$$) The Esplanade, Scarborough (tel. 08–92451000). Een luxueus vijfsterrenhotel aan het strand van Scarborough, een kwartiertje rijden van het stadscentrum.
Riverview on Mount Street ($) Mount Street 42 (tel. 08–93218963). Zelfstandige appartementen met kookgelegenheid, dicht bij het stadscentrum en Kings Park.
The Royal Hotel ($) Hoek Wellington Street en William Street (tel. 08–93241510). Pubachtig hotel in het centrum. Kamers met eigen of gemeenschappelijke badkamer.
Sheraton Perth Hotel ($$$) Adelaide Terrace 207 (tel. 08–92247777). Het Sheraton voorziet u van alle gemakken langs een van de belangrijkste verkeersaders van Perth.
Sullivans Hotel ($$) Mounts Bay Road 166 (tel. 08–93218022). Vriendelijk hotelletje aan de rand van Kings Park. Enkele kamers bieden een mooi uitzicht op de rivier.
Terrace Hotel ($$) Adelaide Terrace 195 (tel. 08–94927777). Betaalbaar alternatief voor het naburige Sheraton.

Fremantle

Esplanade Hotel Fremantle ($$$) Hoek Marine Terrace en Essex Street (tel. 08–94324000). Dit internationale hotel staat in het historische hart van Fremantle. Behalve over kamers, eenkamerappartementen en suites beschikt het ook over uitstekende recreatie- en dinerfaciliteiten.
Tradewinds Hotel ($$) Canning Highway 59, East Fremantle (tel. 08–93398188). Hotel met uitzicht op de Swan River, op loopafstand van het centrum van Fremantle. De appartementen, met alle faciliteiten, worden dagelijks schoongemaakt.

Kalgoorlie-Boulder

Hannan's View Motel ($$) Hannan Street 430, Kalgoorlie (tel. 08–90913333). Centraal gelegen motel. Aanbevolen.
Mercure Hotel Plaza Kalgoorlie ($$) Egan Street 45, Kalgoorlie (tel. 08–90214544). Dit zou het beste hotel van de stad zijn, en dat klopt wel waar het het comfort en de faciliteiten betreft. Redelijk dicht bij het centrum (in tegenstelling tot de meeste motels in Kalgoorlie).
York Hotel ($/$$) Hannan Street 259, Kalgoorlie (tel. 08–90212337). Dit voortreffelijke hotel uit het begin van de 20ste eeuw ademt een authentieke sfeer uit de dagen van de *gold rush*. Het is voorzien van donker meubilair en badkamers op de gangen. In het restaurant serveert men zelfs karbonade en biefstuk bij het ontbijt.

Andere historische hotels in Kalgoorlie-Boulder zijn onder meer **The Exchange** in Hannan Street (tel. 08–90212833) en **The Palace**, eveneens in Hannan Street (tel. 08–90212788).

NORTHERN TERRITORY

Darwin

Carlton Hotel Darwin ($$$) The Esplanade (tel. 08–89800800). Het luxueuze Carlton huist in een postmodern complex aan The Esplanade en is een opvallende aanwinst voor de *skyline* van de stad. Comfortabele kamers, uitstekende service en goede restaurants, waaronder het verfijnde Siggi's.
Capricornia Motel ($) East Point Road 44, Fannie Bay (tel. 08–89814055). Comforta-

bele, redelijk geprijsde eenheden even buiten het centrum. Het motel heeft een restaurant en een zwembad.
Centra Darwin ($$/$$$) The Esplanade 122 (tel. 08–89815388). Een goed, modern hotel aan de waterkant.
Cherry Blossom Motel ($) The Esplanade 108 (tel. 08–89816734). Dit motel biedt redelijke accommodatie op een fraaie, centrale locatie, vlak bij het centrum.
City Gardens Apartments ($$) Woods Street 93 (tel. 08–89412888). Centraal gelegen complex met appartementen en eenheden voor gezinnen, met onder andere een zwembad en een plek om te barbecuen.
MGM Grand Darwin ($$$) Gilruth Avenue, The Gardens (tel. 08–89438888). Luxehotel dat deel uitmaakt van het casinocomplex van Darwin. Het ligt aan het strand, net buiten het centrum van de stad.
Novotel Atrium Hotel Darwin ($$/$$$) Hoek Peel Street en The Esplanade (tel. 08–89410755). Dit middelgrote, moderne hotel heeft goede faciliteiten en de service is uitstekend. De kamers variëren van standaard tot luxueuze suites. Prachtige ligging.
Poinciana Inn ($$) Hoek Mitchell Street en McLachlan Street (tel. 08–89818111). Uitstekende één- of meerpersoonskamers op vijf minuten lopen van het centrum.
Rydges Plaza Darwin ($$$) Mitchell Street 32 (08–89820000). Het hoogste gebouw in Darwin. Het grote, koele atrium biedt een welkom toevluchtsoord als de vochtige hitte van de stad de vermoeide toerist te veel wordt.

Alice Springs

Alice Springs Resort ($$/$$$) Stott Terrace 34 (tel. 08–89526699). De aantrekkelijke accommodatie van dit vakantieverblijf is onderverdeeld in een gezinsklasse, een standaardklasse en een luxeklasse.
Alice Tourist Apartments ($) Hoek Gap Road en Gnoilya Street (tel. 08–89522788). Appartementen met één of twee slaapkamers voor zeer redelijke prijzen. Het kleine complex ligt iets buiten de stad en heeft een zwembad en goede kookfaciliteiten.
All Seasons Frontier Oasis Alice Springs ($$) Gap Road 10 (tel. 08–89521444). Motelachtige accommodatie met goede voorzieningen, waaronder een zwembad en een tuin. Fraaie ligging.
Fortland Diplomat Hotel ($/$$) Hoek Gregory Terrace en Hartley Street (tel. 08–89528977). Superieure motelaccommodatie in een centraal gelegen pand van twee verdiepingen, dat in twee tinten roze is uitgevoerd. Er zijn ook luxesuites met bubbelbad beschikbaar.
Lasseters Hotel Casino ($$/$$$) Barrett Drive 93 (tel. 08–89507777). Dit is een van de duurste hotels van de stad. Het maakt deel uit van het casinocomplex van Alice Springs. In het hotel kunt u zowel kamers als suites huren.
Melanka Lodge Motel ($) Todd Street 94 (tel. 08–89522233). Wellicht het beste goedkope hotel van Centraal-Australië. Het aanbod varieert van eenvoudige kamers tot motelachtige accommodatie met eigen badkamer. Het hotel heeft een restaurant met drankvergunning en twee zwembaden. Het geheel ligt gunstig midden in de stad.
Rydges Plaza Alice Springs ($$$) Barrett Drive (tel. 08–89508000). Luxehotel aan de voet van de woeste MacDonnell Ranges op geringe afstand van het zuiden van de stad.

Ayers Rock

Alle overnachtingsmogelijkheden en de meeste andere voorzieningen voor Ayers Rock bevinden zich buiten het National Park in het Ayers Rock Resort. U kunt luxueus verblijven in het landschappelijk zeer fraaie **Sails in the Desert Hotel** en comfortabel logeren in het **Desert Gardens Hotel** en het iets eenvoudiger, maar ook goedkopere **Outback Pioneer Hotel**. Deze drie hotels zijn bereikbaar via het centrale nummer van het Resort (tel. 08–93609099). Rugzaktoeristen en kampeerders zijn eveneens welkom. In alle hotels vindt u restaurants, die wat kwaliteit en prijsniveau betreft min of meer overeenkomen.

QUEENSLAND

Brisbane

Albert Park Hotel ($$) Wickham Terrace 551, Spring Hill (tel. 07–38313111). Comfortabel hotel in de buurt van het Albert Park, een korte wandeling van het stadscentrum vandaan. Het zwembad en het terras zien uit op het park en u kunt in het hotel à la carte dineren.
Camelot Motor Inn ($) Astor Terrace 40 (tel. 07–38325115). Dit hotel dicht bij het stadscentrum biedt 70 ruime studioappartementen, compleet met kitchenette. Veel waar voor uw geld.
Centra Brisbane ($$) Roma Street (tel. 07–32382222). Het Centra-hotel ligt op een goede locatie in de stad. Het heeft zeer ruime kamers, twee restaurants, vier bars, bubbelbaden, een sauna en een fitnessruimte.
Conrad Treasury Brisbane ($$$) Hoek William Street en George Street (tel. 07–33068888). Het meest luxueuze hotel van Brisbane is verbonden met het nabijgelegen casino. Beide zijn gevestigd in historische zandstenen gebouwen. Bij de restauratie zijn kosten noch moeite gespaard.
Gazebo Hotel Brisbane ($$) Wickham Terrace 345 (tel. 07–38316177). Dit is het meest prominente van de groep hotels op de bosrijke heuvels met uitzicht over het centrum van de stad.
The Heritage ($$$) Hoek Margaret Street en Edward Street (tel. 07–32211999). Luxehotel in het centrum, dat goed gebruik weet te maken van zijn ligging bij de waterkant en de beroemde Botanic Gardens van Brisbane.

Mercure Hotel Brisbane ($$) North Quay 85–87 (tel. 07–32363300). Dit centraal gelegen hotel beschikt over uitstekende faciliteiten, waaronder verschillende bars en restaurants en een zwembad. Het ziet uit over de rivier en het parklandschap van de South Bank.
Metro Inn Tower Mill ($$) Wickham Terrace 239 (tel. 07–38321421). Dit comfortabele hotel ligt hoog op Wickham Terrace en kijkt uit over de stad. Balkons, een cocktailbar en een roomservice die dag en nacht doorgaat.
Powerhouse Boutique Hotel ($$/$$$) Hoek Kingsford Smith Drive en Hunt Street, Hamilton (tel. 07–38621800). Dit elegante luxehotel ligt dicht bij het vliegveld, maar ook weer niet te ver van de stad. Het beschikt over goede faciliteiten, waaronder een uitstekend restaurant en een bar.
Sheraton Brisbane Hotel and Towers ($$$) Turbot Street 249 (tel. 07–38353535). Alle luxe van een Sheraton-hotel en dat ook nog eens in het hart van de stad.
Story Bridge Motor Inn ($$) Main Street 321, Kangaroo Point (tel. 07–33931433). Dit redelijk geprijsde hotel bestaat uit moderne zelfstandige eenheden en appartementen met twee slaapkamers. Het ligt aan de overkant van de rivier tegenover het centrum van de stad.

Sunshine Coast

Hyatt Regency Coolum ($$$) Warran Road, Coolum Beach (tel. 07–54461234). Geheel op zichzelf staand, luxueus vakantieoord met allerlei verschillende soorten accommodatie. Het Hyatt ligt tussen het Mount Coolum National Park en de prachtige stranden van de Sunshine Coast in. Bij FishTales, een van de eetgelegenheden, worden visspecialiteiten geserveerd. Informeer naar kortingen en speciale aanbiedingen.
Netanya Noosa Resort ($$) Hastings Street 75, Noosa Heads (tel. 07–54474722). Een heerlijk vakantieverblijf aan het strand. Alle suites hebben een balkon en een kitchenette. Het hotel ligt in de buurt van een aantal restaurants.
Novotel Twin Waters Resort ($$$) Ocean Drive, Mudjimba Beach (tel. 07–54488000). Dit exclusieve vakantieverblijf vlak bij de monding van de Maroochy River heeft een uiterst gevarieerd aanbod van faciliteiten.
Sheraton Noosa Resort ($$$) Hastings Street, Noosa Heads (tel. 07–54494888). Accommodatie in de duurdere prijsklasse in een fraai ontworpen laagbouwcomplex. De kamers zijn ruim en voorzien van luxe bubbelbaden en kitchenettes.
Sun Lagoon ($$) Quamby Place, Noosa Sound (tel. 07–54474833). Vakantiecomplex aan de Noosa River, met goed geoutilleerde appartementen voor maximaal zes personen. Schitterende locatie en niet duur.

Noosa kent tal van overnachtingsmogelijkheden, niet in schreeuwerige hoogbouw zoals aan de Gold Coast, maar in aangename, moderne gebouwen die zijn afgestemd op de menselijke maat. Nadere informatie kunt u inwinnen bij: **Accom Noosa**, Hastings Street, Noosa Heads, P.O. Box 694, Noosa, Qld 4567 (tel. 07–54473444).

Gold Coast en achterland

ANA Hotel Gold Coast ($$$) View Avenue 22, Surfers Paradise (tel. 07–55791000). Dit hotel met 400 kamers op 22 verdiepingen in het hart van Surfers Paradise biedt verschillende bars, restaurants, twee zwembaden en tennisbanen.
Conrad Jupiters ($$$) Broadbeach Island (tel. 07–55921133). Dit is het hotel waar u naartoe gaat om te zien en gezien te worden, met meer dan 600 kamers en een casino dat 24 uur per dag open is.
Diamonds Resort ($$) Orchid Avenue 19, Surfers Paradise (tel. 07–55701011). Vakantieverblijf in het hart van Surfers Paradise, niet ver van het strand. Betaalbare kamers, appartementen en suites.
Paros on the Beach ($$) Old Burleigh Road 26, Surfers Paradise (tel. 07–55920780). Appartementen in mediterrane stijl aan het strand. Er zijn 35 eenheden met één tot drie slaapkamers.
Sheraton Mirage ($$$) Sea World Drive, Main Beach (tel. 07–55911488). Dit smaakvolle en luxueuze laagbouwcomplex in een fraai aangelegde omgeving toont aan dat de schreeuwerige architectuur van de Gold Coast niet het laatste woord hoeft te hebben. Beroemdheden plegen in het prestigieuze Horizons Restaurant te eten.

In de groene heuvels achter de kust:

Binna Burra Mountain Lodge ($$) Beechmont, via Nerang (tel. 07–55333622). Dit is een uitstekend alternatief voor O'Reilly's (zie hieronder).
O'Reilly's Rainforest Guesthouse ($$) Lamington National Park, via Canungra (tel. 07–55440644). Dit hotel in de bergen wordt nog altijd geleid door een pioniersfamilie en ontvangt al meer dan 80 jaar gasten. Maaltijden en verschillende activiteiten zijn bij de prijs van de overnachting inbegrepen.
Springbrook Mountain English Manor ($$) Springbrook Road, Springbrook (tel. 07–55335344). Landelijk hotel met veel van de sfeer van het oude moederland en lekker eten.

Cairns en het hoge noorden

Coconut Beach Rainforest Resort ($$$) Cape Tribulation (tel. 07–40980033). Dit unieke complex is fraai geïntegreerd in het regenwoud en de tropische stranden van de omgeving.
Country Comfort Outrigger ($$) Hoek Florence Street en Abbott Street, Cairns (tel. 07–40516188). Deze moderne interpretatie van de traditionele architectuur van

Noord-Queensland vindt u niet ver van de waterkant in het centrum van de stad.
Daintree Cape Tribulation Heritage Lodge ($$) Turpentine Road, Cooper Creek, via Mossman (tel. 07–40989138). Stijlvolle, moderne eenheden die zo zijn ontworpen dat ze niet detoneren in het regenwoud.
Garrick House ($$) Garrick Street 11–13, Port Douglas (tel. 07–40995322). Eersteklas appartementen met alle voorzieningen in een rustige straat in het verrukkelijke Port Douglas.
Mercure Hotel Harbourside ($$) The Esplanade 209, Cairns (tel. 07–40518999). Dit onberispelijke, maar nogal anonieme moderne hotel aan The Esplanade ligt op loopafstand van het stadscentrum.
Radisson Plaza at the Pier ($$$) Pierpoint Road, Cairns (tel. 07–40311411). Luxehotel boven de levendige Pier Marketplace, mooi gelegen aan de waterkant van Cairns.
The Reef Hotel Casino ($$$) Wharf Street 35–41 (tel. 07–40308888). Dit stijlvolle hotel maakt deel uit van het casinocomplex van Cairns, dat in 1996 werd voltooid. The Reef biedt *butler service*, uitstekende restaurants, een smaakvolle inrichting en het ultieme comfort.
Rihga Colonial Club Resort ($$) Cannon Street 18–26, Manunda, Cairns (tel. 07–40535111). Dit vakantiecomplex ligt te midden van uitgestrekte tuinen, een klein stukje rijden van het centrum. Er zijn tennisbanen, zwembaden en twee restaurants.
Rydges Club Tropical Resort ($$$) Hoek Wharf Street en Macrossan Street, Port Douglas (tel. 07–40995885). Club Tropical richt zich volledig op luxe – het is duur, maar tevens een van de meest exotische hotels in de omgeving.
Sebel Reef House ($$$) Williams Esplanade 99, Palm Cove (tel. 07–40553633). Een tropisch vakantieverblijf met de beste faciliteiten en een uitstekende reputatie, aan een van de stranden ten noorden van Cairns.
Tradewinds Esplanade Hotel ($$) The Esplanade 137, Cairns (tel. 07–40521111). Een aantrekkelijk, centraal hotel met tuin, zwembad en uitzicht op Trinity Bay.

TASMANIË

Hobart

Balmoral Motor Inn ($) Brooker Highway 511, Glenorchy (tel. 03–62725833). Goed budgetmotel op een paar minuten rijden van de stad.
Battery Point Guest House ($$) 'Mandalay', McGregor Street 7, Battery Point (tel. 03–62242111). Het mooi verbouwde koetshuis en de stallen van 'Mandalay' liggen vlak bij Salamanca Place.
Country Comfort Hadley's Hotel ($$) Murray Street 34 (tel. 03–62234355). Goed, centraal gelegen hotel met een restaurant met volledige vergunning en twee bars.
Crabtree House ($$) Crabtree Road, Crabtree, 7 km ten noorden van Huonville (tel. 03–62664227). Om deze fraai gemeubileerde koloniale residentie te vinden, rijdt u vanaf Hobart de Huon Highway af. *Bed and breakfast* en overvloedig diners.
Islington ($$) Davey Street 321 (tel. 03–62233900). Dit elegante privé-hotel met slechts acht kamers dateert van 1845 en kan bogen op een goed onderhouden tuin en een zwembad. Net buiten het centrum.
Lenna of Hobart ($$$) Runnymede Street 20, Battery Point (tel. 03–62323900). Dit hotel is gevestigd in een Victoriaanse villa met een moderne uitbouw en ziet uit over de Derwent River.
The Lodge on Elizabeth ($$) Elizabeth Street 249 (tel. 03–62313830). Smaakvol verbouwd hotel in het hoogste deel van de stad. Dit is het oudste woonhuis in Hobart.
Marquis of Hastings Hotel ($) Brisbane Street 209, West Hobart (tel. 03–62343541). Dit pand van rode baksteen uit de jaren zestig is niet zo mooi, maar de accommodatie is prima.
Pacific Vista Hotel ($$) Kirby Court, West Hobart (tel. 03–62346733). Comfortabel, redelijk geprijsd hotel op een fraaie locatie: slechts een paar minuten van het centrum en met een prachtig uitzicht over de stad.
Regent Park Apartments ($$) Regent Street 17–22, Sandy Bay (tel. 03–62233200). Goed uitgeruste appartementen met kookgelegenheid, dicht bij het casino. Ideaal voor gezinnen en kleine groepen.
Salamanca Inn ($$$) Gladstone Street 10 (tel. 03–62233300). Dit hotel met luxeappartementen is met veel zorg geïntegreerd in zijn omgeving van oude pakhuizen in de buurt van Salamanca Place.
Wrest Point Hotel Casino ($$$) Sandy Bay Road 410, Sandy Bay (tel. 03–62250112). De hotelaccommodatie van het fraai aan de rivier gelegen casino behoort tot de beste van Hobart. Goede restaurants en amusementsvoorzieningen en een service van topklasse.

Cradle Mountain–Lake St Clair

De accommodatie voor bezoekers van het nationale park loopt uiteen van de chique blokhutten (met open haard) van de **Cradle Mountain Lodge** ($$), P.O. Box 153, Sheffield (tel. 03–64921303) tot een kampeerterrein en eenvoudige slaapzalen. Wat dieper in het park vindt u de **Waldheim Huts** ($), die het mogelijk maken met enig comfort in de wildernis te verblijven. De houten *lodge* herbergt enkele bars en een uitstekend restaurant. Het is niet ondenkbaar dat opossums en wellicht een Tasmaanse duivel u na het eten gezelschap komen houden op het terras.

Launceston

Adina Place Motel Apartments ($$) York Street 50 (tel. 03–63316866). Deze zelfstandige appartementen met schoonmaakservice liggen op slechts een paar minuten lopen van het centrum van de stad.

Ashton Gate Guest House ($) High Street 32 (tel. 03–63316180). Dit elegant gerestaureerde Victoriaanse woonhuis kijkt uit over St. George's Square Park. Niet ver van het centrum. Veel waar voor uw geld.
Colonial Motor Inn ($$) Hoek George Street en Elizabeth Street (tel. 03–63316588). Dit voormalige schoolgebouw is gemoderniseerd en voorzien van extra accommodatie en het Quill and Cane-restaurant.
Country Club Casino ($$$) Country Club Avenue, Prospect Vale (tel. 03–63448855). Dit prijzige, internationaal georiënteerde luxehotel annex casino ligt op enige afstand van Launceston. Geweldige faciliteiten, waaronder een golfterrein en gelegenheid om paard te rijden en te vissen.
Kilmarnock House ($$) Elphin Road 66 (tel. 03–63341514). Deze prachtige villa, die op de monumentenlijst van de National Trust staat, is met zorg opgeknapt om de sfeer op te roepen van die ene nacht in 1904 waarin de Engelse kroonprins er te gast was.
Novotel Launceston ($$) Cameron Street 29 (tel. 03–63343434). Dit moderne luxehotel harmonieert met de omgeving in het centrum van de stad en biedt u alle service en comfort die u maar wenst. Informeer of er soms nog speciale aanbiedingen zijn.
The Old Bakery Inn ($$) York Street 270 (tel. 03–63317900). Deze fraai gerestaureerde oude herberg behoort tot de Historic Hotels of Australia en biedt de degelijke accommodatie van vroeger tijden.
Tamar River Villas ($$) Elouera Street 23, Riverside (tel. 03–63271022). Dit comfortabele en vriendelijk geprijsde hotel heeft een riant uitzicht op de rivier.

RESTAURANTS

Uit eten gaan in Australië is relatief goedkoop. Er is een keur van etnische keukens met in de regel uitstekende ingrediënten. U bent nog goedkoper uit als u uw eigen drankjes (wijn of andere alcoholhoudende drank) meebrengt, wat in veel etablissementen is toegestaan (*'Bring Your Own'*, of kortweg: BYO). De *counter meals* die in menige *pub* worden geserveerd, zijn doorgaans van prima kwaliteit en op de meeste plaatsen waar veel toeristen komen zijn afhaalrestaurants. De volgende aanbevolen restaurants zijn onderverdeeld in drie prijsklassen:

- goedkoop ($)
- gemiddeld ($$)
- duur ($$$)

SYDNEY

Arun Thai ($$) Elizabeth Bay Road 13/39, Elizabeth Bay (tel. 02–93577414). Een van de betrouwbaarste Thaise restaurants van Sydney, waar u heerlijk in de openlucht kunt eten. Het ligt niet ver van Kings Cross.
Balkan Continental ($$) Oxford Street 209, Darlinghurst (tel. 02–93604970). Dit paradijs voor de vleeseter is gespecialiseerd in grillgerechten: enorme steaks en heerlijke Oost-Europese worstjes en spiesjes.
Bayswater Brasserie ($$/$$$) Bayswater Road 32, Kings Cross (tel. 02–93572177). De beste en stijlvolste brasserie van de stad. Een maaltijd van drie gangen is prijzig, maar er zijn minder dure alternatieven.
Bennelong ($$$) Sydney Opera House, Bennelong Point (tel. 02–92507578). Dit is de beste eet- en drinkgelegenheid in het Opera House, met een schitterend uitzicht over de haven. Het eten is er voortreffelijk.
Bills ($/$$) Liverpool Street 433, Darlinghurst (tel. 02–93609631). Populair café in de wijk Kings Cross. Alleen overdag geopend. Men serveert er alles van ontbijt tot lunches in *Modern Australian* stijl.
Borobodur ($) Glebe Point Road 123–125, Glebe (tel. 02–96605611). Dit Indonesische BYO-restaurant in de westelijke buitenwijk Glebe biedt goed eten en een vriendelijke bediening.
Chinta Ria Temple of Love ($$) Roof Terrace, Cockle Bay Wharf, Darling Harbour (tel. 02–92643211). Een van de sterren van het nieuwe Cockle Bay Wharf-complex. Redelijk geprijsde Maleise gerechten in een dramatisch Aziatisch decor.
Doyle's On the Beach ($$$) Marine Parade 11, Watsons Bay (tel. 02–93372007). Een van de beroemdste visrestaurants ter wereld, waar de klassieke *fish and chips* in enorme hoeveelheden aan zo'n 700 enthousiaste eters wordt opgediend. Het restaurant biedt een schitterend uitzicht op de haven. Aan de Circular Quay West is nog een andere vestiging van Doyle's (tel. 02–92523400).
Flavour of India ($$) New South Head Road 120, Edgecliff (tel. 02–93262659). Sydney heeft geen reputatie op het gebied van Indiase restaurants, maar dit is een van de beste. Op het menu staan zowel traditionele als Zuid-Indiase gerechten en enkele fantasievolle Australisch-Indiase combinaties.
Hyde Park Barracks Café ($/$$) Queens Square, Macquarie Street (tel. 02–92231155). Dit café, gelegen op het terrein van de historische Hyde Park Barracks, is al jarenlang een goed adres voor een lunch of een tussendoortje overdag ('s avonds gesloten).
Jordons Seafood Restaurant ($$) Harbourside 197, Darling Harbour (tel. 02–92813711). Een van de beste restaurants van Darling Harbour. Goede visspecialiteiten, een prima sfeer en een schitterend uitzicht op het water.
Kam Fook ($$) Market City, Hay Street 9, Haymarket (tel. 02–92118988). Een van de nieuwere restaurants in Sydney. Het altijd drukke Kam Fook, met plaats voor 800 gasten, is gespecialiseerd in vis en schelp- en schaaldieren en heeft enkele verrassende mogelijkheden voor *yum cha*.

Kamogawa ($$$) Corn Exchange Building, Hoek Sussex Street en Market Street, Darling Harbour (tel. 02–92995533). Het traditioneelste Japanse restaurant van Sydney richt zich op gerechten in de stijl van grote banketten.
Malaya ($$) George Street 761 (tel. 02–92110946). In dit al lang bestaande restaurant worden redelijk geprijsde Maleise gerechten geserveerd in een aantrekkelijk ouderwetse entourage.
Marigold Citymark ($$) George Street 683–689, Haymarket (tel. 02–92813388). Dit grote restaurant in Chinatown biedt een ruime keus aan Kantonese gerechten. Een goede plek voor *yum cha* (ook bekend als *dim sum*) in het weekend.
MCA Fish Cafe ($$) George Street 140, The Rocks (tel. 02–92414253). Redelijk geprijsde visgerechten. Gevestigd in het Museum of Contemporary Art, met terras en uitzicht op de Circular Quay en het Opera Hous.
Nelson Bistro ($$) The Nelson Hotel, Oxford Street 232, Bondi Junction (tel. 02–93891442). Een van de betere adressen voor de hedendaagse Australische keuken, achter in een ouderwetse 'Aussie'-pub.
Pier ($$$) New South Head Road 594, Rose Bay (tel. 02–93276561). Een van de beste visrestaurants van Sydney, aan de waterkant in de Eastern Suburbs. Duur, maar perfect voor een avondje uit.
Ravesi's ($$/$$$) Hoek Campbell Parade en Hall Street, Bondi Beach (tel. 02–93654422). Deze goede brasserie is te vinden in het Ravesi's Hotel, dat uitziet over Bondi Beach.
Rockpool ($$$) George Street 107, The Rocks (tel. 02–92521888). Dit restaurant wordt gedreven door de bekendste chefkok/restaurateur van Sydney, Neil Perry. Hedendaagse Australische keuken.
Rossini's Rosticceria ($) Shop W5, Circular Quay (tel. 02–92478026). Hier komen smakelijke Italiaanse spijzen en dranken snel op tafel; onderwijl kunt u van het uitzicht op de haven genieten.
Sailor's Thai ($–$$$) George Street 106, The Rocks (tel. 02–92512466). Er zijn hier twee uitstekende mogelijkheden: een *noodle bar* waar u aanschuift aan grote tafels of een veel exclusiever restaurant beneden. Het eten is overal lekker.
The Sports Bard ($$) Campbell Parade 32, Bondi Beach (tel. 02–91304582). Deze bistro serveert vernieuwende gerechten in *Modern Australian* stijl en een uitstekend ontbijt. Prachtig uitzicht op Bondi Beach.
The Summit Restaurant ($$) Level 47, Australia Square, George Street (tel. 02–92479777). Dit om zijn as draaiende restaurant uit de jaren zestig in het centrum van de stad is grondig opgeknapt en biedt nu een kaart die zich kan meten met het schitterende uitzicht.
Suntory ($$$) Kent Street 529 (tel. 02–92672900). Dit restaurant is een begrip in Sydney. Exquise Japanse gerechten in een elegante ambiance.
Tetsuya's ($$$) Darling Street 759, Rozelle (tel. 02–95551017). Een van de beste restaurants van Sydney, waar de Australische, Franse en Japanse keuken samensmelten tot fantastische combinaties.

CANBERRA (A.C.T.)

Cavalier Carousel Restaurant ($/$$) Red Hill Lookout, Red Hill (tel. 02–62731808). Moderne internationale gerechten, ook verkrijgbaar in het café beneden. Fraai uitzicht op het meer en de stad.
The Chairman and Yip ($$$) Bunda Street 108, Canberra City (tel. 02–62487109). Populair modern Aziatisch restaurant waar de smaken van Oost en West samengaan.
Fringe Benefits ($$) Marcus Clarke Street 54, Canberra City (tel. 02–62474042). Minzame *Sydneysiders* hebben wel gezegd dat dit restaurant het dichtst in de buurt komt van een trendy brasserie in Sydney.
The Oak Room ($$$) Hyatt Hotel Canberra, Commonwealth Avenue, Yarralumla (tel. 02–62708977). Dit restaurant biedt een elegante ambiance en al even verfijnde gerechten.
Tosolini's Civic ($$) Hoek London Circuit en East Row, Canberra City (tel. 02–62474317). Dit Italiaanse restaurant serveert heerlijke verse pasta en andere traditionele gerechten.

NEW SOUTH WALES

Blue Mountains

Café Bon Ton ($$) The Mall 192, Leura (tel. 02–47824377). In dit leuke eetcafé kunt u van alles krijgen, van een hartig ontbijt tot snacks en een driegangendiner. 's Winters brandt er een haardvuur en in de zomer kunnen gasten in de tuin plaatsnemen.
Cleopatra ($$$) Cleopatra Street 118, Blackheath (tel. 02–47878456). Heerlijk Frans eten in een van de beste restaurants van New South Wales.
Paragon Café ($$) Katoomba Street 65, Katoomba (tel. 02–47822928). Deze eetgelegenheid uit 1916 komt op de monumentenlijst van de National Trust voor. Een bezoek waard.
Silks Brasserie ($$/$$$) The Mall 128, Leura (tel. 02–47842534). Deze leuk ingerichte brasserie staat bekend om zijn *Modern Australian* menu, met onder meer kangoeroevlees en originele zalmgerechten.

VICTORIA

Melbourne

Arriverderci ($$) Nicholson Street 191, Carlton (tel. 03–93478252). In dit populaire restaurant, iets ten noorden van het stadscentrum, komt de authentieke Italiaanse plattelandskeuken op tafel.
Blakes ($$$) Southgate 2, South Bank (tel. 03–96994100). Stijlvol restaurant met een vernieuwende wereldkeuken. Aan de overkant van de rivier, tegenover het centrum.
Blue Train Café ($/$$) Mid West Level, Southgate, South Bank (tel. 03–96960111).

Aangenaam geprijsde snacks en hoofdmaaltijden, waaronder heerlijke, in de houtoven bereide pizza's.
Caffe Grossi ($$) Toorak Road 199, South Yarra (tel. 03–98276076). Populair Italiaans restaurant met uitstekende gerechten.
Colonial Tramcar Restaurant ($$$) (tel. 03–96964000). U eet Australische kost terwijl u in een fraai gerenoveerde, oude tram door de straten van Melbourne rijdt.
Dogs Bar ($/$$) Acland Street 54, St. Kilda (tel. 03–95253599). Uitstekende gelegenheid voor koffie met gebak of een redelijk geprijsde maaltijd.
Donovan's ($$$) Jacka Boulevard 40, St. Kilda (tel. 03–95348221). Uitstekende visgerechten in een gerestaureerd strandpaviljoen met uitzicht op de baai.
Est Est Est ($$$) Clarendon Street 440, South Melbourne (tel. 03–96825688). Franse gerechten, een uitgebreide wijnkaart en een elegante ambience maken van een diner hier een verfijnde belevenis.
Fanny's ($$$) Lonsdale Street 243 (tel. 03–96633017). Dit restaurant is een begrip in Melbourne. In een elegante ambiance worden bekroonde Franse gerechten geserveerd.
Flower Drum ($$$) Market Lane 17 (tel. 03–96623655). Dit is een uitzonderlijk goed Kantonees restaurant.
Geppetto ($) Wellington Parade 78a, East Melbourne (tel. 03–94174691). Een rustig café en goedkoop Italiaans restaurant.
Langtons Wine Bar ($$/$$$) Flinders Lane 61 (tel. 03–96630222). Deze trendy, centraal gelegen wijnbar met restaurant serveert uitstekend eten in een ultramoderne omgeving.
Madame Joe Joe ($$) Fitzroy Street 9, St. Kilda (tel. 03–95340000). Dit populaire, leuke restaurant ligt midden in de levendigste voorstad van Melbourne. *Modern Australian* gerechten met een mediterraan tintje.
Nudel Bar ($) Bourke Street 76 (tel. 03–96629100). Druk eetcafé in het centrum, waar u verschillende soorten deegwaren kunt krijgen – van pasta tot gebakken Thaise noedels met verschillende sauzen. Zeer aangename prijzen.
Stella ($$–$$$) Spring Street 159 (tel. 03–96391555). Een van de populairste *Modern Australian* restaurants van Melbourne: voortreffelijk eten, stijlvolle inrichting en professionele bediening.
Sukhothai ($) Johnston Street 234, Fitzroy (tel. 03–94194040). Goed en goedkoop Thais restaurant met goede salades, curry's en veel vegetarische gerechten. BYO.
Suntory ($$/$$$) Queens Road 74 (tel. 03–95251231). Lekker Japans eten en goede service bij een traditionele oosterse tuin.
Thy Thy ($) Eerste verdieping, Victoria Street 142, Richmond (tel. 03–94291104). Uitstekend, zeer goedkoop Vietnamees eten. Probeer ook eens **Thy Thy** op Victoria Street 116, Richmond (tel. 03–94285914).

SOUTH AUSTRALIA

Adelaide

Bangkok ($$) Rundle Street 217 (tel. 08–82235406). Het eerste Thaise restaurant in Adelaide. Authentieke en betaalbare gerechten, midden in het centrum.
Blake's ($$$) Hyatt Regency Adelaide, North Terrace (tel. 08–82382381). In dit stijlvolle hotel-restaurant worden originele *Modern Australian* gerechten geserveerd. De nadruk ligt op ingrediënten en wijnen uit South Australia. De ideale plek voor speciale gelegenheden.
Botanic Dining Room ($$) North Terrace 309 (tel. 08–82323266). Dit uitstekende restaurant in een historische pub in het centrum begint steeds meer naam te maken met zijn goede, moderne keuken.
Chloe's ($$/$$$) College Road 36, Kent Town (tel. 08–83622574). In deze prachtig gerestaureerde Victoriaanse villa met veranda en antieke meubels, elegant maar vriendelijk, worden Franse gerechten voor fijnproevers geserveerd.
Charlick's Feed Store ($$$) Ebenezer Place (tel. 08–82237566). In een zijstraat van Rundle Street, de belangrijkste restaurantstraat van het East End, is de nieuwste eetgelegenheid van de Zuid-Australische voedselgoeroe Maggie Beer gevestigd. Uitstekende locale ingrediënten en wijn uit de streek.
Cibo ($/$$) O'Connell Street 10, North Adelaide (tel. 08–82672444). Een van de populairste eetcafés van North Adelaide met pizza's uit de houtoven, pasta en uitstekende koffie. Het buitenterras is zeer aangenaam.
Jolleys Boathouse ($$) Jolleys Lane (tel. 08–82232891). Dit opgeknapte oude boothuis ligt pal aan de River Torrens. Er wordt *Modern Australian* eten geserveerd.
Lemongrass ($–$$) Rundle Street 289 (tel. 08–82236627). Populaire bistro in het centrum met verrukkelijke Thaise gerechten en gelegenheid om buiten te eten.
The Oxford North Adelaide ($$) O'Connell Street 101, North Adelaide (tel. 08–82672652). Bekroond restaurant in het trendy North Adelaide. Uitstekende wijnkaart.
Red Rock Noodle Bar & Restaurant ($) Rundle Street 187 (tel. 08–82236855). Populaire eetgelegenheid in het East End met zeer prettig geprijsde noedels en andere Aziatische gerechten.
The Stag ($/$$) Rundle Street 299 (tel. 08–82232934). Prachtig gerenoveerde oude pub waar *Modern Australian* gerechten, bistromaaltijden en koffie worden geserveerd.
Stanley's Fish Caf ($$) Gouger Street 76 (tel. 08–84102457). Centraal gelegen, bekroond restaurant met locale visspecialiteiten en andere gerechten.
Universal Wine Bar ($$/$$$) Rundle Street 285 (tel. 08–82325000). Deze trendy wijnbar met restaurant in het East End is befaamd om zijn uitgebreide wijnkaart en moderne gerechten.

Adelaide Hills

The Summit ($/$$) Summit Road, Mount Lofty (tel. 08–83392600). Dit moderne restaurant serveert alles van koffie en snacks tot lunches en goede wijn. Op vrijdag- en zaterdagavond kunt u er ook dineren. Weids uitzicht over Adelaide.

Barossa Valley

1918 Bistro & Grill ($$) Murray Street 94, Tanunda (tel. 08–85630405). Dit uitstekende restaurant is gespecialiseerd in fantasievolle, moderne streekgerechten. U kunt binnen bij de open haard dineren, 's zomers ook in de lommerrijke tuin.

WESTERN AUSTRALIA

Perth

Chez Uchino ($$/$$$) Wellington Street 120, Mosman Park (tel. 08–93852202). Dit innovatieve restaurant combineert de Franse en de Japanse keuken. Tien minuten rijden van het centrum.
Dusit Thai ($$) James Street 249, Northbridge (tel. 08–93287647). Dit zeer populaire, uitstekende restaurant serveert de authentieke Thaise keuken.
Fraser's ($$) Fraser Avenue, Kings Park (tel. 08–94817100). Uitstekende producten uit Western Australia, mooi uitzicht op de rivier en de stad.
Gershwin's ($$$) Adelaide Terrace 99 (tel. 08–92251274). Duur restaurant met een uitstekende internationale keuken in het Hyatt Regency-hotel.
The Loose Box Restaurant ($$$) Great Eastern Highway 6825, Mundaring (tel. 08–92951787). Een van de best aangeschreven restaurants van Western Australia, en de rit van een half uur over de *highway* naar de Darling Ranges zeker waard.
Indiana Tea House ($$$) Marine Parade 99, Cottesloe (tel. 08–93855005). Dit bekroonde restaurant serveert moderne Australische gerechten met een Aziatisch tintje in een stijlvolle, maar informele ambience. Uitstekende service, fraai uitzicht over de oceaan.
Mamma Maria's ($) Hoek Aberdeen Street en Lake Street, Northbridge (tel. 08–93284532). Dit goedkope en zeer gezellige restaurant *all'Italiana* is een begrip in Perth.
Matilda Bay Restaurant ($$$) Hackett Drive 3, Crawley (tel. 08–93865425). Uitstekende visspecialiteiten in een chique westelijke buitenwijk van Perth aan de Swan River.
Mead's Fish Gallery ($$/$$$) Johnson Parade 15, Mosman Park (tel. 08–93833388). Mead's wordt beschouwd als het beste visrestaurant van Perth. Uitstekend eten, goede service en een prachtige locatie aan de Swan River.
Oriel Café Brasserie ($$) Hay Street 483, Subiaco (tel. 08–93821886). Uiterst populaire brasserie, waar alles van een hartig ontbijt tot een stijlvol *Modern Australian* maal wordt geserveerd.
Origins Restaurant ($$$) Sheraton Perth Hotel, Adelaide Terrace 207 (tel. 08–92247777). Dit dure hotel-restaurant is de perfecte gelegenheid voor een intiem à la carte-diner. Het Oosten en het Westen ontmoeten elkaar in de keuken.
Perugino ($$) Outram Street 77, West Perth (tel. 08–93215420). Italiaans restaurant met drankvergunning en een goede keuken.

Fremantle

Café Panache ($$/$$$) Esplanade Hotel, hoek Marine Terrace en Essex Street (tel. 08–94324000). Hier kunt u terecht voor uitstekende, creatieve visgerechten, en meer dan dat. Op hetzelfde adres is tevens het veel goedkopere **Atrium Garden Restaurant** gevestigd.
Chunagon ($$$) Mews Road 46 (tel. 08–93361000). Dit grote Japanse restaurant met prachtig uitzicht op de haven van Fremantle en de zee serveert authentieke sushi, tempura, sashimi en vele andere gerechten.
Pricklers Café ($$) Hoek Douro Road en South Terrace, Fremantle (tel. 08–93362194). Het populairste *bush tucker*-restaurant van Western Australia. Uitstekend bereide buffel, garnalen, emoe en kangoeroe.

Kalgoorlie-Boulder

Basil's on Hannan ($$) Hannan Street 168 (tel. 08–90217832). Leuk café dat de hele dag geopend is en waar u terecht kunt voor snacks, koffie, cake, lunch en, op sommige avonden, diner. Vooral de pasta en andere Italiaanse gerechten verdienen aanbeveling.
Top End Thai ($$) Hannan Street 71 (tel. 08–90214286). Uitstekend Thais restaurant.

NORTHERN TERRITORY

Darwin

Christos on the Wharf ($$) Stokes Hill Wharf (tel. 08–89818658). Restaurant aan de kade, terecht populair om zijn visspecialiteiten.
Corellas Restaurant ($) The Novotel Atrium Hotel, hoek The Esplanade en Peel Street (tel. 08–89410755). Goedkope soep, salades en buffetten in een tropische omgeving. Dagelijks geopend tot 22.00 uur. BYO.
The Darwin Sailing Club ($/$$) Aitkins Drive, Vesteys Beach (tel. 08–89811700). De Waterfront Bistro van de jachthaven van Darwin serveert goede Australische, Aziatische en visgerechten.
The Hanuman ($$/$$$) Mitchell Street 28 (tel. 08–89413500). Dit is zonder twijfel het beste restaurant van Darwin: uitstekende bediening en heerlijke Thaise en Maleise Nonya-gerechten.
The Magic Wok ($$) Cavenagh Street 48 (tel. 08–89813332). Roerbakgerechten met exotische ingrediënten zoals buffel, krokodil, hert en kameel, maar ook vis- en groentegerechten.
Pee Wee's at the Point ($$$) Alec Fong Lim Drive, East Point (tel. 08–89816868). Dit restaurant in tropische stijl aan het strand is een van de beste gelegenheden van Darwin voor een à la carte-diner. Prachtig uitzicht over de stad.

Raymond's ($$) Cavanagh Street 21 (tel. 08–89812909). De inwoners van Darwin komen hier voor de heerlijke internationale gerechten. Smaakvol gepresenteerde schotels, bereid met smakelijke ingrediënten.
Rock Oyster ($$) Mitchell Street 110 (tel. 08–89813472). Dit restaurant gaat er prat op het beste visrestaurant van Darwin te zijn.
Siam ($$) The Esplanade (tel. 08–89412555). Thaise keuken in het restaurant van het Beaufort-hotel.

Alice Springs

Al Fresco's Café and Pasta House ($$) Todd Mall (tel. 08–89534944). Een ideale gelegenheid voor alles van koffie tot een diner. Goede pasta, salades en Italiaanse hoofdgerechten.
Bojangle's Saloon & Restaurant ($$) Todd Street 80 (tel. 08–89522873). In dit vrolijke etablissement staan buffel en kameel op het menu. Live entertainment.
Kings Restaurant ($$$) Lasseters Hotel Casino, Barrett Drive 93 (tel. 08–89507777). Dit restaurant in een van de tophotels van Alice Springs biedt een warm buffet, salades en een à la carte-menu, en op woensdag visspecialiteiten.
Oriental Gourmet ($) Hartley Street 80 (tel. 08–89530888). De gerechten op de kaart van dit *Outback*-restaurant zijn traditioneel Chinees; het eten is vers en smaakt goed.
Overlander Steakhouse ($$) Hartley Street 72 (tel. 08–89522159). Populair steakhouse met een *Outback*-sfeer.
Ristorante Puccini ($$/$$$) Ansett Building, Todd Mall (tel. 08–89530935). Dit familiebedrijf met een uitzonderlijk goede Italiaanse keuken heeft de reputatie het beste restaurant van Alice Springs te zijn. Efficiënte, vriendelijke service. Het bistrogedeelte is goedkoper ($/$$).

Ayers Rock

Zie de lijst met hotels op bladzijde 273.

QUEENSLAND

Brisbane

ARC Bistro ($$) Brunswick Street 561, New Farm (tel. 07–33583600). Uitstekende *Modern Australian* gerechten zijn de specialiteit van deze stijlvolle bistro.
City Gardens Café ($/$$) Brisbane Botanic Gardens (tel. 07–32291554). Een aangename verrassing in de weelderige omgeving van de botanische tuin. In deze *cottage* met terras kunt u weer op krachten komen met heerlijke snacks of een volledige maaltijd (rond lunchtijd).
Emperor's Palace ($$) Duncan Street 31b, Fortitude Valley (tel. 07–32523368). Een van de duurdere eethuizen van Brisbane's Chinatown.
Green Papaya North Vietnamese Restaurant ($$) Stanley Street East 898, East Brisbane (tel. 07–32173599). Creatieve Vietnamese gerechten in een van de beste Aziatische restaurants van Brisbane.
Himalayan Café ($) Brunswick Street 640–642, New Farm (tel. 07–33584015). Probeer eens wat van de bijzondere Tibetaanse en Nepalese gerechten in deze kleurrijke, uiterst populaire eetgelegenheid. De prijzen zijn alleszins redelijk.
Il Centro ($$$) Eagle Street Pier (tel. 07–32216090). Drukbezocht stijlvol restaurant aan de rivier met een moderne Italiaanse keuken. De kaart wordt ieder seizoen aangepast.
Kookaburra Queen ($$) Vertrekt vanaf Eagle Street Pier, Eagle Street (tel. 07–32211300). Zoals in zoveel 'toeristenrestaurants' is het eten hier niet bijzonder, maar een *dinner cruise* (met live optredens) over de Brisbane River maakt dat meer dan goed.
Marco Polo East West Cuisine ($$$) Conrad Treasury Casino, George Street (tel. 07–33068744). In dit elegante restaurant in het prachtige Treasury-gebouw worden de oosterse en de westerse keuken met zeer veel succes gecombineerd. Uitgebreide menu- en wijnkaart.
Michael's Restaurant ($$$) Riverside Centre, Eagle Street 123 (tel. 07–38325522). In twee eetzalen worden vis- en internationale gerechten geserveerd. Beide eetzalen bieden een fraai uitzicht op de rivier.
Mount Coot-tha Summit Restaurant ($$/$$$) Sir Samuel Griffith Drive, Mount Coot-tha (tel. 07–33699922). Uitstekend restaurant boven op een berg, met een schitterend uitzicht over de stad en de Moreton Bay. Toch ligt het nog binnen de stadsgrenzen.
Pier Nine ($$/$$$) Eagle Street Pier (tel. 07–32292194). Aan de rivier gelegen restaurant met verrukkelijke visspecialiteiten.
Romeo's Italian Restaurant ($$) Petrie Terrace 216 (tel. 07–33670955). Dit restaurant is gespecialiseerd in de Noord-Italiaanse keuken. Met name het Venetiaanse kalfsvlees, de visgerechten en de machtige tiramisu zijn heerlijk.
Siggi's at The Heritage ($$$) Hoek Edward Street en Margaret Street (tel. 07–32214555). De plek bij uitstek in Brisbane om mensen te ontmoeten en te feesten. Het restaurant hoort bij het Heritage Hotel.
Sirocco ($$) South Bank Parklands (tel. 07–38461803). Goed, informeel restaurant aan het water in het South Bank-district. Gerechten in mediterrane stijl, mooi uitzicht op de stad en de rivier.

Sunshine Coast

Artis Restaurant ($$) Noosa Drive 8, Noosa Heads (tel. 07–54472300). Heerlijk Europees-Australisch eten met een Aziatisch tintje.
Chilli Jam Café ($/$$) Weyba Road 195, Noosaville (tel. 07–54499755). In dit zeer populaire restaurant, slechts een korte autorit van Noosa Heads vandaan, worden originele Thaise gerechten geserveerd.
Lindoni's ($$) Hastings Street, Noosa Heads (tel. 07–54475111). Uitstekend Italiaans eten en een zeer goede bediening. Aanbevolen.

Gold Coast en achterland

Hard Rock Café Surfers ($/$$) Hoek Cavill Avenue en Gold Coast Highway, Surfers Paradise (tel. 07–55399277). Levendige, redelijk geprijsde eetgelegenheid in het hart van Surfers Paradise. Hamburgers, patat en vergelijkbare Hard Rock-kost.

RPR's Restaurant ($$$) Royal Pines Resort, Ross Street, Ashmore (tel. 07–55971111). Dit restaurant in mediterrane stijl staat bekend om zijn uitstekende keuken en prachtige uitzicht. Het bevindt zich op de 21ste verdieping van een van de meest prestigieuze hotels aan de Gold Coast.

Cairns en het hoge noorden

Barnacle Bills Seafood Inn ($$) The Esplanade 65 (tel. 07–40512241). De roem van dit populaire visrestaurant aan de kust heeft zich verspreid tot aan de oevers van de Inland Sea. Onontkoombaar voor wie Cairns aandoet als toerist.

Macrossans ($$$) Sheraton Mirage, Davidson Street, Port Douglas (tel. 07–40995888). Dit restaurant maakt deel uit van het luxueuze vakantiecomplex dat discreet langs de *highway* naar Port Douglas ligt. Uitstekende keuken en beschaafde bediening.

Marina Connection ($) Marina Mirage, Port Douglas (tel. 07–40995258). Hier, dicht bij de golfbrekers van het Barrier Reef, wordt het eten zowel binnen als buiten geserveerd.

TASMANIË

Hobart

Alexander's ($$$) Runnymede Street 20, Battery Point (tel. 03–62323900). In dit voortreffelijke, bekroonde restaurant kunt u zowel visgerechten als gerechten uit de internationale keuken bestellen. U eet er in de elegante ambiance van het Victoriaanse Lenna of Hobart Hotel.

The Asian Restaurant ($$$) Wrest Point Hotel Casino, 410 Sandy Bay Road, Sandy Bay (tel. 03–62250112). Het eten in dit restaurant is van superieure kwaliteit; de gastheer is bijzonder vriendelijk. Reserveer tijdig als u een plaatsje met uitzicht op de Derwent wilt hebben.

Ball & Chain Grill ($$) Salamanca Place 87 (tel. 03–62232655). Hier serveert men op houtskool gegrilde biefstuk, gevogelte en visgerechten tegen betaalbare prijzen. 's Zomers kunt u op de binnenplaats in de openlucht dineren.

Blue Skies Dining ($–$$) Murray Street Pier (tel. 03–62243747). Deze drukke brasserie, op een schitterende plek pal aan het water, serveert lekkere *Modern Australian* gerechten. Er is een terras aanwezig.

Drunken Admiral Restaurant ($$) Hunter Street 17–19 (tel. 03–62341903). Dit populaire restaurant in een van de pakhuizen van het Victoria Dock is versierd met de parafernalia van de zee. Het zal dan ook niet verbazen dat hier visspecialiteiten worden geserveerd.

Lebrina Restaurant ($$) New Town Road 155, New Town (tel. 03–62287775). Dit restaurant in een *cottage* in een van de buitenwijken van Hobart biedt uitstekende traditionele gerechten, een alomvattende wijnkaart en een uitstekende service.

Mit Zitrone ($$) Elizabeth Street 333, North Hobart (tel. 03–62348113). Dit bekroonde café-restaurant is gespecialiseerd in fantasievolle *Modern Australian* gerechten op basis van locale producten. Het is ook een uitstekende plek voor koffie met gebak.

Mures Lower Deck ($) Victoria Dock (tel. 03–62312121). Naast de toonbank van de visboer staan lange rijen mensen van de superieure visspecialiteiten te smullen. U kunt het eten natuurlijk ook meenemen.

Mures Upper Deck ($$) Victoria Dock (tel. 03–62312121). In het restaurant op de eerste verdieping serveert Mures met veel flair zijn visspecialiteiten. Het verdient aanbeveling om te reserveren.

Sisco's on the Pier ($$$) Murray Street Pier (tel. 03–62232059). Sisco's is befaamd om zijn originele Spaans-mediterrane keuken en goede bediening.

Cradle Mountain

Zie de lijst met hotels op bladzijde 275.

Launceston

Fee and Mee ($$–$$$) Charles Street 190 (tel. 03–63313195). Fee and Mee wordt door velen beschouwd als een van de beste restaurants van Tasmanië. Lekkere *Modern Australian* gerechten en een goede wijnkaart.

The Gorge Restaurant ($$) Cliff Grounds (tel. 03–63313330). In dit restaurant met een fantastisch uitzicht op de beroemde bergengte en de omringende tuinen serveert men heerlijke Tasmaanse producten en wijnen.

Pepper Berry Café ($/$$) George Street 91 (tel. 03–63344589). Een van de populairste eetcafés van Launceston. Men serveert er smakelijke vlees- en wildgerechten, risotto's, goede koffie en zelfgebakken cakes en *scones*.

Shrimps ($$) George Street 72 (tel. 03–63340584). Populair restaurant met uitstekende specialiteiten uit de zee – mosselen, oesters, Atlantische zalm, zeeforel en nog veel meer. Het pand in het centrum van de stad staat op de monumentenlijst van de National Trust.

Star Bar Café ($–$$) Charles Street 113 (tel. 03–63319659). De prijzen in dit gezellige eetcafé in het centrum zijn alleszins redelijk. U kunt er snacks en maaltijden bestellen, maar natuurlijk ook gewoon een drankje gebruiken.

Woofies ($$) Macquarie House, Civic Square (tel. 03–63340695). In dit restaurant, dat net als zoveel andere is gevestigd in een van de historische gebouwen in de stad, serveert men een ruime keus aan aantrekkelijk geprijsde schotels.

Register

Fotoverantwoording/dankbetuiging

De uitgever dankt de volgende personen en instanties voor de verleende hulp bij de totstandkoming van dit boek.

ACT TOURISM 82 Skiën in de Snowy Mountains. ALLSPORT UK LTD 166 Melbourne Cup. ARDEA LONDON 88a Feather Star (V. Taylor), 88c Taipan (C.J. Mason), 228-229 Freycinet Peninsula Nat Park (Jon P. Ferrero), 236b Lower Gordon (Jon P. Ferrero), 238b Gordon Dam (Jon P. Ferrero), 242-243 Tasman Peninsula (Jon P. Ferrero). BRIDGEMAN ART LIBRARY 19 *Dog & Duck Hotel* van Sidney Nolan (1917-1992) Roy Miles Gallery, 29 Bruton Street, London W1/Bridgeman Art Library, London. DEPARTMENT OF MARITIME ARCHAEOLOGY, WA MARITIME MUSEUM 243a Zilveren bord met versieringen, 243c Astrolabe. MARY EVANS PICTURE LIBRARY 26a Veroordeelden Sydney, 26b Dampier aangevallen door inboorlingen, 27 Gouverneur Phillip, Sydney Cove, 28-29 Burke & Wills, 30b Goudzoekers, 76 Kapitein Cook, 77 Cook in Botany Bay, 161b Parelduiken. CHRIS FAIRCLOUGH COLOUR LIBRARY 116a Aborigines, 166-167 Diamantmijn, 194 Aboriginalkinderen op school, 195 Aborigines in de bush. CORBIS 17 Strandwacht, 45 Circular Quay (Nick Rains). FFOTOGRAFF 24a Grotschilderingen Nourlangie Rock, 174 Dolfijnen, Monkey Mia, 241 Aboriginalrotskunst. FOOTPRINTS 216-217 Koraalrif (A. Dalton), 216 Voeden van *potato cod* (N. Hanna), 217b Vlindervis (Carlos Lima, 218 Engelvis (A. Dalton), 219 Heron Island (N. Hanna). RONALD GRANT ARCHIVES 18c Paul Hogan, *Crocodile Dundee*. INTERNATIONAL PHOTOBANK 12a Acacia, 13 Kangoeroe, 14a Boot op Great Barrier Reef, 24b Aborigine, 29 Alice Springs, 31 Sovereign Hill, 32 Eucalyptus, 34 Caravanpark Sydney, 82-83 Lake Blowering, 90 Inheemse plant, 92-93 Great Ocean Road, 97 Trams, 114 Olinda Rhododendron Garden, 114b Grampians, 118 Great Ocean Road, Twelve Apostles, 127 Bethany Church, 134 Forensenbus, 135 Cleland Wildlife Park, 137 Flinders Ranges, 138 Goolwa *PS Mundo*, 140-141 Barossa Valley druiven, 140 Penfold wijnmakerij, 142 Victor Harbor, 175b York bord, 177 *Ghost gum*, 178 Alice Springs bord, 184 Gedenksteen voor ds. John Flynn, 185b Bord van een restaurant Alice Springs, 200 Green Island, 208 Glass House Mountains, 209b Pennant-rosella, 210 Pacific Highway, 211 Cairns, 213 *Bottle brush*, 217a Duikles, 252 Australiër, 253 Overland train, 257 Rugzaktoeristen, 267a Standley Chasm. MICHAEL IVORY 8b, 25 Parkwachter Kakadu National Park. NATURE PHOTOGRAPHERS LTD 121 Walvis (R. Tidman), 222b Kasuaris (S.C. Bisserot). NORTHERN TERRITORY TOURIST COMMISSION 181 Government House Darwin, 182 Nat Mus of Arts & Sciences Darwin, 189 De Ghan, 191 Cutta Cutta Caves, 198 Glen Helen Gorge, 255 Jeep, 259 Simpsons Gap. PHOTO INDEX 159 Albany. CHRISTINE OSBORNE PICTURES 53 Sydney Casino, 224b Cowboy. ANDY PRICE 18a Tjapukai-aboriginaldans, 21a Aboriginalkunst, 178-179 Katherine Gorge, 192b Termietenheuvels, 193 Kakadu National Park, 194-195 Aboriginalkunst. QUEEN VICTORIA MUSEUM & ART GALLERY 241b J. Glover *Last Muster of Aborigines* Brighton. ROYAL GEOGRAPHICAL SOCIETY 23 Kaart. SPECTRUM COLOUR LIBRARY 99 Melbourne Cricket Ground, 103 Melbourne Zoo, 120 Gomboom, 203b Kuranda-trein, 215 Surfers Paradise, 220 Lamington National Park, 222a Regenwoud, 222c Rainforest Bunya Mountains, 223 Zeiljacht Port Douglas, 225 Sunshine Coast, 235 L. Dove, 237 Cradle Mountain National Park, 247 Port Arthur Convict Museum, 250 Vissersboten St. Helens. TOURISM SOUTH AUSTRALIA 130 Port Adelaide, 131 Ayers House, 132 Tandanya National Aboriginal Culture Centre, 133 Remarkable Rocks, Kangaroo Island, 139 R. Murray. TOURISM TASMANIA 236a Wildwatervaren, Boot Freycinet Peninsula, 243 Schipbreuk, 246 Derwent Valley, 248 Queenstown, 249 Vissen op tonijn, 264 Vissen op forel. WESTERN AUSTRALIAN TOURIST COMMISSION 148 Warren National Park, 151 Kings Park, Perth, 157b Bungle Bungle National Park, 160 Bunbury, 167 IJzerertsmijn Pilbarra, 168 Mandurah, 170 Ningaloo Reef, 173a Gibb River terreinwagen, 173b Argyle Diamond Mine, 175a Wave Rock, 262 New Norcia Abbey Church.

Alle andere foto's zijn afkomstig uit de bibliotheek van de Automobile Association (AA PHOTO LIBRARY), met bijdragen van:

ADRIAN BAKER 2, 5b, 5c, 6a, 7a, 8a, 10-11, 15, 20, 21b, 22-23, 22, 23, 28, 30a, 33a, 35, 47, 48, 49, 52a, 54, 55b, 60, 64-65, 66, 67a, 70, 71, 72, 73, 75, 76-77, 78, 79, 83, 85, 87, 88b, 89, 92, 98, 100a, 100b, 102b, 106, 107, 109, 110, 111, 112-113, 112, 113, 115, 117, 119, 120b, 122, 123, 126-127, 136, 143a, 143b, 145, 146, 149, 152, 153, 154, 156, 157a, 158, 161a, 162, 163, 164, 165, 169a, 169b, 169c, 171, 172, 185a, 186, 187, 188, 189, 190a, 190b, 192a, 196a, 196b, 197, 199, 202, 203a, 205, 207, 20ga, 212, 221, 228, 229, 231, 232, 233, 234, 238a, 239, 244, 245, 256, 258, 260, 261, 263. PAUL KENWARD rug, achterflap a, b, 3, 4, 5a, 9b, 12b, 14b, 16a, 33b, 39, 40, 40-41, 42, 43, 46a, 46b, 50, 51, 52b, 55a, 58, 59, 61, 62, 67b, 68, 74, 80-81, 84, 86, 183b, 188, 251a, b, 265, 266, 267b. CHRISTINE OSBORNE 96a, 96b, 101, 102a, 104, 105, 108, 110, 166. KEN PATERSON 183a.